심볼전쟁
- 상징의 한일관계사 -

Symbol Wars

-History of Korea-Japan Relations through the Study of Symbols-

홍이표 **지음**

진인진

심볼전쟁 - 상징의 한일관계사 -

초판 1쇄 발행 | 2025년 10월 25일

지은이 | 홍이표
발행인 | 김영진
발행처 | 진인진
등　록 | 제25100-2005-000003호
주　소 | 경기도 과천시 관문로92, 101-1818
전　화 | 02-507-3077-8
팩　스 | 02-507-3079
홈페이지 | http://www.zininzin.co.kr
이메일 | pub@zininzin.co.kr

ⓒ 홍이표 2025
ISBN 978-89-6347-639-1 03910

* 책값은 표지 뒤에 있습니다.
* 이 도서는 2025 경기도 우수출판물 제작지원 사업 선정작입니다.

목차

들어가는 글   9

제1부: 동상이몽의 상징사   17

제1장: 왜 상징인가? 십자가 위에 걸린 일본의 초승달   19
    하라다노모리에 뜬 초승달   19
    초승달과 만월?   24
    초승달과 태양?   27
    초승달과 십자가의 만남, 기리시탄 정롱   29
    상징으로 다시 읽는 한일관계사   33

제2장: 십자가와 함께 시작된 상징의 한일관계사   39
    임진왜란, 400년 전 십자가를 향한 서로 다른 꿈   39
    한반도에 새겨진 동상이몽의 상징들   47

제2부: 오비이락의 여울목 위에서   57

제3장: 삼족오의 동정(東征), 야타가라스의 서정(西征)   59
    우에가하라 언덕에 둥지를 튼 야타가라스   59
    동쪽으로 날아간 '삼족오', '야타가라스'가 되다!   62
    일본 축구의 상징이 된 야타가라스   66
    멸절 당한 호랑이, 한국 스포츠의 상징이 되다   72
    서쪽으로 다시 날아간 야타가라스, 근대 일본의 상징   76
    야타가라스는 동아시아 공통의 상징이 될 수 있는가?   79
    야타가라스는 평화를 이루는 존재인가?   84

제4장: '국화와 칼'인가? '국화와 평화'인가?   89
고베 루미나리에의 국화   89
황국(黃菊)의 법제화와 일상화   91
서울 광장에 나타난 국화   95
서울역의 국화   99
임시수도 부산의 국화   102
건축가 W.M. 보리스의 '신국'(神國) 도안과 서명   103
칼인가? 평화인가?   109

제5장: 오비이락(烏飛「李」落)이라는 뫼비우스의 띠   111
끊이지 않는 욱일기 논란   111
'오비이락'「烏飛梨(李)落」의 상징사   113
왕실의 '이화'(李花)와 최초 근대여성학교의 '이화'(梨花)   113
방위성의 로고, 돌고 도는 수레바퀴의 상징사(象徵史)   116
한국 최초의 등대에 새겨진 벚꽃과 국화, 그리고 이화   117
일진회(1904-1910)의 국화   122
해원상생(解寃相生)의 오비이락은 가능할까?   125

제6장: 이화와 국화 사이에서 모란이 피다   129
대한제국 선포와 독립문 위에 새겨진 이화   129
덕수궁의 '이화'와 아카사카리큐의 '국화'   133
1907년 순종 양위와 '모란'의 등장   136
청의 꽃 '모란'을 일본제국의 꽃으로…   139
이토 히로부미가 동행한 순종 순행   144
국화 앞에 모인 조선의 귀족들   146

제7장: 한반도의 화인(火印), 진해와 나남의 욱일가도   151
2020년 도쿄 올림픽 욱일기 논란   151
패전 이후 다시 부활한 욱일기   152
방사형 가도는 욱일기인가? 마이즈루로부터 진해까지   157

일본제국의 욕망이 집결된 곳, 진해	162
러일전쟁의 상징적 전리품 진해	167
욱일기가 아로 새겨진 일본제국의 신도시들	170
제국일본 해군의 '욱일도시'로서 건설된 진해	179
제국일본 육군의 '욱일도시'로서 건설된 나남	184
미카사산(三笠山)과 미카사 공원의 탄생 - 진해와 나남, 그리고 요코스카	190
뭉개진 욱일 도시와 보존된 욱일 도시	194
진해의 '화인'(火印)을 응시하는 두 눈	195
1940-2020, 환상의 도쿄 올림픽	197

제8장: 서울과 부산, 만용과 무지의 욱일 가도   201

조선총독부 앞의 황금정통 욱일거리 구상	201
광화문 욱일 거리의 좌절과 영일동맹	205
한일의 영국 관련 건조물에서 발견되는 국화 문양들	210
무지의 소산, 부산 용두산의 욱일 정원	215

제9장: 조선의 심장에 이식된 국화, 그리고 팔굉일우   219

경복궁에 걸린 국화문과 히노마루	219
조선총독부 신청사의 연화문과 국화문	221
경성부(京城府)의 휘장은 무엇을 의미할까?	227
충남도청의 벽을 장식한 문장의 의미는?	233
'국화'의 또 다른 심볼, '팔각 기쿠쿠즈시 몬'(八角菊くずし紋)	236
'팔각 기쿠쿠즈시 몬'(八角菊くずし紋)과 팔굉일우	245

제3부: 불공(不共)의 하늘인가? 해량(海諒)의 바다인가?   249

제10장: 오동잎, 그 쓸쓸함에 대하여   251

한국과 일본의 '오동잎'	251
일본의 '기리몬(桐紋) = 도카몬(桐花紋)' 그 유래와 역사	253

이화가 떨어진 자리에 오동꽃이 심기다	255
김교신의 가슴을 후벼 판 기리몬과 손기정이 가린 히노마루	261
현재진행중인 한일의 숙제, 기리몬	269

제11장: 벚꽃이 지면 무궁화 피고… 273

달마 상이 넘어지니 무궁화 꽃이 피었습니다!	273
한반도에 만개한 사쿠라, 일본 헌병과 경찰	274
천황과 황실을 보위하는 신민들의 꽃, 사쿠라	278
사쿠라와 조선의 악연, 그리고 흑역사	282
: '내선일체·간토대지진 제노사이드'의 모순과 과제	282
무궁화가 한반도 백성의 꽃이 되기까지…	288
구국의 상징이 된 무궁화	293
독립운동의 정신적 구심점, 무궁화	295
뽑히고 불살라진 무궁화, 확산된 벚꽃놀이 문화	304
해방 이후, 나라 꽃으로 거듭난 무궁화	314
일본에서 만난 무궁화, 한국에서 만난 사쿠라	320
용서와 화해의 꽃, 무궁화와 사쿠라가 만난 장소들	322
(1) 일본 첫 부임지에서 만난 무궁화(고요엔교회, 슈쿠가 가톨릭교회)	322
(2) 고베의 '무궁화회'(ムクゲの会)	324
(3) 사쿠라모토(桜本)의 가와사키교회와 시미즈가오카교회의 무궁화	325
(4) 미야즈의 사쿠라와 마이즈루의 무궁화	327
(5) 도시샤대학 윤동주, 정지용 시비의 무궁화와 진달래, 그리고 벚꽃	333
(6) 후미코와 함께 후지산을 응시하는 동백꽃과 무궁화	333
(7) 조선인 여공의 무덤에 놓인 무궁화	336
(8) 일본학교에 핀 무궁화, 조선학교에 핀 사쿠라	338
꽃은 선을 넘어 피고, 지고, 잇고…	340

제12장: 세 잎 클로버(Shamrock)와 삼위일체 345

3의 상징적 의미들	345
기독교의 삼위일체와 삼권분립의 정치 원리	346

니시노미야(西宮) 오카다야마(岡田山)와 서울의 무악산   351
고베여학원과 도시샤의 상징, 세 잎 클로버   353
샴록과 삼위일체 교리   355
현대의 새로운 삼위일체론 이해   358
일본 도시샤 교내의 윤동주 시비와 샴록   368
삼각 분단의 고리를 끊고 새 평화의 시대로…   370
책을 갈무리하며: 오에 겐자부로와 김대중이 한일에 전하는 메시지   373

집필후기   381
주   393
찾아보기   411

들어가는 글

　　일본 도쿄만 남쪽에는 옛 제국일본 해군의 진수부였고 지금은 미해군과 일본 해상자위대의 핵심 기지이기도 한 요코스카(横須賀)가 있다. 그 중심에 건립된 '미카사공원'(三笠公園)에는 러일전쟁을 승리로 이끈 일본의 해군 제독 도고 헤이하치로(東鄕平八郞)의 동상과 함께 그가 승선했던 전함 미카사(三笠)가 보존돼 있다. 여기서 매우 흥미로운 풍경과 마주하게 된다. 도고의 동상 뒤로는 전함 미카사에 걸려 있는 거대한 욱일기가 걸려 있는데, 미카사 함에 올라가 도고의 동상을 내려다 보면 그의 뒷모습에 높은 십자가 첨탑이 겹쳐 보인다. 도고는 그렇게 하루 종일 서서 요코스카학원중고교 채플 위의 십자가를 응시하고 있다.

　　패전 직후인 1947년, 제국일본의 구 해군공기학교(旧海軍工機学校) 터에, 일본 최초의

도고 헤이하치로 등 뒤로 보이는 일본제국군의 상징 욱일기**(좌)**, 도고가 응시하는 반대편 기독교의 상징 십자가**(우)**

미국 감리회 미션스쿨인 아오야마가쿠인(青山学院) 요코스카 분교(橫須賀分校)가 세워졌다. 군용기를 개발하던 나카지마비행기 미카타연구소(中島飛行機三鷹研究所) 자리에 새롭게 세워진 국제기독교대학(ICU)과 더불어 미국의 우산 아래에 편입된 전후 일본의 모습을 여실히 보여주는 공간이다. 그리고 그곳에선 여전히 제국일본을 향수하는 욱일기와 미국인이 세운 기독교학교의 십자가가 묘한 긴장감 속에서 대립하듯 마주보고 있다.

메이지 일본은 서구 열강과 자웅을 겨루기 위해 '탈아입구'(脫亞入歐)와 화혼양재(和魂洋才)라는 두 슬로건 하에서 근대화를 달성하기 위해 몸부림쳤다. 이 두 말은 언뜻 비슷해 보이지만 사실 모순되는 말이다. '탈아입구'가 유교, 불교 등의 동양 전통 종교를 버리고 구미(歐美)라는 기독교 세계로 들어가겠다는 선언이면서, 동시에 서양의 문물과 기술은 받아들여도 '일본정신=화혼(和魂)'은 지키겠다는 다짐이다. 바꿔 말하면 서구 문명은 수용하지만 기독교는 거부하겠다는 강력한 의사표현이었다. 이 둘을 동시에 달성하기 위해 제국 일본은 신도(神道)라는 전통 종교를 진화 발전시켜 서구의 기독교와 같은 수준, 아니 더 높은 수준으로 변모 시키려는 '일본 종교의 일신교화' 기획을 시도한다. 그것이 바로 복고신도(국학)와 미토학 등을 거쳐 탄생한 근대 천황제 이데올로기, 즉 국가신도 체제이며, 그 반대에는 기독교가 늘 자리해 있었다.

1940년 황기 2600년을 기하여 영미 배격을 지상과제로 삼으며 전쟁의 광기로 돌입한 것도 바로 그러한 '신도'와 '기독교'의 선명한 전선을 명확히 한 것이었다. 요코스카의 미카사 공원에 서 있노라면 이러한 근대 일본의 두 화두인 '신도와 기독교'의 관계가 욱일기와 십자가라는 두 상징물을 통해 그 어느 곳보다 선명히 느껴진다.

이러한 상징의 대치 국면은 도쿄의 야스쿠니 신사 입구의 거대한 청동 오오도리이(大鳥居) 옆에 세워져 있는 구단교회(九段教会)의 십자가에서도 잘 확인된다. 이 교회 또한 미국 감리회의 아오야마가쿠인에서 가르치던 줄리어스 소퍼(Julius Soper) 선교사가 1875년에 세운 교회로서 가장 오래된 10교회 가운데 하나이다. 야스쿠니 신사 정문 앞에 있던 탓으로 수많은 역사의 부침과 풍설이 있었지만 그것을 모두 견뎌내고 그 자리를 여전히 지키고 있다. 창립 120주년을 기념한 1994년에는 헬레니즘 조각의 최고 걸작이라고 일컬어지는 '날개를 단 사모트라케의 승리의 여신'(Winged Victory of Samothrace)을 모티브로 삼아 신축되었다. 루브루 박물관의 상징이기도 한 사모트라케의 니케(Niké of Samothrace) 조각상은 양쪽의 날개를 크게 펼쳐 전신에 바람을 받아 뱃머리에 서서 모두를 이끌고 있는 모습이다. 범선에 부착되어 사용되었던 것이 아닐까 상상되곤 하는 이 조각은 많이 파손된 상태라 정확한 학설은 알 수가 없다. 다만 순풍이 아니라 강한 역풍으로 온 몸으로 마주하여 그 바람으로 참아 내며 당당히 서있는 모습이다. 이처럼 미일 관계를 생각하더라도 욱일기나 국화로 대표되는 일본 국가신도 체제의 상징물들은 미국을 대표하는 프로테스탄트 기독교의 상징물인 십자가와 대치 국면을 형성하며 과거에도 지금도 선명하게 시각화 되어 남아있다.

일본기독교단 구단교회 좌측 뒤로 보이는 야스쿠니신사의 도리이

한일관계사도 마찬가지다. 지금까지 한일관계사는 고대사의 각종 교류와 이동, 몽골 침략과 고려군의 동원, 임진왜란, 조선통신사 교류, 식민지화 등의 연대기적 혹은 사건 중심적 관점에서 주로 다루어져 왔다. 혹은 가고시마의 심수관(沈壽官) 가문 등 일본에 건너간 조선인 도공들, 한국에 투항한 여여문(呂汝文, 본명 要汝文)이나 김충선(金忠善=사카야 沙也可)과 같은 일본인들, 아니면 근대사의 박열(朴烈)과 가네코 후미코(金子文子), 망우리 묘지에 묻힌 아사카와 다쿠미(浅川巧) 같은 인물사적 접근이 많았던 것이 사실이다.

하지만 이 책은 그 동안 시도되지 않은 '상징'이라는 키워드를 통해 한일관계사와 작금의 한일 문제를 새롭게 조명해 보려 한다. 필자가 기독교사를 연구하면서도 특히 한일관계사에 주목하게 된 계기는 유명한 1883년 일본기독교도대친목회의 단체 사진을 본 순간이었다. 그 사진의 중앙에는 쓰다 센(津田仙)의 권유로 일본에서 세례를 받은 초기의 개종자 이수정(李樹挺)이 수많은 대표적인 일본의 기독교인들과 함께 앉아 있다. 도시샤를 세운 니지마 조(新島襄)를 비롯해 김교신과 함석헌의 스승인 우치무라 간조(内村鑑三), 장준하와 문익환, 문동환, 전경연, 지동식, 유동식 등이 공부한 니혼신학교(日本神学校)의 설립자 우에무라 마사히사(植村正久), 그 밖에도 일본어 신구약 성서의 번역을 주도한 마쓰야마 다카요시(松山高吉), 이광수, 강원용 목사 등이 공부한 메이지가쿠인(明治学院)의 대표적 지도자 이부카 가지노스케(井深梶之助), 구마모토 밴드의 대표자로서 '조선전도론'을 주창한 에비나 단조(海老名弾正) 등 다양한 군상이 모두 한 자리에 함께 하고 있다. 이 날에 대한 감상을 우치무라 간조는 다음과 같이 기록하고 있다.

"한 명의 한국인(韓国人)이 있었는데, 일주일 전에 세례를 받은 뒤 자국풍(自国風)의 복장

1883년에 이수정(가운데 한복)이 참석한 제3회 전국기독교 신도(信徒) 대친목회 단체 사진

을 갖춰 입고 기품이 가득한 모습으로 우리 모임에 참여했다. 그 역시 자국어로 기도했다. 우리에게는 맨 마지막의 '아멘!' 이외에는 알아 들을 수 없었지만 그의 기도는 강력한 힘이 있었다. 그가 참석한 것, 그의 말을 우리가 이해하지 못하는 것이 오히려 그 자리의 광경을 더욱 펜테코스트(五旬節, Pentecost)적으로 만든 것이다. (…) 우리 위에 뭔가 기적적이고 놀라운 일이 일어나고 있음을 모두가 감득(感得)했다." (內村鑑三, 『內村鑑三信仰著作全集』, 第2卷.)

아직 한일강제병합이라는 불행한 역사가 시작되기 사반세기 전에는 이렇게 한일의 기독교인들이 악감정 없이 성령의 감동을 공유하며 교류하고 있었다. 이 장면은 '기독교 역사' 연구자를 '한일관계사' 연구자로 운명처럼 이끌었다. 하지만 청일전쟁(1894), 러일전쟁(1904)를 거치면서 한반도의 운명은 서서히 일본제국의 손아귀 속으로 빨려 들어갔으며, 그 극적인 변화상은 경인선과 경부선 철도 부설의 장면들이 잘 드러내 보인다.

주미조선공사 박정양(朴定陽)을 수행한 이하영(李夏榮)이 귀국하자 대한제국 정부는 철도 건설에 의욕적이었다. 1896년 3월 29일, 아관파천 중이었던 고종은 미국인 모스(James R. Morse)에게 경인선(京仁線) 부설권을 부여했고, 1897년 3월 22일에 한국 최초의 철도공사 기공식이 거행되었다. 하지만 1895년 명성황후 살해 사건으로 입장이 곤란해진 일본은 철도부설권에서 소외되자 경인선 부설권을 얻기 위해 모든 수단을 동원했다. 일본의 매수 공작에 견디지 못한 모스는 결국 경인선 구간 공사 30개월 중 80% 공사가 완료된 상태에서 일본에게 부설권을 팔아 버렸다. 그런 일본은 1899년 4월 23일 인천에서 기공식을 다시 열었고 5개월을 더 공사해 1899년 9월 18일 개통하게 된다. 이 때의 개통식 사진을 보면 4년 전 명성황후 살해 사건도 의식한 탓이었는지, 대한제국에 대한 최소한의 예우 차원에서 일장기와 태극기를 동일한 크기로 게양하고 있다. 이것이 식민지 전야에 마지막으로 목격되는 한일 관계의 나름 대등해 보이는 모습이다.

경인선 전구간 개통식 행사(1900)에 내걸린 태극기와 일장기. 아직은 표면적으로 대등해 보이는 듯한 양국 관계를 엿볼 수 있다.

서서히 경제적 침탈을 강화해 가던 일본은 2년 뒤인 1901년부터는 한반도 수탈과 만주 진출을 위한 교두보 마련을 위해 경부선(京釜線) 철도 공사에 박차를 가한다. 일본은 이미 1880년 중반부터 경부선 건설을 위한 지형 탐사와 측량을 비밀리에 실행해 오고 있었다. 이토 히로부미(伊藤博文)가 조선 정부를 계속해서 압박한 결과 조선은 결국 1898년에 '경부철도합동' 조약을 체결하여 경부선 부설권을 일본에 넘겼다. 이윽고 1901년 8월 20일 오전 11시 서

경부선 기공식(1901) 모습. 경인선 개통식과 비교할 때 일장기보다 훨씬 작아진 태극기가 눈에 띤다.

들어가는 글 13

울 영등포정거장에서 경부선 철도 기공식이 열렸다(「황성신문」, 1901년 8월 21일). 한 달 뒤인 9월 21일에는 부산 초량에서도 기공식이 열렸다. 그런데 이때의 사진을 보면 경인선 개통식 때와는 달리 거대한 일장기 옆에 조그만 태극기가 초라하게 걸려 있다. 주도권을 일본에 빼앗긴 나약한 한국의 위상이 그 사진에 여실히 드러난다.

일본의 침략이 강화되고, 한일 양 국가의 상징이 교차되거나 한쪽이 점차 희미하게 사라져 가는 과정 속에서 가장 먼저 반발한 집단 중 하나가 기독교계였다.

"이번 서도 거동시에 지영차로 한일 국기를 같이 달려는 문제에 대하야 평양 야소교회 목사 길선주 씨와 장로 김성택 안봉주 박치득 제씨가 극력 반대하야 교회 여러 학교에서 태극기만 달았는데 그곳에 잇는 경찰서에서 김성택 씨를 불러다가 일본기를 달지 아니한 일을 질문하매 김씨가 대답하기를 모든 학도들이 다 일본기 다는 것을 즐겨하지 아니함으로 이같이 하엿노라하였다더라." ("일(日)국기 반대," 「대한매일신보」, 1909년 2월 5일)

경부선은 3년 정도의 공사를 거쳐 1905년 1월 1일 개통식을 갖고 운행을 시작한다. 같은 해 9월 관부연락선(関釜連絡船)이 취항하고, 이듬해 4월부터는 경의선(京義線)까지 이어지게 되어 제국일본의 숙원인 대륙 진출의 발판이 확실히 마련되기에 이른다. 그 상징적 사건이었던 경부선 개통은, 을사늑약으로 한국의 외교권을 박탈하며 침략을 본격화 한 해의 정초에 이루어졌다. 그 때 출발을 알리는 기차의 선두에는 태극기가 사라지고 일장기만 걸려 있으며, 주변의 축하 장식들은 욱일기로 가득 차 있다. 이처럼 경의선 개통(1899), 경부선 기공(1901), 경부선 개통(1905)의 사진들을 보면 태극기가 점점 작아지다가 결국 사라져 버리는 변화상을 확인하게 된다. '상징'을 통해 바라본 한일관계사의 극적이면서 대표적인 사례가 아닐 수 없다.

한일관계가 두 국가 상징(태

경부선 개통식(1905)에서는 태극기가 사라지고 일장기와 욱일기만 보인다.

극기와 일장기)을 놓고 긴장감을 형성하기 시작하는 순간이었다. 하지만 미국의 이민 정책하에 사탕수수 농장에서 힘겹고 비참한 생활을 공유하고 있던 하와이의 한일 기독교인들은 서로를 위로하며 태극기와 일장기를 걸어 놓고 우호적인 분위기를 연출하고 있다. 하와이의 감리교 선교연회가 한인교회에서 개최되었을 때 한일강제병합 소식이 전해지는 험악한 분위기 속에서 연출된 전환기의 독특한 풍경이 아닐 수 없다.

1909년 하와이 한인감리교회에 열린 선교연회 기념 사진에서 병합 직전의 적대적 분위기 속에서도 한일 양국의 국기가 게양되어 있다 (민병용 소장, 로베르타 장 제공).

이수정과 일본 기독교인들이 함께한 듯한 풍경은 이렇게 태극기와 일장기가 함께 한 마지막 장면을 뒤로 하고 오직 일장기와 욱일기만 게양될 수 있는 엄혹하고 암울한 식민지 시대로 접어든다. 이처럼 종교적 집회 공간에서 '국가 상징'은 역사를 묵묵히 증언하며 그렇게 마지막 순간을 함께 했다.

이러한 흥미로운 장면들을 포착하는 가운데, 필자는 '상징'을 중심으로 한일관계사를 다시 살펴보기로 결심하였다. 앞서 소개한 것처럼 일본에는 천황을 상징하는 국화를 비롯하여 태양신 아마테라스 오미가미(天照大神)에서 유래한 욱일기, 히노마루, 그 밖에도 모란(보탄), 사쿠라, 오동잎(기리몬), 야타가라스 등 수많은 상징이 존재한다. 그에 비추어 한국에서도 조선 왕실 혹은 대한제국 황실을 표현한 이화, 태극 문양과 태극기, 무궁화, 삼족오 등의 상징이 존재한다. 이러한 한국의 상징들도 일본의 것이 전통종교인 신도와 깊은 관련이 있듯이, 태극 문양은 도교(주역 사상)를 배경으로 한 상징이었으며, 이화(李花)는 조선 유교를, 무궁화는 기독교를 통해 보급 운동이 주도되기도 했다. 이처럼 국가(왕실) 및 민족 상징은 동시에 종교적 상징의 의미도 함께 내포하고 있다. 기독교의 십자가가 구미 세력 전체를 상징하였던 것과 마찬가지로 말이다.

그 점들에 착안하여 이 책은 위에서 소개한 한일의 다양한 국가 및 민족 상징들이 어떻게 대립·경합하고 생멸을 각오한 흥망성쇠의 과정을 거쳐 오늘날에까지 이르고 있는지를 살펴보려 한다. 결국 이 작업의 목표를 달성하기 위해서는 '상징'이 지니는 종교적 성격까지 감안하여, 단순한 한일관계사적 접근을 넘어선 '종교문화사'적 관점까지 도입한 입체적 접근 방법을 채택하였다. 따라서 이 책에서 언급된 다양한 해석들은 일반 역사학과는 일부 결을 달리하면서 조금은 당황스러울 수도 있는 어느 기독교 역사학자의 문화사적 스케치라고 이해해 주면 좋겠다. 이 여정에 함께 하며 복잡한 과거의 한일관계사에 새롭게 눈뜨고, 두 나라의 현재를 진단하며, 새로운 미래까지도 전망해 볼 수 있다면 저자로서 더 할 나위 없이 기쁘겠다.

제1부: 동상이몽의 상징사

제1장: 왜 상징인가? 십자가 위에 걸린 일본의 초승달

하라다노모리에 뜬 초승달

니시노미야시의 가부토야마(甲山) 기슭에는 미국 남감리회가 일본에 설립한 '관세이가쿠인'(関西学院) 우에가하라 캠퍼스가 있다. 잔디 광장 끝의 시계탑 아래에 서면, 지붕 꼭대기 십자가의 '초승달'이 눈에 들어온다. 이 학교의 심볼이 다름 아닌 초승달(crescent, young moon)인 것이다. 매년 11월 열리는 관세이가쿠인대학(関西学院大学)의 축제 이름도 '신월제'(新月祭)이며, 전통의 글리 클럽 OB 모임도 '신월회'(新月會), 도쿄에 거주하는 동창의 모임도 '신월숙'(新月塾)이다. 1948년에 제정된 학교의 공식 응원가 제목은 '현월'(弦月), 즉 '초승달'이었고, 1954년에 새로 지어진 응원곡 제목도 '초승달 깃발 아래서'(新月旗の下に)이다. 지금도 이 학교 곳곳에는 노란색 초승달 이미지로 가득하다.

도일 직후 7년 동안 니시노미야 소재의 교회에서 활동하다 보니, 한국에서 오신 손님들을 이끌고 관세이가쿠인을 안내할 기회가 많았다. 그때마다 나는 다음의 질문을 듣곤 했다.

"이 학교는 기독교 정신으로 세워진 미션 스쿨인데 왜 이슬람을 상징

관세이가쿠인대학 우에가하라 캠퍼스 시계탑(하)와 초승달 휘장(상)

하는 초승달을 상징 마크로 쓰나요?"

사막을 왕래하며 달과 별에 의지하던 중동의 유목민들은 과거 다신교가 풍미하던 때에 이미 초승달을 숭배했다는 기록이 있다. 인류문명의 발상지인 이집트, 지중해, 메소포타미아 지역은 우연히도 초승달 모양을 하고 있기 때문에 '초승달 지역'이라고 불린다. 그런데 이슬람의 창시자 무함마드가 신(알라)으로부터 처음 계시를 받았을 때 마침 초승달과 새벽별이 떠 있었다고 하여, 그때부터 초승달은 '진리의 시작'이라는 의미를 지니며 이슬람의 상징 문양으로 자리 잡았다. 이는 초승달 자체를 신으로 숭배하는 것이 아니라 신의 계시가 초승달로 시작되어 만월로 확대되어 감을 기원하는 의미라고 할 수 있다. 구약성서에 "낙타 목에 걸린 초승달(三日月) 모양의 장식"(사사기8: 21)에 관한 이야기가 나오고, 신약성서에서도 "초승달(新月) 축제나 안식일 문제로, 아무도 여러분을 심판하지 못 하게 하십시오"(골로새서 2: 16)라는 말이 나오는 것은 모두 이러한 중근동 지역과의 관계 속에서 언급된 것으로 보인다. 오스만 제국의 팽창과 함께 이 상징은 세계적으로 널리 알려졌다.

하지만 나는 기독교 미션스쿨이 왜 이러한 이슬람 상징인 초승달을 심볼로 사용하는지 대답할 수 없었고 관세이가쿠인의 역사를 조사해 보았다. 관세이가쿠인은 1889년 설립 당시에 니시노미야가 아닌 고베(神戸) 마야산(摩耶山) 기슭 하라다노 모리(原田の森)에 세워졌다. 그 가운데 보통과와 신학부는 교사(校舎)를 지은 직후인 1894-1896년 경에 학교 상징을 초승달(新月 혹은 三日月)로 제정하였다. 이것은 서양인 선교사가 일방적으로 정한 것이 아니라 교원과 학생 쌍방이 위원회를 조직해 협의한 결과로 정해진 것이었다.**(1)** 학생들은 초승달을 제안했고, 교수들은 그 심볼 안에 'Kwansei Gakuin'의 약자인 'K.G.'를 넣

관세이가쿠인 시계탑의 십자가에 걸린 초승달(**좌**, 초기 도안, 관세이가쿠인 학원사편찬실)과 이슬람 사원 지붕 위의 초승달(**우**)

기로 하여 최종 결정되었다. 『관세이가쿠인 칠십년사』는 "위로부터가 아닌 아래의 구성원들이 열띤 논의를 거쳐 제정된 휘장(徽章)으로서, 학원의 민주적인 특색을 잘 드러낸 역사"라고 평가하고 있다. 그리고 심볼을 초승달로 정한 의미가 다음과 같이 서술되고 있다.

> 당시의 학생들은 어떤 생각으로 '초승달'을 선택한 것일까? 희미한 초승달이 둥근 만월이 되어 가듯이, 현재의 자신들의 불완전함을 장래의 원만한 완성체로 이끌고 싶다는 젊은 이상, 더욱이 달은 스스로 빛을 발하지 못하므로 태양의 빛을 받아 어두운 밤을 밝게 비추듯이, 자신들도 신의 영광을 바라보며 신의 은혜를 받고, 그 빛을 지상에 전하여 세상을 밝히 비추는 사람이 되고 싶다는 염원 등, 이런 생각들이 가을 단풍잎에 빛나는 '초승달'을 바라보는 가운데 당시 학생들의 가슴에 영감으로 떠오른 것이다.(2)

그런데 이 설명처럼 관세이가쿠인의 학생들은 하늘 위에 뜬 초승달만을 바라보며 영감을 떠올렸을까? 의문을 품은 필자는 관세이가쿠인이 처음 세워진 땅, '하라다노모리'의 주변 환경을 살펴보았다. 『관세이가쿠인 50년사』는 설립자 램버스(W.R.Lambuth) 선교사가 홍콩상하이은행(현, HSBC)의 대출금과 일부 모금액으로 처음 구입한 땅인 하라다노모리에

관세이가쿠인의 최초 부지인 '하라다노모리'(原田の森). 뒤의 숲은 하라다신사(原田神社, 현 오지동물원, 관세이가쿠인 학원사편찬실)

대하여 다음과 같이 묘사하고 있다.

> 초창기의 관세이가쿠인 시설은 참으로 불완전했다. (…) 학교 부지의 중앙부터 점점 주요 시설의 건축이 진척을 보여갔다. (…) 동쪽에 인접한 향사(鄕社) 다케미나카타노미코토(建御名方尊) 신사(神社)를 중심으로 하는 국유 송림(松林) 약 7천 평 부지 안에, 신사 부지 2천 평을 제외한 5천 평의 불하가 이루어졌다. 그로 인해 토지대금 및 수목대금을 합하여 2만 4천엔을 투입하여 이 땅을 구입하게 되었고, 학교 부지의 면적은 점점 팽창하여 1만 6천 평이 되었다. 이 새로운 학교 부지가 된 지역이 앞서 말한 소위 '하라다의 숲'(原田の森)이었고, 300여 년의 수령을 지닌 거목들이 우뚝 솟아 있었기에 저절로 별천지를 형성하였으며 학교 부지로서는 실로 이색적이었다.[3]

모든 신사는 깊은 '숲'(森, 모리)에 둘러싸여 있다. 신사에 부속된 참도(參道)나 배소(拜所)를 둘러싸도록 연출된 삼림(森林)을 '신쥬의 숲'(鎭守の森)이라고도 불렀는데, 이를 같은 발음으로 '신쥬의 사'(鎭守の杜)로 쓰기도 했다. 고신도(古神道)에서 간나비(神奈備)라는 신이 진좌(鎭坐)를 하는 숲이라는 점에서 이를 '가미시로'(神代·上代)라고도 불렀다. 이처럼 '사'(社) 혹은 '신사'(神社)라고 쓴 뒤 '모리'(숲)이라고 읽는 것은, 신사신도가 고신도로부터 파생되어 온 것임을 엿보게 한다. 그 결과 '모리'(森)는 곧 '신사'(神社)의 이음동의어가 된 것이다.

관세이가쿠인이 처음 세워진 '하라다노모리'(原田の森)도 이처럼 '신사'를 의미하는 지명이다. 앞의 인용문에서처럼 원래 그 땅의 주인은 '다케미나카타노미코토'(建御名方尊) 신사였다. 통칭하여 '하라다신사'(原田神社, 현 王子神社)라고 불렀다. 자연스럽게 하라다노모리(原田の森)는 하라다신사(原田神社)를 의미하는 것이다. 그러므로 미국 남감리회가 일본에 처음으로 세운 미션 스쿨은 고베를 대표하는 유서깊은 신사 부지 위에 세워진 것이다.

관세이가쿠인은 이 신사 주변에서 조금씩 토지를 확장해 나

숲에 둘러 싸여 있는 논 한 가운데의 신사(사진은 구마모토현 다카모리초)

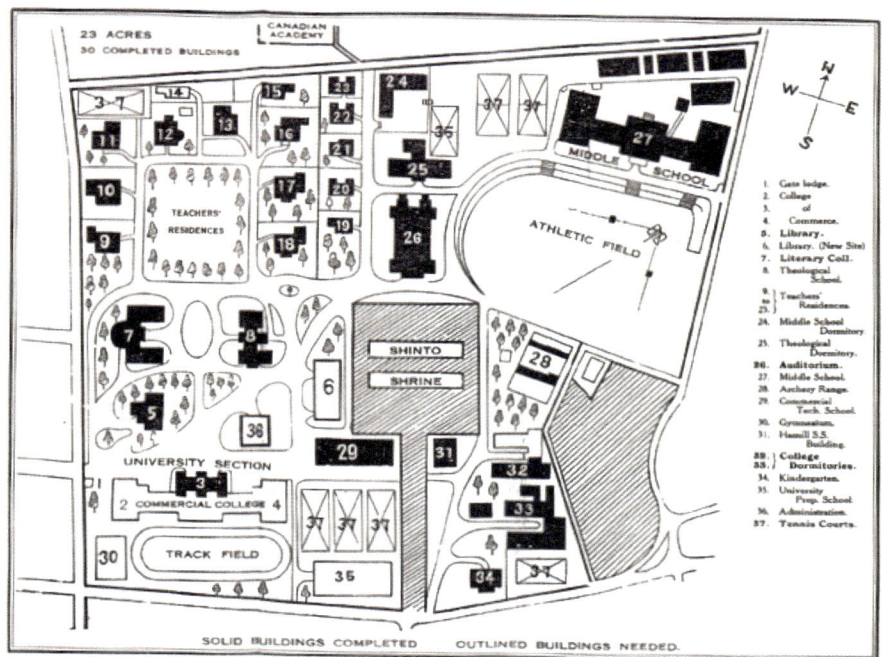

관세이가쿠인이 우에가하라(上ヶ原)에 이전하기 직전(1929년 3월)의 캠퍼스 도면. 검게 칠해진 부분은 완공된 건물, 하얀 부분은 계획 단계인 상태. 검은 사선이 그어진 부분은 캠퍼스가 아닌 신사 부지였다(관세이가쿠인 학원사편찬실)**(상)**, 관세이가쿠인대학 박물관에 복원된 캠퍼스 모형. 하다라노모리(原田の森)는 현재 고베시 오지(王子)동물원이 되어 있다(관세이가쿠인 학원사편찬실)**(하)**.

가면서 결국 '하라다신사'를 둘러싸게 되었고, 마침내 신사가 관세이가쿠인 캠퍼스 중심에 자리 잡게 되었다. 결국 학교 정문에 들어서면 참도를 걸어 하라다신사의 경내에 들어서게 되는 묘한 상황이 연출되기에 이른다.

필자는 바로 이 지점에서 관세이가쿠인의 초승달이 유래했다고 보았다. 관세이가쿠인보다 15년 앞선 1875년에 교토 데라마치(寺町)에 설립된 도시샤(同志社)는 이듬해인 1876년에 캠퍼스 확장을 위해 이마데가와(今出川)로 옮기게 된다. 그러자 고쇼(御所)와 쇼코쿠지(相國寺) 등, 주변의 신사와 절에 속한 신관승려(神官僧侶)들의 반대가 극심하였다. 그 때 복고신도 국학자 출신의 마쓰야마 다카요시(松山高吉)가 니지마 조(新島襄)의 상담역이 되어 주면서 무사히 이마데가와 캠퍼스 이전을 달성할 수 있었다.[4] 이처럼 메이지 시대에 신사와 절 주변에 기독교 미션스쿨을 세운다는 일은 참으로 어려운 일이었다. 하라다노모리, 즉 하라다신사 부지를 구입한 관세이가쿠인이 신사의 입장을 고민하고 평화로운 공존을 모색하는 것은 당시의 선교사 뿐 아니라 학생들에게도 당연히 중요한 과제였을 것이다. 그 가운데 관세이가쿠인의 어린 학생들은 하라다 신사뿐 아니라 일본의 대부분 절과 신사에서 친근하게 접할 수 있는 상징을 자연스럽게 떠올린 것이다.

초승달과 만월?

다시 말하지만, 관세이가쿠인의 초승달 상징을 처음 제안한 사람은 서양인 선교사가 아니라 일본에서 태어나 자란 학생들이었다. 그들은 백지 상태의 상상력, 혹은 하늘의 달을 보며 이 이미지를 단순하게 떠올린 것일까? 결코 그렇지 않아 보인다. 외국인으로서 일본에서 20년 가까이 생활한 필자는 한국이나 중국의 절에서는 전혀 볼 수 없던 문화를 일본에 와서 발견하였다. 일본의 신사나 절에는 흔하게 있지만, 한국과 중국에는 결코 없는 사원의 입구의 '정롱'(灯篭)이 그것이다. 대부분의 정롱은 본전에서 볼 때 동서 양 방향으로 '초승달과 해', 혹은 '초승달과 만월'이 창문처럼 뚫려 있다. 화대(火袋) 안에 실제로 불을 붙이는 경우가 거의 없어도 어두운 밤을 늘 비추고 있다는 의미로서 '상등명'(常燈明)이나 상야등(常夜燈)이라 부르기도 한다.

원래 메이지유신 전까지는 일본도 음력, 즉 구력(旧暦)을 사용했다. 그 결과 매월 1일은 반드시 '신월'(新月)과 함께 시작했다. 1일에 신사에 참배하는 것을 '오 쓰이타치 마이리'(御一日参)라고 부르며, 1개월을 기간으로 하여 그 동안 무사히 보낼 수 있었던 것을 감

사하며, 새로운 한 달의 무사 기원을 드리는 풍습이 있었다. 전통적 신불습합의 종교적 습관은 그 사이클에 맞춰져 있었다. 음력으로는 쓰이타치(一日)에 '쓰키가 다쓰'(月が立つ, 始まる), '쓰키다치'(月立ち) 등의 말이 변하여 '초하루'(1일, 쓰이타치)라는 발음이 정착되었다. 매월의 첫 번째 날을 '쓰이다치'(朔日)라고 하거나, 그 날에 참배하는 것을 '쓰이타치 마이리'(朔日参り)라고 부르기도 하는데, 여기서 쓰는 '삭'(朔)이라는 한자는, 달과 태양의 시황경(視黃經)이 동일해지는 순간, 즉 초승달이 떴을 때를 의미한다.

음력의 15일 밤은 물론 만월(滿月, 보름달)을 의미하면서 '쥬고니치 마이리'(十五日参)로 지켰다. 이세(伊勢) 등지에는 지금도 '오 쓰이타치 마이리'(御一日参)와 '쥬고니치 마이리'(十五日参)를 행하는 습관이 남아 있는데, 그것은 초승달과 만월에 여전히 참배를 하고 있다는 의미이다.

우주에서 볼 때, 초승달과 만월은 '태양-달-지구'가 일직선으로 줄지어 있는 관계성이 공명하여 종교적 감수성의 기운이 가장 넘쳐나는 순간이라고 옛 사람들은 생각했다. 초승달 시기에는 식물의 생육 속도도 더욱 빨라지거나 씨를 뿌리는 날을 초승달로 삼으면 그 식물들도 잘 자라난다는 등의 속설이나 연구 결과도 있다. 조수(潮水)가 가득 차 인간을 포함해 달의 힘이 우리 생활에 큰 영향을 미치고 있다는 주장도 있다. 또한 만월 시기에는 사람의 출생률이 높아진다는 설도 있다. 그래서 옛 일본인들은 그 날을 특정하여 제사를 지내 왔다는 것이다. 그 결과 메이지 이전에는 19만 사(社)가 존재하던 유서 깊은 사(현재

일본 정롱 양 옆에 뚫려 있는 초승달과 만월(혹은 태양) 창(**좌**) 나고야 시내 다카무신사(高牟神社) 경내 정롱(灯籠)의 초승달(新月)과 그 뒤로 보이는 한국계 개신교회의 십자가(**우**)

는 8 만사)에 사람들이 모여 지금도 기원 행사를 이어가고 있다.

이처럼 "새롭게 시작한다" 혹은 "새 소망을 품는다"는 의미로서의 초승달에 대한 일본인들의 특별한 감정은, 초승달 신사·초승달 신 등을 많이 만들어 냈다. 도쿄 인근의 북쪽에서 토치기현에는 4곳, 이바라키현에 2곳, 카나가와현에 한 곳 등 초승달 신사가 곳곳에서 실제로 존재하고 있다.[5]

하지만 메이지유신 이래, 일본뿐 아니라 전 세계가 '태양력'을 채용하였다. 이것은 계절이나 우주의 리듬을 무시한 인공적인 체계이므로, 현재 매년 1월 1일을 기념하는 습관도 자연계적으로 아무 의미도 없는 날이라고 생각하는 관점도 있다. 이러한 감각에 기초하여, 정롱에 뚫린 좌우의 초승달형(三日月型)과 원형(円型) 창문은 '초승달과 만월'을 의미한다는 견해가 있는 것이다. 메이지 시대에 석공으로 활동한 조부로부터 들은 이야기를 소개한 한 기고문에 따르면, 정롱이 비추는 것은 낮이 아니라 밤이기 때문에 둥근 원은 '태양'이 될 수 없으며 당연히 정월(正月)이라는 것이다. 정롱의 두 구멍을 '달과 해'로 설명하는 것은 현대에 이르러 생겨난 것이라고 한다. 이 설명은 관세이가쿠인의 첫 번째 해석과 통하고 있다.

관세이가쿠인 홈페이지가 설명하듯, 관세이가쿠인의 초승달이 지닌 첫 번째 의미는, "초승달이 만월로 시시각각 변화해 가듯이, 이 학교에서 배우는 모든 사람이 날마다 진보하고 성장하는 과정에 있음을 의미"[6]한다는 점이다. "네 시작은 미약하였으나 네 나중은 심히 창대하리라"(욥 8: 7)는 성구처럼, 이 학교는 배움을 처음 시작한 미숙했던 순간을 늘 잊지 말고 겸손하라는 뜻으로서, '봉사를 위한 숙달(mastery for service)'의 정신을 지금도 강조하고 있다. 그래서 공식 엠블럼의 4개 심볼 중 '중학부'(보통과)가 초승달, 신학부는 성서, 상학부는 지팡이, 문학부는 횃불과 펜이지만, 가장 어린 학생들을 의미하는 초승달을 학원 전체 상징으로 삼고 있다.[7] 과연 이러한 설명은 일본의 정롱과 무관한 설명인 것일까?

관세이가쿠인 시계탑에 새겨져 있는 「mastery for service」 휘장. 십자가와 성서, 초승달이 함께 그려져 있다.

초승달과 태양?

일본만의 독특한 정롱이 한국과 중국에서는 발견되지 않는 것은, 역시 일본 신도(神道)의 천황(天皇)이라는 존재와 관련되어 보인다. 즉, 천황을 의미하는 태양(원형)이 동쪽에 뚫려 있고, 신민(臣民)을 의미하는 초승달이 서쪽에 뚫려 있다는 설명이 그것이다. 태양은 스스로 빛을 발하는 유일한 존재이다. 신민은 달과 같이 그 빛을 받아 반사하는 존재일 뿐이다. 그렇게 일본의 신사와 신불습합의 과정을 거친 불교는 '태양과 초승달'을 동서로 그려 넣은 정롱을 반드시 정문 안팎에 세워 놓고 있다.

원래 신사나 절에 참배할 때는 반드시 필요한 5공(供)이 있다고 한다. 그것은 1.향기, 2.빛, 3.꽃, 4.물, 5.음식이다. 절과 신사에 정롱을 세워 놓은 것은 두 번째 요소인 '빛'을 마련하기 위해 낮에는 태양을, 밤에는 달을 양쪽에 연출해 놓은 것이라는 말이다. 실제로는 불을 붙이지 않아도 주야 1년 365일 언제나 선조와 부처를 공양할 수 있다는 발상이다.

이러한 생각에 기초하여, 해와 초승달은 이 세상 천지만물의 근원을 나타낸다는 설명도 있다. '낮과 밤'(昼と夜), '음과 양'(陰と陽), '생과 사'(生と死), '남과 여'(男と女) 등의 이원적 세계관을 드러낸다는 설명이다. 헤이안쿄(平安京)의 경우를 보아도 대극전(大極殿)으로부터 남쪽을 바라보며 그 동쪽을 사쿄구(左京区), 서쪽을 우쿄구(右京区)로 정하고 그것을 양과 음으로 구별하는 것만 보아도 이러한 전통은 뿌리 깊다. 따라서 신사 참배를 할 때에도 '오른손은 몸, 왼손은 마음'(右手は体・左手は心)인데, 두 번 박수를 침으로써 이원화된 존재였던 신과 인간(神と人)이 비로소 일체(一体)를 이룬다고 한다. 하지만 원래는 박수의 횟수도 다양했으나, 현재의 '이례이박수일례'(二拝二拍手一礼)가 정착된 것은 대정(大正), 소화(昭和) 시기의 전쟁을 거치면서 일본 군대에서 통일시킨 결과다. 그 말이 맞다면 '정롱'의 양쪽 창문을 '해와 달'로 보는 관점은 역시, 전시하의 '천황제' 강화와 관련이 깊은 설명이 아닐까 싶다.

이러한 관점은, 관세이가쿠인 초승달의 두 번째 의미를 뒷받침한다. 즉, "달이 태양의 빛을 받아 어두운 밤을 비추듯이, 우리가 신이 베푸시는 빛을 받아 세상을 밝혀 나가기를 바라는 마음을 나타낸다"(月が太陽の光を受けて暗い夜を照らすように、私たちが神の恵みを受けて世の中を明るくしてゆきたいとの思いを表わしていること)[8]는 학교 측의 설명과 합치되기 때문이다.

구약의 시편에서도 "낮의 해가 너를 상하게 하지 아니하며 밤의 달도 너를 해치지 아니하리로다"(시편126: 6)라면서 '낮과 밤', '해와 달'을 문학적인 대구(對句)로 등장시킨다.

그리고 출애굽기 34장 29절 이하에서, 모세가 십계명의 두 판을 들고 산을 내려오는 장면은 초승달과 같은 우리의 존재를 확실히 연상시켜 준다.

일본의 '정롱'에 담긴 의미처럼, 달은 스스로 빛을 발할 수 없다. 나약한 인간에 불과하였던 모세도 우리처럼 스스로 빛을 발할 수 없는 존재였다. 하지만 신과 직접 소통함으로써 그는 얼굴에서 빛을 발했다. 보통의 일본인들에게는 천황(天皇)이 빛을 발하게 해주는 태양이 될지 모르나, 그리스도인에게는 신이 태양과 같은 참된 빛의 공급자라는 점이 성서적 근거로 확인된다.

얼굴에서 광채를 드러내고 있는 모세. 사람들은 손과 옷 등으로 눈을 가리고 있다.

관세이가쿠인 70년사에 표현된 "달은 스스로 빛을 발하지 못하므로, 태양의 빛을 받아 어두운 밤을 밝게 비추듯이, 자신들도 신의 영광을 바라보며 신의 은혜를 받고, 이 빛을 지상에게 전하여 세상을 밝히 비추는 사람이 되고 싶다는 비원"은, 혼토르스트(Gerard van Honthorst)나 램블란트(V. R. Rembrandt)가 그린 작품 '목자들의 경배'의 장면을 떠올리게 한다. 깜깜한 마구간 안에서 어린 아기 예수가 발하는 빛을 반사하며 기뻐하는 목동들의 모습… 여기서도 예수 그리스도는 태양이요, 신앙인들은 그 빛을 반사 시켜 이 세상에 전하고 밝히는 초승달과 같은 존재임을 다시금 일깨운다.

혼토르스트의 '목자들의 경배'(Adorazione del Bambino, 1620)

한국과 중국에는 없는 일본 '정롱'의 특징은 바로 초승달과 원이다. 초승달과 짝을 이루는 원은 '만월'(정월)일 수도 있으며, 혹은 '태양'일 수도 있다. 하지만 어찌됐든 그 모두가 지극히 '일본적'인 상징 문화라는 사실이다. 하라다노모리, 즉 '하라다 신사'에 미션스쿨을 설립한 관세이가쿠인의 선교사들과 초기의 학생들은 분명 신사 및 사찰의 전통 종교와 어떤 관계를 설정해야 할지 고민했을 것이다. 그러한 신앙의 토착화에 대한 자연스러운 고뇌와 궁리 가운데, 조화와 상생을 모색한 결과로서 관세이가쿠인의 심볼인 '초승달'이 탄생한 것이다.

램블란트의 '목자들의 경배'(Adoration of the Shepherds, 1646)

"모세가 그 증거의 두 판을 모세의 손에 들고 시내 산에서 내려오니 그 산에서 내려올 때에 모세는 자기가 여호와와 말하였음으로 말미암아 얼굴 피부에 광채가 나나 깨닫지 못하였더라. 아론과 온 이스라엘 자손이 모세를 볼 때에 모세의 얼굴 피부에 광채 남을 보고 그에게 가까이 하기를 두려워하더니" (출애굽기 34: 29-30, 개역개정)

초승달과 십자가의 만남, 기리시탄 정롱

관세이가쿠인 시계탑의 초승달은 '십자가' 위에 걸쳐 있다. 그로 인해 이슬람의 초승달이나, 일본 신사나 절의 초승달과는 다른 기독교적 의미를 지니게 되었다. 초승달이 예수의 십자가상 죽음과 그리스도의 부활과 결합하여 새롭게 탄생한 것이다. 초승달은 하나님의 창조물 가운데 하나일 뿐이므로, 이슬람이나 신도가 독점할 수 없다. 따라서 일본에 이르러 초승달은 십자가와 결합하여 새로운 상징이 되었다.

그런데 일본에서의 초승달은, 19세기 말의 관세이가쿠인 설립 때에 비로소 기독교의

슈쿠가와 가톨릭교회 경내에 세워져 있는 불탑. 사진에는 안 보이지만 바로 옆에 기리시탄 정롱이 세워져 있다.

새로운 상징으로 탄생한 것이 아니다. 이미 에도시대에 십자가 상징과 결합된 바 있다. 바로 '기리시탄 도로우'(キリシタン灯篭)를 통해서였다. 금교령 하에서 숨어서 가톨릭 신앙을 계승해 간 이른바 '가쿠레 기리시탄'(隱れキリシタン)은, 그들의 정원에 세웠던 정롱의 하부 기둥을 십자가 모양으로 제작하여 기독교 신앙을 몰래 증거하였다.

관세이가쿠인 근처에서도 그 흔적은 쉽게 발견된다. 문호 엔도 슈사쿠(遠藤周作, 1923-1966)가 어린 시절에 성장한 슈쿠가와(夙川) 가톨릭교회. 그곳은 엔도에게 "그리스도교라는 몸에 안 맞는 양복을 처음 입게 된 장소"이므로, 동양과 서양, 일본 전통과 기독교 등에 천착한 '엔도 문학의 산실'로 평가받는 공간이다. 그런데 이 교회 정문의 좌측 야마테간센(山手幹線) 도로 쪽의 뒤뜰에 가면 흥미로운 공간이 있다. 자애로운 마리아상의 아래를 응시하고 있는데, 그 정면에는 4면에 부처가 조각된 불탑이 세워져 있고, 바로 옆에는 십자가 모양의 기둥으로 세워진 '기리시탄 도로우(정롱)'가 놓여 있다. 십자가 기둥에는 승려같은 인물상이 그려져 있지만, 그는 아마도 베드로나 바울일지 모른다. 아무튼 그렇게 관세이가쿠인 근처의 슈쿠가와 성당에도 '기리시탄 도로우'는 초승달과 십자가가 묵묵히 결합한 채 '영원의 시간'을 염원하고 있다.

오사카나 교토, 아이치, 멀리 구마모토 할 것 없이 일본 곳곳에서 기리시탄 도로우는

교토 다이도쿠지(大德寺) 즈이호우인(瑞峰院)의 기리시탄 정롱

쉽게 목격된다. 대표적으로 도시샤 서북쪽의 다이도쿠지(大德寺) 안의 즈이호우인(瑞峰院)을 소개하고 싶다. 이 작은 선원(禪院)은, 전국 시대 규슈의 6개 주를 지배했던 최고 실력자이자 그리스도인 다이묘였던 오토모 소린(大友宗麟)이 자신의 법명에서 절 이름을 따와서 세웠다.

대항해 시대에 규슈에 상륙한 최초의 선교사 하비에르와 운명적 만남을 가진 오토모는, 1562년에 교토의 다이도쿠지(大德寺)에 머물고 있던 91세의 텟슈 소우규(徹岫宗九)를 은사로 모셔 자신의 교토 저택을 그에게 기증하여 즈이호우인(瑞峰院)으로 바뀌었다. 지금도 그 절에는 오토모 소린의 위패와 무덤이 모셔져 있고 텟슈와 오토모가 함께 차를 마시던 차실도 보존돼 있다.

즈이호우인에 들어서면, 좌우 갈림길이 나오는데, 볕이 드는 남측에는 도쿠자테이(独坐庭, 독좌정)이라는 정원이 있고, 북측에는 간민테이(閑眠庭, 한면정)이라는 그늘진 정원이 있다. 많은 이들이 밝고 따뜻한 독좌정으로 자연히 발길을 옮긴다. 이곳은 걸승(傑僧)이었던 잇큐 소쥰(一休宗純)이 다름 아닌 일본 다도의 창시자 무라다 슈코(村田珠光)의 스승이었기 때문에 일본 다도의 탄생지로서도 의미를 지닌다. 또한 무라다의 후계자인 센리큐(千利休)가 이곳 대덕사에서 일본 다도를 완성시켰다고 하는데, 즈이호우인은 그 중심 무대 중 한 곳이다. 도요토미 히데요시의 명으로 할복 자살한 센리큐도 이곳 대덕사에 잠들어 있다.

유명한 십자가 정원은 뒤쪽의 으슥한 '한면정'을 말한다. 그 입구 오른쪽에는 이끼 낀 '기리시탄 도로우'(キリシタン灯篭)도 놓여 있어 십자가 정원과 함께 가쿠레 기리시탄의 목숨 건 신앙 전승의 역사를 느끼게 해준다. '한명정'으로 이동하여 처음 정원의 돌들을 보면 왜 이곳이 십자가 정원인지 의아하게 느낄 수도 있다. 하지만 막부 시대의 기독교 탄압을 피해 은밀히 신앙을 표시하기 위해 아는 사람만 공감할 수 있도록 간접적 방식으로 표현한 것임을 생각하면 고개를 끄덕이게 된다. 에도 막부 시대부터 극심해진 기독교 박해를 피해 은밀히 기독교 신앙을 드러내야 했기 때문이다. 중앙에 놓인 돌을 중심으로 세로로 네 개의 돌과 가로로 세 개의 돌(총 7개 돌)을 배치했는데, 그 돌들을 연결한 형상이 십자가와 같다. 이는 오토모가 기독교 박해로 핍박당해 순교한 이들의 넋을 위로하기 위해 설치한 것이라고 한다. 오토모가 죽은 이후에도 이 십자가 형태가 보존될 수 있었던 것은, 즈호우인의 창건자 오토모 소린의 그리스도교 신앙을 추모하기 위한 대덕사 측의 각별한 예우가 존재했기 때문이다.

대덕사에서 멀지 않은 가톨릭 기누가사교회(衣笠教會)의 정원, 그리고 기리시탄 연구자인 스기노 사카에(杉野榮) 목사가 시무하는 교토라쿠사이침례교회(京都洛西教会)의 정원, 기타텐만구(北野天満宮)와 가쓰라리큐(桂離宮) 정원, 후시미의 겟케이칸오쿠라기념관(月桂冠大倉記念館) 정원 등, 교토의 곳곳에는 지금도 이끼 낀 기리시탄 도로우가 역사를 증언하고 있다. 특히 기리시탄을 탄압하였던 도쿠가와 막부의 정원으로 유명한 나고야의 '도쿠가와엔'에도 연못이 가장 잘 조망되는 중심 위치에 기묘하게도 기리시탄 도로우를 세워 놓고 있어서 눈길을 끈다. 이처럼 기리시탄 도로우는 관세이가쿠인이 하라다신사 부지에 세워지기 훨씬 이전부터 '초승달'과 십자가를 결합하여 그 일본적 새 의미를 부여하며 기다리고 있었던 것은 아닐까?

나고야 도쿠가와엔(德川園)에 세워져 있는 기리시탄 정롱. 기리시탄을 박해하였던 도쿠가와 막부의 정원 한 가운데에 기리시탄 정롱이 세워져 있는 모습이 이채롭다.

상징으로 다시 읽는 한일관계사

    십자가와 초승달은 과거 불행했던 '십자군 전쟁'을 떠올리게 한다. 하지만 스위스인 앙리 뒤낭(Jean-Henri Dunant)이 이탈리아 내전의 참상을 목격한 뒤, 1863년 제네바에 국제적십자운동을 전개하면서 두 상징의 의미는 전혀 달라졌다. 1877년 오스만-러시아 전쟁 이후 이슬람권에서도 '신월'을 사용한 구호 단체를 조직했고, 1929년 제네바 협약 이

국제 적십자사·적신월사 연맹의 공식 심볼인 십자가와 초승달

후 적신월은 적십자와 마찬가지로 인도적 단체로 국제적 승인을 받았다. 처음엔 터키와 이집트만 사용했지만 지금은 적십자-적신월의 186개 연맹국 중 총 33개국이 적신월을 사용하고 있다. 참혹한 전쟁터에서 '국제 적십자사·적신월사 연맹(IFRC, International Federation of Red Cross and Red Crescent Societies)'이 국적과 인종, 종교와 계층을 초월하여 인도주의적 활동을 전개하고 있다. 십자가와 초승달은 그렇게 벽을 넘고 골을 메우고 있다. 그런 의미에서 십자가 위에 신월이 합쳐진 관세이가쿠인의 상징은 참으로 세계적, 보편적 의미를 지닌다. 이렇듯 '초승달'은 이슬람, 일본 신도(천황제)와 불교, 기리시탄의 역사와 기독교주의 교육 등과 그 상징적 의미를 겹쳐 오면서 역사적, 문화적 중층성, 복합성을 지닌다.

이렇게 상징을 스스로 만들어 낸 인간의 모습을 보고, 철학자 카시러(E. Cassirer)는 인간을 '이성적·합리적 인간(homo sapiens)'으로 정의하는 대신 '상징적 동물(homo symbolicus)'로 정의해야 한다고 말했다.[9] 인간은 언어적 형식, 예술적 심상, 신화적 상징 혹은 종교적 의식에 깊이 둘러싸여 있기 때문에 이러한 인위적 매개물에 의하지 않고서는 아무것도 볼 수 없고 또 알 수 없기 때문이다. 다른 동물들과 비교할 때 오직 인간만이 상징적 상상력과 지성을 발전시켜 왔다. 따라서 상징이란 인간 문화의 발현 양식이고 따라서 하나의 예술 사조나 제의양식(祭儀樣式)만이 아니라 인간 자체를 설명하기 위해서도 핵심적 개념일 것이다. 엘리아데(M. Eliade)도 "상징은 실재의 양태나 세계의 심층 구조를 드러내 준다"면서 상징의 기능을 요약해 설명했다.[10]

그리고 "상징은 소통의 객체이기도 하고 주체이기도 하다"[11]는 D. M. 라스무센의 말처럼 상징은 인간 경험의 어느 한 수준에서 단순하게 소통되는 것이 아니라 인간 경험의 여러 수준에서 복합적으로 소통되는 특징이 있다. 칼 구스타프 융(Carl Gustav Jung)은 "상징은 모호하고 일반에 잘 알려져 있지 않은 것, 우리들에게는 감추어진 무엇인가를 내포하고 있다. (…) 말이나 형상이 명백하고 직접적인 의미 이상의 무엇인가를 내포하고 있을 때 우리는 그것을 상징적인 것이라고 부른다 (…) 이것은 합리적으로 사고할 수 있는 모습으로 나타나는 것이 아니라 상징적인 이미지를 통해 나타난다"[12]고 말했다.

상징의 고유한 특성 중 하나는 이 글에서 살펴본 '초승달'의 경우처럼 다의성(多義性, Mehrdeutigkeit)이다.[13] 엘리아데는 이를 '상징의 다가성(多價性)'이라고도 표현하며 다음과 같이 말했다.

"상징에 있어서 하나의 고유한 특성을 간과해서는 안 될 것이다. 그것은, 바로 상징의 다가성(多價性)이다. 이는 상징이 동시적으로 표현하는 의미가 여러 가지임을 말한다. 이런 이유 때문에 상징의 의미를 하나도 남김없이 모두 설명하기란 매우 어려운 일이다. 이런 이유 때문에 상징은 다양한 맥락을 가지며 그 각각의 차원에 상응하는 가치를 지니고 있다. 따라서 만일 그 가운데 하나의 의미만을 '근본적'이고 '가장 우선적'인, 혹은 '본래적'인 것이라고 주장한다면, 하나의 상징이 내포하는 참된 메시지를 포착할 수 없게 될 위험이 따른다. (…) 단지 하나의 '근본적'인 의미만으로 환원시키는 상징 해석은 옳지 못하다. 상징의 인식적 기능은 바로 그것이 우리에게 사물을 다르게 볼 수 있는 관점을 제공해 준다는 데 있다."[14]

이것은 상징이 동시적으로 표현하는 의미가 여러 가지임을 말한다. 이러한 상징의 다의성의 문제는 해석의 문제를 요구한다. 상징이란 하나의 의미 구성이며 역사적이고 문화적인 계기를 초월하는 준거 대상이라는 점이다.[15] 현대 비교문화학자인 켄너(T.A.Kenner)는 이렇게 상징의 해석에 대해 말한다.

"상징이란 연상과 유사성 또는 관습에 따라 어떤 것을 바꾸어 표현한 것을 말한다. (…) 상징은 수많은 층으로 이루어진다. 상징들은 몇 가지 수준에서 서로 다른 것을 연상시키므로 당신이 어느 것을 바라 보느냐에 따라 완전히 다른 방향으로 해석할 수 있다. (…) 상징은 인간의 타고난 측면이 아니기 때문에 이 문제는 더욱 복잡해 진다. (…) 어떤 상징들은 비교적 보편적이다. 그러나 오직 한 문화권의 작은 영역에서만 이해되는 상징도 있다. (…) 당신의 생활양식에 다른 능동적인 선택들까지, 이 모두가 상징과 밀접한 관계가 있다. (…) 이 세상은 숨은 의미들로 가득하다."[16]

이처럼 상징은 하나의 사회문화적 구성물이며, 인간의 욕구에 대한 반응이다. 이런 관점에서 엘리아데의 말에 의하면 "매우 상이한 것들조차 거기에는 서로 통합되는 동일성이 있음을 알게 된다."[17]

상징에는 언어적 상징 이 외에 도상적(표상적) 상징이나 의식적 상징이 포함된다. 도상적(표상적)상징은 무엇을 지시하거나 의미하는 것이 아니라 그 자체가 의미이며 관념이다. 의식적 상징은 이슬람교도들이 메카의 방향으로 절을 하는 의식의 경우 거기에도 어떤 지시적 요소가 있는 것이 아니라 그 자체가 하나의 사고이며 형상이며 관념이다. 종교에서는 상징이 빠진다면 무너진다고 할 정도로 의식적 상징이 매우 중요하다.[18] 엘리아데는 이를 '상징의 우주론적 가치'라고 다음과 같이 표현했다.

> "상징은 인간의 정황을 우주론적 용어로 번역해 준다. 보다 정확히 말하자면, 상징은 인간 실존의 구조와 우주의 구조 사이에 내재하는 상호 의존성을 밝혀 준다. (…) 상징이 지닌 이러한 우주론적 가치에서 중요한 결과가 도출된다. 곧 어떤 상징을 이해하기 위해서는 먼저 객관적 세계에 대해 자신을 '개방'시켜야 될 뿐만 아니라, 자신의 고유한 조건을 떠나 보편적 이해에 참여할 수 있어야 한다는 점이다. (…) 즉, 다양한 맥락에서 무한히 반복되는 것으로 드러냄으로써 그것을 '분해'시킨다. 결과적으로 상징을 '살리고' 그 메시지를 정확히 해독하는 것은 보편성에 이르는 길이라고 할 수 있다. (…) 그것은 정신적 차원에서의 신비적 재생으로서 다른 존재 양식에 이르는 길 — 성(性)적인 성숙, 성(聖)과 문화에의 참여, 곧 영에의 '개방'이라 요약될 만한 — 이라고 할 수 있다."[19]

그렇다면 상징은 어떻게 탄생하고 사라지는 것일까? 심리학자 융(C. Jung)과 신학자 틸리히(P. Tillich)의 경우 상징은 집단적 무의식(group unconsciousness) 혹은 단체적 무의식(collective unconsciousness)에서 태어난다고 설명하였다.[20] 상징은 어떤 일, 어떤 말, 어떤 깃발, 그것이 무엇이건 자신의 존재를 인정받는 집단으로부터 태어나는 것이다. 이런 의미에서 집단적 무의식은 상징의 모태라고 할 수 있고 고의적으로 발명되는 것과는 다른 것이다. (가끔 있기는 하지만) 어떤 사람은 상징을 발명하려고 해도 상징은 오로지 한 집단의 무의식이 그것에 대하여 승낙할 때에만 상징이 된다. 이와 반대로 상징에 대한 인간 집단의 내면 상황이 존재하는 것을 그만 두는 순간 상징은 죽어 버린다. 그래서 상징은 융의 표현대로 "우리의 사고와 느낌에 대한 끊임없는 도전"[21]이다.

상징의 개념을 정리하면 다음과 같다. 첫째, 상징은 직접적인 지시체를 외계에 가지지 않는다. 둘째, 상징은 그 자체가 관념적 형성이다. 셋째, 상징은 언어 이외에도 의식(儀式)이나 도상(圖上)같은 방식으로도 나타난다. 넷째, 따라서 상징은 동물들과 다른 인간 특유의 산물이며 상징 연구는 이러한 인간의 모습을 잘 드러내 보이는 방법이다.[22] 따라서 상징에 대한 연구는 중요한 의미를 가진다. 신학이나 종교학으로서의 그리스도교학이 연구 대상으로 삼는 사상과 역사, 윤리와 규범 등은 이러한 측면, 즉 어떤 실체물이 아니라 관념적, 문화적, 정신적 산물이라는 점에서 '상징 연구'를 통해 더욱 넓은 시야를 확보하며 학문적 자산과 영역이 풍성해질 수 있을 것이다.

이처럼 상징이란, 거대한 역사적 산물이며, 지역과 거리를 초월해 종교와 문화, 민족과 나라의 경계를 넘어선다. 하지만 여기서 필자는 상징에 관한 관념적 이론을 논하려는 것은 아니다. 그야말로 우리 주변에 쉽게 보이는 '상징'들을 재발견해 가면서, 그 안에 깃든 역사와 사상을 새롭게 배워보려 한다. 특히 종교사상사, 국가의 흥망사의 관점에서 한일관계사를 새롭게 바라보려는 기획이다. 일종의 인간문화학적 접근이다. 관점과 재료의 제한은 없다. 호기심과 의문이 있다면 자유롭게 이야기를 전개하며 독자와 함께 그 여정을 이어가 보려 한다.

제2장: 십자가와 함께 시작된 상징의 한일관계사

임진왜란, 400년 전 십자가를 향한 서로 다른 꿈

재러드 다이아몬드가 쓴 책『총, 균, 쇠』(Guns, Germs, and Steel, 1999)의 제목이 잘 보여주듯, 문명 발달의 필수 요소 가운데서도 '총'이 가장 앞에 등장하고 있다. 전국시대의 일본은 바로 이 '총'을 갖기 위해 애썼고 그 과정에서 기독교를 받아들였다. 아마도 화혼양재(和魂洋才)라는 말은 프란시스 하비에르(Francisco Javier)와의 만남 이후 일본이 기독교에 대해 보여온 일관된 태도였는지 모른다. 그리고 일본이 주목하였던 그 첫 번째 '양재'는 바로 '총'이었고 말이다.

1543년 규슈의 다네가시마(種子島)라는 섬에서 포르투갈 상인이 쏜 뎃포(鐵砲)를 처

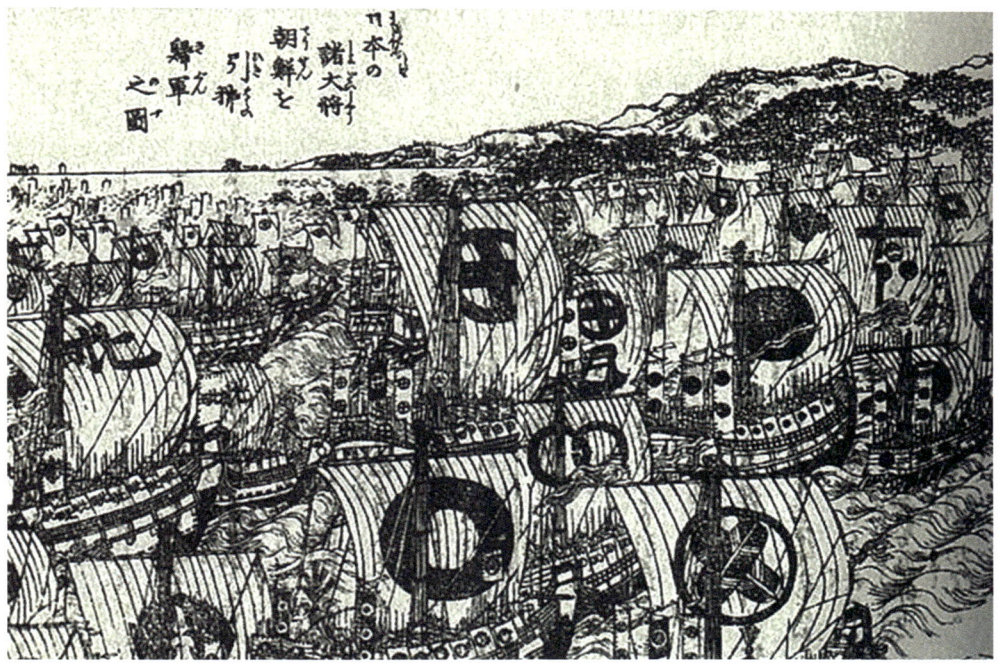

1592년 음력 4월 13일 일본 전함 7백여 척이 나타난 부산 앞바다. 임진왜란의 출발을 알린 부산진성 전투의 하루 전 풍경이다. 동그라미 안의 십자가 모양이 있는 깃발은 임진왜란 때 출병한 시마즈 요시히로(島津義弘)의 가문 문장이다. 시마즈는 성 프란시스코 하비에르가 상륙한 가고시마(사쓰마번) 출신이기도 하여 기리시탄 다이묘로 오해 받기도 하지만, 금교령 하에서 십자가와 관계 없는 문장임을 밝혔다. 가톨릭 선교 이전부터 사용한 문장이기도 하다.

음 접한 일본은 이 총을 모방해 만들어 보았지만 화약을 확보하지 못했다. 수년 뒤(1549)부터 때마침 예수회 신부들이 일본에 들어와 활동하게 된다. 그들은 각 영지의 지배자인 다이묘(大名)로부터의 호감을 얻기 위해 애썼고, 그때 그들을 매료시키는 가장 효과적인 수단이 총과 화약이었다. 특히 화약 제조 기술이 없었던 다이묘들을 위해 당시 포르투갈 상선과 소통하여 중국에서 화약을 확보해 주며 신뢰를 쌓았다.

그 결과 총포 부대를 편성할 수 있게 된 일본의 유력자들(오다 노부나가, 도요토미 히데요시)은 열도를 통일해 갔으며, 특히 도요토미 히데요시는 조선과 명을 침략하기 위한 임진왜란을 일으켰다. 총이 없었다면 불가능한 역사였다. 임진왜란 당시 조선에 직접 상륙했던 장수 고니시 유키나가(小西行長)도 기독교를 수용한 대표적인 기리시탄 다이묘였다. 그의 집안 문장에도 십자가가 사용되었고, 전쟁 당시 내건 깃발과 군복에도 십자가가 그려져 있었다. 그렇게 한반도의 사람들이 기독교 상징인 '십자가'와 처음 조우한 순간은 일본의 침략군을 통해서였다. 한국에서 기독교인 분포 비율이 가장 낮은 지역이 바로 부산과 경남 지역인데, 그 이유에 대해서 연구자들끼리는 임진왜란 때 보았던 그 살육의 깃발에 그려진 십자가가 여전히 지역적 트라우마로 남아 있기 때문 아니냐는 농담을 주고받기도 한다. (실제로 2015년 인구총조사에서의 지역별 기독교인 비율을 보면, 서울 24.2%, 인천광역시 22.9%, 경기도 22.9%, 전라남도 23.2%, 전라북도 26.9%인데 비하여, 부산광역시 12.1%, 울산광역시 10.9%, 경상남도 10.4%, 경상북도 12.9%로 발표되었다.)

1549년 일본에 처음 도착한 선교사인 예수회의 프란치스코 하비에르는 선교의 최종 목적지로서 중국(명나라)을 생각하고 있었다. 하지만 그 종교적 목표를 이루기 위해 일본을 활용하는 전략이 수립되었다. 도요토미 히데요시가 열도를 통일하자, 가스파르 코엘료(Gaspar Coelho) 신부는 1586년 5월 4일 도요토미에게 찾아가 중국 진출 계획을 공유하였다. 일본이 중국에 진출할 때 포르투갈 함대 등이 협력하면 그 대가로 중국에서의 가톨릭 선교를 보장해달라는 요구였는데, 도요토미는 그 제안에 호응한다.

이처럼 예수회가 내 걸었던 십자가 깃발과 그들과 연대한 일본의 침략군이 내건 십자가 깃발은 '기독교 세계 확장'이라는 종교적 목표와 '동아시아 패권 확보'라는 정치적 목표라는 동상이몽의 결과로서 하나가 되었다. 똑같은 십자가 상징이었지만 저마다 다른 의미를 부여하였고 그 과정에서 불행한 역사가 파생되어 갔다.

일본에게 처음으로 총을 안겨준 나라, 그리고 다수의 예수회 선교사들을 파송한 포르투갈은 사실 1143년에 십자군에 의해 세워진 나라이다. 첫 군주 아폰수 1세(Afonso I, 1109-1185)는 십자군 전쟁을 지휘하였던 군인 출신이었기 때문이다. 400년 이상 이슬람

칼을 든 아폰수 1세. 투구 위와 방패에 십자가가 보인다(좌). 구마모토 우토 성터에 세워져 있는 기리시탄 다이묘 고니시 유키나가의 동상. 아폰수 1세와 비슷하게 십자가 목걸이를 한 채 칼을 들고 있다(중). 규슈의 오이타역(大分駅) 앞, 즈쿠미역(津久見駅) 앞, 오토모 소린 공 묘소 공원 등에 세워진 오토모 소린(大友宗麟)의 동상도 고니시 동상과 마찬가지다(우).

세계가 지배했던 땅을 그는 가톨릭 국가로 바꾸었다. 이후 종교개혁(1517-)에 자극 받아 대항해 시대를 열며 해외 선교를 시작한 가톨릭 교회는 '해양의 십자군'이 되어 아시아 대륙의 맹주인 중국을 최종 목표로 삼았고, 그 여정 속에 일본을 끌어들인 것이다. 포르투갈의 십자군 깃발과 방패의 상징은 극동의 일본에도 그대로 전파되어 조선을 비롯한 동아시아를 격동으로 몰아 갔다. 이들의 동상이몽에서 탄생한 '십자가 상징'은 과연 골고다 언덕에서 고난을 받던 '케노시스'의 의미를 담아내고 있었는지 묻게 된다.

이러한 역사 과정 속에서 탄생한 십자가 상징은 일본 곳곳에서 발견된다. 우선 1993년 일본의 역사 유적 가운데 가장 먼저 유네스코 세계문화유산으로 지정된 히메지성(姫路城)의 '십자가 기와'(十字紋瓦)를 소개할 수 있다. 2014년에 인기를 끈 NHK 대하드라마 〈군사 간베에〉(軍師官兵衛, 총50부)의 주인공 구로다 간베에(黒田官兵衛, 본명은 孝高)는, 기리시탄(キリシタン) 다이묘로서 도요토미 히데요시가 일본을 통일하는 과정의 중요한 판단에 관여한 인물이었다.

히메지성의 천수각(天守閣) 아래 니노마루(二の丸) 권역의 당파풍(唐破風, 절이나 신사의 돌출된 곡선 지붕) 지붕 처마에는 십자가 문양이 그려진 귀와(鬼瓦)가 있다. 일본사학계나 히메지시, 문화재청은 공식적으로 이 기와를 기리시탄 다이묘와 연결시키지 않고 있지만, NHK 드라마 방영 후 다시 기독교와의 관련성이 있다는 주장이 힘을 얻고 있다. 도요토미 히데요시와 도쿠가와 막부 시대의 오랜 박해에도 이러한 십자가 기와가 성곽에 남아 있을 수 있었던 것은 잘 보이지 않는 은밀한 공간이었기 때문이라는 주장도 있다. 이후 이케다 데루마사(池田輝政)가 이 성을 개축할 때도 이 기와가 어떻게 살아 남았는지 등은 여전히

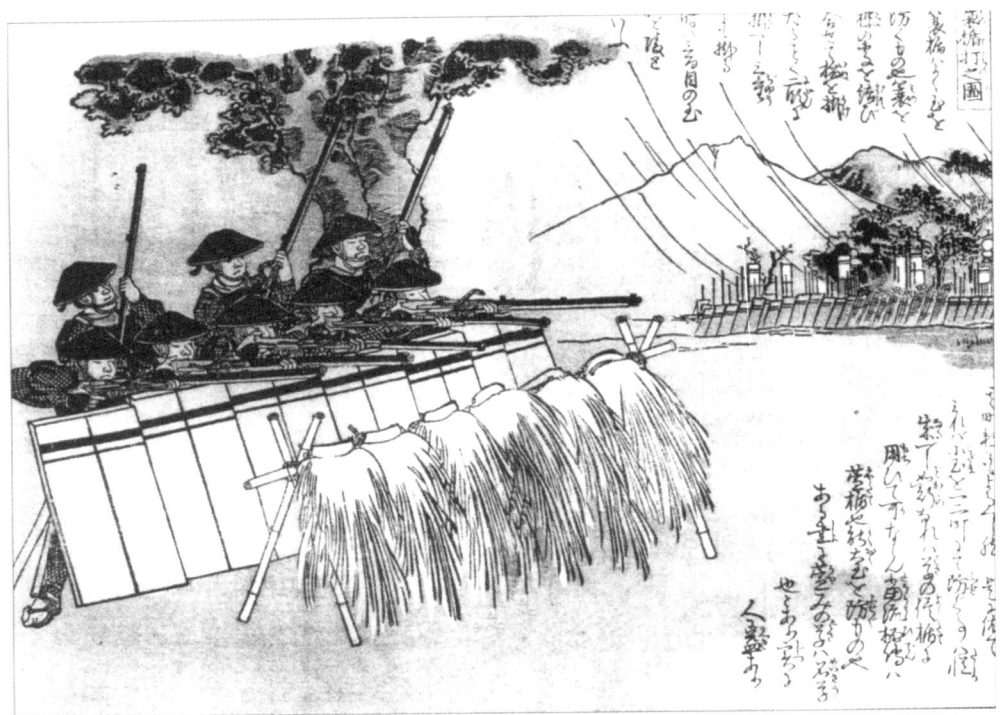

포르투갈 상인과 선교사들로부터 도입한 다네가시마(種子島) 총을 사용 중인 전국시대의 일본인 모습

히메지성의 십자가 기와

고니시 유키나가가 임진왜란 때 사용했던 문양 나카무스비기온마모리(中結祇園守). 전형적이고 노골적인 십자가보다는 자연스럽게 문장 안에 십자가가 녹아 들어가 있는 문장을 사용했다(좌). 고니시 가문에서 사용한 '구루스몬'(久留子紋). 십자가(크로스)를 음차한 문장의 이름으로, 금교령 이후 십자가에서 모티브를 딴 집안의 문장을 사용하며 신앙을 지킨 경우가 많았는데 고니시 집안은 물론, 가톨릭 복자로 시성된 다카야마 우콘(高山右近) 가문도 사용하였다고 한다(우).

미스터리지만 흥미로운 상징 유적이 아닐 수 없다.

    NHK 드라마를 보면, 극 초반부에 오사카 사카이(堺)의 한 가톨릭교회를 방문하는 장면이나, 현재의 오사카 다마쓰쿠리(玉造)성당 부지에 저택이 있었던, 전국시대의 가장 독실한 기리시탄 다이묘 다카야마 우콘(高山右近)과 교감하는 장면이 나온다. 극의 후반부에는 조선도 비중 있게 묘사되는데, 드라마 초반에 천재적인 정복 군주로 그려지던 도요토미 히데요시가 조선 침략을 명할 무렵부터는 완전히 광인(狂人)으로 묘사되어, 이순신 장군의 존재도 언급되는 등, 임진왜란 역시 명분도 실익도 없는 타국 침략전쟁일 뿐이며, 병력만 낭비하게 될 것이라는 식으로 그려진다. 드라마에도 등장한 다카야마 우콘은 2016년 교황청으로부터 복자(福者)로 인정받은 일본의 대표적인 가톨릭 순교자이다.

    또한 앞서 소개한 교토의 사찰 다이도쿠지(大德寺) 안에도 이러한 기리시탄 역사를 간직한 '십자가 정원'이 남아 있다. 사찰 안의 즈이호우인(瑞峰院)이라는 선원(禪院)은 전국시대 규슈의 6개 주를 지배했던 최고 실력자이자 기리시탄 다이묘(영주)였던 오토모 소린(大友宗麟)이 자신의 법명에서 이름을 따서 이 절을 세웠다. 오토모는 원래 선조 때부터 불교 임제종을 신봉하여 오토모씨(大友氏)의 영지인 분고국(豊後國) 지방(현 오이타)에 반쥬지(万壽寺)와 쥬고지(勝光寺) 등의 사찰을 창건할 정도로 독실했다. 하지만 1551년 포르투갈의 예수회 선교사 프란치스코 하비에르가 오자 그로부터 세례를 받고 개종하면서, 오히려 하비에르를 보호하며 그리스도교 전도활동도 공식적으로 인정하였다.

　훗날 오토모 소린은 1562년(永祿5)에 교토의 다이도쿠지(大德寺)에 머물고 있던 91세의 텟슈 소우규(徹岫宗九)를 은사로 모시며 교토의 집을 그에게 기증한 뒤, 즈이호우인(瑞峰院)이라 명명하였다. 지금도 그 절에는 오토모 소린의 위패와 무덤이 모셔져 있고 텟슈와 오토모가 함께 차를 마시던 차실도 보존돼 있다. 대덕사의 걸승(傑僧)이었던 잇큐(一休宗純)가 다름 아닌 일본 다도의 창시자 무라다 슈코(村田珠光)의 스승이었기 때문에 대덕사는 일본 다도의 탄생지로서도 의미를 지닌다. 또한 무라다의 후계자인 센리큐(千利休)가 이곳 대덕사에서 일본 다도를 완성시켰는데, 즈이호우인은 그 중심 무대 가운데 한 곳이다. 즈이호우인 북측의 칸민테이(閑眠庭, 한면정)라는 곳에는 모두 7개 돌로 연출해 놓은 십자가 정원이 눈에 들어온다. 한쪽 구석에는 이끼 낀 '기리시탄 도로우'(キリシタン灯篭)도 놓여 있

즈이호우인(瑞峰院) 경내의 십자가 정원

어 가쿠레 기리시탄의 신앙 전승의 역사가 느껴진다.

교토의 대표적인 기독교 학교인 도시샤에 가면, 정문에 세워진 양심비 뒤쪽으로 오래된 적벽돌 건물이 솟아 있다. 1887년에 도시샤 최초의 도서관 건물로 세워진 '서적관'(書籍館)이다. D. C. 그린 선교사에 의해 설계된 이 건물은 당시 일본 최대의 학교 도서관으로 명성을 떨쳤다. 1922년에는 도서관으로서의 사명을 끝냈는데, 그러한 의미를 담아 당시 총장이었던 무사 출신의 에비나 단조(海老名弾正)가 '유종관'(有終館)이라고 명명했다. 에비나 단조는 기독교를 일본 국체를 더욱 공고히 하는 수단으로 여겼던 인물로, '일본제국'의 팽창이야말로 '지상에서의 하나님 나라 확장'이라 믿으며 '조선전도론'을 주창한 인물이다. 일본의 한국 지배를 '신의 섭리'라 주장하며 그 누구보다 환영했던 일본의 기독교인이었다.

에비나가 '유종관'이라 명명한 이 십자가 건물의 이름처럼 영원할 것만 같았던 일본제국도 유종(有終)의 때를 맞아 지금은 존재하지 않는다. 하늘에서 볼 때의 십자가 형상은 기독교주의 학교가 영성(신앙)과 지성(이성)을 조화하기 바라는 의미를 담은 상징이었다고 한다. 자유주의 신학을 일본화 하였던 에비나다운 발상이다. 하지만 그러한 십자가의 의미에 '신과 인간의 수직적 관계', '사람과 사람, 나라와 나라 사이의 평등한 횡적 관계', 그리고 그 교차점에서 자신을 포기하였던 '그리스도의 희생과 부활'이라는 그리스도교의 기본적 가치가 간과되었던 것은 아닐까? 오랜 선배 무사들의 '화혼양재'가 범했던 과오의 반복처럼 말이다.

다른 미션 건축에서 자주 보이는 이러한 십자가형 구조는, 남감리회 계통 관세가쿠인 대학의 하밀관(Hamil Hall, 1918) 건립에도 반영되었다(이 책의 23쪽 캠퍼스 지도 및 모형의 31번 건물로 신사 도리이 오른쪽의 십자가 지붕 건물). 하밀관을 설계한 보리스는 이러한 십자가형 건축을 선호했던 것으로 보인다. 이후 한국의 대표적 기독교 학교인 연희전문학교의 한경관(漢慶館, 1940)을 설계했을 때에도 십자가형 건물을 설계했다. 1970년대부터 한경관은 연

도시샤대학 유슈우칸(有終館)

보리스가 십자가를 기본 축으로 설계한 관세이가쿠인의 하밀관

세대 신과대학 교사로 사용되기도 하였다. 그리고 이 건물 안에서 서남동, 안병무, 김찬국 등의 신학자가 한국을 대표하는 '민중신학'을 연구했다. 같은 '십자가형'의 건물이지만 무사 계급과 제국의 번영을 꿈꿨던 신학자의 공간과, 억압받는 민중을 위한 신학을 잉태한 공간의 '동상이몽'에 대해 곰곰이 생각해 본다. 이처럼 '십자가' 상징은 한국과 일본의 복잡한 역사 속에서 다양한 의미를 중의적으로 지니며 여러 모습으로 남아 있다.

보리스가 십자가 모양으로 설계한 연세대 한경관(구 신학관)

한반도에 새겨진 동상이몽의 상징들

1900년 11월 15일, 영국성공회가 조선에 파견한 초대 주교 찰스 존 코프(Bishop Charles John Corfe)에 의해 건립된 성공회 강화읍성당에 가 보자. 그는 백두산에서 수령 100년 이상의 적송을 서해 바다로 옮겨와 이 예배당을 지었다. 그것만 보아도 한국 땅에 처음 짓는 이 예배당에 그 영국인들이 얼마나 정성을 들였는지 알 수 있다. 한국식 전통 구조물에 바실리카 양식을 도입한 이 독특한 건물의 양쪽 출입문을 보면 흥미롭다. 다름 아닌 유니언 잭 문양으로 설계돼 있다는 점이다. 한옥 구조의 예배당에 다름 아닌 영국 국기인 유니언 잭을 연출한 초기 영국인들의 의도는 무엇이었을까?

실은 한강 하구의 입구 역할을 하던 강화도는 서울로 진입하기 위한 관문이었다. 그런 상징적인 곳에 대한제국은 1893년에 한국 최초의 근대식 해군사관학교인 통제영학당(統制營學堂, Korean Imperial Navy Academy)을 고종 황제의 명으로 설립했다. 하지만 교관은 대영제국 해군의 대위인 윌리엄 콜웰(William H. Callwell)과 하사관 제임스 커티스(James Curtis)를 위촉해야 했다. 결국 수년 뒤 청일전쟁에서 승리한 일본이 조선 정부에 압력을

성공회 강화읍성당 내부 모습. 양쪽에 유니언 잭 모양의 문이 있다. 유니언 잭 문은 선교사의 주문으로 영국에서 제작해 보내 온 것이라고 한다.

성공회 강화읍성당의 측문 유니언 잭

넣어 이 학교를 폐교 시켰지만, 영국 해군 채플린이었던 코프 신부 등에게 강화도 땅은 영국과 조선이 특별한 인연을 맺은 중요한 땅이었다. 그곳에 한국식 성공회 성당을 지으면서 '유니언 잭'을 넣는 것은 대영제국의 정치적 의미와 더불어 그리스도 세계의 영역 확장이라는 두 가지 의미를 모두 담고 있는 것으로 보인다.

동상이몽의 상징사를 가장 극적으로 보여주는 공간은 서울의 연세대학교 캠퍼스가 아닐까 싶다. 이 학교의 창립자인 H.G. 언더우드는 영국 런던 태생으로 청소년 시기에 미국으로 이주하였다. 국적은 미국인이었지만 영국인으로서의 빅토리아 마인드가 남아 있던 영미 사이의 대서양에 두 발을 걸친 경계선상의 인물이었다. 언더우드 사후 18년 동안 연희전문학교 교장과 세브란스의학교의 교장을 겸직하였던 O.R. 에비슨 박사도 영국

강화읍성당의 유니언 잭 측문이 열린 바깥 모습. 지붕 처마에는 삼태극 문양과 십자가가 그려져 있는 등, 다양한 상징의 집합소이다.

출신으로 젊은 시절 캐나다로 이민한 인물이었다. 이러한 영국적 정서의 공유는 토론토대학 교수직을 버리고 언더우드와 함께 한국에 처음 세워진 의학교의 발전에 투신하기로 결심한 하나의 배경이 되었을 것이다. 또한 1895년 일인들에 의해 조선의 왕후가 죽임을 당하였을 때에도 이들 영국적 정체성을 공유하는 선교사들이 중심이 되어 홀로 남아 공포에 떨던 왕 고종을 보호하는 활동(춘생문 사건)을 전개했다. 왕실에 대한 기본적인 경외심과 존경심은 영국과 독립전쟁을 거쳐 미국을 건국한 이후에 미국에서 출생하고 성장한 미국인 선교사들과는 구별되는 모습이었다.

이처럼 '영국적 풍모'를 지닌 언더우드와 에비슨이 세운 연희전문학교의 본관을 보면 앞서 확인한 영국인 성공회 선교사들의 유니언 잭과 유사한 공간을 연출하고 있다. 우선 1924년에 지어진 언더우드관의 배면을 보면 방패 주변에 영국의 국화인 '장미'가 12송이 새겨져 있다. 방패는 진리의 수호를, 12송이 장미는 예수의 12제자와 같은 영국을 의미하는 것일까? 3.1운동 이후에 고양된 민족 의식을 배려해 건물 곳곳에 태극 문양을 새겨 넣었는데, 장미 바로 옆에도 태극이 보인다. 자신들의 본향 영

연세대 언더우드관 배면의 방패와 장미 12송이와 태극마크. 미합중국 건국을 주도한 조지 워싱턴이나 토마스 제퍼슨 등의 장미 사랑은 각별했으며, 합중국인 관계로 장미를 국화로 지정할 수는 없었지만 붉은 장미(Red Rose)는 미국을 상징해 왔고, 수도 워싱턴 D.C.를 상징하는 분홍빛 장미 품종의 이름은 '아메리칸 뷰티'(American Beauty)일 정도다. 1986년에 레이건 대통령은 백악관 로즈가든에서 장미를 미국의 국화로 선언했지만 의회에서 승인 받지는 못했다.

국의 국화인 장미도 새겨두고 싶었던 것일까? 건물 뒤쪽 꼭대기에 보일듯 말듯 표현하고 있다.

그리고 '스팀슨관', '언더우드관', '아펜젤러관' 3개의 건물이 완성되면서 자연스럽게 조성된 본관 앞 정원에는 강화읍성당의 양쪽 출입구처럼 영국 국기 모양의 '유니언 잭'이 연출되었다. 그런데 당시 조선에서는 '미국'의 국명을 '아름다울 미'(美)로 썼지만, 일본제국은 '쌀 미'(米)로 표기했다. 일제 치하에서 일본식 미국 표기가 일반화된 점을 생각하면 유니언 잭은 동시에 '미국'을 의미하는 셈이기도 했다. 영국에서 미국과 캐나다로 이민한 뒤, 언더우드와 에비슨 둘 다 미국 장로회로부터 파송 받은 입장에서 유니언 잭의 모양은 자신들의 두 뿌리인 '영미'를 모두 자연스럽게 드러내는 상징이 되었다.

유니언 잭 모양의 정원이 구상된 계기는 1928년에 학교 창립자인 언더우드 동상이 세워진 때로 보인다. 정원 중앙의 동상을 기준으로 자연스럽게 언더우드의 고향과 조국인 영국과 미국을 의미하는 유니언 잭과 쌀 미(米)의 모양으로 가득이 조성된 것이다. 하지만 1941년 태평양전쟁이 발발하면서 일제는 '영미배격'을 기치로 내 걸면서, 신동아(新東亞)의 지도자를 양성해야 할 반도의 학원에서 적국(敵國)인 영국 및 미국인의 동상이 세워져 있는 것을 용인할 수 없었다. 곧바로 압박이 들어왔고, 이사회는 결국 언더우드 동상을 없애기로 의결하였다. 이에 1942년 4월 24일, 윤치호 교장과 직원들, 그리고 학생 대표자가 모인 가운데 언더우드 동상은 철거되어 무기 생산을 위해 공출 되었다. 이후 그 자리에 흥아유신기념탑(興亞維新記念塔)이 그 당시 총독이었던 미나미 지로(南次郞)의 글씨로 세워졌다. 기념탑이 세워진 날이 탑의 측면에 "쇼와(昭和) 16년(1941년) 12월 8일"이라고 새겨져 있는데, 이 날짜는 1941년 12월 7일에 일본 제국 해군이 하와이 진주만 공습을 개시한 날과 무관하지 않아 보인다. 러일전쟁에 이어 영미의 백인 세계와도 항전을 펼쳐 아시아를 해방하겠다는 일본제국의 야망은 이렇게 한국의 대표적 미션 스쿨에서도 이러한 야만적 방식으로 표현되고 있었다. 자연스럽게 기념탑의 앞에는 학생들이 경건하게 배례하는 신동아(神東亞)의 성지를 조성하기로 하였는데, 이 때의 논의에 대해서는 『연세대학교사』(1969)가 다음과 같이 적고 있다.

> "교정의 중앙부에는 원두우 동상이 있었고 이를 중심으로 팔방(八方)에 정원이 꾸며져 있었다. 오늘 날의 교정의 모습이었다. (…) 그런데 1942년부터 원두우 동상과 천문대, 망원경, 건물 부속 철제품은 일제의 군수품 제조용으로 징발되었고, 교정은 연병장이 되었다. **교정의 화단이 마치 미국의 일본어 칭호인 미국의 '미'(米)자를 의미하고, 영국 국기와**

언더우드 동상을 중심으로 학생들이 분열식 행사를 개최(1937)
연희전문학교 본관 옥상에서 보이는 언더우드 동상과 유니온 잭 정원(1941년 졸업앨범)

흡사하여 미·영국을 상징하니, 미·영 격멸을 위하여 싸우는 마당에, 여기에 연병장을 만들어야 한다는 억설(臆說)에서 나왔다고 전하기도 하지만, 당시는 종합운동장과 여러 광장이 식량 증산의 국책상 모두 밭으로 되고 있어서, 군사훈련과 사열을 위해서 교정이 연병장으로 되었던 것이다. 원두우 동상을 철거한 석기단 위에는 동상 대신, 각추석의 **흥아유신기념탑**(興亞維新記念塔)이 세워졌다. (이 흥아탑은 당시 조선총독의 필적으로 각석 되었고,

1941년 세워진 흥아유신기념탑과 주변의 8방 정원(상), 현재 연세대에서 보관 중인 파손된 흥아유신기념탑(하)

지금은 상경대학 건물 뒤, 작은 개천의 다릿돌로 되어 있다.) 또 특히 **학관 건물 전후면 탑신에 새겨진 태극 조각을 뭉기고, 일본화의 표어로 학관의 전면의 거의 매웠다. 학교 전면 첫 계단 중간에 위치한 뉴욕의 우리 겨레가 보내준 석비도 철거**되었다. (…) 모두 어처구니없는 일이었다. (…) 일제의 이와 같은 모든 처사들은 **기독교적인 것, 민족적인 것, 구미적인 것을 완전히 말살하려는 수단과 방법에서 나온 것**이었다."[1]

영국의 유니언 잭, 혹은 미국의 쌀 미(米)를 의미하므로 당연히 파괴되어 새로운 모습으로 조성되어야 했던 연희전문학교의 팔방 정원이었다. 하지만 놀랍게도 태평양전쟁 시기에 그 정원은 그대로 살아 남았다. 이유는 무엇일까?

이미 영미인 창립자의 동상은 무기 생산을 위해 징발된 상태였으니 충분히 모욕을 준

상태였다. 그 자리에서 세워진 '흥아유신기념탑'(興亞維新記念塔)이란 결국 '팔굉일우'(八紘一宇)의 전 세계적 천황 지배의 욕망을 실현할 1차적 과제인 '대동아공영권' 건설을 찬미하는 기념물이었다. 이듬해(1942) 6월에는 세브란스의학교의 이름이 영미인의 이름이라 불경스럽다는 이유로 미나미 총독 직접 지시하여 아사히의학전문학교(旭醫學專門學校)으로 바꾸게 한다. '아사히'는 '욱일기'(旭日旗)에 사용되는 말로서 그야말로 '팔굉일우'의 모습을 떠올리게 하는 교명이었다. 8월에는 연희전문학교의 학교명도 '경성공업경영전문학교'(京城工業経営專門学校)로 강제 변경된다. 그 과정에서 '흥아유신기념탑' 주변의 '팔방 정원'의 의미는 '대동아공영권'을 통한 세계 제패의 야망이 표현된 '팔굉일우'와 '욱일기'의 모습으로 그대로 환치되었던 것이다. 그러므로 조선총독부 당국은 그 정원까지 일부러 파괴할 이유를 오히려 못 느끼게 된 것이다.

영국의 유니언 잭과 미국의 쌀 미(米) 자를 의미하던 정원은 그 중심의 언더우드 동상이 '흥아유신기념탑'으로 교체되는 순간 '욱일기'와 '팔굉일우'의 뜻을 자연스럽게 표현하는 일본제국의 성지로 변모했다. 연세대 본관 앞 정원에는 지금도 '팔방정원'이 그대로 보존돼 있다. 천황(天皇)이 거하는 곳이야말로 세계의 중심이라는 사상에 기초하여 미국인이 세운 대표적인 기독교 학교의 중심을 파괴하고 새로운 '세계의 중심'으로 변모시켰다. 하지만 일본의 패전 직후 연희전문학교 학생들은 흥아유신기념탑을 넘어뜨려 캠퍼스 내의 개천 다리로 사용하며 밟고 다녔다(지금은 연세대학교 연세 역사의 뜰 경내에 보존돼 있다). 그리고 그 자리에

전시하의 연희전문 졸업사진에 내걸린 '국체명징'과 '내선일체' 깃발. 원한경 교장의 좌측 세번 째에는 칼을 든 교관이 서 있다.

는 다시 언더우드 동상이 세워졌다. 영미인이 중심이 된 연합군 최고 사령부(GHQ, General Headquarters)는 '팔굉일우'와 '대동아공영권'이라는 말을 사용 금지 용어로 채택하여 발표한다.

"세계의 중심이라고 하는 이 모든 우주론적 건축 상징과 성소, 그리고 거주지의 기원 및 역사의 문제이다. 이 문제는 상당히 어려운 과제이다. 여기에 내포된 복잡한 문제를 모조리 다룬다는 것은 엄두조차 나지 않는다. (…) 신화, 사회, 경제적 구조, 물질 문명 등과 마찬가지로 건축 상징에 담긴 우주론적 관념과 그 적용의 문제는 기나긴 역사를 가지고 있다. 이런 문제는 문화마다 다양하게 나타나면서 필연적으로 가변성을 띨 수밖에 없으며 그 결과 원래보다 더 풍부해 지거나 혹은 더 빈약해지기가 쉽다."(2)

M. 엘리아데는 그의 대표작 『상징, 신성, 예술』의 제10장 '성스러운 건축과 상징'에서 다음과 같이 말하며 세속적 의미로서의 '세계의 중심성'에 대한 인간의 집착, 그리고 다양한 민족과 국가의 정체성, 문화적 배경 등으로 인해 그 욕망은 긴 역사 속에서 다양성과 가변성을 지닌다고 지적한다. 하지만 경우에 따라서 그것은 문화를 더욱 풍성하게 만들 수도 있지만 반대로 파괴와 결핍을 초래할 수도 있다고 말한다. 즉 '세계적 중심성'을 향한

현재의 연세대 언더우드관 앞 유니온 잭 정원

저마다의 '동상이몽'이 낳을 수 있는 비극에 대한 경고이다. 그리고 이렇게 덧붙인다.

> 모든 인간의 체제에 중심의 확정 및 지평의 설정이 내포되어 있음을 살펴 보았다. 이는 곧 영토를 '질서화', 달리 말하자면 영토를 '세계'로 변형시킴으로써 신들이 창조하고 살던 범례적 세계를 모방하고자 하는 것이다. 따라서 국가의 창건이건 혹은 단순히 거주지의 확보이건 간에, 인간이 어떤 영토에 들어가 자리잡는다는 것은 모두 우주 창생을 반복하는 행위라고 할 수 있다.[3]

십자가를 비롯해 유니언 잭과 같은 종교 및 국가 상징물들은, 동아시아의 선교 과정, 그리고 한국과 일본의 복잡한 역사 속에서 다양한 '중층성'과 '양의성'을 지니게 된다. 그 야 말로 상징 하나를 놓고 벌어지는 웃지 못할 '동상이몽'의 역사가 아닐 수 없다. 하지만 엘리아데는 그러한 '동상이몽'의 와중에도 그것이 '우주창생을 반복하는 행위'가 될 것을 주문하고 있다. 그것은 자신만이 절대적이라는 오만이 야기하는 타자에 대한 폭력성을 자제하면서, 서로 다른 상징에 대한 설정과 해석을 존중하고 이해하는 것이다. 그 때 비로소 모두가 공감하고 인정하는 참된 의미의 '성스러운 공간'도 새롭게 창조될 수 있을 것이다.

제2부: 오비이락의 여울목 위에서

제3장 삼족오의 동정(東征), 야타가라스의 서정(西征)

우에가하라 언덕에 둥지를 튼 야타가라스

앞서 소개한 관세이가쿠인대학(関西学院大学) 우에가하라 캠퍼스의 중앙강당 뒤뜰에는 '세이츄히'(旌忠碑)라는 독특한 기념물이 세워져 있다. 하지만 아무도 관심을 갖지 않고 무심히 지나치는 곳. 어느 자이니치 코리안 학생이 학교 측에 이 공간이 어떤 의미인지 질문했지만 학교 당국에선 곧바로 대답을 내놓지 못해 조사에 들어갔다. 그 결과 2001년에는 이 비석 앞에 그 의미를 설명하는 플레이트가 설치되었고, 2004년에는 자료집까지 나왔다. 학생과 방문자를 위한 플레이트에는 다음과 같이 적혀 있다.

'전쟁의 세기'라고도 불리는 20세기, 일본도 이 시대의 소용돌이 속에 있었다. 관세이가쿠인의 많은 학생과 졸업생들도 전쟁터로 향했으며, 그 땅에 묻히는 일도 일어났다. 1937, 38년 두 해에 걸쳐 관세이가쿠인은 동창생 전몰자의 위령제를 거행했으며, 이에 더하여 학생회, 동창회 등과 상의하여, 합동으로 위령과 진혼의 뜻을 담은 정충비(旌忠碑)의 건립을 계획했다. 학원 창립 50주년 식전이 거행 된 1939년 10월, 정초식이 실시되었고 그 다음 해 2월에는 비석을 완성했다. 비석에는 청일전쟁 이후, 고귀한 생명을 전쟁터에서 마감한 동창 168명의 이름이 새겨져 있다.
'정충'(旌忠)이란 말은, 국가에 대한 충의(忠義)를 현창하는 것을 뜻한다. 비석의 뒷면에 그 유래를 적어 놓았는데, 자신을 절대적 정의의 위치에 세워 두고 타인을 토벌하는 의미를 갖는 중국 고전의 어구, 그리고 진무천황(神武天皇)의 고사(古事)를 기록한 『니혼쇼키』(日本書紀)의 한 구절이 인용되고 있다. 더욱이 청일전쟁을 '메이지 27, 8년 전쟁'이라고 칭하면서, '순국제사'(殉国諸士), '황국'(皇國), '황모'(皇謨)가 나날이 드러남으로써 국운(国運)이 마침내 창성케 되리!'(謨益す顕かにして、国運、愈よ昌ん) 등의 말이 등장하고 있다. 비석의 앞 면에는 진무동정(神武東征, 일본 초대 천황의 동쪽 정벌)을 상징하는 야타가라스(八咫烏) 모습이 배치돼 있음을 보면, 이 비석이 당시의 시대 풍조를 현저하게 반영하고 있는 사실에 대해, 충분한 인식을 갖고 바라 보지 않으면 안 된다.
과거를 직시하는 일 없이, 미래를 말할 수 없다. 젊은 나이에 활짝 열렸어야 할 양양한 전도(前途)가 닫혀 버린 동창생 전몰자들에게 추도의 뜻을 나타냄과 동시에, 여러 형태로

관세이가쿠인(関西学院) 우에가하라(上ヶ原) 캠퍼스의 정충비(旌忠碑) 필자가 촬영하는 순간 공교롭게도 까마귀 한 마리가 날아와 비석 위에 앉았다(상). 정충비 중앙의 야타가라스(八咫烏)(하)

 피해를 입은 사람들에게도, 회오(悔悟, 반성)과 자계(自戒, 자숙)의 생각을 갖고 바라보지 않으면 안 된다. 거역하기 힘든 전쟁에 휩쓸려간 아시아 여러 나라들, 그리고 그 땅의 사람들에 대해서는 특히 이 생각을 강하게 품는다. 기독교주의 교육을 기축으로 하며, 오늘날 아시아 여러 나라들과 교류를 적극적으로 진행하려는 관세이가쿠인으로서는, 이 과제를 진지하게 수행하는 가운데, 평화를 위해 기도하며 일하는 것이 무엇보다도 요구된다.
 "평화를 이루는 사람은 복이 있다." (마태복음 5장 9절, 새번역성경)

관세이가쿠인은, 1937년 중일 전쟁의 동창생 전사자 7명을 위해서 첫 위령제를 실시했다. 이듬해 38년 4월에 '국가총동원법'(国家総動員法)이 발령되었고 전사자는 늘어나 10명의 동창생 전사자를 위한 두 번째 위령제를 개최했다. 고조되는 전시하의 분위기 속에서 학원, 학생회, 동창회는 합동 위령비 건립을 계획하였고 모금을 실시했다. 마침내 1939년 10월의 창립 50주년 기념식전의 일환으로서 정초식이 거행되어 다음 해(1940년) 2월에 완성되었다. 기념비 앞 면에는 청일전쟁 이후의 학원 관계 전사자 168명의 이름을 새겼고, 가운데에 진무천황의 동정(東征), 즉 구마노국(熊野国)으로부터 야마토국(大和国)을 향한 정복의 길을 안내했다는 신화 속의 야타가라스(八咫烏)를 동판으로 그려 넣었다. 메이지유신 이후 천황의 나라를 위해 목숨을 바친 청년들을 기념한 이곳은, 어찌 보면 야스쿠니 신사와 같은 성격도 지닌다. 그렇게 일본 신화 속에 나오는 야타가라스(八咫烏)도 함께 미션스쿨 캠퍼스의 한 가운데에 떡하니 둥지를 튼 것이다.[1]

의외로 이 비석 전체의 설계는 일본인이 아닌, 미국인 W. M. 보리스(William Merrell Vories, 1880-1964)가 맡았다. 태평양전쟁 직전, 미국과의 전운이 감돌던 이 시기에 베이쓰(C. J. L. Bates, 1877-1963) 학장이나 보리스 같은 북미 출신의 전도자들은 일본 정부와의 원만한 관계를 형성하기 위해 고육지책으로 애쓰고 있었다. 하지만 이 비석 가운데의 야타가라스(八咫烏) 동판은 일본인 마나베 요시로(真鍋由郎, 1873-1939)와 후쿠다 미노루(福田稔)가 디자인했다. 특히 마나베는 미국 남감리회 J. T. 마이어스 선교사로부터 세례를 받은 크리스찬으로서 1898년부터 관세이가쿠인에서 가르치기 시작하였다. 1905년부터 4년 동안

아다치 긴코(安達吟光)가 그린 '야타가라스를 쫓는 진무천황'(八咫烏を追う神武天皇). 왼쪽 위의 새가 야타가라스

은 미국 스탠포드대학에 유학하고 돌아온 뒤에도 계속 가르치다 1930년부터 38년까지는 중학부 부장대행으로 일하다 은퇴한 인물이었다.⁽²⁾ 이처럼 관세이가쿠인 캠퍼스 안의 야타가라스(八咫烏)는 그곳에서 오랫동안 일한 일본인 기독교인에 의해서 설계된 것이다. 하지만 마나베는 이 설계를 마치고 한참 비석이 건설되던 중인 1939년 9월 15일, 그 결과를 못 본채 사망했다.

그런데 이듬 해(1940) 2월 야타가라스(八咫烏)가 이 캠퍼스에 둥지를 튼 직후부터 비극은 시작된다. 관세이가쿠인 원장 겸 학장이었던 베이쓰 박사를 비롯해 전문부와 신학부 명예교수의 헤이덴(Thomas Henry Haden, 1863-1946) 교수, 전문부 문학부장의 아우터브리지(Howard Wilkinson Outerbridge, 1886-1976) 교수 등, 관세이가쿠인에서 일하던 선교사 전원에게 1941년 봄까지 모두 귀국하라는 명령이 내려졌다. 사실상 추방 조치였으며 관세이가쿠인은 큰 위기감에 휩싸였다. 야타가라스를 중앙에 새겨 넣은 우에가하라 언덕의 미니 초혼사(招魂社)를 일부러 세워 일본 정부와의 원만한 관계를 위해 애썼음에도 어두운 전운(戰雲)은 그들과의 동거를 허락하지 않았다. 결국 베이쓰는 1940년 연말에 고베항의 귀국선에 몸을 싣게 되었고, 평생을 바친 휑한 관세이가쿠인에는 진무 천황을 인도했던 야타가라스(八咫烏)가 날개를 펴고 캠퍼스의 새 주인이 되었다. 1889년에 설립된 기독교주의 학교는 이렇게 한 동안 설립 정신과 동떨어진 시기를 보내야 했다.

동쪽으로 날아간 '삼족오', '야타가라스'가 되다!

야타가라스(八咫烏)의 이름은 원래 '삼족오'(三足烏)이다. 신화나 각종 회화 등에 발견되는 신비의 동물은 3개의 다리를 가진 까마귀를 말한다. 아시아에서 주로 발견되며, 종종 북아프리카 등에서도 나온다. 까마귀는 '태양의 흑점'(太陽の黒点)이라는 설도 있기 때문에 결국 '태양'의 이미지와 연결된다.⁽³⁾

동양 세계에서 삼족오의 유래는 역시 황하문명의 발상지인 고대 중국으로 보인다. 기원전 양사오(仰韶)의 토기나 벽화 등에서도 수천 점의 삼족오가 발견되었기 때문이다. 삼족오가 등장하는 가장 오래된 문서로서는, 전한(前漢) 시대의 『춘추원명포』(春秋元命苞) 등이 있는데, 『산해경』(山海經)이라는 문헌에도 "태양 가운데 까마귀가 있으니 세 발 달린 까마귀이다"(日中有烏謂三足烏也)'라는 문장이 나온다.(달에는 두꺼비가 산다고 묘사했다.)

그 밖에도 기원전 문헌인 『회남자』(淮南子)를 보면, "옛날, 매우 넓은 동쪽 바다(東海)

부근에 부상(扶桑)의 신수(神樹)가 있는데, 10마리의 삼족오(三足烏)가 살고 있었다"라는 표현이 나온다. 고대 중국에서는 음양론에 기초하여 짝수(偶數)가 그늘(陰)을, 홀수(奇數)가 볕(陽)을 의미했다. 따라서 태양의 흑점으로서의 까마귀를 빛과 연결시키기 위해 다리의 수를 홀수인 3개로 만들

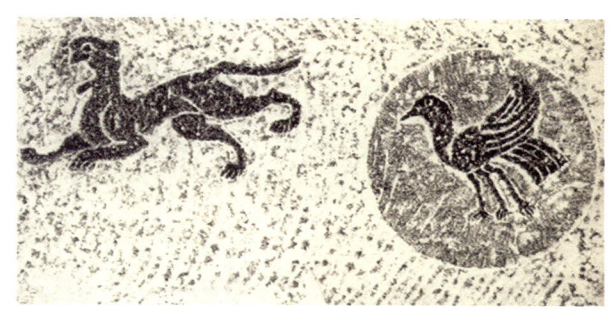

중국 한왕조(漢王朝) 시대(B.C.206-220)의 벽화에 그려진 삼족오(三足烏)

었다는 것이다. 『초사』(楚辞)의 천문왕일주(天問王逸注) 등을 보면, 10마리의 삼족오가 차례로 하늘로 날아올라, 입으로부터 불을 토해내면 태양이 되었다고 한다. 따라서 옛날에는 10의 태양이 존재해, 바뀌어 오르고 있었다. 하지만 요제(堯帝)는 활의 명수에게 명하고, 9개의 태양에 사는 9마리의 까마귀를 쏘아서 잡게 했다. 이때 이후, 태양은 현재와 같이 1개가 되었다는 전승도 있다.

또 다른 견해는 고대 중국의 도교가 홀수는 햇빛을 의미한다는 생각과 관련된다. 즉, 태양(太陽)은 음(陰)이 아닌 양(陽)이므로, 태양에 사는 까마귀는 그 발이 양수(陽數), 즉 홀수인 3을 따라 세 개일 것이라고 생각했다는 것이다. 그에 따라 삼신일체사상(三神一體思想), 즉 '천'(天)·지(地)·인(人)'을 나타내며, 천신지기(天神地祇)와 자연, 그리고 사람이라는, 이 세상의 기본 요소 세 가지를 상징하게 됐다는 견해도 있다.[4] 이러한 이유로 상나라 수도 은허(殷墟)의 유물이나, 랴오닝성 원태자 벽화 등에서도 삼족오 문양이 발견된다.

하지만 중국의 삼족오가 상징으로서 꽃핀 곳은 한반도였다. 우선 한반도에 세워진 최초의 나라인 고조선 시대에는 삼족정(三足鼎)이라는 제기(祭器)가 있었는데, 천계의 사자(使者), 군주, 천제(天帝)를 상징하는 그 그릇의 '세 발'이 삼족오를 적극 수용하게 이끌었다는 분석이다. 이후 세워진 고구려의 고분 벽화들에서 삼족오가 많이 발견되는데, 태양 안에 그려진 삼족오가 등장하는데, 왼쪽에는 용, 오른쪽에는 봉황이 그려져 있다. 그래서 고구려나 부여에서는 삼족오를 '화오'(火烏)라고 부르며 용과 봉황마저 압도하는 고구려의 핵심 상징으로 존재했다.

『삼국유사』(三國遺事)의 기이편(紀異篇)을 보면, 신라 소지왕(炤知王) 10년에 까마귀가 향후 발생할 일과 대처 요령을 미리 알려주는 신비한 존재로 등장한다. 일본의 태양신 신화와도 관계된 신라의 연오랑(延烏郎)과 세오녀(細烏女) 부부의 전설에도 삼족오가 나온다. 신라 제8대 아달라왕 4년(157년) 동해(東海) 바다의 연오랑과 세오녀 부부가 살았는데, 어

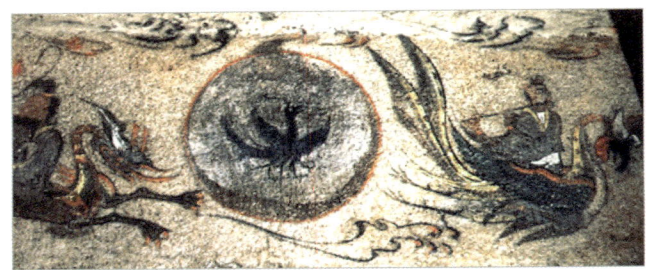
고구려의 고분 벽화에 등장하는 삼족오(三足烏)

느 날 연오랑이 미역을 채취하려고 올라선 바위가 움직이더니 그대로 일본으로 가 버렸고, 그를 본 일본인들은 그를 신이 보낸 사자로 생각해 왕으로 모셨다는 이야기이다. 그런데 이 부부의 이름 연오랑(延烏郎)과 세오녀(細烏女)에도 까마귀 오(烏)가 들어 있다.⁽⁵⁾ 남편 연오랑은 해를, 부인 세오녀는 달을 상징했으므로, 두 사람의 이름에 들어간 '까마귀'는 모두 '빛'을 의미했다고 보인다. 고려 시대에는 역모를 꾀하던 신하들로부터 까마귀가 구해준 것을 계기로, 정월 대보름에 까마귀를 기념하며 제사 지내는 오기일(烏忌日)로 정한 약식(藥食)의 절기가 마련되기도 했다.

이처럼 아시아에서 '삼족오'의 상징 문화는 대륙과 반도에서 꽃피었음을 확인할 수 있다. 그런데 그것은 일본 열도에 새로운 둥지를 틀면서 야타가라스(八咫烏)라는 새로운 이름을 갖게 된다. 앞에서 조금 설명했지만, 진무 천황(神武天皇)이 규슈를 출발해 '동정'(東征)을 시작할 때 까마귀가 함께 하였으며, 구마노에서 야마토로 향하는 길을 무사히 안내했다.

또 그렇게 야마토를 정복하고 가시하라(橿原)에 조정(朝廷)을 세운 진무 천황(神武天皇)은 이후의 일본 천황가의 첫 조상이 된다. 그 때문에 와카야마현을 중심으로 전국 각지에 이러한 전설을 간직한 여러 신사가 세워졌고, 전국시대(戰國時代)의 기이노쿠니(紀伊国)의 사이카슈우(雜賀衆, 재야 총포무사 집단)를 다스린 스즈키 가문(鈴木家)의 가문 문장과 깃발에도 야타가라스가 사용되었다. 덴무 천황(天武天皇)이 구마노(熊野)에서 축국(蹴鞠)을 자주 했던 것과도 관련되어 있다고 한다. 그 결과 나라현의 정창원(正倉院)의 여러 보물에도 삼족오의 문양이 그려져 있으며 현재까지도 천황이 즉위식 때 걸치는 곤룡포의 왼쪽 어깨 위에는 삼족오가 그려져 있다.

일본에서도 까마귀는 원래 불길한 새의 이미지였지만, 이런 역사적 배경을 통해, 삼족오의 경우는 세 발이 "지(智)·인(仁)·용(勇)"을 의미하며 미지의 땅을 찾아가는 현명한 새로서 인식되면서, "인생 길이 열리는 개운, 인생의 목표 달성"(人の道開きの開運, 人生, 目的 達成)을 이끄는 수호자로서 새롭게 자리 잡아 갔다. 그렇게 "까마귀란 존재는 일본이란 국가가 만들어진 이후부터 일종의 길조로 여겨지는 상징"이 되었다.⁽⁶⁾

이러한 야타가라스의 기록은 『고지키』(古事記), 『니혼쇼키』(日本書紀), 『엔기시키』(延

喜式) 등에서 발견되며, 그림이나 조각 문양은 기토라 고분(キトラ古墳)의 벽화나 후쿠오카현의 메즈라시즈카(珍敷塚) 고분의 벽면, 그리고 나라 호류지(法隆寺)에 있는 다마무시노즈시(玉虫厨子)의 태좌(台座) 등에서 발견된다.(7)

이처럼 전쟁을 승리로 이끈 안내자로서의 전설은, 부탄의 까마귀(ワタリカラス)가 왕을 안내했다는 설화와도 유사하다. 그런 이

야타가라스(八咫烏) 깃발이 세워진 구마노혼구신사(熊野本宮大社)의 도리이(鳥居)

유로, 야타가라스를 제신으로 한 와카야마현의 구마노혼구 다이샤(熊野本宮大社) 같은 곳의 참배객들은, 야타가라스를 '길잡이의 신'(導きの神様)이라고 부른다. 구마노 고오우신푸(熊野牛王神符)에도 그려져 구마노의 상징적 존재가 되어 있다. 도야마시에 위치한 '오쿠다신사'(奥田神社)의 경내에는 '동서남북'과 자축인묘진사오미신유술해(子丑寅卯辰巳午未申酉戌亥) 십이간지가 적힌 돌판 위에 세워진 금색 야타가라스 동상 옆에 "자신의 태어난 간지(干支)나 방위를 왼손으로 잡고 오른손으로 야타가라스를 어루만지면 좋은 인생으로 이끌어 줄 것"이라고 적혀 있다.

그런데 '삼족오'는 일본에 와서 어떻게 야타가라스로 불리게 된 것일까? 매우 긴 것의 단위인 '야타'(咫)라는 말이 '8개'가 되어 '매우 크다'(八咫 =とても大きい)라는 말이 되었고, '거대한 까마귀'라는 말로 정착한 것이다. 세 개의 발이라는 특징을 넘어서서 전통적인 봉황보다도 거대한 새로서의 상징 이미지가 극대화 된 것이다. 하지만 헤이안(平安) 시대 중기(930년 경)의 문헌『화명류취초』(倭名類聚抄)에서는 '야타가라스'를 '삼족오'라고 표기하는 경우도 있으므로 일본에서도 야타가라스는 중국·조선의 삼족오과 같은 뿌리의 새임을 자각하고 있었음은 분명한 사실이다.

삼족오는 일본에서 새로운 이미지로 변용되어 갔기 때문에, 같은 진무동정(神武東征)에서 까마귀로 묘사된『고사기』(古事記)와는 달리,『일본서기』(日本書紀)에는 금치(金鵄, 긴시, 금색의 솔개)가 나가스네히코(長髄彦)와 싸워 진무 천황을 도왔다고 기록되는 등 차이를 보인다. 즉 일본에서는 까마귀와 금치의 두 이미지가 혼용되어 간 것이다. 관세이가쿠인에 세워진 '정충비'에 삼족이 아닌 발이 두 개 뿐인 까마귀로 묘사된 것도 그러한 이유 때

문일 것이다. '삼족'이 아닌 이미지의 거대한 새도 곳곳에서 발견되므로 '삼족오'보다는 '야타가라스'(큰 새)라는 명칭이 일본에서는 더욱 일반화 된 것이다.[8]

일본 축구의 상징이 된 야타가라스

이처럼 한중일 동아시아 3국에서 널리 정착된 '삼족오'의 상징문화는 근대의 일본 제국 건설 과정에서 일본이 새롭게 전유·독점하게 된다. 1910년 한일강제병합 이후 식민지로 전락한 한국은 고구려 역사의 일부인 삼족오에 대해 망각해 갔으며, 1931년 만주사변과 37년의 중일전쟁 이후 중국도 큰 혼란에 빠졌다. 이 시기와 발맞춰 일본은 야타가라스를 일본 제국의 팽창을 상징하는 새로운 도구로 사용한다. 1931년에는 일본축구협회(JFA)가 공식 마크로서 삼족오를 새롭게 디자인하여 발표한 것이다.

야타가라스를 일본 축구의 심볼로 정한 대담한 시도는, 메이지 시대에 근대 축구를 일본에 소개한 나카무라 가쿠노스케(中村覺之助, 1878-1906)와 관계가 깊어 보인다. 나카무라의 고향이 다름 아닌 와카야마현 히가시무로군(東牟婁郡) 나치카쓰우라초(那智勝浦町)였는데 그곳이 바로 야타가라스의 본향과도 같은 곳이기 때문이다.

마을 신사(神社)의 제사를 담당하는 우지코(氏子) 집안에서 자라난 나카무라는 1899년에 와카야마사범학교를 마친 뒤 교사가 되었다. 하지만 더욱 높은 수준의 교육에 목말

일본축구협회의 심볼이 된 최초의 야타가라스(八咫烏, 1931)(좌), 1996의 변경 과정을 거쳐 2017년에 다시 바뀐 현재의 일본축구협회 엠블럼(우)

라 곧바로 그만 두고 1900년에 도쿄고등사범학교(현, 쓰쿠바대학)로 진학한다. 그때 서구 문물에 눈을 뜬 그는 '축구'를 소개한 영국 책을 번역, 편집하여 일본 최초의 축구 지도서인『어소시에이션 풋볼』(アッソシェーションフットボール)이란 책을 도쿄고등사범학교 축구부(蹴球部)의 이름으로 출판했다. 물론 1885년에 야외에서의 놀이법을 소개한 책

나카무라 가쿠노스케(中村覺之助, 좌)와 우치노 다이레이(內野台嶺, 우)

『옥외유희법』(戸外遊戱法)이 일부 내용으로 축구를 '풋볼'이란 이름으로 소개했지만, 럭비와 사카의 구분이 불명확한 간략한 내용이었다. 어찌됐든 나카무라는 이를 계기로 도쿄고등사범학교 안에 안에 아식축구부(ア式蹴球部)를 창립했는데, 이것이 일본 최초의 축구팀이 되었다. 1904년에는 나카무라의 기획으로 요코하마의 한 클럽팀과 최초의 대회 시합을 실시한다.[9] 하지만 이런 노력에도 불구하고 나카무라는 1906년 질병으로 인해 고베에서 사망하고 만다.

그러고 보면, 도쿄고등사범학교와 나카무라의 존재는 일본 축구의 역사 그 자체라고도 볼 수 있을 정도이다. 이후 여러 축구팀이 창설되었고, 도쿄고등사범 축구부 출신이 중심이 되어 1921년에 '대일본축구협회'(현 협회의 전신)를 설립하기에 이른다. 그 리더 중 한 사람이 나카무라를 존경했던 축구부 후배이자 일본의 중국고전 및 한문 학자였던 우치노 다이레이(內野台嶺, 1884-1953) 교수였다. 1906년에 중국에 다녀온 나카무라가 급서하자 우치노는 지극히 슬퍼했으며, 나카무라는 부원들로부터 "우리 부의 수호신"(我が部の護神)으로 존경받았다고 한다.

고(故) 나카무라 가쿠노스케를 그리워하다.
"7월 9일, 우리 (도쿄고등사범학교) 축구부의 창설자 나카무라 가쿠노스케 군의 부음을 접하였다. 그는 메이지 37년(1904) 3월 본과 박물과를 졸업한 뒤, 청나라 산둥성 제남사범학교(濟南師範學校)에서 교편을 잡게 되었는데, 병을 얻는 바람에 하기휴가를 이용하여 고국에 돌아 와 요양하고자 6월 28일 고베에 도착했다. 하지만 7월 3일에 갑자기 병세가 악화되어 같은 날 밤, 돌연 불귀(不歸)의 객이 되고 말았다. 우리 축구부에 대한 그의 공

로를 생각하면, 실로 도석(悼惜)을 견딜 수 없게 된다. 우리 축구부 명의로 출판된 『어소시에이션 풋볼』은 실로 그가 직접 펜으로 한 글자 한 글자 써 내려간 것이다. 당시 우리 나라(일본)에서 풋볼(축구)의 지식은 전무했으며, 참고할 책도 희소하였기에, 분연(奮然)히 일어나 이 책을 내고자 열심을 다했다. 한 순간(壓來瞬時)도 우리 축구부를 잊지 않았으며, 때로는 막대한 금액을 주었으며, 그 외 여러 방법으로 선수들을 지도하고 장려하였다. 늘 우리 부를 위해서만 길을 모색하던 중이었는데 이러한 뜻밖의 부음을 접하게 되었다. 하지만 우리는 믿는다. 그의 영혼은 영구히 우리 축구부의 수호신(護神)이 되어 지도해 줄 것이라는 것을. 우리 부는 그가 생전에 남긴 공로를 추상(追想)하며 그 원서(遠逝)를 통석(痛惜)히 여기며 자(茲)에 삼가 조의를 표한다."(『交友会誌』第11号, 明治39年)**(10)**

쓰키오카 요시토시(月岡芳年)의 『대일본명장감』(日本名將鑑)에 수록되어 있는 메이지 초기의 판화 '진무천황'(神武天皇). 야타가라스(八咫烏)가 활 위에 앉아 있다.

이처럼 일본축구협회 설립의 역사는 나카무라의 후배들이 그의 정신을 계승하고자 애쓴 결과이기도 했다. 협회 설립 10년 뒤인 1931년 6월, 일본이 만주를 침략한 바로 그 때, 일본축구협회에서는 심볼 제정이 논의 되었다. 중국 고전과 한문을 전공하여 『중등교과 습자임본』(中等教科習字臨本, 1922), 『맹자신역』(孟子新釋, 1929), 『사서신역중용』(四書新釋中庸, 1935) 등의 저서도 내놓고 있던 우치노는 존경하던 선배 나카무라와 더불어 자연스럽게 야타가라스를 떠올렸다. 그의 제안으로 한 발은 축구공을 들고, 두 다리로 서 있는 야타가라스가 일본축구협회의 심볼로 결정되어 오늘날까지 이어져 오고 있다. 국가대표 대항 경기가 있을 때마다, 모든 일본 선수들의 유니폼에서 야타가라스를 볼 수 있다. 진무 천황의 활 위에 앉아 있던 야타가라스가, 발사된 활이 목표를 향해 강하게 날아가듯, 선수들의 공도 잘 안내하여 골문으로 넣어 주기를 바라는 마음으로 처음에는 제안 되었을 것이다.

나카무라의 고향, 와카야마현 나치카쓰우라초(那智勝浦町) 하마노미야(浜ノ宮) 고향 집 바로 앞에 일본 신화 속 야타가라스와 관계 깊은 '구마노산쇼 대신사'(熊野三所大神社)가 위치해 있다. 구마노 삼산(熊野三山)으로도 불리는 이곳은 각각의 주제신(主祭神)으로서, 혼구우(本宮)의 게쓰미고노카미(家都御子神), 신구우(新宮)의 구마노하야타마카미(熊野速玉神), 나치(那智)의 구마노후스미노카미(熊野夫須美神)의 삼신(三神)이 있다. 이들 신사는 지금도 야타가라스를 제신으로 하여 심볼로 내세우고 있다. 바로 이런 곳에서 나카무라 가문은 오랜 세월 신사의 우지코(氏子, 제관)로서 근무했던 것이며, 나카무라는 어린 시절부터 그 모습을 보며 놀이터처럼 그곳에서 자라난 것이다. 아마도 나카무라는 도쿄고등사범학교의 후배들에게 그러한 고향 이야기를 하며 '야타가라스'의 존재에 대해서도 말했을 것이다. 더욱이 중국고전과 한문을 연구하는 학자였던 우치노는 그 내용을 전문적으로 파악하고 있었을 것이다.

우치노는 일본축구협회의 상징을 야타가라스로 정한 이유를 나카무라와 그의 고향 때문이라고 명확히 밝히지는 않았다. 하지만 위의 교우지 추도문에서 "우리는 믿는다. 그의 영혼은 영구히 우리 (축구)부의 수호신이 되어 지도해 줄 것이라는 것을."(吾等は信ず, 君の靈は永久に我が部の護神となりて指導せられるべきを.)라고 쓴 것을 보면, 우치노 교수가 나카무라와 삼족오의 존재를 오버랩시키며, 야타가라스가 일본 축구는 물론 일본 제국의 수호신으로서 영원히 존재해 주기를 바라는 마음으로 이 상징을 제안했을 것이다.

만주사변(1931) 등 일본제국의 대륙 팽창이 본격화 하는 시기에 중국고전을 연구하던 우치노는, 대륙과 반도에서 유래한 야타가라스야말로 일본 제국의 대륙 경영에 가장 적절한 심볼이라고 본능적으로 느낀 것이다.

아울러 1931년은 도쿄고등사범학교가 창립 60주년을 맞는 의미도 있었는데, 그 이듬해(1932)에 고등사범을 폐지하려는 움직임에 대대적인 반대 운동이 일어나기도 했다. 이처럼 학교의 명운이 걸린 상황에서 중앙 정부에 '야타가라스' 심볼을 통해 도쿄고등사범의 존재 이유와 국가에 대한 충성심을 강조하려던 의도도 있었을 것으로 짐작된다. 태평양전쟁 직전, 학교 폐쇄의 위협 속에서 캠퍼스 한 가운데 야타가라스의 둥지를 만들어 준 관세이가쿠인대학처럼.**(11)**

앞서 설명했듯이 텐무 천황(天武天皇)이 구마노(熊野)에서 축국(蹴鞠)을 자주 한 것과 관련하여 와카야마 지역에 야타가라스를 제신으로 한 신사들이 세워졌는데, 축국(蹴鞠)의 달인으로 유명한 후지와라노 나리미치(藤原成道, 1097-1162)가 이곳을 50회 이상 참배하며 구마노대신(熊野大神)에게 일본 축국의 발전을 기원했다고 한다. 그래서 지금도 야타가라스를 가슴에 단 일본 축구대표팀은 월드컵 출전 직전에 구마노 산잔(熊野三山)을 찾아 필승 기원 참배를 진행하고 있다.(12)

교토 시내에도 축구의 신을 제신으로 한 신사가 두 곳 있다. 먼저 축국(蹴鞠), 즉 케마리(けまり)의 발상지로 알려진 시라미네 진구(白峯神宮)가 있다. 이곳은 도시샤대학(同志社大學) 이마데가와 캠퍼스에서 서쪽으로 400m 정도 걸어가면 나오는데, 현재는 축구만이 아닌 모든 종목을 아우르는 '스포츠의 신'을 모시고 있다. 따라서 각 종목의 선수들이 활약을 기원하며 축구공 이외에도 농구공, 배구공 등 다양한 볼을 봉납하여 안치되어 있다. 그리고 신사 한 쪽에는 축국의 발상을 기념한 '축국의 비'(蹴鞠の碑)도 세워져 있으며, 이 신사를 중심으로 한 '축국보존회'(蹴鞠保存會)에 의해 매년 4월 14일과 7월 7일에 봉납축국(奉納蹴鞠) 행사가 거행되고 있다.

또한 유네스코 문화유산인 시모가모 진사(下鴨神社) 남쪽에 위치한 타다스노모리(紀の森)와 가와이신사(河合神社)도 있다. 우선 시모가모신사의 사총림(社叢林), 즉 친쥬노모리(鎮守の森)인 타다스노모리(紀の森)에는 오승수(烏繩手)라고도 부르는 '활천의 돌'(泉川の石)이 있다. 이 돌의 이름에 까마귀가 들어 있는 이유는 야타가라스(八咫烏)가 시모가모 신사의 제신(祭神)인 카모타케쓰누미노미고토(賀茂建角身命)의 화신(化身)이기 때문이다. 나와테(繩手)라는 말은 야타가라스를 참배하기 위한 길쭉한 참도(參道)를 의미한다. 이러한 이유로 그 숲이 끝나는 지점에는 아담한 가와이신사(河合神社)가 세워져 있는데, 이곳 또한 일본 축구협회의 상징인 야타가라스노미코토(八咫烏命)를 제신으로 삼고 있다.

또 한 곳을 소개하면, 구마노 혼구대사과 연결된 근본 구마노 산쇼다이진(根本熊野三所大神)을 제신(祭神)으로 하는 고베 나다구의 유즈루하신사(弓弦羽神社)를 들 수 있다. 이 신사도 야타가라스를 제신으로 삼고 있는데, 그것은 일본 최초의 '본격적인 축구팀'이 바로 옆 미카게사범학교(御影師範學校)에서 결성되었다는 인연을 강조하고 있기 때문이다. 말하자면 일본축구협회가 야타가라스를 상징으로 정하자, 일본 축구팀이 처음 본격적으로 결성된 곳에 세워진 신사도 야타가라스를 상징으로 삼은 것이다. 다이쇼 시대부터 시작된 공식적인 일본풋볼대회(日本フットボール大會)에서, 미카게사범학교는 최초의 연속 7회 우승을 포함해 모두 11회나 우승했다고 한다. 그 역사를 기념하여 경내에는 축구공을 조각한 기념비가 세워져 있는데, 유명한 미카게석(御影石)으로 직접 만들었으며, 그 가운데도 활에 올라탄 야타가라스(矢に乗った八咫烏)가 그려져 있다. 축구 볼도 360도 회전을 하도록

일본축구협회의 사무라이 블루(Smurai Blue) 대표팀을 응원하는 장소로서 유명한 교토 시라미네 진구(白峯神宮)의 모습

유즈루하신사(弓弦羽神社)의 축구공 조각에 그려져 있는 야타가라스 (八咫烏)

만들어서 사방팔방 모든 방향으로 안내했던 야타가라스의 '길잡이'와 '승리'를 기원하고 있다. 이런 스포츠와의 인연은 최근 활약 중인 남자 피겨 선수 한유 유즈르 (羽生結弦) 씨가 자신의 이름과 발음이 같은 이 신사를 참배한 것으로 더 유명해졌다. 위에서 살펴본 신사 이외에도 일본 각지에는 수많은 야타가라스 관련 신사들이 산재해 있다.(13)

이처럼 일본 곳곳에는 야타가라스(삼족오)를 기억하는 공간이 많으며 결국 일본축구협회의 공식 상징이 되었다. 그런데 2006년에 한국의 MBC가 방송한 대하드라마 〈주몽〉(朱蒙)은 한국인에게 작은 충격을 주었다. 고구려를 창건한 주몽의 서사와 함께 고구려의 각종 유적에서 발굴되는 '삼족오'가 고구려의 상징으로 새롭게 각인되었기 때문이다. 그로 인해 일본축구 국가대표 유니폼에 그려진 삼족오에 대해 문제 의식을 갖는 사람이 급증했다. 말하자면 고구려의 상징이 식민지 시대에 일본에 의해 빼앗겼다는 것이다. 하지만 삼족오가 동아시아는 물론 세계적으로 발견되는 상징이라는 점에서 그 주장이 관철되기는 어려워 보인다. 그럼에도 불구하고 '야타가라스'라는 이름으로 돌아온 일본의 '삼족오' 안에 정복과 침략의 이미지가 녹아 있는 건 사실이며, 또한 현재진행형의 문제이기도 하다.

멸절 당한 호랑이, 한국 스포츠의 상징이 되다

한국의 축구협회는 축구공에 태극 문양이 그려져 있는 엠블럼 상징을 2002년 한일 월드컵 직전인 2001년에 새롭게 제정한다. 그 때 단군신화에도 등장하여 한민족이 영험하게 여겨왔고, 풍수지리에서도 청룡과 함께 신성시되는 존재인 백호(白虎)를 상징 동물을 사용하게 된다. 이로써 축구 한일전에서는 일본의 야타가라스와 백호가 맞서는 모양새가 되었다. 식민지 시기까지 한반도에는 호랑이와 표범이 서식했지만 일본 열도에는 존재

1917년 11월 21일 함경남도 단천군 인근에서 최순원에게 사살된 호랑이. 우측이 야마모토 타다사부로, 좌측은 최순원. 이 호랑이 고기는 경성 조선호텔과 도쿄 제국호텔에서의 시식회에 사용된다.

하지 않았다. 일제 당국은 호랑이가 일본제국에 강하게 저항하는 한민족의 기개에 영향을 미치는 존재라고 판단하였다. 따라서 호랑이와 표범을 박멸하는 이른바 '해수구제사업'(害獸驅除事業) 정책을 추진한다. "조선인의 생명과 재산에 피해를 주는 해로운 짐승을 퇴치한다"는 명분을 내세우면서 1910년부터 1945년까지 호랑이 97마리와 표범 624마리를 사살하였고 통계에 안 잡힌 것까지 더하면 훨씬 많았다.

이때 조선총독부에 밀착해 호랑이 학살을 주도한 인물이 야마모토 다다사부로(山本唯三郎)이다. 1873년 오카야마현에서 출생한 야마모토는 도시샤대학에서 공부한 뒤 삿포로농학교(현 홋카이도대학)에 진학하여 니토베 이나조(新渡戸稻造)의 지도 하에 홋카이도 개척 사업을 전개해 대지주가 되었다. 이후 중국에 석탄 판매 사업을 시작해 마쓰마사 양행(松昌洋行)이라는 설립해 갑부가 되었다. 그는 개인의 승승가도와 마찬가지로 일본 제국주의의 팽창에 흥분하여 당시로서는 거액인 '7-8만원'을 투자해 호랑이 사냥 행사를 기획한다., "근래에 점점 퇴패(退敗)하여 가는 우리 제국 청년의 사기(士氣)를 드높이기 위함"(「매일신보」 1917년 11월 3일자)임을 강조하는 그는 '정호군'(山本征虎軍)의 총대장으로 불리었고, 1917년 11월 14일에는 데라우치 내각 총리의 소개로 조선총독부의 하세가와 총독과 만

제3장 삼족오의 동정(東征), 야타가라스의 서정(西征) 73

일본 무사와 호랑이 사냥 그림을 많이 남긴 우타가와 구니요시(歌川国芳)가 그린 가시와데노 하노시(膳臣巴提使, 1830–1832, 대영박물관 소장)(좌). 시마즈 가문의 세키가하라(島津家の関ヶ原)에 수록된 '호랑이 사냥 그림첩'(虎狩絵巻). 도요토미 히데요시의 명령으로 한반도에 출병한 시마즈 가문의 군대가 호랑이 두 마리를 옮겨 오는 장면(우)

나 협력을 모색하기도 했다. 대대적인 사냥 행사가 끝나면 경성의 조선호텔에서 조선총독부의 야마가타 정무총감을 비롯한 120여명의 귀빈을 초청해 호랑이 요리 시식행사를 열었다. 이후 일본에 돌아가서도 12월 20일에는 도쿄 제국호텔에서 내각 대신 2명과 추밀원 의장 등을 포함한 200여 명의 제국 인사들을 초청해 같은 행사를 벌였는데, 거기서 이런 연설을 한다.

"전국시대의 무장은 진중의 사기를 높이기 위해 조선의 호랑이를 잡았습니다만, 다이쇼 시대의 우리는 일부러 시간 내어 일본의 영토 안에 들어 온 호랑이를 잡아 돌아 왔습니다. 바로 여기에 큰 의미가 있다고 생각합니다."(14)

야마모토는 일본 신화와 역사 속의 영웅 계보를 자신이 잇는다는 망상에 사로잡혀 있었다. 대표적으로 『일본서기』(日本書紀) 긴메이천황(欽明天皇) 6년 11월에 백제로 파견되었다가 자식을 삼킨 호랑이에게 복수한 야마토 왕권의 호족 가시와데노 하스히(膳巴提便, 혹은 가시와데노 하노시, 膳臣巴提使), 임진왜란 때 조선의 호랑이를 사냥한 바 있는 왜장 시마즈 요시히로(島津義弘), 가토 기요마사(加藤清正)를 들 수 있다. 위의 야마모토의 연설은 일본의 영토가 되지 못했던 가토 기요마사의 시대(임진왜란)와는 달리 이제는 완전한 식민지로 만든 조선에서 마음껏 사냥을 하고 돌아 왔다는 만족감을 표현한 것이다. 이는 제국주의

'조선 출병 당시 기요마사의 맹호 격퇴'(朝鮮之役ニ淸正猛虎ヲ擊), 하시모토 치카노부(橋本周延) 작품(1889)**(좌)**. 『정호기』(1918)의 표지. 일본 무사는 한반도 침략 당시 호랑이 사냥을 했다고 전해지는 가토 기요마사가 편겸창(片鎌槍)을 든 모습으로 보인다**(우)**.

확대의 동기 고취와 '한반도-시베리아'에 서식하는 호랑이 박멸을 통해 당시 러시아에서 불고 있던 공산 볼셰비키 혁명의 기운을 짓누른다는 대중 선전 효과를 노린 것이었다.

야마모토는 수많은 언론사를 활용해 이 이벤트를 널리 알렸으며, 요시우라 류타로(吉浦龍太郎)가 야마모토의 사냥 활동을 정리해 쓴 『정호기』(征虎記, 1918)라는 책도 널리 보급한다. 이러한 야만적 정책의 결과, 한반도에서 호랑이는 1921년 경주 대덕산에서 일본인 순사들과 몰이꾼 수백 명에 의해 사살되면서 완전히 자취를 감춘다. 마지막 호랑이의 가죽도 일본 귀족에게 바쳐졌다. 동시에 삼족오(야타가라스)라는 상징도 일본축구협회가 사용하게 되면서 한반도는 중요한 상징 동물들을 모두 잃고 말았다. 비록 호랑이는 한반도에서 자취를 감추었지만 1988년 서울올림픽의 마스코트가 '호돌이'로 패럴림픽 마스코트로 곰 두 마리가 2인3각을 뛰는 '곰두리'로 제정되면서 호랑이와 곰은 한국의 체육을 대표하는 상징이 되었다. 이는 한반도 최초의 국가인 '고조선'의 '단군신화' 속 두 주인공이기

2001년 이후의 한국축구협회 백호 상징**(좌)**, 1988년 서울 올림픽의 상징인 호돌이**(중)**와 곰두리**(우)**

2018년 평창올림픽의 상징인 수호랑과 반다비. '守護'(수호, Sooho)와 강원도 정선아리랑의 '랑'(rang)을 붙여 '수호랑'(Soohorang)이라는 이름이 탄생했다. 필자의 고향인 강원도 동해시 무릉계곡에 세워진 평화통일 기원비 앞의 모습. 무릉계곡이 위치한 두타산은 단군신화가 기록된 『제왕운기』(帝王韻紀)를 이승휴가 집필한 장소이기도 하다.

도 하다. 그리고 2001년 한일 월드컵을 기회로 백호가 한국축구협회의 상징이 되었으며, 2018년 평창 동계 올림픽 때도 백호 '수호랑'이 강원도를 상징하는 반달곰 '반다비'와 함께 마스코트로 선정되었다.

서쪽으로 다시 날아간 야타가라스, 근대 일본의 상징

만주사변이 일어난 1931년 6월, 야타가라스가 일본축구협회의 심볼로 정해졌을 때, 그 첫 번 째 도안을 디자인한 사람은 히나고 지쓰조(日名子実三, 1892-1945)였다. 그는 6년 뒤인 1937년에 발발한 중일전쟁 때에는 일본 육해군의 '지나사변종군기장'(支那事変従軍記章)을 직접 디자인한다. 이 도안에서 야타가라스(八咫烏)는 천황을 상징하는 국화 문양과 함께 배치했다. 그런데 야타가라스의 다리가 두 개인 이유는, 일본 신화에서는 야타가라스를 금솔개(긴시, 金鵄)나 독수리(鷲)와 동일시했던 연유로 꼭 '삼족오'가 아닌 경우도 있었기 때문이다.

이처럼 야타가라스는 순수한 민간 스포츠의 영역만이 아니라, 일본의 군국주의와 함께 새로운 상징으로 재생산되어 갔다. 예를 들어 1899년 설립된 제국군인후원회의 휘장에도 야타가라스가 계속 사용되었으며, 일본제국 육군항공대 독립비행 제17중대 소속 100식사령부 정찰기(100式司令部偵察機)의 꼬리부분에도 태양을 배경으로 날개짓 하는 야타가라스 상징(赤丸を背景に片翼を広げる黒の八咫烏)으로 그려져 있다. 이처럼 근대 일본제국 시기에는 군국주의와 결합한 야타가라스는 전투 현장이나 보훈 영역에서도 활약하는 상징이 되었다.

중일전쟁(지나사변) 종군기장(1937)

앞서 소개한 야타가라스의 최초 도안자 히나고(日名子)는, 황기 2600년이라 주장된 1940년을 맞이해 신화의 배경인 미야자키 현에 세워진 '아메쓰치노 모토하시라'(八紘之基柱), 즉 팔굉일우의 탑(八紘一宇の塔)을 설계한다. 진무 천황에 의해 이루어진 동정(東征)이 청일, 러일, 중일, 태평양전쟁을 거치며 다시 서정(西征)을 펼쳤고, 그것은 다시 남태평양의 남정(南征), 시베리아와 몽골의 북정(北征)으로 이어졌다. 그리고 또다시 하와이 진주만을 폭격하며 다시 과거의 '동정'(東征)을 재현하고자 했다. 그 승리의 안내자인 야타가라스를 디자인 한 사람이 9년 뒤에는 팔굉일우라는 일본제국의 무한팽창을 기원하는 탑까지 설계한 것이다. 이처럼 삼족오는 일본에서 '야타가라스'로 변신하여 '팔굉일우'(八紘一宇)의 욕망을 실현하는 새로운 상징

제국군인후원회의 휘장(徽章)(좌), 일본제국육군항공군 100식 사령부 정찰기의 야타가라스 문양(우)

이 되어 한국과 중국에 돌아 왔다.

패전 이후에도 '자위대'로 개편된 일본의 군대가 야타가라스 상징을 계승하고 있다. 예를 들어 육상 자위대 중앙정보대(陸上自衛隊中央情報隊)와 육상자위대 중부방면정보대(陸上自衛隊中部方面情報隊), '제14정찰대' 등이 공식 마크에 야타가라스를 사용하고 있다. 과거 전시하에 정찰비행기가 사용하던 야타가라스의 임무를 계승하고 있다. 해상자위대도 히로시마현 구레시(吳市)의 제4 호위대군사령부(第4護衛隊群司令部)가 야타가라스를 상징 마크로 사용하고 있다. 구레시는 1889년 7월 1일에 구레진수부(吳鎭守府)가 설치된 이래 일본 해군의 교두보였으며 현재도 일본 해상자위대가 들어와 있다. 구레(吳) 미야하라(宮原)에는 진무 천황이 동정(東征)을 진행할 때, 야타가라스가 안내하며 날다가 잠시 내려 쉬었다는 전설이 남아 있어 야타가라스신사(八咫烏神社)가 세워져 있다. 그 때문에 제4호위대군사령부(第4護衛隊群司令部)가 구레로 옮겨 오면서 그 땅의 전설에 착안하여 야타가라스를 상징으로 채택한 것이다. 이 부대의 홈페이지에 소개된 사령(司令)의 인사에는 이런 말이 나온다.

"제국해군으로부터 영영(營營)히 이어져 내려온 좋은 전통은 해상자위대가 계승할 것입니다."**(15)**

삼족오는 진무 천황의 동정(東征)을 통해 야타가라스로 이름을 바꾸었고, 근대 일본에 이르러서는 메이지 천황과 함께 '서정'(西征)을 통해 한반도와 대륙으로 돌아 왔다. 그렇게 청일전쟁, 러일전쟁, 중일전쟁, 태평양전쟁을 통해 '삼족오'의 고향인 조선과 중국의 하늘은 야타가라스로 덮힌다. 그렇게 자신의 영역을 넓힌 야타가라스였지만, 패전 이후 다시 일본의 둥지에 돌아와 숨을 죽이고 있다. 그러나 야타가라스는 일본의 군국주의 문

왼쪽부터 육상자위대중앙정보대, 중부방면정보대, 제14정찰대, 해상자위대 제4호위대군 사령부의 엠블럼. 모두 야타가라스를 상징으로 사용하고 있다.

미야하라(宮原)의 야타가라스신사(八咫烏神社)에서 조망되는 구레시의 군항의 풍경

화의 전통 안에서 여전히 살아 숨쉬며 비상(飛上)의 때를 기다리고 있는지도 모를 일이다.

야타가라스는 동아시아 공통의 상징이 될 수 있는가?

야타가라스(八咫烏)와 관계가 깊은 일본의 근대 인물 두 사람이 있다. 우선 도야마 미쓰루(頭山滿, 1855 - 1944)는 아시아주의를 표방하며 현양사(玄洋社)의 총수(総帥)를 지냈는데, 현양사란 민간이 주도한 국가주의 운동 단체로서 훗날 일본의 우익 단체의 뿌리가 된다. 그의 제자 우치다 료헤이(内田良平, 1874-1937)가 일본의 한국, 만주, 러시아로의 진출을 주창한 극우주의 단체인 흑룡회(黑龍会)를 설립할 때 고문으로 참여하여, 이후의 대륙낭인(大陸浪人)들의 이념에 영향을 미치기도 했다. 특히 우치다는 일진회의 설립부터 해산때까지 다케다 한시(武田範之), 스기야마 시게마루(杉山茂丸) 등과 함께 막후 조종과 고문 역할을 하여 한일강제병합을 주도한 인물이다. 그런데 이 두 사람은 고대 일본의 신도와 온묘우도(陰陽道), 궁중제사(宮中祭祀)의 뒤편에서 은밀하게 업무를 수행하던 '야타가라스 온묘우도'(八咫烏陰陽道)라는 조직을 근대 시기에 다시 활성화시키려 애쓴 인물들이기도 하다. 그들은 메이지시대 이후 쇠퇴해가는 '야타가라스'라는 결사조직을 부흥시키기 위해 반체제적인 정치활동이나 파격적인 해외 진출이나 해외 명망가들과의 연대에도 주저함이 없었다.

　이런 역사적 경위만 보아도 '야타가라스'라는 이름은 '삼족오'에 익숙하였던 한국이나 중국에 낯설고 위협적인 새로운 이름으로 다가왔을 것이다. 도야마나 우치다가 주창한 '대아시아주의'(大アジア主義)는 결국 한일강제병합과 이후의 '대동아공영권'(大東亞共榮圈)의 다른 이름이었으며, 그들의 심장 속에서 그들의 길을 안내한 존재는 진무 천황의 동진 때 그랬던 것처럼 '야타가라스'였을지도 모른다.

　후쿠오카 하카타역 바로 앞에 있는 구시다(櫛田) 신사 경내에는 청일전쟁(1894-1895)의 승리를 기념한 '메이지 27-8년 청국 정복 기념의 탑'(明治二十七·八年征淸記念之碑)이 지금도 버젓이 세워져 있다. 탑의 꼭대기에는 진무 천황을 안내하던 긴시(金鵄, 금솔개=야타가라스)가 있기 때문으로 당시 일본의 승리주의에 도취한 풍조를 떠올리게 한다. 그런데 이곳에는 한일의 비극적 역사의 흔적도 남아 있다.

　조선의 마지막 왕비인 명성황후를 살해할 때 사용한 칼 '히젠토'(肥前刀)가 이곳에 보관되어 있다는 사실이다. 그 칼은 1895년 명성황후 살해 사건 당시 경복궁의 황후 침전에 난입한 세 사람 중 한 명인 토오 가쓰아키(藤勝顯)가 사용했으며, 그가 1908년에 구시다 신사에 기증한 것이다. 그때 그는 "다시는 이 칼이 세상에 나오는 일이 없어야 할 것"이라고

구시다 신사 경내의 정청기념지비(征淸記念之碑, 청나라 정복 기념의 비) 꼭대기의 긴시(金鵄, 야타가라스와 혼용, **좌**). 그리고 명성황후 살해 사건 때 사용된 히젠도(肥前刀, **우**)

말했다고 한다. 칼집에는 '늙은 여우를 단칼에 베다(一瞬電光刺老狐)'라는 구절이 새겨져 있으며, 신사에서는 "한국 왕비를 벤 칼"이라고 적힌 문서를 보관 중이다. 청일전쟁의 승리를 상징하는 야타가라스가 여전히 경내를 내려다보는 구시다 신사. 과연 이러한 근대 일본의 서정(西征)에 있어서의 새로운 심볼이 된 야타가라스는 아시아를 연대시키는 공통의 상징이 될 수 있을까?

2017년 9월 20일, 헤이세이 천황(平成天皇) 아키히토(明仁) 부부가 일본 사이타마(埼玉)에 있는 고마(高麗) 신사를 역대 천황 부부로서는 처음 방문했다. 고마신사는 고구려 멸망 후 일본으로 망명한 고구려 왕족 약광(若光)을 모시기 위해 730년 설치된 곳이다. 약광은 동국(東國, 지금의 간토)에 흩어져 있던 고구려 유민들을 재결집 시켜 716년에 고마군(高麗群)을 세우고 수장이 되었다고 한다.『일본서기』와『속일본기』에 나오는 내용들이다.

그런데 천황 부부는 갑자기 왜 이곳을 방문했을까? 교도(共同)통신 등은 2001년 한일 월드컵을 앞둔 생일 기자회견에서 "내 개인으로서는 간무(桓武) 천황의 생모가 백제 무령왕의 자손이라고 '속일본기'(續日本記)에 쓰여 있는 데 대해 한국과의 연(緣)을 느끼고 있다"고 말한 사실을 소개하며 단지 "다양한 역사를 접하기 위한 것"이라고 보도했다. 그리고 2018-19년으로 예상되던 퇴위 전에 역사적 반성과 화해의 메시지를 전하기 위한 목적이라는 추측도 나왔다. 헌법 개정 시도 등, 극우적 행보를 보이는 아베 총리와 대립각을 세우던 천황의 모습에서 그런 순수한 뜻을 짐작하는 것도 무리는 아니다.

하지만 과거 '내선일체'의 선전을 위해 고마신사가 악용되었던 역사를 기억하면 그렇게 단순하게만 바라 볼 수는 없었다. 불과 70-80여 년 전, 황기 2600을 맞이 하던 시기에 일본은 이 역사적 공간을 정치적 공간으로 탈바꿈 시킨다. 조선총독부 기관지「매일신보」는 고마신사를 '내선일체의 살아있는 상징' 혹은 '내선융합의 성지(聖地)'라고 표현하면서 철저히 정치적으로 이용하고 있다. 고마신사에 대해 연구한 센슈대(專修大) 사토 아쓰시(佐藤厚) 교수는, 최근 발표한 연구논문 "근대기의 고마신사-근대에 이용된 고대"(2017)에서 그 사실을 잘 설명하고 있다. 그 내용을 요약해 소개하면 다음과 같다.[16]

시골의 이름 없는 작은 신사에 불과했던 고마신사는, 내선융화를 도모하기 시작한 문화통치기(1920년대)부터 관심을 받게 된다. 그리고 병합 이전부터 시행하던 '내지시찰단'의 방문 코스 안에 고마신사를 넣기 시작한다. 1920년 5월 조선총독부가 조선의 군수 30명을 선발해 파견한 시찰에서는, 고마신사를 방문한 모습을 활동 사진으로도 촬영하여 이후 조선 각지에서 상영하여 내선일체의 역사적 뿌리로서 선전된다. 결국 일본에 고구려인의 정착지와 신사가 남아 있다는 사실은 식민지 조선에서도 큰 반향을 일으켰다. 고마신사를

1900년, 일본에 망명한 친일관료 조중응(趙重應)이 직접 쓴 '고마신사'(高麗神社)의 간판. '고'(高)와 '려'(麗) 사이에 '구'(句)를 작게 써 놓았다.

방문한 경북 유림 시찰단의 감상록은 다음과 같이 감격스러워 하고 있다.

"약광왕의 후손인 고마 오키마루(高麗與丸)가 감격의 눈물을 흘렸다. 오키마루가 신사의 역사를 설명하고 감구(感舊)에 젖어 눈물을 흘리자 옆에 있던 사람들도 모두 울었다."**(17)**

1921년 8월 고마신사의 궁사인 고마 오키마루가 조선총독부 기관지「조선」에 게재한 '고려약광 사적'이란 글의 서문에는 다음과 같이 적혀 있다.

"일한(日韓)이 합병하여 한 나라가 되었다. 이때 일한 상대(上代)의 교섭을 연구하는 것도 시국에 도움이 될 것이다. 고구려 왕실과 황국(일본)의 관계를 증명하는 우리 조상(고마씨)의 유적을 알리는 것은 양 국민을 친화시키는 효과가 있다."**(18)**

1922년 3...7월에 도쿄에서 열린 국제박람회에는 조선인이 대거 방문하는데 그 중 2,100명이나 고려촌과 고마신사를 방문하였으며, 1923년에는 급증하는 조선의 방문객에 대응하기 위해 재단법인 '고려왕 유적보전회'가 결성된다. 1925년 3월에는 당시 조선총독이었던 사이토 마코토(齋藤實)까지 고려신사를 방문하기에 이른다.

1931년 만주사변이 일어나고 전시체제로 접어들자, 1934년엔 고려신사를 후원하는 단체인 '고려신사봉찬회'가 발족되었는데, 다름 아닌 식민지 경제수탈의 본부였던 동양척식회사의 도쿄 본사 건물에 설치되었다. 그리고 이 단체의 회장인 고다마 히데오(兒玉秀雄) 백작은 조선총독부 정무총감(1929-1931)을 지냈고, 이사장인 마루야마 쓰루키치(丸山鶴吉)도 총독부 경무국장(1919-1924)을 지낸 인물이었다. 150여 명의 평의원들도 상당수가 조선의 식민지 지배와 관련된 정치인, 관료, 학자, 언론인이었다. 예를 들어, 교토의 헤이안신궁을 비롯해 야스쿠니신사, 조선신궁, 고려신사 등을 설계한 건축가 이토 추타(伊東忠太)나

조선총독부 학무국장(1917-19)을 지낸 세키야 데이자부로(関屋貞三郎)가 포함되어 있었다.

봉찬회의 회칙도 "부대사업으로 내선동화에 관한 문서의 출판과 내지(일본) 본토에 사는 조선동포에 대한 사회적인 시설을 한다"고 쓰고 있으며, 봉찬회가 펴낸『고려신사의 유래와 봉창회의 취지』에서는 "고마신사야말로 '내선일체의 살아있는 모형"이라고 표현하였다.

> "일본 각지에 조선관계의 유적은 적지 않다. 그러나 이 고마촌만큼 사실(史實)이 확실하고 유적이 명확하며, 그 후손이 연면하여 1200년간이나 이어져온 것은 없다. 내선일체의 살아있는 모형이고 살아있는 증거다. (…) 이러한 역사적인 사실을 현창(顯彰)은 내선융화의 문제를 일보 전진시키는 것이라고 확신하며 믿어 의심치 않는다."**(19)**

조선총독부도 이에 부응하여, 조선총독부 이마이다 기요노리(今井田淸德) 정무총감은 "일본의 봉찬회가 부후(腐朽·낡고 오래된)한 신사를 중창하려고 모금운동을 벌인다는 조선총독부도 동참하겠다. (…) 신사의 재건은 내선융화에 있어 가장 유의미한 것이다"라고 말했다.

실제로 고려신사 중창을 위한 대대적인 모금이 전개되어 총 12만 5000엔(현재의 25억 원 상당)이라는 거금이 모였다. 이 자금은 1936부터 42년까지 진행된 고려신사의 개축 공사에 사용됐다. 1942년 11월 27일 거행된 준공식을 보도한「매일신보」기사 제목은 '내선일체의 성지(聖地)에 고려신사를 중수했다'는 것이었다.

이렇게 내선일체라는 전시체제 하에서의 식민지 동원 수법에 이용된 '고마신사'는 황기 2600년을 맞이한 1940년 4월 5일에는 서울의 조선신궁과 '신목(神木)교환' 행사를 열어 내선일체의 선전 효과를 더욱 크게 보려 했다. 고려신사를 향한 일본의 관심과 현창은 날로 고조되어 조선총독부의 관료들은 고려신사에

고마신사 입구. 미나미 지로(南次郎) 조선총독이 기증(1940)한 석주(石柱)가 그대로 남아 있다.

석등을 헌납하였고, 정신총동원조선연맹과 국민총력조선연맹 등 친일단체는 야등을 봉납했다. 황기 2600년을 맞이한 1940년 6월에는 1925년의 사이토 총독에 이어, 미나미 지로(南次郎) 총독도 다시 고려신사를 참배하였다. 미나미는 직접 신사 이름을 새긴 석주를 세웠는데 지금도 그대로 남아 있다.

1942년 11월 22일에는 영친왕 이은(1897-1970)과 왕비 이방자 여사(1901-1989), 왕세자 이구(1931-2005) 등 3명이 고마신사를 찾았는데, 이 때도 신문 기사는 "이왕(영친왕) 전하 부부가 '내선일체의 유서 깊은' 고려신사를 찾았다"고 보도하고 있으며, 당시 영친왕이 심은 기념식수도 여전히 남아 있다. 1943년 5월에는 중앙조선협회 회원 40명이 고려신사를 찾아 태평양전쟁의 승리를 기원하는 '전승기원제'를 올렸는데, 이 단체는 1926년 조선총독부의 고위 관료와 정치인, 기업인, 언론인이 모인 조직이었다. 고구려의 역사를 간직한 '고마신사'는 이렇게 1920-40년대를 지나오면서 철저히 '내선일체'라는 정치 선전의 장으로 변질되어 갔다.

사토 교수는 1200년간 신사를 지켜온 고마 가문에게도 이러한 정치적 이용은, "일본의 식민지배가 조선인에게 많은 재난을 준 것처럼, 고려씨 가문에게도 불행한 일이었을 것"이라 말했다.[20]

고구려의 상징이었던 '삼족오'가 일본에 온 뒤 '야타가라스'가 되어 한반도와 대륙 침략의 상징으로 전락한 것도 같은 맥락이다. 고마신사를 방문한 천황이 얼마나 순수한 동기를 지녔었는지는 모르겠지만, 퇴위를 앞둔 그의 행보가 씁쓸하게 다가오는 것은 어쩔 수 없다. 그가 고마신사를 방문해 위에 열거한 자신의 아버지 대에 행해진 업보에 대해 성찰하는 발언을 했다면 어땠을까? 1930-40년대에 '내선일체'의 구호는 '일만일체', '오족협화'와 같이 일본의 식민지 전체로 확대되어 갔다. 그만큼 야타가라스의 날갯짓도 넓어졌음을 의미했다.

야타가라스는 평화를 이루는 존재인가?

전운이 감돌던 1940년 11월 16일, 미국 정부는 내한 선교사들에게 철수를 권고했고, 마리포사(SS Mariposa)라는 특별선을 보내 잔류 중이던 선교사 가족 219명이 한국을 떠났다. 연희전문학교 교장이었던 원한경(元漢慶, H. H. Underwood)은 학교를 지키기 위해 아오야마가쿠인 신학부에서 활약하던 마쓰모토 다쿠오(松本卓夫) 박사를 부교장을 초빙하면서

까지 노력했지만, 결국 1941년에 스파이 혐의로 체포된 뒤 이듬 해 (1942) 6월에 강제 추방된다.

그렇게 구미의 선교사가 완전히 사라진 1941년 가을, 미나미 지로(南次郎) 조선총독은 연희전문학교의 중앙에 세워져 있던 설립자 원두우(H. G. Underwood) 목사의 동상을 무기 제작을 위해 강제 징발했다. 그리고 그 해 12월 8일, 그 자리에 메이지유신을 통해 아시아가 새롭게 부흥되었음을 기념하는 '흥아유신기념탑'(興亞維新記念塔)을 자필로 써서

1940년 언더우드 동상 철거 뒤, 연희전문학교 본관 계단에서 바라본 흥아유신기념탑(興亞維新記念塔)

세운다. 선교사들이 떠난 관세이가쿠인 우에가하라 언덕에 야타가라스가 새겨진 정충비(旌忠碑)가 세워졌듯이.

진무 천황의 동정(東征)을 안내하던 야타가라스는, 그렇게 한국의 대표적 미션스쿨에 '메이지유신을 통한 아시아 부흥'이라는 이름으로 날개 짓을 활짝 펴고 있었다. 하지만 4년 뒤 일본은 패전하였고, 해방을 맞은 연희전문학교의 학생들은 그 탑을 끌어내렸다. 그렇게 날개가 꺾인 한국에서의 야타가라스는 지금도 한일 축구 대항전에서 확인되듯, 여전히 동아시아의 연대를 이끌어내는 공통 분모로서의 상징은 되지 못하고 있다.

태양을 상징하는 까마귀는 이집트의 벽화나 소아시아 지역의 유물에서도 등장한다. 그만큼 이 상징은 세계적인 성격을 지닌다. 동양, 특히 중국과 한국에서 많이 발견되지만 그것이 누구만의 전유물이 될 수는 없다. 그런데 묘하게 그리스 신화에서 태양신 아폴론(Ἀπόλλων)을 돕던 새 '카라스'(Karas)는 일본에서 까마귀(烏)를 의미하는 '카라스'(からす)와 발음이 똑같다. 까마귀 자리의 주인공이기도 한 아폴론의 애조(愛鳥) 카라스(Karas)는 원래 아름다운 은색 날개를 가진 하얀 새였지만, 아폴론이 자신의 잘못을 새에게 화풀이 하는 바람에 까맣게 타버렸다고 한다. 지금도 세계 곳곳은 전쟁의 화마(火魔)로 집과 숲과 사람의 마음이 새까맣게 타 들어 가고 있다. 삼족오의 고향인 옛 고구려 땅에 사는 사람들(북조선)은 핵미사일을 개발하여 세계를 위협하고 있다. 이에 맞장구치는 일본의 정치인들

제3장 삼족오의 동정(東征), 야타가라스의 서정(西征)　85

은 군대를 부활시켜 과거에 못 다 이룬 서정(西征)의 욕망에 다시금 군불을 지피고 있다. 군산업체와 결탁한 미국의 권력자들이 그 뒤에 있음은 두 말할 나위 없다.

'천'(天)·'지'(地)·'인'(人)을 의미한다는 삼족오의 세 다리…. 삼위일체적 신 개념에 기초해 기독교인들은 하늘(天) 아버지의 뜻과 인자(人子) 예수의 희생과 부활, 그리고 이 땅(地)을 감도는 보혜사 성령의 은혜가 하나되어 이 세상에 참된 평화가 실현되기를 기원할 것이다. 과거 미션스쿨에 새 둥지를 텄던 야타가라스는 과연 이 세상에 그런 평화를 실현하는 상징일 수 있을까? 이 질문은 여전히 유효해 보인다.

전시하에 소위 '일본적 기독교'의 이론적 근거를 마련한 도시샤 신학부의 우오키 다다카즈(魚木忠一) 교수는, 『일본 기독교의 정신적 전통』(1941)에서 '신·불·유'라고 하는 3교의 시대로부터 '신·불·기'라고 하는 새로운 3교의 시대로 전환하지 않으면 안 된다며 다음과 같이 주장했다.

> 일본 기독교를 특색 있게 하는 것은 우리의 역사이며 또한 국민의 종교 정신이다. (…) 이것은 '신·유·불'(神·儒·佛) 3교를 통해 서 있는 국풍이기 때문이다. 그러므로 이제 와서 외래 종교인 기독교를 허용하여 네 다리(四足)로 서야 할 필요는 없다. (…) 이제는 바야흐로 기존 세 개의 다리를 그대로 하되, '신·불·기'(神·佛·基) 3교의 정립(鼎立)으로 바뀌어야 할 때가 왔다. 세 방향으로 뻗어 서는 것은 가장 좋은 안정을 얻게 된다.[21]

유교를 대신해 근대 일본이 새롭게 구축한 통치 이념인 '국가신도'는 야타가라스의 머리였으며, 국체 개념과 천황제 이데올로기는 몸통과 날개였다. 그 비상을 위해 세 발로 지탱해야 하는 종교는 '교파신도, 불교, 기독교' 3종교라는 것이다. '삼족오'의 형상을 떠올리게 하는 이 주장은, 이미 1912년 2월 25일 내무차관(內務次官) 도코나미 다케지로(床次竹二郎, 1867-1935)의 주도로 개최된 '삼교회동'(三教會同)에서 그 형상이 구체화되었다. 교파신도 13명, 불교 51명, 기독교 7명이 참석한 이 행사에서 세 종교 대표자들은 다음과 같이 결의하며 야타가라스의 충실한 세 발이 되기로 약속한 것이었다.

> 一. 우리는 각자의 교의(教義)를 발휘하여 황운(皇運)을 위해 힘을 보태어. 국민도덕의 진흥을 도모하고자 진력을 다할 것입니다.
> 一. 우리는 당국자들이 종교를 존중하고 정치, 종교 및 교육 등을 융화하며. 국운(國運) 신장에 도움을 될 것을 바랍니다.[22]

이 결의에 참여한 기독교 측 대표자는 혼다 요이치(本多庸一, 일본감리교회), 미야카와 쓰네테루(宮川経輝, 일본조합교회, 회중파), 치바 유고로(千葉勇五郎, 침례교), 이부카 가지노스케(井深梶之助, 일본기독교회, 장로파), 모토다 다쿠노신(元田作之進, 일본성공회), 혼조 쇼헤이(本城昌平, 가톨릭교회), 이시카와 기사부로(石川喜三郎, 일본정교회) 등이었는데, 우치무라 간조(内村鑑三, 무교회주의), 가시와기 기엔(柏木義円, 일본조합교회) 등은 이러한 동향에 대하여 반대했다. 과연 우리가 계승해 걸어가야 할 길은 누구의 입장인가.

앞서 소개한 관세이가쿠인대학 정충비의 앞에 세워진 설명문은 "평화를 이루는 사람은 복이 있다."는 마태복음 5장 9절 말씀으로 끝난다. 노아가 심판 이후 땅의 회복을 확인하기 위해 날려 보낸 새는 다름 아닌 까마귀와 비둘기였다. (창 8: 7-13) 하늘을 나는 새는 그렇게 하늘의 신과 땅의 사람을 이어주는 특별한 존재이다. 일본 신사의 관문인 도리이(鳥居)의 글자와 발음도 그러한 관념에서 유래했다는 설이 있다. 하지만 근대 일본에서의 '야타가라스'가 과연 그처럼 신의 뜻을 전해준 새였는지는 여전히 의문이다.

전쟁과 폭력의 소식이 끊이지 않는 이 세상 한 가운데, 인류는 예수 그리스도가 역설한 참된 평화를 실현하기 위한 지난한 여정 위에 여전히 서 있다. 이사야 선지자는 "오직 여호와를 앙망하는 자는 새 힘을 얻으리니 독수리가 날개 치며 올라감 같을 것이요 달음박질하여도 곤비하지 아니하겠고 걸어가도 피곤하지 아니하리로다"(이사야 40: 31, 개역개정)라고 말했다. 신의 뜻을 청종(聽從)할 때 그 평화의 길은 독수리 날개짓처럼 지침이 없을 것이라고…. 하지만 팔레스타인과 우크라이나 등 세계 각지에서 들려오는 전쟁과 살육의 소식은 이사야가 말한 독수리와 근대 일본의 야타가라스가 무엇이 다른 지를 질문케 한다. 우리는 과연 어떠한 새를 마음 속에 품고 살고 있는가?

릿쿄대학(立教大学) 채플의 독수리 성서대

제4장: '국화와 칼'인가? '국화와 평화'인가?

고베 루미나리에의 국화

1995년 1월 17일에 발생한 한신아와지대지진 직후인 1995년 12월, 실의에 빠진 시민들에게 힘을 주고, 도시를 부흥 재생시키는 꿈과 희망을 담아 고베시는 고베 루미나리에(神戸ルミナリエ)라는 행사를 개최했다.

'루미나리에(luminarie)'는 '빛' 또는 '조명'을 뜻하는 이탈리아어로 르네상스 양식의 구조물에 조명을 장식해 휘황찬란한 빛을 내는 축제이다. 15세기의 이탈리아 남부의 항구도시인 나폴리에서는 파라투라(paratura)라는 종교 장식이 유행했다. 당초에는 왕실과 귀족사회가 주최했지만 점점 시민들까지 참여하기 시작해 16세기 후반에는 가톨릭 성자를 기리는 대규모 의식으로 발전하였다. 현재의 원형은 1894년에 설립된 이탈리아 조명업체 마리아노 라이트(Mariano Light)사가 본격적으로 시도한 결과였다. 처음에는 조악한 나무들에 석유등을 달았지만 탄화물 램프로 교체되어 갔으며 1930년대부터 전구를 사용했다. 30여 년 전부터는 독일, 프랑스, 스페인 등 유럽은 물론 미국으로까지 전파되었고, 마침 그 당시(1995) 고베에서 발생한 대지진을 계기로 일본에도 설치됨으로써 아시아에서 최초로 루미나리에가 소개되었다. 지진으로 전기도 가스도 모두 단절된 채 오랜 시간 암흑 속에서 지내야 했던 고베 시민들에게 루미나리에의 빛은 감동 그 자체였다. '밝은 희망'의 상징이 되어 고베에 관광객이 돌아왔으며 1995년 이후 지금까지도 매년 행사가 이어지고 있다.

일본의 루미나리에도 처음에는 이탈리아의 예술감독 발레리오 페스티 (Valerio Festi)가 고베에 거주하던 설치예술가 이마오카 히로카즈(今岡寬和) 씨와 함께 디자인하였다. 일본인에게는 여전히 낯선 문화였던 만큼 유럽풍으로 설계·연출되었다.[1] 그런데 2003년 '빛의 지평선'이라는 작품부터 변화가 감지된다. 고베 루미나리에의 핵심 문양으로서 천황을 상징하는 16엽의 '국화'가 그 중심에 등장하기 시작한 것이다. 2004년의 작품 '고베, 빛의 도시'에서는 국화 문양이 반으로 잘린 모양 등을 포함해 그 개수가 비약적으로 늘어난다. 국화 문양은 이후에도 꾸준히 등장과 퇴장을 반복하더니, 고베 개항 및 효고현정(兵庫県政) 150년 기념작품으로 성대하게 세워진 2017년의 작품에 등장하는 '국화 문양'은 수십 개에 달했다. 고베시청 옆 히가시유엔치(東遊園地)에 설치된 그 작품명은 기독교를 연상

2003년과 2011년 고베 루미나리에 중앙의 '국화'문양

2017년에 그 수가 부쩍 늘어난 고베 루미나리에의 '국화' 문양

시키는 '빛의 성당'(光の聖堂)이라 기묘한 아이러니를 느끼게 한다. 고베가 포함된 효고현(兵庫県)의 현화(県花)가 노지기쿠(ノジギク, 野路菊), 즉 들국화이기 때문에 이러한 디자인이 강화된 것일 수도 있겠지만, 그보다 더 근원적인 역사문화적인 배경을 살펴보아야 할지 모른다. '루미나리에' 이야기를 하다가 갑자기 '국화'에 주목하게 되는 이유이다.

황국(黃菊)의 법제화와 일상화

메이지유신 정부는 신도(神道)를 일본의 국교(國敎)로 만들려고 시도하였다. 첫 번째 의도는 신도를 통해 천황의 권위를 강화하는 데 있었고 나아가 신도를 기독교 침입의 방파제로 삼고자 했다. 원래 일본은 불교를 중심으로 한 신불습합(神佛習合)의 종교 지형이 길게 이어져 왔으나 정부는 이를 타파해 신도를 독자적 종교로 자립시키려 한 것이다. 결국 1868년 3월 신불분리(神佛分離)를 명하여 불상을 신체(神體)로 모시는 것을 금지하고 승직 신분의 신관(神官)을 환속시켰다. 또한 궁중의 제사와 의식 등도 불교적 색채를 제거하여 새롭게 편성했다. 이러한 분위기 속에서 전국적으로 불교배격운동인 폐불훼석(廢佛毀釋)이 일어났다. 정부는 더 나아가 민중에 신도를 뿌리내리고자 1869년의 정부

근대 시기의 표준화 이전에 자유롭게 표현된 국화

개혁에서 신기관(神祇官)을 태정관(太政官)으로 승격했고 1870년에는 대교선포(大教宣布) 조서를 냈다. 동시에 1868년의 오방(五榜) 게시에서 막부의 금교 방침을 계승한다고 선언하고 1869년부터 나가사키 지방의 기독교를 탄압하기도 했다.[2]

바로 이 시기에 일본은 근대 서양 국가의 상징체계를 모방하여 천황을 정점으로 한 신도를 아울러 상징하는 '국화'를 공식적인 '상징문양'으로 체계화 및 법제화한다. 원래 황국(黃菊)은 14세기 이후부터 일본 황실을 공공연하게 상징해 왔다.[3] 잎의 개수나 도안은 정해진 것이 없었으며 황실은 물론 민중은 자유롭게 국화를 표현하고 있었다.

하지만 서구와의 접촉이 빈번해진 메이지 일본 정부는 표준화된 황실 상징이 필요하다고 생각하게 되었다. 그 결과, 서양문물과 제도를 수입하는 과정에서 유럽 왕가에 고유 문장(紋章)이 있음을 본 떠 황실 상징인 어문(御紋)으로 황국이 공식적으로 선택되어 표준화된다. 민간에 널리 번졌던 이 국화무늬의 무분별한 사용에 대해 금지령이 내려진 것이 1869년(메이지 2년)인 것을 보면 '신도국교화'가 시도된 때와 시기적으로 일치하고 있다.

이 시기부터 본격적으로 제도가 정비되어 천황은 16겹 국화 무늬를, 황족은 두 잎 모자란 14잎 국화무늬를 쓰게끔 차별화하기 시작했다.[4] 메이지 원년인 1868년에 3월 2일부터 깃발과 초롱 등에 국화 문장을 사용하기 시작했으며, 1869년 9월 30일에는 태정관 포고 제802호를 통해 '16엽 8중 표국'(十六葉八重表菊)을 황실의 공식 문장으로 공표한다. 천황과 황실이 16엽을 혼용하다가 1871년(메이지 4년)에는 태정관 포고 제286호를 통해 황족 가문들은 천황과 구별된 '14엽 1중 표국'(十四葉一重裏菊)으로 정해진다. 그 후 1926년의 황실의제령(皇室儀制令) 제12조 등을 통해 다시 한 번 공식화 된다. 서구에서 발간되는 각종 '세계상징사전'을 보아도, 국화꽃은 일차적으로 태양을 상징하는 꽃이며, 일본 황실 내지 제국주의를 대표하는 상징물로 소개되고 있다.[5] 프랑스의 대표적인 『상징사전』은 '국화꽃'이란 항목을 설명한 첫 문단에서 다음과 같이 말하고 있다.

국화의 꽃잎이 질서정연한 배열로 퍼져 나가는 방식으로 인해 이 꽃은 본질적으로 태양의 상징이 되며, 따라서 장수(長壽)와 불멸(不滅)을 뜻한다. 국화꽃이 일본 황실의 문장(紋章)이 된 이유도 그러한 특성 때문일 것이다. 16개의 꽃잎이 지닌 국화꽃으로 된 일본 문장엔 태양의 이미지와 나침반 지침면의 이미지가 겹쳐 있는데, 그 중심에서 천황(天皇)이 세상을 통치하고, 우주의 모든 방향을 집약한다.(6)

특히 일본(日本) 곧 태양의 본체라는 국체(國體) 이미지에 팔방으로 방사하는 햇살과 국화의 꽃 모양이 흡사하다는 것은 그 상징 문양이 태양신을 의미하던 히노마루(日の丸)의 신도적 상징성과 직접 연결되어 있음을 잘 말해 준다. 곧 16방으로 그 빛을 뻗친 햇살 문양의 일본 군함기나 욱일(旭日) 훈장은 국화 문양과 혼동될 만큼 유사하다. 거기에다 음양설로 태양의 원형질인 양기가 집결된 꽃이 국화꽃이기 때문에 가부장적인 일본제국 황실의 문양 선택에 당연히 우선시 되었다.(7) 이렇듯 일본은 근대시기를 거치면서 자신들의 국가상징을 일본 신도의 종교적 수장에 가까운 천황(天皇) 상징과 동일시하고 법제화함으

1889년 2월 11일 대일본제국헌법 공포 당시의 메이지 천황과 주변의 국화 장식. 천황과 황실을 상징하는 국화 문양의 표준이 정해진지 얼마 안 된 상태라서 15엽, 14엽 등 불규칙하다(요슈 치카노부(楊洲周延) 作, 「帝国万歳憲法発布略図」).

1 고베역의 국화
2 고베재판소의 국화
3 아이치현청의 국화
4 가가와 도요히코 목사의 여권
5 태평양전쟁 때 전쟁자금을 얻기 위해 국민에게 발행한 채권에 그려져 있는 국화

로써 이후의 세계인들의 인식에서 국화를 천황의 상징으로 고정시키는 데 성공하였다.

하지만 국내에서 시도되던 신도국교화 노력은 뿌리 깊은 불교 민중들의 저항과 구미 제국의 신앙자유 요구에 의하여 제대로 성취되지 못했다. 기독교 금지령도 1873년에 해제되었으며, 천황을 신앙의 대상이 아니라 의례로서 숭상케 하는 방침으로 선회했다. 그러나 이러한 정책 시도는 이후에도 엄청난 영향을 미쳐 일본 최대 종교인 불교를 위축시켜 수동적 입장으로 바꾸었고 이후의 천황과 신도를 중심으로 한 근대 제국으로의 행보에 중요한 초석이 되었다.[8] 이렇듯 국화는 일본 신도(神道)의 가장 중요한 상징물로 자리매김하여 일본의 종교를 신도 중심으로 통합하는 데 가장 핵심적인 요소로 활용되었다. 국화(황국)는 황실의 문장으로서 황실의 모든 휘장을 장식했을 뿐 아니라 여러 다양한 형태로 표현되어 일본 제국주의 문화와 삶 속에 스며들었다. 예를 들어, 1876년 일본 훈장제정 당시의 황국문양, 아카사카릿규(赤坂離宮) 등의 황국 문양[9], 재판소 등 각종 관공서의 황국문양, 철도역사, 학교 등의 황국문양, 우표, 여권, 지폐, 동전 등 일상용품의 황국, 군사시설 및 무기, 군복 등의 황국문양 등, 그 사례는 헤아릴 수 없이 많다.

고베 루미나리에 행사에서 2003년 정도부터 등장하기 시작한 '국화' 상징의 디자인은, 유럽의 루미나리에가 일본화 되는 과정에서 자연스럽게 등장한 것이기 때문에, 기존의 '로즈 문양' 등 서양의 것과 거의 비슷하게 느껴져 대다수 일본인들의 눈에는 크게 주목되지 않았을 지 모른다. 자신의 '여권' 표지 만큼이나 일상화된 상징이기 때문이다.

서울 광장에 나타난 국화

일본에서 루미나리에가 큰 인기를 끌자 한국의 한 언론사가 신문홍보를 위해 2003년 서울 외곽의 부천에서 '2003 루미나리에' 행사를 개최한다. 처음에는 인식이 부족해 유료 입장이었으나, 2004년 덕수궁에 이어 2005년부터는 서울특별시의 행정적 지원과 「조선일보」의 재정적 지원 등으로 시청 앞 광장과 청계천 광장 등에서 무료로 열리기 시작한다.

2002년부터 서울시장을 맡게 된 이명박 씨는 박정희 개발독재 시절에 콘크리트로 덮은 청계천을 다시 복원하는 공사를 벌였다. 수많은 논란 속에서도 2-3년의 짧은 시간으로 대공사를 밀어붙였고, 2005년 10월 1일 공사를 완료했다. 이명박 씨는 자신의 치적을 홍보하기 위한 적절한 이벤트가 필요했는데, 마침 부천에서 개최된 루미나리에를 서울로 가져 와 유치한 것이다.

그 과정에서 필자는 흥미로운 광경을 목격하게 된다. 부천에서 열린 행사는 완전한 유럽풍의 디자인이었지만, 2005년 이후 서울에는 수년 동안 일본에서 사용된 국화 디자인의 구조물이 그대로 옮겨와 설치된 것이었다. 서울 시청 앞 광장에 십자가가 내 걸린 크리스마스 대형 트리와 함께 천황을 상징하는 수십 개의 국화 마크가 찬란하게 빛나는 모습을 바라보는 기분이란 참으로 복잡미묘한 것이었다. 필자는 당연히 하나의 언론이라도 이 문제를 다루지 않을까 지켜보았다. 하지만 수년 동안 그 일이 반복되는 가운데 지금껏 아무도 이 문제를 언급하지 않았다는 사실은 여전히 놀라울 뿐이다.

2005년부터 서울 시내에 천황 문양으로 장식된 루미나리에를 도입한 사람은 다름 아닌 '아키히로'(明博)라는 일본 이름을 쓰고 있던 이명박(李明博) 씨였다. 그의 형제들은 이상은(李相殷), 이상득(李相得) 등 '상'(相)을 돌림자로 썼고, 이명박 본인도 원래는 이상정(李相定)으로 족보에 올라 있음에도, 일본식 이름을 계속 사용하여 그 이름으로 대통령까지 되었다. 그의 조부 이종한(李鐘漢)이 1940년에 쓰키야마(月山)로 창씨개명 하였으니, 그는 한 때 쓰키야마 아키히로(月山明博)이기도 하였다. 하지만 이런 불행한 창씨개명의 역사보다도 서울의 루미나리에 축제마저 그와 관련해 찜찜한 의심의 눈으로 바라보게 되는 것이 더욱 서글프게 다가온다.

실제로 이명박 씨는 2008년 대통령에 취임한 직후부터 이른바 일본의 식민지 지배 덕분에 한국이 근대화하고 발전했다는 이른바 '식민사관'을 주장하는 '뉴라이트' 그룹을 적극 지원했다. 과거 일본의 식민지 지배의 부정적 측면과 해방 이후 독재자들(이승만, 박정희 등)에 대한 비판을 억제하고 오히려 그들의 공로를 찬양하는 역사수정주의 정책에 반영했다. 오죽하면 그의 형 이상득 전 국회부의장은 2008년에 알렉산더 버시바우 당시 주한 미 대사를 만나 "이명박 대통령은 뼛속까지 친미·친일이니 그의 시각에 대해선 의심할 필요가 없다"는 말까지 했을까? 이 사실은 위키리크스가 공개한 미 외교 전문을 통해 밝혀졌고, 각종 신문 보도로 알려졌다.[10] 이명박 씨는 서울시장은 물론 대통령 재직 시기에도 그러한 친일적 태도를 일관되게 보였으며, 그 과정에서 청계천 복원 기념 이벤트로서 고베의 루미나리에를 적극 수입해 온 것으로 보인다.

서울 루미나리에의 또 하나의 후원 회사는 바로 「조선일보」였다. 이 신문은 식민지 시대부터 조선총독부와 천황의 정책에 가장 적극적으로 협력했던 언론사였다. 1940년 1월 1일자 「조선일보」의 1면에 실린 사진을 보면 일본 천황 부부의 사진 가운데에 '황기 2600년'이라는 문구와 함께 국화 문양이 인쇄되어 있다. 기사의 신년사를 통해 "우리는 대일본 제국의 신민으로서 천황폐하께 충성을 다하겠습니다"라고 보도했다. 하지만 이 신

서울 청계천 광장의 국화(오른쪽부터 2006년, 2007년)

문사는 그 시대의 과오에 대해서 한 번도 반성하거나 사과한 적이 없고, 오히려 여전히 역사수정주의적 입장에 동조하고 지원하는 측면이 강하다.

    이처럼 서울의 시청광장과 청계광장 등에 설치된 루미나리에의 진실은, 이러한 설치 주체의 면면과 결코 무관해 보이지 않는다. "천황이 더 높으냐? 너희의 신, 예수가 더 높으냐?"라는 판사의 질문 앞에서 고문과 투옥으로 쓰러져 갔던 옛 신앙인들의 후예들은, 그저 크리스마스 캐럴에 취한 채 십자가와 국화가 기묘하게 공존하는 서울 광장에서 세속적 유희에만 몰두하지는 않았는가?

그런데 더 황당한 일은, 한국에서 2006년부터는 '루미나리에'(luminarie)라는 공식 명칭마저 쓸 수 없게 되었다는 사실이다. 2004년부터 2005년까지는 서울 루미나리에로 행사를 진행했지만, 일본 측이 그 사이에 상표 등록을 하였고, 사용이 금지되자, 할 수 없이 '빛'을 뜻하는 '루체'(Luce)와 '풍경이나 전망'을 의미하는 '비스타'(Vista)를 합해 2006년부터 '서울 루체비스타'(lucevista)라는 이름을 써야 했다. 하지만 사람들은 여전히 '루미나리에'라는 말에 더 익숙한 상태이다. 특허와 관련된 전문적 법률 지식은 없어 알기 힘들지만, '루미나리에'라는 일반명사가 일본만 사용할 수 있는 '고유명사'가 되었다는 사실은, 과거 '내지(內地)'라는 일반명사를 일본만을 의미하는 '고유명사'로 사용하게 강요했던 식민지 시대의 트라우마를 떠올리게 하여 더욱 씁쓸해 진다. '루체비스타'(lucevista)라는 상표명마저 행사 주관사인 조선일보사가 2006년 11월 22일에 출원하여 2007년 7월 26일자로 등록을 완료한 상태이다.

모국어와 조상이 물려준 이름도 못 쓰고, 일본어와 일본 이름을 강요 당해야 했던 시절의 트라우마를 더욱 자극하는 이유는, 그 '루체비스타'라는 생경한 이름의 행사에서 일본 천황을 상징하는 '국화 문양'이 찬란하게 빛나는 모습을 무력하게 바라보아야 한다는 사실이다.

「조선일보」 1940년 1월 1일 1면 기사의 천황 부부 사진 사이에 인쇄된 국화

서울역의 국화

그런데 서울의 심장부에 저 '국화' 문양이 100년 가까이 아로 새겨진 곳이 있다. 바로 일본인들이 1925년에 건립한 서울역 건물이다. 3.1운동 이후 무단통치를 포기하고 문화통치를 시작한 조선총독부는 본국의 경제적 안정에 힘입어 한반도에 식민지민들을 압도할 만한 웅장한 건물들을 짓기 시작했다. 일본정부 및 기업과 결탁하여 만주 진출을 준비하던 '남만주철도주식회사'(만철)은 초라한 목조 건물이었던 남대문정거장을 1922년부터 착공하여, 1923년에는 경성역(京城驛)으로 이름을 바꾸고, 1925년 9월 30일에 그 당시 도쿄역에 이어 동양에서는 두 번째로 규모가 큰 역으로 완공하였다.

이 역의 설계자는 도쿄역을 설계한 도쿄제국대학의 쓰카모토 야스시(塚本靖)로 알려져 있다. 물론 아직 논란은 있지만, 만철을 중심으로 한 일본의 인력이 동원된 것만큼은 사실이며 도쿄역과 서울역이 너무나 흡사하기 때문에 여전히 쓰카모토가 설계했을 확률이 가장 높다. 2016년에는 쓰카모토가 남긴 설계 입면 두 장과 더불어 '경성역 정면도'(京城驛正面圖), '경성정거장 본옥 기타 개축공사 준공도'(京城停車場本屋其他改築工事竣工圖) 등, 최초의 설계도 원본으로 보이는 자료들까지 새롭게 발굴 소개되었다.[11]

새롭게 공개된 경성역 도면

스위스 루체른역(상), 경성역(현 서울역, 하)

서울역은 전체적 분위기가 적벽돌과 화강암을 조화시킨 도쿄역과 비슷하지만 전체 디자인은 전혀 다르다. 1914년에 세워진 도쿄역이 네덜란드 암스테르담역을 모델로 한 것에 비해, 서울역은 1896년에 건축된 스위스 '루체른역'을 모방한 것이다. 루체른역(Lucerne Railway Station)은 스페인 건축가 산티아고 칼라트라바(Santiago Calatrava)가 설계한 건물인데 1971년 화재로 현재는 일부만 남아 있다.

흥미로운 것은 루체른역의 중앙 돔의 반원형 창문에 총 9엽의 국화 문양이 연출돼 있다는 점이다. 원형이 되면 자연스럽게 18엽이 되기 마련이다. 그런데 이 건물을 모방한 것

9엽 방사의 루체른역 돔(좌), 8엽 방사의 경성역(우)

으로 보이는 서울역의 도면을 보면, 반원형 창문에 8엽의 국화 문양이 그려져 있다. 이것을 똑같이 원형으로 만들면 서울역의 돔에는 천황을 상징하는 16엽의 국화문양이 연출된다. 이것은 분명히 설계자가 스위스 루체른 역을 모방하기는 했지만, 돔 부분의 상징은 일본적으로 재해석하여 변화를 준 것이다. 이는 서울을 대륙 진출의 교두보로 생각한 조선총독부와 만철의 의도가 반영된 결과로 보인다.

쓰카모토 야스시(塚本靖)는 다름 아닌 이토 히로부미의 조선 통감부 관저나 경제 침탈의 상징인 조선은행 건물 등을 설계한 다쓰노 긴고(辰野金吾)의 제자였다. 그런 면에서 이들이 조선에 건물을 지을 때 일본제국의 팽창과 번영을 염두에 두는 것은 어쩌면 자연스러운 일이었을 것이다. 이 두 사람은, 청일, 러일전쟁이 끝난 직후인 1908년에 공사가 시작되어 1914년에 완공된 도쿄의 '중앙정차장'(中央停車場)의 설계도 메이지 천황(明治天皇)이 머무는 황거(皇居, 宮城)를 정면으로 보게끔 설정하였고, 그 때문에 이름도 '도쿄역'(東京驛)으로 바뀐 것이었다. 그 후속작으로 식민지 한반도에 세우는 웅장한 역사(驛舍)에 천황의 상징을 각인시키는 것은 어쩌면 당연한 본능적 욕망이었을 것이다. 도쿄역에서 황거가 바로 보이듯, 서울역에서는 마침 조성되고 있던 조선신궁(아마테라스오미카미, 메이지천황 제신)의 거대한 도리이와 계단이 한눈에 보이도록 배치했다.

도쿄역의 돔도 '팔굉일우'를 연상시키는 '팔각 돔'을 한 가운데에 놓고, 원형 방사 문양이 천황을 상징하는 국화 문양이 가운데 원의 둘레를 감싸고 있으며 욱일기와 동일한 16방으로 뻗어 나가며 연출되고 있다. 서울역 돔은 바로 이러한 도쿄역의 천황 상징 메카니즘의 연장선상인 것이다. 유럽의 여러 모습을 모방하여 '탈아입구'를 추구하면서도, '내지(內地) 일본'의 중심성을 천황이라는 존재에 의지하여 끊임없이 집단의식화 하려 했던 숨은 장치들을 재발견한다.

문제는 해방 이후 1947년에 '서울역'으로 이름을 바꾸었지만, 식민지 시대 일본인들

현재 서울역 돔(좌), 도쿄역 천장의 '팔방, 십육방' 연출(우)

이 그 건물에 담아놓은 상징 문양까지는 청산하지 못하고 있는 한국이다. 아니, 그런 상징이 남아 있는 지도 모른 채 70년 이상을 살아오고 있다. 필자는 모르던 것을 굳이 들춰내어 서울역 돔을 철거해 버려야 한다는 주장을 펴려는 것은 아니다. 다만 일상 속에서 천황의 상징을 머리에 이고 살면서도 그에 대한 인지조차 없는 무지에 대한 경종은 필요할 것이다. 그대로 존치하여 역사적 교훈으로 삼자는 의견도 있을 것이며, 보수 공사를 통해 국화 창틀만 걷어내어 박물관 등에 보관하고 새로운 한국적 디자인으로 바꾸자는 의견도 있을 수 있겠다. 역사를 망각한 채 현재를 사는 것이야 말로 불행한 과거를 반복하는 원인일 것이다. 그 대표적 경종의 사례 중 하나가 다름 아닌 한반도의 심장 서울역이다.

임시수도 부산의 국화

해방 이후 권력욕에 가득 찼던 이승만은 식민지 시대 친일 관료와 경찰, 군인, 언론인들을 그대로 중용하여 제1공화국 정부를 구성했다. 그 결과 더욱 심해진 동포 간의 갈등과 대립은 치유되지 않았다. 결국 사분오열 된 상태에서 한국전쟁을 맞았고 부산을 새로운 임시 수도로 삼게 된다. 바로 그 시절 이승만은 1926년에 일본인들이 전통 일본식 목조 건물에 유럽식 적벽돌로 지어 올린 '경남도지사 관저'(1950-53)에 머물렀다.

쉽게 말해 경남 도지사 관저는 한국전쟁 발발 이후 3년 동안 대한민국의 심장부 역할을 수행한 곳이다. 부산시는 긴박한 전시 상황 속에서 중요한 판단들이 이루어진 그 공간을 1984년에 매입하여 '임시수도 기념관'으로 개관하였고, 2002년에는 지방 문화재로 지정하였다. 하지만 동시에 그 공간은 이승만이 제주, 거창, 영천, 문경 등 북한의 미점령 지

부산의 대한민국 임시정부 대통령 관저(**좌**)와 지붕 기와의 국화 문양(**우**)

역 내 좌익분자 색출을 지시한 결과 그 과정에서 수많은 양민이 학살되게 되는 비극적 판단의 원점이기도 하였다. 또한 전쟁 열세의 책임을 추궁 당하자 오히려 대통령제를 강화하는 독재적 헌법개정(1952)을 강행한 공간이다. 그런 의미에서 이곳은 북한의 남진에 끝까지 맞선 냉전의 마지막 보루로서의 공간적 의미와 함께, 독재로 점철된 대한민국 현대사가 본격적으로 시작된 공간일지도 모른다. 그런데 바로 그곳 일본인들이 세운 경남지사 관저 곳곳에는 천황을 상징하는 '국화' 문양이 지금도 남아 있다.

건축가 W.M. 보리스의 '신국'(神國) 도안과 서명

일본 천황과 국화 문양을 이야기 하다 보면 떠오르는 인물이 윌리엄 메렐 보리스(William Merrell Vories, 1880-1964)다. 미국 캔자스 출신으로 대학 시절 참여한 YMCA 활동을 계기로 1905년 일본에 건너와 시가현에서 영어 교사를 하다가 1908년부터는 건축사무소를 세워 한일 양국에 수많은 근대식 건물을 세웠다. 동시에 '오미교다이샤'(近江兄弟社)라는 회사 겸 기독교 선교 조직을 창설해 의약품 사업과 기독교 교육사업을 전개한 인물이다. 한반도에도 이화여대 캠퍼스, 철원제일교회, 배재학당, 연세대 한경관, 경북 안동교회, 새문안교회 등 총 140건 이상의 건축물을 남겼는데 이는 자신의 전체 작품 중 약 10%에 해당한다. 1919년에는 조선에서 발생한 3.1운동 직후 공주 지역 만세 운동을 주도한 강윤(姜沇, 독립유공자)을 제자로 받아들여 이후 그를 통해 태화사회관, 이화여대 대강당 등 많은 건물을 추가적으로 짓는다.

보리스는 1919년 에도시대의 다이묘 출신인 귀족 히토쓰야나기 스에노리(一柳末徳)

1941년에 시가현 오미하치만시의 히무레하치만구(日牟禮八幡宮) 신사에서 우치코(氏子)의 신지(神事)를 통해 일본 국적을 취득하는 귀화 의식에서 참여 중인 윌리엄 보리스 (1941)(출처: 近江兄弟社財団, 『日本人を越えたニホン人 メレル・ヴォーリズ 写真集』, 1998, 96)

자작의 딸 히토쓰야나기 마키코(一柳満喜子)와 결혼하는데, 백인과 일본인 여성의 결혼은 당시 드문 일이었다. 보리스는 더욱 일본에 스며들어 갔고 1941년 1월에는 신도(神道) 의식을 통해 일본 국적을 취득하기에 이른다. 태평양전쟁 발발 직전, 미국 출신의 백인이 일본인으로 귀화한 사건은 화제가 되었다. 그렇게 얻게 된 일본 이름이 아내의 성과 자신의 미들 네임을 합친 히토쓰야나기 메레루(一柳米来留)였다.

보리스는 교토에 위치한 도시샤의 교사를 설계시공하기도 했고, 도시샤(同志社)의 교가가 할 수 있는 '칼리지 송'의 가사를 직접 썼을 만큼 도시샤와 각별한 관계를 형성했다. 자연스럽게 구마모토 밴드가 지도력을 발휘하던 일본조합교회와도 교류가 활발했다. 눈길을 끄는 것은 에비나 단조(海老名弾正)의 책 『신일본정신』(新日本精神,1935)이 공교롭게도 '오미교다이샤 출판부'에서 발행되었다는 점이다. 에비나는 구마모토 밴드의 대표자로서 도시샤 제8대 총장이자 조선전도론을 제창하며 제국일본의 팽창을 신학적으로 정당화 한 인물이다. 이 책에서 에비나는 '하나님 나라'(神の国)와 '제국일본'을 동일시하며 다음과 같이 말한다.

"천지(天地)는 신의 나라(神の國)가 건설되어야 할 무대이며, (…) 천지만유(天地萬有)를 정복하고 신의 나라(神の國)를 건설해야 할 사명을 가진 신의 자녀들의 나라(神の子の國)는 도의의 나라(道義の國)이며, (…) 그것은 예로부터 내려온 대일본(大日本)이 곧 신의 나라인 것이며, 이른바 신국(神國)의 이면(裡面)에 건설해야 할 심원홍대(深遠弘大)한 신의 나라(神の國)인 것입니다." **(12)**

기독교가 말하는 '하나님 나라'(신국)와 일본 전통종교 신도가 말하는 '신국'의 경계를 허물며 그 둘을 동일시하는 에비나의 사상은 그의 제자 와타제 쓰네요시(渡瀨常吉)를 통해 더욱 심화되어 간다. 이러한 내용을 보리스가 관장하던 오미교다이샤의 출판부에서 편찬하고 있음을 보면 보리스는 과연 기독교 이상의 본질로부터 멀어져 간 이러한 논지에 대해 어떤 태도를 취하였던 것일까? 여기서 보리스가 남긴 독특한 상징화 하나에 주목하게 된다.

> "형제들이 와서 네게 있는 진리를 증언하되 네가 진리 안에서 행한다 하니 내가 심히 기뻐하노라"(요한3서 3절)
> 새롭게 거듭나야 할 마음을 위의 두 그림의 원으로 설명하겠습니다. 화살이 각각의 원을 채우고 있습니다. 이 화살이 안쪽을 가리킬 때는 자기중심적인 마음(self-centered heart)을 나타냅니다. 자기중심적인 마음은 자신의 이익만을 생각하려 합니다. 또한 8개의 화살만으로 원은 가득 차 버렸습니다. 반면 화살이 바깥쪽을 가리키면 신 중심의 마음(GOD-centered heart)을 나타냅니다. 이 마음은 신국(Kingdom of GOD)의 모든 것을 섬기는 것과 연결되어 있습니다. 이 화살들은 한없이 나아갈 수 있고, 화살은 세계를 관통하여 모든 방향으로 나아갈 수 있습니다. 이것이 '영원한 생명'(ETERNAL LIFE)입니다. 이때, 화살의 수는 배가되고 원이 퍼져 나가면서 화살은 끝없이 늘어납니다. (13)

공교롭게도 보리스가 '하나님 나라'의 실현을 꿈꾸며 그린 화살 원의 그림은 하필 8방으로 뻗어 나가고 있다. 1년 열 두 달, 하루 12시간, 예수 그리스도의 12제자 등을 생각하면 12방으로 표현할 수도 있었을 텐데 말이다. 결국 이 도안은 일본인들이 특별한 의미를 부여한 팔굉일우(八紘一宇)와 16방사로 뻗어가는 욱일(旭日)과 국화문양을 연상시킨다. 보리스는 순수하게 기독교의 진리와 영원한 생명을 말했을 지 모르지만, 과연 그의 메시지가 당시의 일본인들에게 제대로 전달되었을까? 밖으로 뻗어 나가는 화살이 칼과 더불어 그야말로 외부의 수많은 사람들의 목숨을 앗아가는 무기로서 기능하지는 않았을까? '국화와 칼'로 상징되는 일본인들의 심층적 정서에 동화된 결과, 보리스가 이런 도안을 무의식적으로 그린 것은 아닐까? 이런 질문이 멈추지 않는다.

보리스는 글을 쓴 마지막에는 반드시 원 안에 점을 하나 찍는 독특한 서명(사인)을 남긴 것으로 유명하다. 이 세상 어디에 머물든 신께서 사명을 주고 보냄 받은 바로 그 땅이 이 세상의, 아니 우주의 중심이라는 의미를 담고 있다. 보리스도 교토와 나고야라는 두 중심부의 주변부인 시가현(오미하치만)에 처음 도착한 이후 죽을 때까지 그곳을 중심으로 활동했다. 하지만 그의 활동 반경은 일본 열도와 한반도 중국까지 이르렀다. 그는 분명 '변

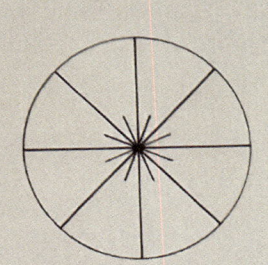  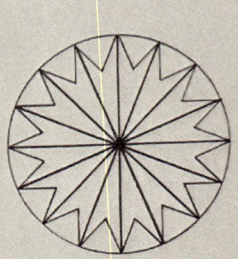

보리스가 그린 '하나님 나라'(신국) 상징 도안과 설명.(출처: 近江兄弟社財団, 『日本人を越えたニホン人 メレル・ヴォーリズ 写真集』, 1998, 71.) 천황을 상징하는 16엽 국화와 유사한 모양이 된다.

경, 경계선'에 주목하며 그곳을 신과 함께 하는 중심으로 만들려는 그리스도의 정신을 실천하려 애쓴 것으로 보인다. 하지만 그가 살았던 근대 제국일본은 그렇지 않았다. 천황을 아라히토가미(現人神)로서 절대화해 갔으며 '제국일본'을 기독교가 말하는 '하나님 나라'와 동일시 했다.

전쟁 시기 일본인이 되어 천황을 향한 충성을 맹세했던 보리스는 1945년 8월 15일 패전 직후 천황을 대신하여 연합군최고사령부(GHQ)를 방문하였다. 그러한 보리스에게 고노에 후미마로(近衛文麿) 전 총리는 천황에 대한 옹호의 메시지를 맥아더 사령관에게 전달해 달라고 요청한다(1945년 9월). 보리스는 천황이 절대적 신성(神性)에 대한 주장을 포기하고 스스로 인간임을 선언하겠다는 생각을 GHQ와 공유했다. 이 과정에서 그는 맥아더 등의 판단에 영향을 미쳐 이른바 새 헌법에 '상징천황제'의 형태로 천황과 황실이 유지될 수 있도록 기여하였다. 그런 점 때문에 일본의 작가 가미사카 후유코(上坂冬子)는 보리스를 향해 "천황을 지킨 아메리카인"이라 평가하기도 했다.**(14)**

프랑스의 철학자 롤랑 바르트(Roland Gérard Barthes)는 1966년부터 68년까지 일본에 수차례 방문한 경험과 사색을 자신만의 독특한 '일본문화론'으로 정리한 책 『기호의 제국』(L'Empire des signes, Genève-Paris, 1970)을 펴냈다. 여기서 바르트는 서양이 의미에 집착하는 '의미의 제국'인 반면 일본은 다양한 표징이 넘쳐나는 '기호의 제국'이라고 설명한다. 서양은 기호를 의미로 채워가지만, 일본은 의미가 결여된 것에 대해 의미로 채워 가기를 거부하는 기호가 존재한다는 것이다. 그 대표적인 사례로 패전 이후 '상징천황제'로 전락한 천황이 머무는 곳, 도쿄 한 가운데에 위치한 '황거'(皇居)가 오직 울창한 숲으로만 가득 채워져 실상 그 안에는 아무런 의미도 존재하지 않는 '공허함'만이 가득하다고 표현했다. 이른바 '공허한 중심'(空虛な中心)'이 바로 그것이다.

바르트의 책이 발간되던 해인 1970년 11월 25일에 민병조직 '방패회'를 조직한 작가 미시마 유키오(三島由紀夫, 1925-1970)가 조직원들과 함께 육상자위대 본부가 있는 이치가야(市ヶ谷) 주둔지(현 방위성 건물)에서 자위대 총감을 인질로 잡고 헌법개정을 위한 자위대의 궐기를 선동했으나 장병들에게 야유를 받은 뒤 결국 할복 자살한 사건이 일어났다. 국내 외에 충격을 안긴 그의 행위는 일본의 신(新)우익 발흥을 자극했다. 자결 몇 달 전인 1970년 7월 7일자「산케이신문」석간에 남긴 그의 에세이에는 패전 이후의 '공허한 중심'에 대한 불만과 분아가 그대로 드러나 있다.

"일본은 없어지고, 그 대신 무기적(無機的)이고 텅 빈, 뉴트럴한 회색을 띈, 부유하고 빈틈 없는 어떤 경제적 대국만이 극동(極東)의 일각(一角)에 남아 있다."

놀랍게도 같은 해에 출간된 바르트의 책에서도 황거는 '텅 빈'(vide)이라는 형용사로

보리스의 친필 서명(출처: 近江兄弟社財団, 『日本人を越えたニホン人 メレル・ヴォーリズ 写真集』, 1998, 96)

 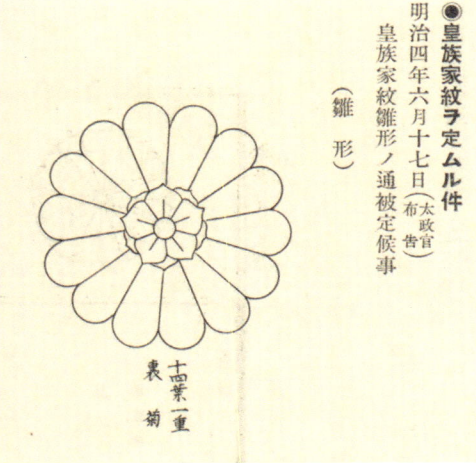

자민당 상징 마크(좌)의 유래는 메이지, 다이쇼 시대를 걸쳐 제정된 황실 14엽 마크(우)이다(태정관 포고 제286호 1871년(메이지4); "국화문장을 황실의 문장으로 정하는 황실 의제령 12조, 1926년 10월 21일부.「官報」에 근거).

극우 단체로서 유명한 '일본회의' 마크(좌)는 14엽 국화 문양 안에 사쿠라(벚꽃) 잎과 히노마루(태양)가 겹쳐 있고. '일본을 지키는 모임'(日本を守る会)의 마크(우)는 16엽 국화의 중앙에 일장기가 그려져 있다.

표현되고 있었다. 껍데기만 남았다고 느껴진 일본의 '중심'(국체)에 대한 미시마의 분노와 불복의 심리는 일본인들 다수의 무의식 속에도 여전히 잠재하고 있는지 모른다. 넘치는 경제적 풍요로움도 채워 주지 못하는 그 공허감…, 그것은 황실을 상징하는 14엽 국화(陰十四葉菊) 문양 한 가운데에 '자유와 민주'를 새겨 넣은 자민당(自民党)의 정당 심볼로도 채워지지 않는 그 무엇인가 보다. 마천루 숲의 중심에 거대한 인공호수와 조림 수목에 둘러싸인 채 '멸망한 제국'을 향수하는 헌법상 '국민의 상징'으로 전락한 천황의 초상이다. '무력한 상징'으로 전락해 버린 천황이 다시금 아라히토가미(現人神)라는 절대적 존재로 부활하기를 열망하는 집단의 욕망은 여전히 일본의 저류를 흐르고 있다. 보리스가 그린 '신국'의 도안과 원 한 가운데 찍는 점의 의미는 과연 무엇일까?

칼인가? 평화인가?

옛 조선의 선비들도 사군자(四君子) '매난국죽'(梅蘭菊竹)을 사랑했으니 '국화'만 유달리 부정적으로 바라 볼 이유는 없다. 하지만 일본의 식민지 침탈 이후 '국화'를 불편하게 여기게 된 책임은 누가 져야 하는 걸까? 국화는 아무런 죄가 없을 텐데 말이다.

1944년 태평양전쟁이 끝나갈 무렵, 미국 정부는 유럽의 독일·이탈리아와는 달리 패전 이후의 일본은 어떻게 반응할지 불안하고 궁금했다. 결국 미국의 인류학자 루스 베네딕트(Ruth Benedict)에게 일본인의 문화와 정신구조에 관한 보고서를 써달라고 요청했다. 1946년에 제출된 그 보고서는 세계적 명저인『국화와 칼』(The Chrysanthemum and the Sword: Patterns of Japanese Culture)이다. '국화와 칼'이라는 극단적 두 상징어를 통해 일본인을 설명하는데, '국화'(菊)는 미(美)를 사랑하는 일본인의 충효의식과 예의, 예술성 등을 의미하며, '칼'(刀)은 무(武)를 숭배하며 무사에게 명예를 돌리는 일본인의 모습이라고 주장했다.

1945년 전쟁이 끝난 뒤, 한반도에서 일본은 철수했다. 그런데 다시 돌아보니, '칼'은 사라졌는지 모르지만, '국화'는 여전히 기묘한 상징의 모습으로 서울과 한반도 곳곳에 숨겨져 남아 있다. 그렇다면 루스 베테딕트의 말처럼 '아름다움(美)을 사랑하는 일본인의 예의와 미학'만 남겨진 것일까? 해방 후 일본인의 칼은 일본군 출신 조선인 독재자들의 총으로 바뀌어 '국화와 총'이 되었을 뿐, '국화와 평화'의 새 지평은 요원하기만 하다. 더욱이 작금의 한일 관계를 생각하면 한반도에서 산견 되는 '국화'의 상징적 의미가 더더욱 눈에 밟혀 잠을 설치게 한다.

제5장: 오비이락(烏飛「李」落)이라는 뫼비우스의 띠

끊이지 않는 욱일기 논란

2017년 4월 25일, 수원월드컵 경기장에서 열린 AFC챔피언스리그 조별리그 경기에서, 일본 J리그 가와사키 프론탈레의 응원단이 한국의 수원 삼성 블루윙즈와의 시합에서 욱일기를 흔들었다. 이에 대해 한국 측 응원단의 반발과 소란이 있었고, 아시아축구연맹(AFC)은 경기장 안에서의 욱일기 사용은 인종이나 정치적인 신념에 의한 차별을 금지하는 규정을 위반한다면서 가와사키에 1년 집행 유예와 벌금 1만5,000달러(약 1,700만원), AFC 주최 홈경기 1경기에 대한 무관객 처분의 징계를 내렸다.

일장기에서 퍼져 나가는 방사 광선이므로 국기처럼 생각할 수 있지만, 엄격히 말해 욱일기는 일본의 국기가 아니며 구(舊) 일본제국 군대의 '군기'였다. 지금은 일본 방위성 예하의 육상 및 해상 자위대가 사용하는 군사용 상징이다. 따라서 모든 정치적 혹은 종교적 행동의 메시지를 금지하는 FIFA 규약에 근거하여 AFC는 스포츠 경기상의 욱일기 게양을 문제 있다고 판단한 것이다. 그런데 이 사건이 있자 이른바 일본의 넷 우익들은 트위터나 페이스북 등에서 처분 조치에 대해 크게 반발했다.

문제는 개인의 반응보다 일본의 공식적 입장이다. 가와사키 팀과 J리그, 그리고 일본축구협회(JFA)는 "욱일기에 정치적 의도는 없으며, 정부의 홈페이지 공개 내용을 전제로 인식하고 있다"면서 발을 뺐으며, 또 당시 스가 요시히데(菅義偉) 관방장관도 "욱일기는 차별적이지 않다는 인식인가?"라는 질문에 대해 "자위대기나 자위함기 만이 아니어서, 풍어기나 출산, 명절의 축하기 등, 일본 내에서 현재도 넓게 사용되고 있다고 생각하고 있다"면서 사실상 욱일기의 사용이 부적절하지 않음을 강조했다.

그런데 이 문제가 또다시 불거졌다. 2018

가와사키 프론탈레와 수원삼성과의 경기에서 등장한 욱일기 모습(출처: 수원삼성축구단)

년 10월 10일부터 14일까지 제주 해군기지에서 열리는 '2018 대한민국 해군 국제 관함식'에서 논쟁이 일었다. 그 행사에 참가하는 일본 해상자위대가 구 해군의 깃발인 '욱일기'를 게양하겠다고 전해오자 한국 측은 '자국 국기만을 달고 참가해 달라'고 요청했다. 하지만 일본 측은 "예의 없는 행위"라고 반발하였고, 일본 방위청은 "욱일기 게양은 국내 법령상 의무"라고 밝히며 한국 해군의 요구를 공식 거부했다. 이 상황을 지켜보던 한 일본인 네티즌이 기사 댓글에 "과거가 떠올라서 그러는 것 같은데, 두 번 침략할 일 없으니 걱정하지 말라"고 한 말이 한국 언론을 통해 소개되어 논란이 일었다. 마치 한국의 여론을 배려하는 말 같지만, 실은 역사의 트라우마를 더욱 자극하는 언사였기 때문이다. 한국의 국무총리는 10월 1일 국회 질의에서 "식민지배의 아픔을 아직도 기억하고 있는 한국인들의 마음에 욱일기가 어떤 영향을 줄 것인가 하는 것은 일본도 좀 더 섬세하게 고려할 필요가 있다고 생각합니다"라고 발언했다. 이후 한국 해군이 과거 임진왜란 때 이순신 장군이 사용했던 조선 수군 대장기인 수자기(帥字旗)를 군함에 게양한다는 소식이 알려졌고, 결국 일본의 해상자위대 함대 행사 불참을 선택했다. 이후에도 도쿄 올림픽, 2024년의 파리 올림픽까지 응원단의 욱일기 사용 문제는 계속 이어지고 있다. 이러한 촌극들을 바라보며 필자는 '오비이락'(烏飛梨落)이란 사자성어 하나를 떠올리게 된다.

임진왜란 당시 이순신 장군이 사용한 수자기(帥字旗). 사진은 신미양요(1871) 당시 미국에게 전리품으로 빼앗긴 수자기. 2016년 136년만에 한국으로 돌아왔다.

일본 해상자위대의 군함에 걸린 욱일기(마이즈루 군항)

'오비이락'「烏飛梨(李)落」의 상징사

'오비이락'(烏飛梨落)이란 말을 일본에서는 사용하지 않아 놀란 적이 있다. 중국과 한국에서 일상 속 용어인 이 말은, 배나무 위의 까마귀가 그냥 날아올랐는데 그 순간 배가 떨어져 버리면, 그것을 본 사람들은 까마귀가 배를 떨어뜨렸다고 생각할 것이므로, 의심과 오해를 살 만한 행동은 처음부터 하지 말라는 뜻이다. 원래 문선(文選)의 『고악부』(古樂府) 「군자행」(君子行)에 나오는 표현인 "오이 밭에 가서 신발 고쳐 신지 말고, 자두나무 아래서 갓 끈 고쳐 매지 말라"(瓜田不納履 李下不整冠)는 말에서 파생된 것이다. 이 말이 널리 전파되는 과정에서 자두나무(李)가 배나무(梨)로 바뀐 듯하다.

최근 더욱 눈에 띄는 일본 자위대나 민간에서의 욱일기 사용은 '오비이락'이라는 사자성어를 떠올리게 한다. 주변국에서는 일본의 우경화와 헌법 개정 분위기 속에서, 그토록 의심하고 예민하게 받아들이건만 "다시 침략할 생각 없으니 걱정마라"는 조롱 섞인 반응을 보이는 것은 오히려 의심을 더 조장하고 자극할지 모른다.

흥미로운 것은 위의 속담과 사자성어 모두에 '까마귀'가 등장한다는 사실이다. 일본 축구협회의 상징이기도 한 '야타가라스'(八咫烏)는 일본을 세웠다는 진무천황의 동정(東征, 동쪽정벌)을 안내해 모두 승리로 이끌었다는 신화 속 까마귀이다. 원래 까마귀 상징은 중국과 한반도(고구려)에서 유행하였던 삼족오(三足烏) 상징이 일본으로 넘어가 야타가라스(八咫烏)가 된 것이다.

훗날 그 일본의 까마귀가 다시 날아올라 한반도와 대륙으로 돌아왔을 때, 가장 먼저 조선 황실의 상징 오얏(자두)꽃 '이화'(李花)를 힘없이 떨어트린다. 망국의 암운 속에서 서양 선교사들이 처음으로 여자 학교를 세우자, 민왕후는 이화(배꽃, 梨花)라는 교명을 하사한다. 그리고 그 학교에서 망국의 한을 한 몸에 끌어안았던 유관순이 배출되어 야타가라스의 나라에 맞서는 상징이 된다. 일본의 발흥과 조선의 멸망, 두 나라의 불행한 근대사의 시작은 말 그대로 '오비이락'(烏飛梨落)이란 말로 함축될 수 있지 않을까?

왕실의 '이화'(李花)와 최초 근대여성학교의 '이화'(梨花)

유관순 이야기가 나왔으니 왕실의 상징인 '이화'와 최초의 근대여성학교의 이름 '이화'의 차이에 대해서 잠깐 지적해 두고 싶다. 1886년 5월 31일에 미국 북감리회 여선교부

1894년, 청일전쟁 당시, 조선의 아산지역(牙山地域)에 주둔한 일본해군부대의 욱일기. 1894년, 조선의 농민들이 혁명을 일으키자 일본군과 청국군이 동시에 한반도에 파병하여, 농민들을 진압했다. 일본 해군은 아산(牙山)의 근해에서 청국의 운송선이었던 고쇼호(高升号)를 공격해 침몰시켰다. 같은 날, 아산에서 섭지초(葉志超) 등의 부대가 일본군을 피하여 평양까지 후퇴했다. 결국 8월 1일에 청일양국의 전쟁 선포로 청일전쟁이 시작되었다.

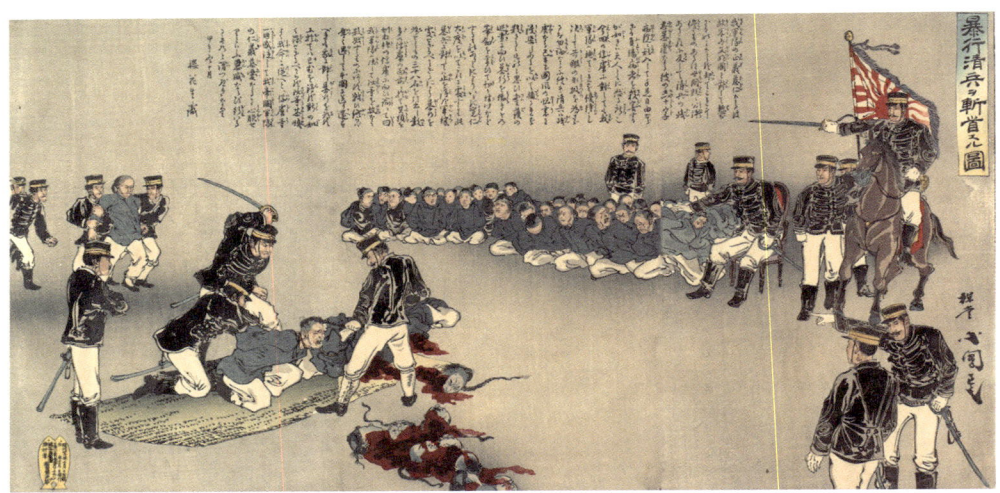

'폭행 청국 병사 참수도'(暴行淸兵ヲ斬首スル図), 1894년 10월. 중국인 처형 당시에 게양된 욱일기(보스턴 미술관 소장)

선교사 메리 스크랜턴(Mary F. B. Scranton, 1832-1909)이 서울 정동의 자택에서 한 명의 여학생을 두고 수업을 시작한 것이 이화학당의 시작이다. 점차 수업체계가 마련되고 학교의 모습을 갖춰 가자 이듬해인 1887년 2월에 고종과 민왕후는 미감리회가 세운 남학교인 배재학당과 더불어, 이 여학교 주변에 많이 피던 '배꽃'을 떠올리며 이화학당(梨花學堂)이라는 교명을 하사하였다. 지금의 대학으로 근처에도 배 밭이 많아 이화정동(梨花亭洞)이라 불렀는데 거기서 따온 이름이라는 설도 있다.

아무튼 왕실의 교명 하사는 한국 최초의 근대 여성 교육기관이 정식으로 승인 받는 순간이었다. 해방 이후 대학으로 승격되면서 이화여대의 영어 교명은 'EWHA WOMANS UNIVERSITY'라고 정해지는데 「WOMAN'S」가 아닌 「WOMANS」라는 문법에 어긋난 표현을 일부러 사용했다. 이는 '현모양처'와 같은 획일적인 여성상의 집단 교육이 아니라, 여성 각자의 개성을 살리며 지성과 인격을 완성해 가는 다양하고 수많은 여성들(womans)의 학교라는 의미를 살린 것이라고 한다. 흐드러지게 핀 배꽃의 복수성이 그 영어 교명에도 잘 드러나 있다.

많은 사람들이 이 때 하사된 '배꽃'을 의미하는 '이화'(梨花)를 조선왕실을 상징하는 '자두꽃(=오얏꽃)'의 '이화'(李花)와 혼동하곤 한다. 한자 발음이 동일하고, 동그란 다섯 잎의 꽃 모양도 유사해서 생기는 혼선이다. 특히 1930년에 제정된 이화여자전문학교의 교표의 경우는, 전체 모양을 '배꽃'(이화)으로 연출함은 물론 기독교 상징인 십자가와 민족의 상징인 태극이 원 안에 함께 그려져 있었다. 그러던 것이 일본제국의 군국주의가 더욱 맹위를 떨쳐 가던 1939년에, 교표 도안에서 남대문과 태극을 없애도록 강요한다. 십자가와 '진선미' 글자만 남겨 단순화 되었던 것이 태평양전쟁이 한창이던 1943년이 되자 십자가마저 삭제하도록 강요 받았다. 진짜 전쟁을 치르는 와중에 일제는 '심볼전쟁'도 병행하고 있었던 것이다. 심지어 패전 직전인 1945년 4월에는 조선왕실이 부여한 학교 이름 '이화'

1914년 이화학당 중등과(대학예과) 졸업생인 최매지 씨가 소장한 이화 교표. 흰 색의 배꽃 다섯 잎에 녹색의 잎새가 달려 있다(좌). 현재의 이화여고 교표. 배꽃의 모양을 그대로 살렸다(중). 현재의 이화여대 교표. 1925년에 이화여자전문학교가 출범하자, 1930년에 현재 교표의 원형이 제정되었다. 바깥면으로 배꽃의 모양을 살렸고, 안에는 숭례문에 '진선미'를 적어 놓았으며, 기독교 상징인 십자가와 민족 상징인 태극이 함께 그려져 있다(우).

마저도 빼앗아 '경성여자전문학교로'로 교명이 바뀌었다. '이화(왕실), 태극(민족), 십자가(종교)' 이 모든 상징들이 천황의 상징인 국화 아래에서 철저히 파괴되고 멸절되어 가던 야만의 시대였다.

방위성의 로고, 돌고 도는 수레바퀴의 상징사(象徵史)

2015년 일본 의회의 안보법안 통과 직후, 일본 정부에서는 방위장비청이 발족되었다. 이제 일본은 해외의 전쟁 참여는 물론, 공식적인 무기 수출도 가능한 나라가 되었다. 바야흐로 일본의 '신군국주의'(新軍國主義) 시대가 도래한 것이다. 지금까지의 모습과는 다른 새로운 일본을 하나하나 목격하게 되면서 주변국은 긴장과 불안을 느끼게 되는 것이 사실이다. '방위장비청'의 새로운 로고는 육해공 무기들이 지구를 돌면서 감싸는 모양이다. 홈페이지의 로고 설명은 아래와 같다.

"중심의 원은 각 자위대를 상기시키는 색을 사용하고 장비품 취득에 관련한 방위성 내의 조직이 일치 협력하여 화합(원)=「和(輪)」을 이루어 업무에 몰두해 가는 모습을 나타내고 있습니다. 또 지구를 이미지화 하여 국제평화에 공헌해 가겠다는 의미도 포함되어 있습니다. 원을 둘러싼 3개의 선은 육해공자위대의 대표적인 장비품인 차량, 호위함, 항공기를 나타내고 있습니다."

15년 전쟁으로 아시아 전체를 고통에 빠트렸던 '쇼와'(昭和) 천황, 그리고 다음 천황이었던 그 아들 '헤이세이'(平成)… 이 두 사람의 이름자를 합치면 "평화'(平和)를 이룬다"가 된다. 일본 정부가 말하는 '평화'란 '천황이 다스리는 세상'의 평화인 것은 아닐까? 일본의 전투기, 전차, 군함이 전 지구를 감싸 안고 있는 모습. 이는 천황을 중심으로 전 세계를 통치하고자 제국의 무한팽창을 도모한 전쟁에 사용된 구호 '팔굉일우'(八紘一宇)의 이념을 연상케 한다. 16방으로 뻗어 나가는 욱일기 또한 16엽의 국화 상징과 오버랩 되니 말이다.

일본 방위장비청의 로고

제주 관함식 문제에 대해 한국 해군의 주장을 일축하는 일본 방위성 대변인의 등 뒤로 방위성 및 자위대의 로고가 보였다. 그 또한 지구를 감싸 안고 있는 '일본'의 모습이 연출돼 있다. 그런데 이 로고를 보자마자 필자는 120년 전 한반도에 각인된 트라우마의 데자뷰를 보는 것 같아 묘한 소름이 돌았다.

일본 방위성 및 자위대의 로고

한국 최초의 등대에 새겨진 벚꽃과 국화, 그리고 이화

한 밤중에 배가 드나들기 위해 등대의 존재는 필수적이다. 일본은 메이지유신 직후 지금과 같은 서양식 등대를 처음 건설했다. 1869년에 도쿄만 입구의 요코스카시(橫須賀市)에 칸논자키등대(觀音埼灯台)를 세웠고, 이듬해(1870)에는 도쿄 시나가와(品川) 해변에도 세웠는데, 이것은 현재 아이치현의 메이지무라(明治村)에 옮겨져 현존하는 가장 오래된 등대(旧品川燈台)로 남아 있다. 해양 제국을 꿈꾸며 청일, 러일전쟁을 이어가던 일본은 등대 건설에 큰 힘을 쏟았다. 그야말로 등대는 일본제국 팽창의 상징과도 같은 건조물이었다.

대한제국은 일본보다 30년 이상 늦은 1903년이 되어서야 인천항의 팔미도(八尾島)에 최초의 서양식 등대를 세웠다. 하지만 이듬해(1904년 2월) 러일전쟁이 발발했고, 일본이 승리하고 1905년 을사늑약으로 이토 히로부미의 통감부 정치가 시작되자 한반도에서의 등대 건설의 주도권은 일본이 장악한다.

그렇게 한반도에서 두 번 째로 세워진 등대는 1906년 3월 26일에 점등한 울산(蔚山)의 울기(蔚崎) 등대이다. 이것은 러일전쟁에 승리한 일본 해군이 세운 것으로서, 조선의 바다를 이제는 일본제국이 지배한다는 것을 웅변하듯 동해안 쪽에 최초의 세워진 서양식 등대였다.

러일전쟁(1904-1905)이 한창이던 1905년 2월 20일, 일본 해군은 나무 전봇대 같은 등간(燈竿) 형태로 울기등대를 임시로 설치했다. 울기등대를 세운 장소는 원래 말을 키우던 목장이었는데, 러시아의 발틱 함대가 동해안으로 남하해 오자 동해 해상권을 지배하려는 목적으로 이곳 주변에 여러 목재 등간(燈竿)을 설치하고 그곳을 중심으로 해군 부대들도 주둔시켰던 것이다. 말하자면 동해안 등대의 역사는 일본 해군의 반도 침략과 함께 이뤄진 역사인 것이다.

러일전쟁 당시의 욱일기(旭日旗). 요사이 노부카즈(楊斎延一) 작, '아군여순항포대공격지도'(我軍旅順港砲台攻擊之図, 1904)

울산의 울기등대(蔚崎灯台)

일본 해군은 주둔군을 은폐할 목적으로 1만 5천 그루의 해송림을 인공 조림했다. 주강현(제주대 석좌교수)은 원래 지명인 '울산'이 아닌 울기(蔚崎)라는 지명을 사용한 것도, 곶(串)의 일본식 표기인 기(崎)를 따온 것이라고 주장한다. 즉, 일본의 나가사키(長崎), 미야자키(宮崎), 아마가사키(尼崎) 같은 지명을 한반도에서 멋대로 적용한 결과라는 것이다. 결국 이 명칭은 광복 60주년을 맞이한 2005년에 '울산의 기운'이라는 뜻인 울기(蔚氣)로 변경되었다.

러일전쟁 시기에 나무 등간으로 급조된 울기등대는 통감부 정치가 시작된 1906년 3월에 현재 모습의 8각형 콘크리트 등대로 새롭게 건설되었다. 이때를 계기로 형식상 등대 운영 주체가 대한제국으로 넘어 갔고 대한제국 관보도 등대 운영을 고시했지만, 동해안 최초의 서양식 등대는 일본 해군에 의해 세워졌고, 그와 동시에 한반도의 식민지화, 즉 침략이 본격화되었던 사실은 부정할 수 없다.

지금은 러일전쟁 당시 일본 해군이 심어 놓은 해송 숲이 너무 높아져 울기등대가 파

묻혀 잘 보이지 않는다. 그 옆에 높은 새 등대가 세워져 문화재로 보존 중인 울기등대의 현관에는 태극문양이 새겨져 있다. 하지만 처음 건축 당시에는 일본을 상징하는 벚꽃 문양이 새겨져 있었다고 한다. 식민지 시대에 계속 이어지던 그 문양은 해방 이후 태극 문양으로 바뀌었다고 전한다.

　　1907년 대한제국의 군대를 해산한 한일신협약(韓日新協約) 직후 이토의 통감부 정치가 더욱 강력해지자, 울산 바로 위의 포항(浦項) 호미곶((虎尾串)에도 1908년에 등대가 새롭게 세워진다. 16세기 조선 명종 때 풍수지리학자인 남사고(南師古, 1509-1571)는 "한반도는 백두산 호랑이가 앞발로 연해주를 할퀴는 형상이며 백두산은 호랑이 코, 호미곶은 호랑이 꼬리에 해당된다"고 말했다. 호랑이는 꼬리의 힘으로 균형을 유지하며 뛰고, 무리를 지휘한다. 그래서 한반도의 꼬리인 호미곶에 대한 관심은 예로부터 남달랐다. 식민지화가 되자 일본은 호미곶(虎尾串)을 제국에 순종적인 토끼 꼬리로 비하하며 장기갑(長鬐岬)이라 부르기 시작했는데, 80년 만에 호미곶이란 지명으로 다시 바꾸었다.

　　호미곶은 연오랑(延烏郎) 세오녀(細烏女) 부부가 일본으로 떠나자 신라는 해와 달의 빛을 잃었다는 『삼국유사』 속 옛 신화의 배경이기도 하다. 이 신화는 일본 신사와 사찰의 정롱(灯籠)의 해와 달 문양이나, 야타가라스 신화와도 관련이 있다는 설이 있고, 아침 해가 가장 먼저 뜨는 한반도 최동단이라는 점에서도 한일 관계사의 중요한 장소가 아닐 수 없다. 바로 이곳 호미곶 광장에는 연오랑과 세오녀 기념비가 세워져 있다.

　　고대 한일관계의 설화가 전해지는 이 땅에, 통감부가 장악한 대한제국은 호미곶 등대를 건설했고, 1908년 12월 20일에 완공, 점등했다. 이 등대가 건설된 것도 실은 일본의 선박 운행을 위한 조처였다. 러일전쟁 승리 이후 한반도 근처의 항해가 빈번해진 가운데, 1907년 9월 9일에 일본수산강습

남사고(南師古)의 주장을 담은 '근역강산맹호기상도'(槿域江山猛虎氣象圖)

소의 실습선 카이오우마루(快應丸)가 호미곶 앞바다를 항해하다 암초에 좌초되어 승선자 4명이 사망하는 사고가 발생했다. (이 학교는 1888년에 설립된 수산전습소(水産伝習所)가 1897년에 개칭한 학교로서, 패전 후 1949년에 도쿄수산대학(東京水産大学)이 되었다.) 통감부는 대한제국의 부실한 항만시설로 인한 사고라면서 등대 건설을 촉구했고, 대한제국이 모든 예산을 들여 곧바로 건설에 착수해 1908년 12월에 완공된 것이다. 서양식 팔각 벽돌 건축으로 26.4미터의 6층 구조물로 지어진 이 등대는 철근을 일체 사용하지 않고 오직 벽돌만 사용해 세웠다. 돈은 조선이 냈지만 자국 선박의 안전을 위해 등대 건설을 주도한 것은 통감부였다.

이 등대가 세워진 지 2년도 되지 않은 1910년 5월 30일에 일본인 등대 간수(看守)가 피살되는 사건이 발생한다. 이 사건은 등대를 침략의 상징물로 보았던 조선 민중의 시선을 잘 보여준다. 그 1년 전인 1909년 2월 24일에도 동학농민군 출신의 이준화 등 5명이 전라남도 완도의 당사도 등대를 습격하여 일본인 등대 간수 4명을 살해하는 사건이 발생했다. 지금도 이 등대 주변에는 '항일전적비(抗日戰績碑)'와 함께 희생된 4명의 일본인을 추모하는 '조난기념비(遭難記念碑)'가 세워져 있다.

이런 사건의 시대적 배경을 잘 보여주는 것이 호미곶 등대에 있다. 이 등대 상부의 돔 지붕도 8각 평면이 받치고 있는데, 각 층의 천정에는 독특한 문양이 새겨져 있기 때문이다. 이 문양에 대해 『등대: 제국의 불빛에서 근대의 풍경으로』(2007)의 저자 주강현 교수는 다음과 같은 의문을 던진다.

포항의 호미곶 등대

"오얏 이씨의 상징물인 자두꽃이 등대에 각인되어 있다. 풍전등화 신세였던 통감부 시절에 등대를 세우면서 무슨 연유인지 자두꽃을 층마다 새겼다. 일제 강점기에 일인들은 자두꽃을 철판으로 가리고 자신들의 국화 문장을 새겼다. 해방이 되어 철판을 떼어내자 아무도 몰랐던 자두꽃이 제 모습을 드러내어 오늘에 이른 것이란다. 그런데 이 문양에 대해서는 논란의 여지가 있으며 그 논란은 종식된 것이 아니다. (…) 등대 점화 시기는 한일강제병합 전인 1908년 11월이다.

아직은 국권이 살아 있을 때다. (…) 그런데 분명한 것은 등대를 건설하고 진두지휘한 주체들은 분명히 일본인들이다. 우리는 자두꽃으로 해석하고 있지만 전혀 달리 볼 수도 있을 것이다. 정확한 사실은 밝혀진 것이 없다."**(1)**

상징을 통해 한일관계사를 새롭게 관찰하는 필자가 보기에, 가운데의 꽃 문양은 조선왕실과 대한제국의 상징인 오얏(자두)꽃(李花)이 맞다. 문제는 주변을 둘러싼 독특한 장식들이다. 이것은 다름 아닌 일본 천황가의 상징인 국화가 양 옆에서 포개어 감싸는 모양이다. 천황을 상징하는 총 16엽(葉)의 '국화'가 양쪽에 8엽씩 이화를 감싸 안고 있다. 일본은 1910년 강제병합이 완료된 이후에는 이 문양을 덮어 온전한 국화 문양으로 바꾸었다고 한다. 하지만 1945년 해방 직후 그 국화 문양의 철판을 뜯어내니 이화를 감싼 국화 문양이 드러난 것이다.

프랑스인 건축사가 설계도를 보내왔지만, 이미 조선을 통치하고 있던 일본의 통감부는 등대라는 해양제국 상징물의 천정에 이화(오얏꽃)를 보호하는 국화의 이미지를 새겨 넣었던 것이다. 서서히 멸망해가는 나라, 열강의 위협 앞에 속수무책인 나라 대한제국을 일본이 보호한다는 명목으로 연출한 문양이지만, 오히려 삼켜 먹으려는 듯한 기세가 더 많

호미곶등대(虎尾串灯台)의 이화와 국화 문양. 주강현 교수는 "등탑의 문양. 일본 문양이냐 (대한제국의) 황실 문양이냐 논란이 많다"고 쓰고 있는데, 필자의 결론은 둘 다 그려져 있다는 것이다(사진: 주강현, 『등대: 제국의 불빛에서 근대의 풍경으로』, 2007. 401).

호미곶 등대 정문 앞의 국화 조형물

이 느껴진다.

호미곶에서 북쪽에 100km 정도 오르면 1910년 11월 24일에 지어진 죽변등대가 있다. 높이는 호미곶등대보다 10m 정도 낮지만 전체적인 모습은 호미곶과 형제처럼 유사하다. 등대 안에는 1911년, 일본 수로부에서 설치한 수로 측량 전표가 남아 있으므로, 이 등대도 일본 제국의 해양 진출의 상징으로서의 의미를 지닌다. 이 등대의 천정에는 현재 태극 문양이 그려져 있지만 원래는 이화가 새겨져 있었다고 전한다. 실제 모습은 어떤 것이었을까? 호미곶과 별반 다르지 않았을지 모른다.

일진회(1904-1910)의 국화

일본이 한반도에 등대를 건설해 가던 그 시기, 이토 히로부미의 통감부가 뒤에서 후원한 친일 단체가 있으니 바로 일진회(一進會)이다. 러일전쟁이 발발한 1904년부터 한일강제병합을 완료한 1910년 사이에 송병준(宋秉畯)이 설립한 단체로서, 일본을 모델로 한 문명개화노선을 표방하였다. 이 단체를 이끈 송병준은 1876년 강화도조약 이후 일관되게 일본의 조선 침략 과정에 협력했고, 일진회 결성 직후 1905년 11월 6일, 을사늑약 체결 10여 일 전에는 외교권을 일본에 이양할 것을 제창하는 '일진회선언서'를 발표하였다. "일본의 보호지도를 받기 위해 내치, 외교권을 일본에 일임해야 된다."는 내용의 이 선언서는 일진회의 실체를 만천하에 드러냈다. 1907년에는 헤이그 사건을 빌미로 고종의 퇴위 운동을 전개하였다. 이 때 수많은 의병이 일어나자 일진회 안에 '자위단'을 결성시켜 의병 탄압에 앞장섰다. 한일강제병합을 적극 추진한 송병준은 병합이 완료된 직후 자작 작위를 받은 대표적 친일파였다.

일진회 운영상의 재정은 표면적으로 회비에 의존하는 것처럼 연출했지만, 실제로는 흑룡회(黑龍会)의 우치다 료헤이(內田良平) 같은 일본인을 고문으로 위촉하는 등, 대부분 자금이 일본군의 특무기관이나 통감부로부터 비밀리에 지원받은 것이었다. 일진회가 창립

일진회가 세운 대형 아치의 국화 문양

당시(1904.12.4.) 내세운 4대 강령의 내용은 다음과 같다.

  황실을 존중하게 하고 국가의 기초를 공고하게 할 것
  인민의 생명과 재산을 보호하게 할 것
  정부의 개선정치를 실시하게 할 것
  군정과 재정을 정리하게 할 것

이는 대한제국의 황실을 일본이 보호하고 청국과 서구열강의 위협으로부터 인민을 보호한다는 일본 정부의 그럴듯한 침략 명분과 일치한다. '정부의 개선정치'라는 것은 부패하고 무능한 대한제국을 대신하여 일본정부가 그 자리를 대신하겠다는 의미이며, 군정과 재정을 정리한다는 것은, 실상 군대해산과 국유재산 강탈을 의미했다. 이런 일진회의 활동 가운데 송병준은 이완용 친일내각의 농상공부대신, 내부대신으로 중용되기도 했다. 통감부에 장악 당한 대한제국은 이처럼 형해화 된 상태였다.

일진회의 회원은 창립 당시 300명 정도에 불과했지만, 이후 진보회와 통합하여 수만 명으로 늘어났고, 병합이 완료된 1910년 쯤에는 이른바 '100만 회원'이라고 선전했지만 실제로는 10만 명 혹은 4천여 명에 불과했다. 일본정부와 일본군의 지원 속에 이용당하였던 일진회는, 1910년 8월 29일 병합 직후인 9월 12일에 데라우치 총독에 의해 해산당하였다. 일진회는 오스트리아-헝가리 제국에서 두 나라가 대등한 지위를 가지듯, 한국

'이화와 국화', '태극기와 일장기'가 양 옆으로 교차하고 있다. 1907년(메이지 40) 7월 19일, 통감부에 부역하던 대한제국 내각회의 관료들은 헤이그 밀사 파견 문제를 추궁하며 결국 고종 황제를 폐위시킨다. 그 세 달 뒤인 10월 17일에 일본 황실의 황태자(이후 다이쇼 천황)가 도한(渡韓)하여 경성을 방문하자 강제로 물러난 고종 황제와 황태자의 얼굴을 함께 넣은 기념 엽서를 발행한다(상). 대한제국에 대한 보호통치를 표방한 통감부 사진이 함께 실린 엽서에는 이화가 없고 국화만 표현되어 있다. 한국에서 제작된 엽서라서 그런지 12엽, 13엽, 14엽 등 국화의 잎 수가 불규칙하다(하).

과 일본도 동등한 연방제로 나아가리라 착각하여 적극적으로 일본 침략의 앞잡이 노릇을 하였으나, 실제로는 이용만 당한 뒤 버림 받았다.

일본 군부와 통감부의 배후조종을 당했던 일진회의 가장 중요한 활동은 친일 선전 및 선동이었는데, 그 대표적인 사례가 1907년에 일본 제국 황태자(이후 다이쇼 천황)의 대한 제국 방문 때, 서울 남대문 앞에 세운 대형 아치의 모습이다. 사진을 보면 일진회의 이름이 담긴 대형 아치 위에 태극기와 일장기가 교차하고 있으며, 아치 중간에는 '받들어 맞이한다'는 의미의 '봉영(奉迎)'이라는 문구와 함께 일본 천황을 상징하는 국화 문양이 새겨져 있다. 호미곶 등대(1908) 등에 새겨진 이화를 감싸 안은 국화의 모습은, 일진회가 서울에 세운 태극기와 일장기 사이의 '국화'와 동시대의 초라하고 서글픈 풍경이다.

해원상생(解寃相生)의 오비이락은 가능할까?

역사학자 이이화(李離和)는 『한국사 주요 사건으로 풀어낸 고사성어』(2013)에서 오비이락(烏飛梨落)에 얽힌 옛 설화를 다음과 같이 설명한다.

372년 고구려에 불교가 들어온 이후, 불교는 백성들의 마음을 하나로 모으는 역할을 했어요. 통일 신라 때에도 불교문화가 찬란하게 꽃을 피웠지요. 세계적인 문화유산인 불국사와 석굴암도 이때 탄생했고요. 오비이락도 불교와 관련된 이야기랍니다.
보개산 기슭에 있는 큰 배나무 밑에 독사 한 마리가 똬리를 틀고 있었어요. 그 나무에 까마귀 한 마리가 잠시 앉았다가 후루룩 날아가는데 그 순간 배 한 개가 뱀(독사)의 머리에 뚝 떨어져 뱀이 죽고 말았어요. 오비이락이었지요. 하지만 이 일로 뱀과 까마귀의 나쁜 인연이 시작되었어요.
 뱀은 죽어서 멧돼지로, 까마귀는 죽어서 까투리(꿩의 암컷)로 태어났어요. 어느 날 멧돼지가 발길에 돌을 굴렸는데 그 돌에 까투리가 맞아 죽었지 뭐예요.
마침 지나가던 사냥꾼이 죽은 까투리를 가져가서 아내와 함께 먹었어요. 시간이 흘러 아내가 아들을 낳았는데 그 아들이 죽은 까투리(까마귀)였던 거지요. 커서 사냥꾼이 된 아들은 전생에 자신을 죽인 멧돼지(뱀)만 사냥했어요.
어느 날 사냥꾼은 보개산에서 금빛이 도는 멧돼지를 발견하고는 화살 세 발을 쏘았어요. 왼쪽 어깨에 화살이 박힌 멧돼지는 피를 흘리며 산봉우리로 달아났지요. 사냥꾼이 따라가 보니 멧돼지는 보이지 않고 돌로 만든 지장보살상 왼쪽 어깨에 세 발의 화살이 꽂혀 있는 게 아니겠어요!

지장보살이 까마귀와 독사의 악연을 끝내려고 스스로 멧돼지로 변해 화살을 맞은 것이지요. 사냥꾼은 지장보살의 뜻을 기리며 배나무가 있던 자리에 석대암(石臺庵)이라는 절을 세웠어요. 시간이 흘러 석대암이 없어지자 심원사(深源寺)로 지장보살상을 옮겼는데, 지장보살상의 어깨에는 아직도 화살 자국이 남아 있다고 해요.

오비이락은 처음에는 서로 오해에서 비롯된 악연을 끊어 낸다는 뜻으로 썼지만, 지금은 우연히 일어난 일이란 뜻으로 더 많이 써요.(2)

고대의 한일관계사는 비교적 평화로운 시기였다. 하지만 처음 한일 간에 원한을 품게 된 것은 원나라의 일본 침공 당시 고려 군대가 원나라 군대 대신 맨 앞에 서서 일본인들을 살육해야 했던 '분에이노에키'(文永の役, 1274)와 '고안노에키'(弘安の役, 1281)의 역사로 거슬러 올라간다. 고려인들은 일본인을 죽이지 않으면 원나라 군대에 의해 죽임을 당할 처지였으니, 이것이야 말로 오비이락의 오해에서 비롯된 악연이 아니고 무엇일까?

하지만 일설에 의하면 고려 수군의 선장들은 이미 태풍 내습의 시기를 알고 있었으나, 그 정보를 모르는 원나라 군대를 배에 태워 출항시켰다고 한다. 그 결과 후쿠오카 앞바다에서 대거 침몰하여 퇴각하고 만다. 기마 민족인 몽골인들은 고려인의 선박항해 기술을 이용해 일본 열도까지 지배하려 했지만, 두 차례의 공격 실패로 일본 점령을 포기하였다. 하지만 일본인들은 오직 규슈에 상륙해 살육을 펼친 고려인만을 기억해 원한을 품었

'몽고습래회사'(蒙古襲來繪詞), 후쿠오카시립 박물관(福岡市立博物館) 소장

고, 300년 뒤 임진왜란(1592)을 일으켜 한반도를 살육했다. 그렇게 다시 조선인들은 일본에 대해 깊은 원한을 품게 되었다. 그리고 다시 1903-1904년 러일전쟁을 통해 한반도에 상륙한 일본은 조선을 40년 간 지배했으며, 태평양전쟁 때는 여몽연합군을 물리친 태풍의 이름을 딴 자살특공대 '가미카제·신푸'(神風)의 광풍으로까지 이어졌다. 이러한 구 일본군의 부정적 유산을 오늘 날의 자위대가 다시 부활시키려 하는 것 같아 염려스럽다.

태평양전쟁 당시 욱일기를 머리에 묶는 가미카제 특공대원의 모습

지금도 일본의 방위성과 자위대, 방위장비청 등은 그러한 원한의 깊은 고리에서 자유롭지 않아 보인다. 야타가라스가 날아오르니 오얏꽃(혹은 배꽃)이 떨어졌던 '오비이락'의 불행한 과거사를 다시 재현하지는 않을까 걱정하는 사람들이 많다. 의심받을 행동을 처음부터 하지 말라는 '오비이락'의 속담을 함께 기억해야 할 때이다. 그리고 더 나아가 신라의 저 설화처럼 '서로 오해에서 비롯된 악연을 끊어 낸다'는 오비이락의 처음 뜻을 가슴 깊숙이 되새길 필요가 있지 않을까.

> 평화를 이루는 사람은 복이 있다. 하나님이 그들을 자기의 자녀라고 부르실 것이다. (…) 네가 제단에 제물을 드리려고 하다가, 네 형제나 자매가 네게 어떤 원한을 품고 있다는 생각이 나거든, 너는 그 제물을 제단 앞에 놓아두고, 먼저 가서 네 형제나 자매와 화해하여라. 그런 다음에 돌아와서 제물을 드려라. (마태복음 5: 9, 23-24, 새번역)

제6장: 이화와 국화 사이에서 모란이 피다

대한제국 선포와 독립문 위에 새겨진 이화

1895년 4월 청일전쟁의 승리 직후, 일본은 조선에 대한 지배력을 강화하려 했지만 친러파 세력과 결탁한 민왕후의 견제와 번번이 충돌했다. 그 결과 1895년 10월 8일 민왕후가 조선 주재 일본 공사 미우라 고로(三浦梧樓)의 지휘 아래 경복궁(景福宮)에 침투한 일본군 한성 수비대 미야모토 다케타로(宮本竹太郎) 등에게 살해되는, 이른바 을미사변(乙未事變, 명성황후살해사건)이 발생한다. 이 당시 일본 침입자들의 작전 암호명은 '여우사냥'이었다고 한다. 이 사건의 배후였던 당시 일본내각 총리대신은 이토 히로부미(伊藤博文)였다.

태극문양과 이화문양이 선명한 대한제국 시기의 우표(1901년)

이후 조선의 마지막 왕 고종(高宗)은 러시아공사관에 피신하여 절치부심(切齒腐心) 끝에 덕수궁(德壽宮)에 터를 잡고 1897년 새로운 근대 국가 건립을 선포했다. 조선은 사라지고 '대한제국'이 탄생한 순간이었다. 서양 및 일본제국에 맞서 조선도 '제국'(帝國)으로서 국제 사회의 일원이 되겠다는 의지의 표명이었다. 이로서 고종은 '왕'에서 '황제'로 격상되었다. 이미 고종은 1887년 3월 6일에 미국 에디슨(Edison) 전기회사의 윌리엄 멕케이(William McKay)를 초청해 경복궁에 최초의 백열등 점등식 행사를 가지는 등 근대화에 힘을 쏟았다. 따라서 대한제국 선포 직후인 1900년 4월 10일에는 종로 거리에 전기 가로등을 설치해 저녁을 밝혔고, 전보와 전화 통신망을 구축하였으며, 한성전기회사를 통해 시내에 전차를 건설하였다. 1901년에 서울을 방문한 한 독일인은 다음과 같은 기록을 남겼다.

"서울에서는 베이징과 도쿄, 방콕과 상하이에도 없는 전보(Telegraph), 전화(Telephon), 전차(elektrische Strassenbahn) 및 전기조명(elektrische Beleuchtung)을 동시에 누릴 수 있다."[1]

이태진 교수는 경복궁에 설치된 최초의 전기 시설(1888)과 함께, "서울 시내에 전차가

한성전기회사(漢城電氣會社)가 건설한 최초의 서울 전차 모습. 가운데 태극문양이 새겨져 있다.

달리기 시작한 것은 도쿄보다도 3년 앞선 일이었다."⁽²⁾고 강조한다. 아시아에서는 교토에 이어서 두 번 째로 건설되었고 수도로서는 처음이었다. 일본의 조선 침략을 정당화하는 식민지 근대화론의 사관은 일본제국이 조선반도를 위해 전기 및 철도 시설 등을 놓아주었다고 늘 강조하지만 대한제국의 주체적 근대화 노력은 분명 존재했다. 앞서 소개한 독일인 여행가 겐테(Genthe)는 "아직도 잠에서 깨어나지 않은 줄로 여겼던 고요한 아침의 나라(조선)의 국민이 서구 신 발명품을 거침없이 받아들여 서울 시내 초가집 사이를 누비며 바람을 쫓는 속도로 전차를 타고 여기저기를 구경할 수 있다니 어찌 놀랍지 않은가!"라고 적었다. 그리고 그 전차의 정면과 좌우 측면에는 태극 문양이 새겨져 있었다.

이러한 변화의 흐름 속에서 개화파와 기독교인 등이 중심이 되어 조직된 '독립협회'(1896)는 중국 사대의 상징이었던 '영은문'(迎恩門)을 허물고 그 자리에 '독립문'(獨立門)을 세웠다. 1897년 11월 21일 5-6천 명이 모인 정초식 행사 때, 감리교 배재학당의 아펜젤러 선교사는 학생들을 데리고 와서 조선가(진보가)를 합창했고, 아펜젤러는 직접 조선말로 축사를 전하기도 했다. '독립문'의 글씨 양쪽에는 '태극기'가 그려져 있고, 그 아래 중앙에는 대한제국 황실을 상징하는 '이화'(李花)가 그려져 있다. 독립협회는 '대한제국'의 선포

청일전쟁 당시 일본군 상륙과 이를 조선이 환영하고 있다는 내용으로 왜곡 묘사된 일본의 우키요에(浮世絵). 세이코(静光)가 제작한 목판화 '성환 아산 아육군 대승리 개선지도'(成歡牙山我陸軍大勝利凱旋之圖). 이때까지는 태극기와 일장기가 교차 게양되어 있지만 군인들은 욱일기를 게양하고 있다.

와 함께 새로운 근대 국가 건설의 실험을 도모하였고, 처음에는 조심스럽게 입헌군주제적 공화제의 수립을 목표한 것이었다.

그런데 이 독립문은 일본의 지배 35년간 어떻게 헐리지 않고 살아남을 수 있었을까? 그것은 '일본으로부터의 독립'이 아닌 '중국으로부터의 독립'으로 해석되었기 때문이다. 조선총독부는 일본이 '청일전쟁'에서 승리하였기 때문에 조선이 중국으로부터 독립할 수 있었음을 이 독립문의 존치를 통해 강조하려고 하였다. 그리고 그 옆에 '서대문형무소'를 세워 '일본으로부터의 독립'을 주장하는 사람들을 가두고 고문하며 죽였다. '독립문'의 한문 글씨를 훗날 국권을 일본에 넘기는 데 앞장선 이완용(당시 개화파)이 쓴 것도 역사의 아이러니가 아닐 수 없다.

일제강점기에 아이들의 놀이터로 초라하게 방치돼 있던 독립문(좌), 그리고 중앙 아치의 이화(우)

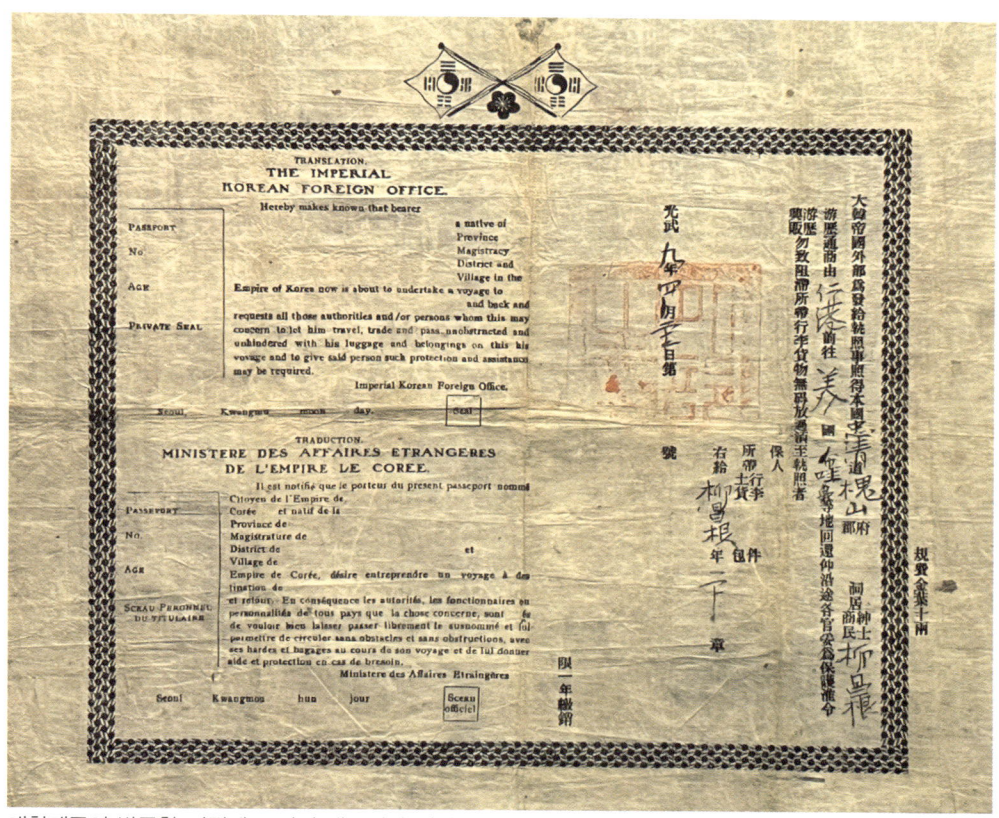

대한제국이 발급한 여권에 그려진 태극기와 이화 문양. 여권의 왼쪽에는 영어와 불어로 "여행과 통상 및 통행에 있어서 자유롭게 이동할 수 있도록 허락을 요청하며, 필요한 보호와 자원을 제공해 주기를 바람"이라고 써있다. 하지만 1905년(광무9년) 4월 21일에 발급된 문서지만, 같은 해 11월 17일에 체결된 을사늑약으로 외교권이 박탈되자 이 여권도 휴지조각으로 전락했다.

덕수궁의 '이화'와 아카사카리큐의 '국화'

덕수궁을 새로운 정궁으로 삼은 고종은 그곳에 여러 서양식 건물을 세워 근대화를 도모했다. 우선 미국인 다이(J. H. Dye)의 설계로 1899년에 세워진 황실 도서관 수옥헌(漱玉軒), 동서양 양식을 절충해 1900년에 건립된 역대 왕의 초상화 봉안소인 정관헌(靜觀軒), 1900년 영국인 하딩(J. R. Harding)에게 설계를 의뢰해 1909년에 완공한 석조전(石造殿) 등의 근대식 건물이 세워졌다. 특히 영빈관(迎賓館)으로 사용된 석조전은 그리스 건축을 토대로 르네상스 양식을 가미한 콜로니얼 스타일의 건물이었는데, 이는 18세기 이후 영국의 식민지에서 많이 세워졌다. 이 건물의 지붕 아치에는 대한제국 황실을 상징하는 '이화'(李

덕수궁 석조전과 중앙 아치의 이화 문양(중앙의 큰 이화를 양쪽의 작은 이화 두 개가 보좌하고 있다)

花) 문양이 새겨졌다.

  고종이 세운 '석조전'은 일본 황실이 도쿄에 세운 영빈관 '아카사카리큐'(赤坂離宮), 구동궁어소(旧東宮御所)와 유사하다. 규모는 일본 아카사카리큐가 훨씬 크고 화려하지만 완공된 시기는 1909년으로 동일하다. 조시아 콘도르(Josiah Conder, 1852-1920)의 제자 가타야마 도쿠마(片山東熊, 1854-1917)의 설계로 도쿠가와 가문의 저택 부지에 네오바로크 건축양식으로 세워진 아카사카리큐의 지붕 아치 중심에도 천황가를 상징하는 국화 문양이 새겨져 있다.

그런 의미에서 덕수궁 석조전과 아카사카리큐는, 대한제국과 일본제국이 공존한 1897년부터 1909년까지의 특수하면서도 유사한 쌍생아 같은 공간이 아닐 수 없다. 하지

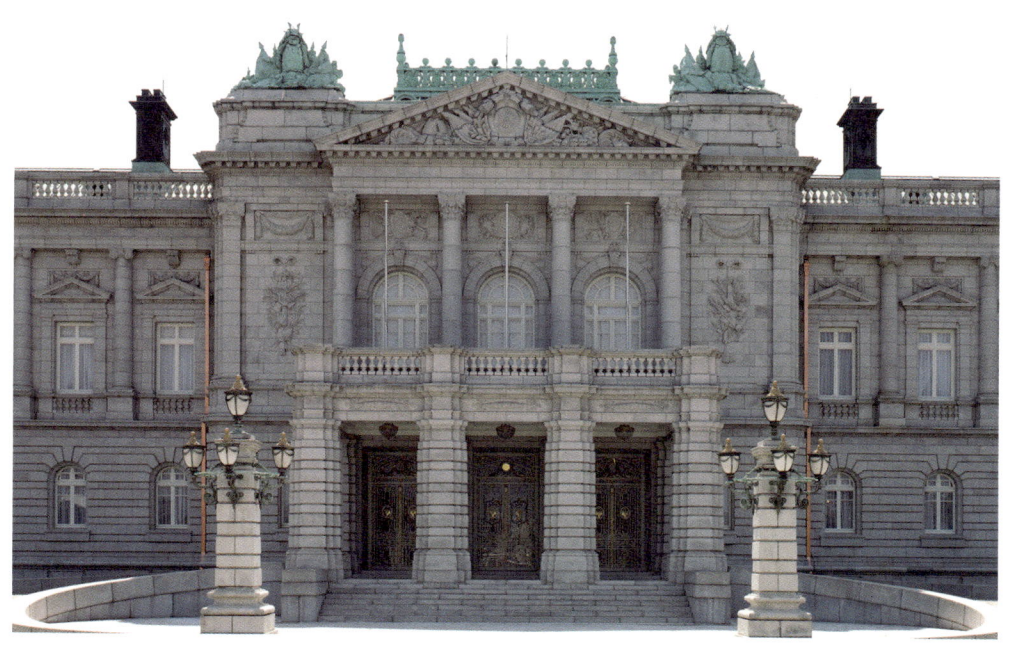

아카사카리큐와 중앙 아치의 국화 문양(중앙의 큰 국화 하나를 양 옆의 국화가 그려진 깃발이 보좌하는 구조가 대한제국의 석조전과 유사하다)

만 앞에서 다룬 호미곶 등대의 이화(李花)를 삼켜 먹는 듯한 국화(菊花)의 상징 문양처럼 이 두 건물의 이후 운명은 극명하게 엇갈린다.

1905년의 외교권 박탈을 시작으로 통감부 체제 하에서 대한제국은 서서히 형해화(形骸化) 되어갔다. 이윽고 1907년 7월에는 군대해산과 사법권 박탈 등을 골자로 하는 제3차 한일협약(第三次日韓協約, 정미7조약)과 더불어 고종의 강제 퇴위 및 순종(純宗)으로의 양위(讓位) 절차가 진행된다. 일본제국 앞에서 무력하게 무너져 가는 대한제국의 초라한 모습이었다. 그 후의 상징적 장면 하나를 소개하면 아래와 같다.

> 별항각희단(別項角戲團)은 상경(上京)하야 개연(開演)하는 벽두(劈頭) 24일에 비원(秘苑)에서 설희(設戲)하야 어람(御覽)에 공(供)할 터인 고(故)로 궁중(宮中)에서는 목하설비중(目下設備中)인대 (…) 상품(賞品)으로는 두등(頭等)에 이화문각(梨花紋刻) 일승오합입대은배(一升五合入大銀杯, 百三十兩重) 그(其) 차(次)에는 문각중형은배(紋刻中形銀杯), 기타 역사(力士)에게는 금색(金色)으로 이화(李花), 한일국기(韓日國旗), 어람(御覽) 년월일 등을 기입한 선자(扇子)인대 (…) **(3)**

한일강제병합 절차가 완료되기 직전인 1910년 6월의 창덕궁(昌德宮) 모습이다. 조선의 인재를 등용하는 과거 시험이 행해지던 후원(後苑)에서는 씨름, 활쏘기, 말타기 등의 무예를 여러 사람이 겨루는 각희단(角戲團) 공연 및 시합이 펼쳐졌고, 승리한 선수들에게는 한일 양국의 국기와 이화(李花) 문양이 새겨진 은배(銀杯)를 수여하고 있다. 이는 일본 천황가가 만들어 수여하던 국화 은배를 모방한 것이었다. 하지만 이미 망국(亡國)의 그림자가 짙게 드리운 가운데 그 은배도 빛날 리 만무했다. 그 밖의 선수들에게는 이화와 한일 양국의 국기가 그려진 부채를 하사했는데, 그렇게 '이화와 태극'은 '국화와 일장기'에 서서히 가려지며 사라져 가고 있었다.

1907년 순종 양위와 '모란'의 등장

2019년 5월부터 천황의 생전 양위로 인해 연호가 헤이세이(平成)에서 레이와(令和)로 바뀌었다. 일본 사회는 여전히 독자적 연호의 변화 과정 속에서 집단적으로 흥분하며 무의식적인 단결을 도모한다. 한반도에서도 1907년에 연호가 바뀌었다. 대한제국을 선포한 고종 황제가 1897년부터 1907년까지 사용한 광무(光武)가 순종 황제의 즉위로 융희(隆熙)로 바뀌었다. 하지만 이 때의 변화는 통감부의 강요에 의한 것이었으므로 레이와(令和) 시대의 개막에 흥분하던 일본인의 모습과 달리 조선인들은 분노와 절망에 휩싸였다. 군대 해산으로 직업을 잃은 군인들은 의병(義兵)이 되어 산으로 들어가 싸웠고, 민중은 희망을 잃고 각종 신종교에 빠져들었다. 평양을 중심으로 전개된 기독교의 1907년 대부흥의 현상도 그러한 사회적 배경 하에 발생한 사건이다.

통감부가 대한제국의 '이화'를 짓밟고 서서히 '국화'의 세상으로 바꿔 나가기 위해 과도기적으로 선택한 꽃이 바로 '모란'(牧丹)이다. 1907년(융희1)에 순종이 대한제국의 제2대 황제로 즉위하자마자 통감부는 창덕궁의 후원이나 인정전 앞, 혹은 덕수궁 정관헌 앞 등에서 의례적 행사를 가진 뒤, 모란 꽃밭을 둘러보는 이른바 '모란 관상회'(牧丹觀賞會)를 개최한다. 이 이벤트는 일본 황실이 자주 행하던 꽃구경 습관을 대한제국에 도입한 새로운 시도였다. 1905년 이후 황제권을 철저히 제한하면서 황실의 불만과 민심의 이반을 다잡아야 했다. 군경의 물리적 통제 뿐 아니라 문화적, 정신적 측면의 유화 작업이 필요했다.

일본 황실과 천황을 상징하는 국화를 곧바로 전면에 내세우면 거부감을 느낄 수 있기 때문에 '모란'을 통해 대한제국 황실을 점진적으로 친일화 혹은 왜색화 시켜 나갔다. 그 첫 번째 시도가 각종 의례 및 행사를 일본 황실의 전례와 전범에 따라 변경시키는 작업이었다. 거기에는 구미의 황실을 모방한 일본 황실의 제도들도 다수 포함돼 있었다. 예를 들어 황실 남성들이 육해군 군복을 착용하기 시작하거나, 영국 왕실처럼 여성들은 적십자사에서 봉사하는 제도를 도입한 것이다. 그리고 창경궁 안에 동식물원이나 박물관을 설치하여 문명화된 제국의 모습을 과시한 것도 유럽 왕실을 따라한 것인데, 모란 관상회 행사도 그 흐름 위에서 실시되었다. 이러한 제도적 변화는 사실 궁궐을 파괴하는 행위였지만, 통감부는 순종 황제의 여가와 황실의 존엄을 높이기 위해 실시한 것이라고 정당화했다. 이 모든 작업은 대한제국 궁내부에 대거 이식된 일본인 관료들이 주도했다.

모란 관상회는 순종과 순정효황후(純貞孝皇后) 윤씨(尹氏)를 비롯해 대한제국 시기의 구황족과 조선 귀족, 조선총독부의 총독 및 고위 관료 등 식민지 조선의 지배층 상당수가 참석한 궁중 행사였다. 『순종실록부록』 제4권을 보면, 1913년(순종6년) 5월 18일에 다음과 같은 기록이 나온다.

> 총독 백작과 정무 총감, 총무 국장 등이 부인과 함께 모란 관상회를 열다; 총독(總督) 백작(伯爵) 데라우치 마사타케(寺內正毅), 정무총감(政務總監) 야마가타 이사부로(山縣伊三郎),

창덕궁 인정전 앞에 조성된 모란 밭. 인정전 지붕 위 용마루의 이화 문양들이 처량하다.

조선총독부는 1911년에 창경궁을 창경원(昌慶苑)으로 격하시킨 뒤, 동식물원과 박물관을 지어 궁궐을 파괴했다. 명정전(明政殿) 앞에도 모란 밭이 조성되어 있는 모습

총무국장(總務局長) 백작(伯爵) 고다마 히데오(兒玉秀雄), 부무관(附武官) 야마가타 분조(山縣文藏), 고노 쓰네키치(河野恒吉), 비서관(祕書官) 구와바라 하치시(桑原八司)를 접견하였다. 인정전(仁政殿)에서 그들의 부인과 함께 모란 관상회(牧丹觀賞會)를 열었다. 귀족(貴族) 및 이왕직 장관(李王職長官) 이하 고등관(高等官)도 배참(陪參)하였다.[4]

같은 해 5월 22일에도 순종이 조선군사령관 안도 사다요시(安東貞美)와 중추원(中樞院) 서기관장(書記官長) 고쿠분 쇼타로(國分象太郎) 등을 초대해 모란 관상회를 열었다.[5] 1920년대부터는 그 규모가 더 커져, 1923년 5월 18일에는 사이토 마코토(齋藤實) 총독, 아리요시 추이치(有吉忠一) 정무총감, 기쿠치 신노스케(菊池愼之助) 조선군 사령관 등과 함께 모란 관상회를 진행했다.[6] 이 행사는 1926년 순종이 서거할 때까지 이어지는데, 그 이후 영친왕이 주로 일본 등에 머문 까닭에 사라져 갔다.[7]

청의 꽃 '모란'을 일본제국의 꽃으로…

당나라 시인 위장(韋莊)이 백모란 꽃의 아름다움을 찬미한 시에서 잘 드러나듯, 모란

덕수궁 정관헌(靜觀軒) 앞의 모란 밭. 한복과 기모노 입은 사람들이 뒤섞여 둘러 보고 있다.

은 일찍이 중국에서 유난히 좋아하는 꽃이다. 당나라의 수도 장안(長安)에서는 모란꽃이 피는 시기가 되면 곳곳에서 모란꽃을 감상하는 풍습이 유행하였다. 장안성 안의 관청이나 사찰, 대저택 정원 등 유명한 모란 밭이 화제를 낳기도 했다. 이후 청나라 황실은 모란을 국화로 지정하여 황실 건축과 그림, 의복 등에서 모란 문양이 유행한다. 지금도 베이징 등 모란 축제가 성행하고 있으며, 중국 국민들은 모란을 중국의 국화로 정하는 데 찬성하고 있다. 하지만 청나라를 무너뜨리고 세운 현재의 중국 정부는 청국 황실의 이미지가 강한 모란을 계속 배척하고 있다.

실은 일본의 옛 수도 교토(京都)도 당나라의 장안(長安)을 모방한 것일 만큼 당나라의 영향은 컸다. 일본의 모란도 대부분 당나라 시대 고위층이 일본에 전한 중국원산 품종인데, 벚꽃, 연꽃, 국화와 함께 일본 황실의 꽃으로 자리 잡았고, 그 결과 민간에서도 인기를 얻었다. 헤이안 시대를 거쳐 점차 국화가 천황가를 상징하는 꽃으로 정착되었지만, 당나라 황실에서 유행하던 모란 꽃 감상의 문화도 여전히 일본의 중심 문화로 자리 잡아 에도 시대에 걸쳐서도 성행하였다. 도쿠가와 막부에서도 모란 장식을 즐겨 사용하였기에, 조선 통신사를 통해 조선 왕실에 가노파(狩野派)의 모란도(牧丹圖) 작품이 선물되기도 했다. 그러한 흐름이 대한제국의 '모란 관상회'로까지 이어진 것이다.

2008년에는 기후성(岐阜城)이 있는 금화산(金華山)에서 국화 문양(菊花紋)과 모란 문양(牧丹紋) 기와가 나란히 출토되어, 수년 전 금박기와(金箔飾り瓦)로 복원하였다. 국화와 더불어 모란도 중요한 상징문화로서 일본 안에 자리 잡았던 증거이다. 모란은 행복(幸福)과 부귀(富貴)를 상징하였기 때문에, 황실에서 여성들의 의복에 많이 그려 넣었고, 1888년에 제정된 훈장인 호우칸쇼(宝冠章, Order of the Precious Crown) 가운데 훈 2등(勲二等)의 이름이 '호우칸 보탄쇼'(宝冠牡丹章)이다. 이 훈장은 여성에게만 수여되던 것이며, 전후에는 황족

1764년 경 조선 왕실에 기증된 모란도(상). 나고야 도쿠가와엔(德川園)의 조경에 사용된 모란 장식(하)

제6장: 이화와 국화 사이에서 모란이 피다 141

메이지 시대에 유행한 '보탄'(모란) 관상회 행사. '요쓰메 모란원 만개도'(四ツ目牡丹園満開の図), 1894년 5월 요사이 노부카즈(楊斎延一) 제작. 에도도쿄박물관(江戸東京博物館) 소장(상). 쇼와 시대까지도 유행한 '보탄'(모란) 관상회 행사. '오치아이 도쿠가와 모란원'(落合徳川ぼたん園), 『東京拾二題』 수록, 요시다 히로시(吉田博) 1928년 제작, 도쿄도 현대미술관(東京都現代美術館) 소장(하)

여성과 외국인 여성에게만 수여하고 있다.

    1991년에 완성된 도쿄 황거(皇居)의 궁전(宮殿) 안에는 샷쿄우노마(石橋の間)라는 공간이 있는데, 방 중앙 벽면에는 마에다 세이손(前田青邨)이 그린 '백모란'과 '홍모란' 그림이

걸려 있다. 이곳은 천황 탄생일에 공식 기자회견 장소 혹은 외빈 접견 장소로 사용되어 양쪽 모란은 그 배경으로 자주 비치곤 한다. 이곳 궁전(宮殿)은 2019년 4월 30일 '퇴위례 정전의 의'(退位礼正殿の儀)라는 식전이 거행된 곳이기도 하다. 이런 점들만 보아도, 모란은 중국에서 유래했지만 일본 황실 안에서도, 특히 황족 여성들을 중심으로 오랜 기간 애용되어 온 꽃임이 확인된다.

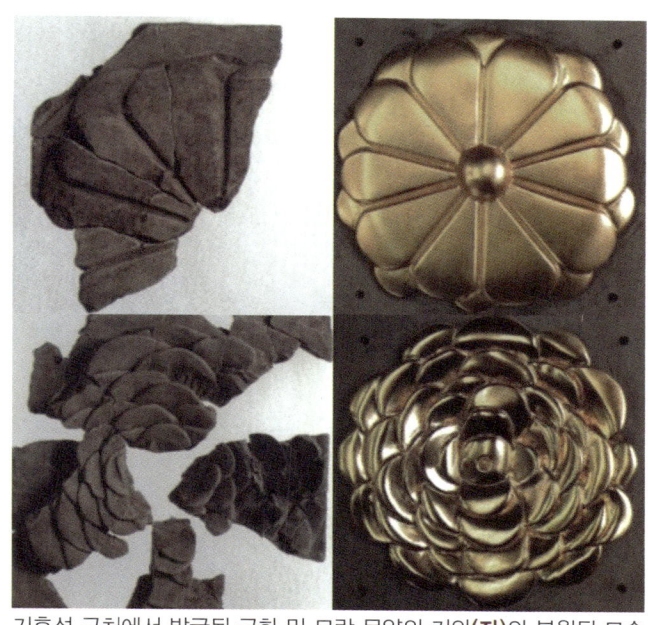

기후성 근처에서 발굴된 국화 및 모란 문양의 기와(좌)와 복원된 모습(우)

일반 민중의 문화 속에서 오랜 세월 침투하여 지금도 일본 각지에서는 모란 축제 행사가 매년 개최되고 있다. 도쿄 우에노 공원 안에 있는 우에노 도쇼구 신사의 모란정원이 유명하고, 시마네현 다이콘지마(大根島)의 일본정원 유시엔(由志園)에서도 매년 봄 모란꽃 약 3만 송이를 연못에 띄워 독특한 풍경을 연출한다. 시마네현은 일본에서 모란 묘목을 가장 많이 생산하여 수출하는 곳이기도 하다. 기후현에도 1604년경 도쿠가와 이에야스(德川家康)가 세운 숙박 시설인 오차야 야시키 유적(お茶屋屋敷跡)이 남아 있는데, 이곳도 기후성의 모란문양 기와와 함께 모란원(ボタン園) 정원이 유명하다. 또 하나 소개하면, 후쿠시마현 스카가와모란원(須賀川牡丹園)이다. 250년 역사를 지닌 이곳은 모란 명승지로서는 유일하게 국가 지정을 받은 정원으로, 모란 290종 7000주를 재배하고 있다. 수령 200년이 넘는 수목과 더불어 스카가와에서만 볼 수 있는 모란 품종이 있는데, 그 이름이 '쇼와의 꿈'(昭和の夢)이다. 과연 어떤 '꿈'을 의미하는 것일까?

이처럼 '모란'은 원래 중국 황실이 특별히 사랑하던 꽃이지만, 일본에서도 황실 여성들을 중심으로 모란 꽃 감상 문화가 정착되어 일본화 되어 갔다. 그리고 대한제국(이화)의 침탈 과정 속에서 일본제국(국화)이 통감부 시기를 통해 조선 왕실의 마음을 녹이고 일본제국에 복속시키는 하나의 수단으로서 모란이 교묘히 활용되었다.

황거(皇居) 궁전(宮殿) 샷쿄우노마(石橋の間)에 걸려 있는 백모란과 홍모란(2023년 기자회견)

이토 히로부미가 동행한 순종 순행

이처럼 1905년부터 1909년까지의 통감부 시기는, 한반도에서 대한제국의 국화가 시들고 일본제국의 국화가 만개해가던 시기였다. 그 과정에서 '모란'은 이화의 몰락을 재촉하는 하나의 촉매제로 활용되었다.

통감 이토 히로부미의 지휘 하에 고종은 강제 퇴위 당했고, 그 아들 순종이 이토의 통제 하에 허수아비처럼 왕 노릇을 하던 시기였다. 일본제국의 우산 아래로 들어온 조선임을 한반도 민중에게 각인시키기 위해 이토 히로부미는 순종에게 한반도 순행(巡幸)을 시킨다. 한일강제병합이 완료되는 1910년 8월로부터 1년 반 전인, 1909년 1월부터 시작된 순종황제 일행의 순행 행사가 그것이다. 순종 황제는 1월 7일부터 13일까지 대구, 부산, 마산을 방문하는데 이것을 남순행(南巡幸)이라 하고, 1월 27일부터 2월 3일까지 평양, 신의주, 의주, 정주, 개성 등지를 방문하는데 이것을 서북순행(西北巡幸)이라 한다. 이를 합하여 남서순행(南西巡幸)이라고 한다.

황제의 순행은 지방 사정을 감찰하고 백성의 고통을 살핀다는 명분으로 이루어졌지

순종과 이토 통감의 순행 당시, 의주에서는 태극기와 일장기를 묶어 놓았으며, 좌우의 나무에는 일장기로 가득 채웠다(1909년 1월 28일, 국립고궁박물관).

정주역(定州驛)에서 이토 통감과 이동 중인 순종 황제(1909년 1월 31일, 국립고궁박물관)

제6장: 이화와 국화 사이에서 모란이 피다

만, 실제로는 이토 통감이 순종황제를 앞세워 반일 감정을 누그러뜨리고 통감정치의 정당성을 강조하기 위함이었다. 이 순행 행사를 모두 마친 다음 해인 1910년 8월, 순종은 한일강제병합의 공포 조칙에 서명날인을 강요 받게 된다. 하지만 순행 과정에서 만난 백성들의 자주 독립의 염원을 확인한 것일까? 순종은 끝끝내 한일강제병합 문서에 서명하지 않았다.

백성과의 만남을 통해 직접적인 교감을 나누고 싶었던 순종 황제의 의지도 물론 있었겠지만, 이토 통감의 지시와 명령에 굴복하여 감시와 통제 하에서 순행을 진행할 수밖에 없었던 1909년의 순행은 비극적 한일 관계사의 상징적 한 장면이 아닐 수 없다. 방문하는 곳마다 나란히 걸려 있는 태극기와 일장기는 그 역설적 비극을 웅변하고 있다. 이화를 삼켜 먹는 국화의 도발 속에서, 그것을 교묘히 감추기 위해 조선 궁궐 안에 '모란' 꽃밭을 만들어 만개케 하던 통감부의 책략처럼 말이다.

국화 앞에 모인 조선의 귀족들

이윽고 1910년 8월 29일, 한국은 일본에 강제병합 되었다. 일본 제국은 각 지방의 번주(藩主)들이 에도시대를 향수하지 않고 새로운 나라의 체제와 질서에 순응하도록 회유하기 위해 메이지 정부의 주역들과 더불어 특권적 신분을 보장하는 화족(華族) 제도를 시행하였다. 한국을 병합하자 이와 유사한 귀족제도를 도입하여 조선의 새로운 귀족들도 제국일본에 협력하도록 포섭하고 유도했다. '합병조약'의 4-5조에는 그러한 내용이 명시되어 있다.

> 제4조. 일본국 황제 폐하는 앞 조항 이외에 한국 황족 및 후손에 대해 상당한 명예와 대우를 누리게 하고, 또 이를 유지하기에 필요한 자금을 공여함을 약속함.
> 제5조. 일본국 황제 폐하는 공로가 있는 한국인으로서 특별히 표창하는 것이 적당하다고 인정되는 경우에 대하여 영예 작위를 주는 동시에 은급(恩給)을 줌.

동시에 일본황실령 제14호로 전체 22개조의 '조선귀족령'을 공포하여 1910년 10월 7일에 '귀족 작위'와 은사금을 하사 하였는데, 그 대상은 병합 과정에서 협력한 이왕가의 종친, 통감부 시대부터 합병 직전까지 정1품, 종1품 이상에 속하는 고위관료 총 76명 등이었다. 두 달 뒤인 1910년 12월 13일에 조선총독부는 『조선귀족열전』이라는 책을 발행하여 제국일본 하에서의 조선 귀족들을 공식화 하였다. 을사늑약이나 정미7조약(한일신협약),

1910년 병합조약 등을 주도한 이완용, 고영희, 송병준, 박제순, 윤덕영, 이병무 등이 대표적인데, 특히 가장 핵심적인 역할을 수행한 이완용에 대해서는 "한일합방의 대세가 바뀔 수 없는 것을 간파하고 정국의 추세에 순응, 합방조약체결에 적극적으로 나서 8월 22일 데라우치 총독과 함께 조인하였다. (…) 난관에 처해 있으면서도 책임을 완수한, 실로 식견이 탁절(卓絶)한 정치가의 전형"이라고 높이 평가하였다. 이들에게는 은사금을 비롯한 막대한 부가 제공되었고 자식에게 작위와 재산이 세습까지 되는 특권을 누렸다. 일부 이왕가의 왕족들과 관료들은 망국의 치욕을 못 견뎌 자결을 하거나 작위를 거부, 반납하는 사례도 있었다. 그리고 '조선귀족령'의 규정을 통해 이후라도 조선총독부의 정책에 협조하지 않거나 반대하는 사람은 언제든지 작위를 박탈당할 수 있었다. 1910년에 발간된 『병합기념조선사진첩』(倂合記念朝鮮寫眞帖)을 보면 '조선귀족 일본관광단'(朝鮮貴族の內地觀光團)이라는 사진이 하나 등장한다. 강제병합 직후인 10월에 작위를 하사 받자마자 11월 3일에 부부 동반으로 도쿄의 일본 황실 등을 방문해 충성을 맹세한 것이다. 이들이 단체사진을 찍은 배경 건물은 '도쿄여학관'(東京女学館) 본관으로, 좌우 양쪽에 천황을 상징하는 거대한 국화 문양이 새겨져 있다. '도쿄여학관'은 1886년에 내각총리대신이었던 이토 히로부미(伊藤博文)가 당시로서는 간과되고 있던 여성 중등교육을 확대하기 위해 창립위원장이 되어 설립한 '여자교육장려회'가 2년 뒤인 1888년에 설립한 여자학교이다.

조선귀족 내지관광단(朝鮮貴族の內地觀光團)(杉市郎平, 『倂合記念朝鮮寫眞帖』, 東京: 元元堂書房, 1910. 수록) 1910년 11월 3일 '도쿄여학관'(東京女学館)을 방문하였고 뒤에 천황을 상징하는 국화 장식이 조각되어 있다.

조선귀족 내지관광단이 오기 2년 전의 '도쿄여학관' 졸업 사진인데 동일한 건물에 국화 문양도 그대로다.

'여자교육장려회'에는 정재계 유력자들이 다수 참여했는데, 우선 초대 회장으로는 황족인 기타시라가와노미야 요시히사 친왕(北白川宮能久親王, 1847-1895)이 취임해 활동했다. 그는 1895년 청일전쟁 당시 육군 4사단장으로서 대만침공에 직접 참여했다가 말라리아에 걸려 순직한 인물이다. 그 밖의 위원으로는 일본 자본주의의 아버지라 불리며 2024년부터 1만 엔 지폐의 새로운 인물로 선정된 시부사와 에이이치(渋沢栄一), 미쓰비시 재벌의 2대 총수였던 이와사키 야노스케(岩崎弥之助), 도쿄제국대학 총장과 문부대신을 지낸 도야마 마사카즈(外山正一), 나쓰메 소세키 등을 지도한 도쿄제대의 영문과 교수 제임스 딕슨(James Main Dixon), 가루이자와의 아버지라 불리며 한국 성공회 선교의 물꼬를 튼 인물이기도 한 알렉산더 쇼(Alexander Croft Shaw) 주교 등이었다. 시부사와와 이와사키는 한반도의 경제 침탈 과정이나 전시하 협력 기업으로서 조선인 징용공 문제들을 비롯해 한일 관계에서 여전히 논란이 되고 있는 인물이다. 작위를 받은 조선의 귀족들이 도쿄의 여학교를 굳이 찾았던 것은, 1년 전 하얼빈에서 안중근에게 암살된 이토 히로부미가 창립하여 조성된 여학교라는 점, 그리고 뒤쳐진 조선의 여성교육에 비해 앞선 일본의 현황을 시찰 하도록 한 점, 식민지에서 순직한 황족의 정신을 기리면서 천황을 향한 충성의 각오를 다지는 기회로 삼고자 했기 때문일 것이다. 얼마 전까지 쓰던 대한제국의 연미복과 대례복, 그리고 치마저고리와 궁중 한복을 차려 입고 찍은 걸 보면 영락없는 조선의 지도층들이다. 하지만 그들 뒤에 보이는 양쪽의 국화 문양은 180도 뒤바뀐 한반도의 슬픈 운명을 여실히 보여준다.

이들 조선의 왕족과 관료대신들은 이화를 버리고 모란을 심더니 국화에 투항했다. 이화에 대한 충성은 국화를 향한 충성으로 바뀌었다. 대한제국은 이화와 함께 역사 속으로 사라졌고 국화가 만개한 세상이 시작되었다. 하지만 기뻐하며 작위를 받아 든 조선 귀족들에 대한 민중의 분노는 하늘을 찔렀고 이후 여러 형태의 암살 시도들이 이어졌다.

사할린(가라후토, 樺太) 지역의 러일 국경 표식에 사용된 국화 문양. '대일본제국'(大日本帝国)이라고 명기하여 일본의 천황이 지배하는 땅임을 강조하고 있다.

제7장: 한반도의 화인(火印), 진해와 나남의 욱일가도

"8은 재생과 부활의 숫자다. 물로 죄를 씻고 다시 태어나는 세례대는 8면을 가진다. 예수의 산상수훈 중 8복, 불교의 8정도, 도교의 8괘와 득도한 8선(八仙)이 있다. 몇몇 종교에서 인간은 7일간 단식과 명상을 거친 후 제8요일에 새로 태어난다. 8은 정육면체의 꼭지점 개수이다. 그래서 견고함, 물리적 완벽함, 현실 세계를 뜻한다. 중국에서 8은 행운의 숫자다. 번영을 의미하는 단어와 소리가 비슷하기 때문이다."

(T. A. Kenner, *Symbols and their hidden meanings*, Carlton Publishing Group, 2006.; T. A. 켄너 씀, 윤상운 옮김, 『SYMBOLS: 세상의 비밀을 푸는 열쇠』, 서울문화사, 2006, 22.)

2020년 도쿄 올림픽 욱일기 논란

2020년 도쿄에서 다시 올림픽이 열렸다. 아니 펜데믹 사태로 인해 예정보다 1년 늦어진 2021년에 무관객으로 열려야 했다. 하지만 후쿠시마 원전 문제에 욱일기 문제도 더해져 개최 전부터 시끄러웠다. 경기장에서 일본 측 응원단이 욱일기를 사용하는 것을 금지해야 한다는 한국과 중국 등 이웃 나라들의 항의 표시가 급증한 것이었다. 일본 올림픽 담당 장관인 하시모토 세이코(橋本聖子)는 2019년 9월 12일에 "욱일기가 정치적인 의미의 선전이 될 것인가에 관해 결코 그런 것이 아니라고 인식하고 있다"고 일축했고, 9월 3일에는 도쿄 올림픽 패럴림픽 조직위원회가 경기장 내 욱일기 사용을 허용하겠다고 밝히면서 논란을 더욱 키웠다.

국제올림픽위원회(IOC)는 헌장 50조 2항에서 어떤 형태의 시위나 정치적 종교적 인종적 선전도 허용하지 않는다고 규정하고 있으나 "욱일기 응원에 대해서는 문제가 발생하면 사례별로 판단하겠다"며 모호한 태도를 보였다. 또 패럴림픽에서 사용되는 메달 디자인도 욱일기를 연상시킨다는 비판이 일었다. 대회 조직위는 문제의 방사선은 인종과 국경을 넘어 사람들의 마음을 묶어내는 운동 선수들을 부채의 모습으로 보고 세계에 새로운 바람을 불어넣겠다는 의미로 디자인한 것이므로 욱일기와는 아무런 관련이 없다고 답변했다. 그러나 욱일기 문제가 여전히 해결되지 않는 상황에서 오해 받기 쉬운 디자인을 일부러 선정했다는 비판을 피하기 어려웠다. 한국과 중국 등 이웃 나라들이 과거 일본제국

육해군이 사용했던 군기인 욱일기에 대해 민감해 하는 것은 당연한 것 아닐까 싶다. 특히 침략과 오랜 식민지로 수탈당한 기간을 겪은 한국인들에게 이 문양은 강력한 트라우마로 남아 있다.

그래서 이번에는 일제가 한반도에 상륙한 후 욱일기를 어떻게 식민지에 각인시키려 했는지에 대해 '진해(鎭海)' 및 '나남(羅南)'이라는 근대적 신도시의 역사를 중심으로 다시 살펴보려 한다.

패전 이후 다시 부활한 욱일기

태평양전쟁 패전 이후 GHQ에 의해 일본제국 군대가 해체되자 일본 다양한 군기(軍旗)들도 함께 폐기될 운명이었다. 하지만 수년 뒤 그러한 제국 군대의 상징들은 기사회생하게 된다. 1951년 9월 8일 미국에서 패전국 일본과 연합국이 조약을 체결한 이른바 '샌프란시스코 강화조약'이 1952년 4월 28일 발효되면서 연합군 점령하에 있던 일본은 다시 공식적인 국권을 회복한 덕분이었다. 이 때 일본이 자국 독립의 조건으로 한반도에 관한 모든 권리 또한 명시적으로 포기하여 대한민국의 법적, 외교적 독립 또한 동시에 확인 되었다. (이 때 독도 문제를 논의 대상에서 제외하며 현재까지 일본은 독도를 자국 영토라고 주장하는 근거로 삼고 있기도 하다.)

이처럼 일본이 세계 무대에 다시 복귀하자 1954년 7월 1일에는 자위대법 시행령을 발표하며 사실상 군대 조직의 부활을 모색한다. 그 때 1945년부터 54년까지 거의 10년 동안 장롱 속에서 잠자고 있던 욱일기가 다시 고개를 쳐든다. 이 당시 자위대기와 자위함기의 선정 과정에서는 보안청(현 방위성)의 육해 양 막료감부(幕僚監部)는 전문가들에게 의견 청취의 과정을 거쳤는데, 당시 자문을 담당한 도쿄예술대학 측은 "구해군(旧海軍)의 군함기(軍艦旗)는 최상(最上)의 것이었다"라며 힘을 보탰고, 역사화가인 요나이 스이호(米内穗豊)도 "의연(毅然)한 아름다움이 있고, (…) 실로 훌륭한 것으로서 이 이상의 도안은 생각할 수 없습니다"라고 자문하였다.[1]

선정 과정에서 구 군함기와 동일한 도안을 사용하는 것에 문제가 있다는 염려의 목소리가 있었지만 보안청 차장 마스하라 케이키치(增原惠吉)는 "두 깃발은 욱광(旭光)을 중심으로 하고 있다는 점에서 보안청의 사상과도 일치하고 있다"[2]라고 주장하여 비판을 일축하였다. 이 결정을 최종 승인한 당시 요시다 시게루(吉田茂, 아소 다로 전 총리의 외조부) 수상은 "전세계에서 이 깃발을 모르는 나라는 없다. 어느 바다에 있어도 일본의 함대임을 확실히 알 수 있게 하므로 정말로 좋다. 구 해군의 좋은 전통을 계승해, 해국 일본(海国日本)을 확실히 지켜가 주길 바란다"고 말했다. 해군사(海軍史) 연구가 도다카 가즈시게(戸高一成)는 이러한 욱일기를 부활 시키는 과정에 대해서, 1954년 자위대 출범 시기에 해군 출신 인사들은 처음부터 욱일기를 다른 것으로 바꿀 생각이 없었으며, 반대를 잠재우기 위해 유명 화가의 권위를 활용하는 등, 제대로 된 자문을 거쳤다고 볼 수 없다는 입장을 밝힌 바 있다.(3)

일본제국의 육군 및 해군 군기를 보면 기본적으로 군함기는 16개의 방사형 도안이 널리 알려져 있다. 하지만 해군의 경우 대장기(大将旗), 중장기(中将旗), 소장기(少将旗), 대장기(代将旗), 장기(長旗) 선임기(先任旗) 등 6종의 군기는 모두 8개의 방사형 디자인의 '8조 욱일기'를 사용하고 있었다. 원래 육군도 초기에는 8조 욱일기를 사용했지만 이후 16조 욱일기로 정착되어 갔다. 대표적인 사례로 1880년(메이지 13)에 우타가와 요시토라(歌川芳虎, 永島孟斎)가 하코다테 전쟁(箱館戦争, 1868)을 묘사한 풍속화(浮世絵) 〈하코다테 대전쟁지도〉(箱館大戦争之図) 등을 보면 관군(메이지 신정부군)이 현재의 육상자위대기의 도안과 유사한 8조 욱일기(八条旭日旗)를 앞세워 구 막부군과 전투하는 장면이 있다. 이후 16조 욱일기를 사용하게 된 일본제국 육군은 제2차대전 패전 이후 육상 자위대를 새롭게 조직하면서 8조 욱일기에 금색을 입힌 깃발을 개편해 사용하여 현재에 이르고 있다.

현재의 '평화헌법' 체제 하에서 타국가의 영토에 상륙이 어려운 육상자위대와 달리

메이지 정부의 관군(신정부군)이 '팔조욱일기'(八条旭日旗)를 내 걸고 구 막부군대와 전투를 벌이는 '하코다테 전투'(1868)를 묘사한 그림. 나가시마 슌교(永島孟斎) 작품, 〈하코다테 대전쟁지도〉(箱館大戦争之図)

1894년 청일전쟁 당시 아산(牙山) 전투의 승리를 기념해 요사이 노부카즈(楊斎延一)가 그린 〈일본제국육군아사전승개선지도〉(日本帝国陸軍牙山全勝凱旋之図)등에 등장하는 일본 육군의 8조 욱일기와 16조 욱일기

패전 이전의 일본제국육군 16조 욱일기와 패전 이후 새롭게 제정된 현재의 8조 육상자위대기

8조를 기본으로 하는 구 일본제국 해군기. 전함기만 16조 욱일기다.

주변국과의 교류가 활발한 해상자위대의 경우는 '관함식' 행사 등의 참석에 있어서 한국 등과 마찰을 야기하고 있다. 이에 대해 일본 방위연구소(防衛研 究所, NIDS)의 쇼지 준타로(庄司潤一郎) 연구 고문은 수년 전 발표한 "자위함기(自衛艦旗)를 둘러싼 논의에 관한 일고찰"이란 논문을 발표하였고, 한국이나 중국에서 독일 나치군의 하켄크로이츠(Hakenkreuz)와 욱일기를 동일시하는 것에 대해 반박하면서 결론에서 이렇게 말하고 있다.

"어쨌든 '욱일기'(旭日旗)는 외국의 군기(軍旗)와 마찬가지로 전쟁을 수행한 한 시기가 있긴 했지만, 오랜 전통을 가진 공적인 군대의 상징이며 사적인 정당에서 유래한 일과성(一

過性)을 지닌 하이켄크로이츠, 심지어 비인도적 이데올로기를 구현하며 홀로코스트를 야기한 하켄크로이츠와는 질적으로 크게 다르므로 쉽게 비교할 수 있는 것이 아니다. 따라서 전범기(戰犯旗)가 아니며, 전후에도 지금까지 국제적으로 받아들여져 온 것이다. 한국에서도 1998년과 2008년에 열린 국제관함식(国際観艦式)에 해상자위대가 참가했을 때, 자위함기를 게양했지만 문제시 하지 않았던 것으로 안다. 해상자위대의 자위함기는 56년(메이지 22년-쇼와 20년)에 걸친 일본해군의 군함기보다도 긴 64년(쇼와 29년-)의 역사를 가지고 있으며, 국제원조 협력활동 속에서도 내걸리고 있으므로, 국제적으로도 정착되어 있다고 말할 수 있지 않을까."**(4)**

이러한 주장에 대해서는 특히 도쿄 올림픽에서의 '욱일기 사용' 논란이 거셌던 것을 의식한 2021년의 일본 정부 및 외무성도 거의 동일하다.

1954년 7월 1일, 새롭게 신설된 방위청 및 방위대학교 간판(하)을 초대 방위청 장관 기무라 도쿠타로(木村篤太郎)가 내려다 보고 있으며 그 좌우로 자위대기(自衛隊旗)와 자위함기(自衛艦旗)를 군인들이 들고 있다. 두 깃발은 자위대법 시행령에 따라 욱일의 의장을 사용하게 되었다(「東京·越中島の保安庁」,『the Chronicle ザ・クロニクル戦後日本の70年』第2巻, 166).

일본의 기본적 입장(2021년 5월 18일 가토 관방장관 기자회견 오전, 발췌) "욱일기(旭日旗) 의장(意匠)은 일장기(日章旗)와 마찬가지로 태양을 본뜬 것으로서, 대어기(大漁旗)나 출산·명절의 축하기(祝い旗) 등, 일본 국내에서 현재까지도 널리 사용되고 있는 것이며, 특정의 정치적·차별적 주장이라는 등의 지적에는 해당되지 않는다. (일본) 정부로서 한국을 포함한 국제사회를 향해 욱일기 게시가 정치적 선전이 되지 않는다는 생각을 누차 기회가 있을 때마다 설명했으며 앞으로도 그런 설명을 계속해 나갈 것이다."**(5)**

하지만 과연 그렇기만 한 것일까? 청일전쟁(1894) 때부터 한반도의 사람들은 제국일본의 군기로서 욱일기와 마주했다. 그 때 욱일기 하에서 5만 명의 동학농민군들이 학살 당하였으며, 1904년 러일전쟁 이후 을사늑약과 강제병합도 그 욱일기 하에서 이루어졌다. 3.1만세운동과 수많은 독립운동의 진압과 간도 참변 등의 학살도 그 욱일기 아래에서 이루어졌다. 중국의 난징 대학살과 제 2차 세계대전(태평양전쟁) 하에서 독일과 동맹국으로서 자행한 잔학 행위 또한 일본군의 저 욱일기 아래에서 이루어졌다.

저렇게 쉬운 말 한 마디로 둘러대며 욱일기를 고유한 일본 문화의 상징이라 퉁 친다고 해서, 그 일본제국 군대의 상징이었던 역사가 모두 사라지는가? 주변국과 세계의 시민들은 순진하게 그대로 믿고 인정해 줄까? 이러한 안이한 발상은 어느 쪽인지 묻지 않을 수 없다. 과거 도요토미 히데요시의 조선 침략과 선을 긋고 조선통신사를 초대해 환대하였던 에도시대 260년이 한일관계에 있어서는 가장 평화롭던 시대였음을 기억해야 한다. 욱일기에 대한 집착은 150년 전 정한론(征韓論) 의식이 여전하다는 방증이다. 과거를 직시하고 과거와 확실히 결별할 때 새로운 출발도 가능하다.

방사형 가도는 욱일기인가? 마이즈루로부터 진해까지

가나가와현 요코스카 진수부(神奈川県横須賀鎮守府, 1886), 히로시마현 구레 진수부(広島県呉鎮守府, 1889), 나가사키현 사세보 진수부(長崎県佐世保鎮守府, 1889) 등에 비하면 늦게 건설됐지만 일제 해군의 동해(일본에서는 일본해로 주장) 방면의 중심지는 마이즈루 진수부(舞鶴鎮守府), 일명 마이진(舞鎮)이다. 1894년 청일전쟁에서 승리함으로써 얻은 배상금이

마이즈루 진수부 목조 릴리프(메이지 34년경). 천황을 상징하는 국화 문양과 일본 해군의 8조 욱일기(좌). 마이즈루 진수부 소재 요베초 시가지 명명세도(舞鶴鎮守府所在餘部町市街町名明細圖, 메이지 39년, 마이즈루 향토자료관 소장)(우)

이곳에 투입되었고, 1896년 임시 해군 건축부 지부가 설치되면서 마이즈루 군항은 비약적으로 성장하였다. 특히 마이즈루에는 산이 많아 굴착 공사에 많은 시간과 비용이 소요되었으나 1899년 말이 되어서야 토지조성 공사가 완료되어 초대 사령관으로 도고 헤이하치로(東鄕平八郞) 해군 중장(中將)이 착임하였고, 1901년(메이지 34) 10월 1일 마이즈루 진수부가 개청하였다.

도고 중장이 머물렀던 옛 해군 마이즈루 진수부 사령장관 관저(舊海軍舞鶴鎭守府司令長官官邸), 일명 도고 저택 바로 남쪽에는 옛 해군 마이즈루 진수부 청사가 세워졌는데 그 현관에는 천황을 상징하는 국화 문양(菊文樣)과 오른쪽에 8개 방사형의 욱일기가 새겨진 목조 릴리프가 걸려 있었다. 이는 해군 중장이 머물 곳임을 분명히 하는 상징물이었다. 또한 마이즈루의 옛 지도인 〈무학진수부 소재 요베초 시가-마을명세도〉(舞鶴鎭守府所在余部町市街-町名明細図, 1906)에는 중앙에 8개 방사형의 욱일기가 선명하게 그려져 있다. 더욱이 마이즈루에 있던 옛 해군기관학교 대강당(舊海軍機關學校大講堂, 현 해상자위대 마이즈루 지방총감부 대강당, 1933년 건립)의 건물 중앙에도 중장기 깃발과 같은 8개 방사형의 욱일 문양이 새겨져 있다. 하지만 해군도시 마이즈루 건설은 중령에 불과했던 나카미조 도쿠타로(中溝德太郞)가 지부장을 맡았고, 시간도 걸리는 어려운 공사였기 때문에 도시계획 단계에서 가도 자체를 욱일형태로 건설하지는 못한 것으로 보인다.

그에 비하여 러일전쟁 승리 이후 러시아가 간절히 확보하기를 원하였던 한반도 군항 거점 진해의 경우는 마이즈루와 달랐다. 한일강제병합(1910)을 전후로 조성된 진해 신도시 중앙에 위치한 제황산(帝皇山) 자락에는 수백 년 전부터 마을 중앙에 있던 당산목 팽나무(榎木, エノキ)를 남기고 8방향으로 뻗은 방사형 교차로를 건설한 '나카쓰지'(中辻) 즉 현재의 중원(中園) 광장이 지금도 존재하고 있음을 상기할 필요가 있다. 일본제국 해군은 이 로터리 주변에 우체국, 은행, 공공시설 등 각종 근대식 건물을 밀집시켰고, 그 결과 이곳은 일제가 점령한 새로운 땅임이 과시되었다. 한국 내에서는 1990년대에 이 가도를 둘러싸고 욱일기 논쟁이 벌어진 바 있다. 일제가 의도적으로 욱일형 가도를 조성했다는 지적에 대해 진해 지역 향토 사학자들은 세계 유수의 방사상 가도와 마찬가지로 진해의 경우도 일반적인 방사상 교차로에 불과하다고 반박하였다.[6] 역사지리학자 야마모토 다카쓰구(山元貴継)도 진해 방사형 로터리는 "당시 유럽에서 유행하던 이른바 '바로크 도시 디자인' 기법을 채택했다"[7]고 평가하면서 욱일형 가도로서의 특별한 역사성에 대해서는 간과하였다.

이후 이 논쟁은 미해결 과제로 남아 있지만, 필자가 보기에 진해 중심가는 일제의 해군기였던 욱일기를 표현한 가도임에 틀림없다. 왜냐하면 서양에서 유행한 방사형 가도는 프랑스 파리의 개선문 광장(Place d'Etoile, 1777년 완성, 1970년부터 샤를 드골 광장으로 개칭) 로터리는 12개의 방사형으로, 로마의 'Piazza dei Re di Roma' 광장(1908년 설계, 1920년 완성)은 6개의 방사형으로 뻗어 나가고 있다. 이는 12시간 또는 12개월이라는 일반적 시간과

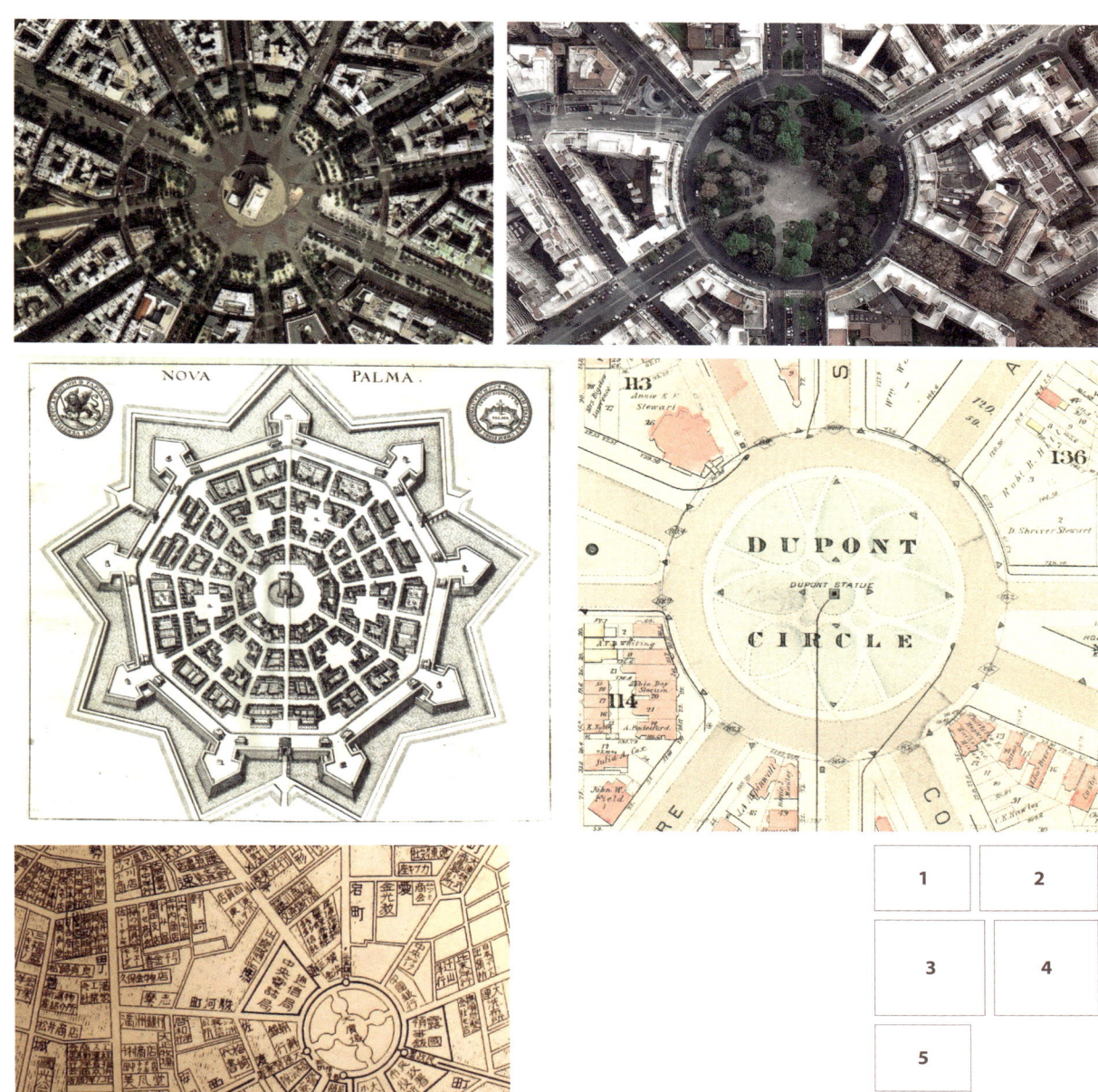

1 파리의 방사형으로 확대되는 가도(12개 방사)
2 로마의 방사상으로 확대되는 가도(6개 방사)
3 이탈리아의 팔마노바 지도(9개 방사, MERIAN Mattheus, 1640작품)
4 워싱턴 D.C. 듀폰 가도(10개 방사)
5 중국 대련 중산광장(대광장10개 방사)과 우호광장(서광장 8개 방사)

제7장: 한반도의 화인(火印), 진해와 나남의 욱일가도 159

달력의 개념에 기초한 설계로 여겨진다. 기독교와 관련해 보아도 예수의 12제자 정도를 상징화했다고 해석할 수 있을지 모르겠다. 별 모양으로 생긴 이탈리아의 요새 도시인 팔마노바(Palmanova, 1593년 건설)는 9방향으로 뻗쳐 나가며, 워싱턴 D.C.의 듀폰(DuPont) 광장과 뉴델리 로터리, 그리고 1898년 러시아가 황제명을 붙여 중국 다롄에 건설한 니콜라이 광장(=大広場, 1945년 이후 中山広場)은 10개 방사형으로 건설됐다.

그런데 흥미로운 것은 1905년 일본이 다롄을 점령한 뒤 니콜라이 광장 서쪽에 건설한 우호광장(友好広場)은 8개의 방사형 길이 뻗어 있다. 그 5년 뒤 일제가 진해에 건설한 신도시 방사형 가도도 8개로 구성되었다. 이처럼 일본제국이 건설한 신도시의 경우 되도록이면 8개 방사형 광장을 조성되었다는 점을 볼 때, 그 앞의 광장들과는 구별된 도시계획을 통해 의도적으로 설계했을 가능성이 높아 보인다.[8]

알다시피 중국 서부 이리 카자흐 자치주 터커쓰현(特克斯県)에도 팔괘성(八卦城)으로 불리는 신비로운 방사형 도시가 형성되어 있다. 카자흐족 이외에도 한족, 위구르족, 몽골족 등 20-30개 소수민족이 함께 사는 이 자리를 1937년 역학(易学)에 정통했던 경비사령관 구종준(邱宗浚)이 도시 계획을 하면서 지금의 모습이 되었다고 한다. 그런데 이 도시의 별명인 '팔괘성'에서 알 수 있듯이 이 도시는 중국 고전인 '주역'의 원리에 따라 설계되었다. 중앙광장 명칭도 팔괘문화광장이다. 팔괘란 건(乾), 곤(坤), 진(震), 손(巽), 감(坎), 이(離), 간(艮), 태(兌) 등 여덟 개의 괘를 뜻하며, 한국의 태극기에 그려진 주변 문양도 팔괘 가운데 4괘를 떼 낸 건곤감리(乾坤坎離)를 도입하고 있다. 여기서 우리가 주목하는 진해의 8개 방사형 가도는 근본적으로 설계 의도가 이러한 주역 사상과는 전혀 다른 도시였다. 즉 진해의 건설 의도는 일본해군이 사용한 욱일기 문양과 팔굉일우라는 근대 일본의 제국 팽창 슬로건이 자연스럽게 연결되기에 이른다.

카를 융(Carl Gustav Jung)과 함께 『인간과 상징』이란 책을 펴낸 융의 제자 아니엘라 야페(Aniela Jaffé)는 이러한 '원형 방사형 도시'에 집착하는 인간의 욕망에 대해서 다음과 같이 설명하고 있다.

"폰 프란쓰(Von Franz)는 원(또는 구)을 자기(Self)의 상징으로 설명하였다. 원은 인간과 자연 전체와의 관계를 포함하여 모든 면에서 정신의 전일성을 표현한다. 원의 상징이 원시적인 태양숭배에 나타나든, 신화나 꿈, 티베트의 승려가 그린 만다라(Mandala)에 나타나든, 도시의 평면도 또는 옛날 천문학자의 구형의 개념에 나타나든 간에 그것은 항상 유일한 삶의 가장 중요한 면인 삶의 궁극적인 전체성을 가리킨다. (…) 인도와 극동의 시각

예술에서 네 방향 또는 여덟 방향의 원은 종교적 이미지를 나타내는 흔한 양식으로서 명상의 도구로 사용된다. 특히 티베트의 라마교에서는 풍부한 형상으로 가득 찬 만다라가 중요한 역할을 한다. (만다라에 대해서는 Jung 전집 vol. IX 참조.) 일반적으로 만다라는 신성한 힘과 연관된 우주를 나타낸다. (…) 추상적인 만다라는 유럽의 기독교 예술에도 나타난다. 가장 훌륭한 예는 성당의 장미꽃 창문(로즈 윈도우)이다. 이들은 우주적 차원으로 바꾸어 표현한 자기(Self)의 표상들이다. 빛나는 흰 장미 모양의 우주적 만다라가 단테(Dante)에게 환영으로 나타났었다. (…) 비기독교적 예술에서 이러한 원은 '태양륜'(sun wheel)이라 불린다. (…) 이렇듯 엄숙한 의식 아래 세워진 도시의 모양은 원형이었다. 그런데 로마가 옛부터 정방형 도시(urbs quadrata)라고 기술되고 있는 것도 유명하다. (…) 만다라형의 평면도는 미학적인, 또는 경제적인 고려로써 이루어진 것은 아니었다. 그것은 도시를 정돈된 우주로, 즉 그 중심부를 다른 세계와 연결시키는 성스러운 장소로 전환시킨 것이다. 이 변환은 지극히 중요한 종교적 인간의 감정과 희구와 일치하였다. 세속적이든 신성하든 간에 만다라형의 평면도를 가진 모든 건축물은 인간의 무의식으로부터 외부 세계로 원형상(archetypal image)을 투사한 것이다. 도시, 요새, 성당은 정신적인 전일성의 상징이 되며, 그렇게 하여 그 장소에 들어가거나 거기서 살고 있는 사람들에게 특이한 영향력을 발휘한다."**(9)**

제국일본이 새롭게 건설해 간 원 모양의 방사형 도시들도 야페의 지적처럼 그들 나름의 '정신의 전일성'을 표현하는 수단이었으며, 아마테라스 오미가미(天照大神)를 중심에 놓은 비기독교적 '태양륜'(sun wheel)의 도시로서 표현되었으며, '팔굉일우'(八紘一宇)라는 말에서 잘 드러나듯, 제국 일본이 지배하게 된 공간은 그 정치적 의미뿐 아니라, 그 중심부의 상징성을 통해 '천황'이 거하는 성스러운 장소로 전환(변환)되는 지극한 종교성마저 지니게 되는 것이다.

그러한 일제의 욕망은 결국 한반도에 많은 상처를 남기고 말았다. 지금도 그 자리(진해)에 남아 사는 사람들은 숱한 논쟁의 진위 여부를 놓고 심각하게 대립한다. 한국에서의 많은 분열과 다툼의 원인을 추적해 보면 곳곳에서 식민지 시대의 잔상들이 그 얼굴을 드러낸다. 상징을 통해 한일관계사를 새롭게 써 보려는 필자의 눈에는 진해 방사형 가도가 욱일기의 의도적이고 계획적인 표현으로 뚜렷하게 다가 온다. 그러면 그 근거를 하나하나 소개하며 확인해 가보자.

일본제국의 욕망이 집결된 곳, 진해

진해는 오래전부터 일제가 원하였던 땅이자 바다였다. 1895년 발간된 『조선내지조사보고』(朝鮮內地調査報告)에서도 일개 한촌에 불과했던 진해의 현황을 조사, 보고하고 있다.[10] 1898년 일본 육군대신 「가쓰라 다로(桂太郎) 문서」와 1903년 「해군작전계획」(海軍作戰計画) 등에도 진해만이 전략요충지로 언급된 바 있다. 청일전쟁 이후 러일전쟁에 대비하던 일본은 진해를 군함기지로 지목하고 있었다. 하지만 청일전쟁 이후 친러파가 대한제국

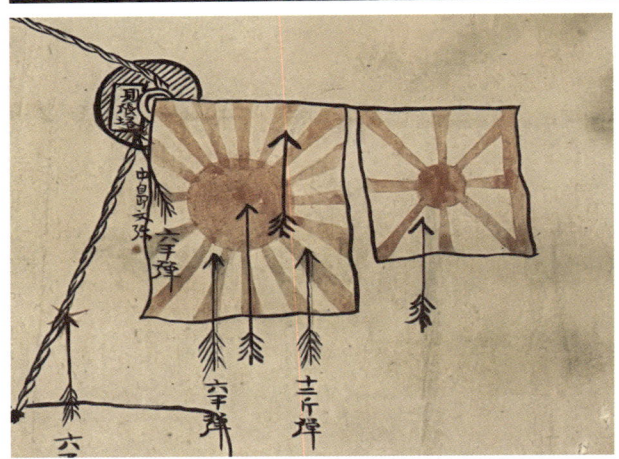

도고 헤이하치로가 러일전쟁 당시 지휘한 미카사 전함의 깃발(상). 일본제국의 해군함 해군기는 16방사형, 소장기, 중장기, 대장기 등은 8방사형이다(하).

을 장악하자 러시아군이 남하해 진해에 군대를 주둔시키고 러시아 깃발을 내건 것에 대해 일본이 강한 불쾌감을 표시한 것도 그 때문이다. 다음 문장은 러일전쟁 이전인 1901년, 진해에 주둔하고 있던 러시아군을 강력히 경계하는 내용이다.

> "진해만은 위험하고 수심이 적당한 양만(良灣)으로서 만내(灣內)에 수많은 항만도서(港灣島嶼)가 있고 (…) 노국(露國=러시아)은 이 반도의 남쪽 해안에 그 해군의 근거지를 얻으려 함을 염려하지 않을 수 없다. (노국이) 반드시 그 획득을 결행할 시기는 언제인지, 그 때는 어느 순간인지, 장차 일본 국민(日本國民)으로서는 실로 어떠한 태도를 취하여야 할지, 노국의 이 행동에 대한 해석에 대하여 지금 여기서 분명히 밝히려 한다."**(11)**

해군의 요충지인 진해가, 러시아의 주요 거점이 되어 가는 상황에 대하여 일본 국민의 각성과 행동을 촉구하는 글이다. 마세 후미히코(間瀬文彦)가 쓴 『의회와 외교』(議会と外交)에는 1901년 당시 중의원 의원이었던 우스이 테쓰오(臼井哲夫, 1863-1935)가 일본 정부에 제기한 질문 내용이 실려 있다. 이 질의문의 제목이 '노국의 병영설치 – 진해만 입구에 있어서 노국 깃발 – 노국의 한국독립권의 침해에 관한 우리 정부의 처치 여부'(露国ノ兵營設置—鎮海湾頭ニ於テ露旗ク—露国ノ韓国独立権ノ侵害ニ関シ我政府ノ處置如何)**(12)**임을 감안하면 진해에 휘날리는 러시아기를 제국일본의 해군기로 바꿔야 한다는 강한 욕망이 엿보인다. 우스이는 러시아가 한국을 침략해 그들의 독립을 막으려 한다면서 강하게 비판하고 있지만, 사실 몇 년 후에는 자신들이 한국을 침략하고 그 독립을 가로 막는 문제에 대해서는 전혀 다른 태도를 보였다. '한국독립'의 주체는 '한국'이어야 하지만 어째서 '일본'이 마음대로 한국의 운명을 결정하려 하였는지 지금도 한국 쪽에서는 받아들일 수 없는 메이지 일본인들의 궤변적 수사라 하지 않을 수 없다. 공교롭게도 우스이가 훗날(1920년 11월 1일) 일본 정부로부터 받은 훈장의 이름도 이번 주제와 관계가 깊은 '훈3등 욱일중수장'(勲三等旭日中綬章)이었다.

이윽고 1904년 러일전쟁이 발발했을 때, 도고 헤이하치로(東郷平八郎) 제독이 러시아 발틱 함대를 무너뜨린 유명한 쓰시마 해전(対馬海戰, 1905)을 가리켜 일본 주력 함대의 발진 기지로 간주한 장소도 바로 진해항이었다. 러일전쟁이 일본의 승리로 끝난 지 몇 년 뒤인 1907년에 쓰카모토 요시타네(塚本義胤)**(13)** 라는 해군 장교는 동향 함대를 상징하는 "미카사(三笠)의 전장(前檣=뱃머리)에 높이 휘날리는 대장기(大將旗)의 존귀함이여!"(三笠の前檣に高く飜る大將旗の尊さよ)라며 러시아 깃발을 내리고 진해에 게양된 욱일기의 모습에 감동했다는 회고록을 남기고 있다.

"근거지는 조선의 남단 마산포항(馬山浦港) 밖 진해만(鎭海灣)이다. 진해! 이 얼마나 아름다운 이름인가! 조선도 마침내 문자의 나라(文字の國=문명국, 역자 주)가 되고 말았다. 지금은 일본의 진해만(日本の鎭海灣)이다. (…) 조선 해협의 관문을 이루고 있다. 노국(露國)도 해마다 눈독을 들인 곳으로 (…) 실제로 호개(好個=최적)의 해군 대근거지(海軍大根拠地)다. 매일 저녁 식사 후에 전함(全艦隊)는 기함(旗艦)에 일제히 도열하여 군사 사열(軍事點險) 행해진다. 우리는 이때에 반드시 함장(艦長)을 따라 전함교(前艦橋)에 오르는데, 사열을 끝내고 철 난간에 이르러 만내(灣內)의 풍광을 고해(顧眄=둘러봄)하면 의기(意氣) 양양해져 스스로 으스대게 되는 것을 금할 수 없다. 미카사(三笠)의 전장(前檣=뱃머리)에 높이 휘날리는 대장기(大將旗)의 존귀함이여!(三笠の前檣に高く飜る大將旗の尊さよ) 오천만의 신뢰가 이곳에 권화(權化, 부처가 중생을 구제하기 위해 임시로 인간이 되어 나타나는 현상-역자주)되었다고 함이 좋을 것이다."**(14)**

쓰카모토(塚本)는 조선이 일본의 통감부 지배를 받으면서 비로소 문자의 나라, 즉 문명국이 되었다고 한다. 조선을 야만시하는 그의 우월감은 진해에 주둔하고 있던 일제 해군의 모습에 다시금 감동으로 이어지면서, 조선인들은 아직도 어리석은 정치인들 밑에서 멸망의 길을 걷고 있다는 사실조차 깨닫지 못하고 있다면서 비웃고 있다.

"이 장대당당(壯大堂々)한 대해군(大海軍)을 거느린 일동(日東)의 신흥국(新興國)이여! 이미 모운(暮雲) 깊은 곳에 존재하는 우리 아름다운 조국이여(我美しき祖國よ), 오늘 밤은 행복하게 편히 잠드소서 (…) 한(韓=한국)의 오카야마(岡山)를 바라보면 한 눈에 모두가 회색빛, 백리촌청(百里寸青)을 보지 않는 황려(荒蓼=거칠고 쓸쓸)한 피토(疲土=고단한 땅)가 될 터인가? (…) 예의 몽매무도(蒙昧無恥)한 토민(土民)이겠지만, 장연초(長烟草)에 연기(烟)를 불어넣듯 나라의 멸망을 모르는 그들도, 옛사람들의 전성(全盛)를 자랑하던 고려왕(高麗王)의 유민(遺民)이 아닌가? 이조(李朝) 3백년의 우정(愚政=어리석은 정치)은 마침내 속(俗)을 부수고 백성을 시들게 하여 마침내는 이 지경에 이르렀다."**(15)**

이러한 멸시 어린 시선은 수십 년 후 진해 일대를 방문하여 목격한 조선인들의 삶을 원시적이고 "미개"**(16)**하다고 비난하였던 가와시마 세이지로(川島清治郎)의 책 『조선론』(朝

러일전쟁 당시 일본 함대사령관을 지낸 도고 헤이하치로(東鄕平八郞)의 기념 엽서. 하단에 「도고 대장, 실로 극렬한 폭탄을 받아 내고서도 나부끼는 미카사 전함 대장기 깃발」(東鄕大將 最モ劇烈ナル爆彈ヲ受ケシ三笠ニ揭ゲシ大將旗), 그리고 「일본해(동해) 해전에 미카사 뱃머리에 펄럭이는 대장기 깃발」(日本海々戰ニ三笠の檣頭ニ揭ゲタル大將旗)이라고 쓰여 있다.

鮮論, 1924)에도 고스란히 이어지고 있다. 쓰카모토는 "사이메이 천황(齋明天皇, 594-661) 때에 이르러 일본의 대한책(對韓策)은 크게 나아가, 당신(唐新=나당연합)이 흥하여 백제와 고려(=고구려)가 망한 뒤 다시 신라를 복속시켰는데 (…) 해군의 근거지는 역시나 여기 진해만(鎭海灣) 부근이었다고 한다. 우리 불세출의 영웅 풍공(豊公=도요토미 히데요시)이 정한(征韓=한국 정벌)의 웅도(雄圖)를 한 번에 이루지 못하고, 또 다시 못 이루었으매" **(17)** 라며 진해는 예로부터 일본 군인들의 희생을 통해 전쟁의 역사를 써온 성지나 다름 없는 땅이라는 특별한 감정을 드러냈다. 그리고 진해만 확보와 조선해협의 지배가 향후 국가 운명의 성패를 좌우할 것이라고 흉자기(凶字旗)인 러시아 깃발을 밀어낸 일본 군함기를 바라보며 쓴 시를 소개한다.

"일본의 역사를 대관(大觀)해 볼 때, 이 해협의 지배권이 확실하게 유지됨과 동시에 실제로 국운소장(國運消長)을 보장하는 호청우계(好晴雨計)이다. 멀리 남쪽으로부터 희미해지는 노국 함대(露國艦隊)는 쉽지 않은 강적임에 틀림없다. (…) 쓰시마(對馬)에는 메이지 원년 때처럼 노국의 흉자기(露의凶字旗)가 휘날릴지도 모른다. 실로 황국(皇國)의 흥륭패망(興隆敗亡)은 열흘이 넘지 않는 일전(一戰)으로 결판 날 것인가? 가까운 한국(親しく韓)의 망국(亡國)이 걸린 이 때에 (…) 우리는 서해(西海=한국의 동해)에서 대적(大敵)을 기다리고 있는 몸으로서, 스스로 심장의 고동(鼓動) 소리가 높아지고 있음을 느낀다. 암호 전보(暗號電報)가 도착했다고 함장으로부터의 재촉 소리가 들려 (…) 암중(暗中)에 서서 우리는 비로소 함교(艦橋)를 내렸다. 『고려산에 떨어지는 석양을 아쉬워하며, 군함기 내리며 듣는 기미가요 노래 소리』"**(18)**

2004년 5월 27일 제2차 세계대전 패전으로 영국에 건너갔던 도고 헤이하치로(東鄕平八郞) 연합함대 사령장관의 대장기(大將旗)가 반환되어 일본해해전 기념식전(日本海海戰記念式典)에서 기념함 미카사호(三笠)의 메인 돛대에 게양되었다. (미카사공원)

"고려산에 떨어지는 석양을 아쉬워하며, 군함기 내리며 듣는 기미가요 노래 소리"(高麗の山に,

落つる夕陽を, 惜みつゝ / 軍艦旗, おろす, 君が代の歌)라는 그의 마지막 시 구절은 조선의 멸망을 고대하며 일제의 부흥을 기원하고 있다. 이처럼 한반도 재상륙과 지배를 열망했던 일본제국의 군인들은, 진해라는 자신들이 새롭게 확보해 낸 공간에 욱일의 상징을 영원히 각인하고자 계획했는지 모른다.

러일전쟁의 상징적 전리품 진해

러일전쟁 승리 직후인 1905년(메이지38)에 일러강화조약(露日講和條約)이 체결되어 일본이 한반도의 지배권을 확보하였다. 이미 전쟁 중에 요새의 후보지로 주목받던 진해만 일대는 을사늑약(乙巳勒約) 직후인 1906년에는 훈령 제31호로 인해 '군항예정지'로서 토지매수(買收)가 시작되었고, 사유지 매매(賣買)의 금지령이 내려진다. 1909년 6월부터는 진해의 시가 예정지 측량이 시작되었다. 이처럼 진해 지역에서 발생하기 시작한 일본해군의 폭력은, 러일전쟁이 진행되던 1904년 당시, 진해가 군사지역으로 설정되면서 해군방비대 사령관 명의의 군령만 보아도 잘 알 수 있다.**(19)**

> 제1조 결당반항(結黨反抗)을 기도하도다 일본 군대와 군함 군용 선박에 적대 행위를 그렇다면 사형(死刑)에 처하며
> 제2조 방비지역(防備地域)과 수역(水域) 내에 가설한 군용전선(軍用電線)에 가해(加害)하여도 사형
> 제3조 간첩행위(間諜行爲)도 사형
> 제4조 일본군사(日本軍事) 누설도 사형
> 제5조 일본의 군사적 행동을 방해한다면 군벌(軍罰)에 처하고
> 제6조 일본군의 영조물(營造物), 선함(船艦), 도로교량, 우물, 수도(水道)를 방해, 파쇄(破壞), 오탁(汚濁)하거나, 무기탄약군 물품을 도탈훼손(盜脫毀損)하면 군벌에 처하고(…)
> 제9조 방비대 사령관의 허가 없이 일반 어장과 해조류 채취를 금하고 이를 위반하면 군벌에 처하고 그러한 행위를 할 때 사용한 물건까지 몰수하며
> 10조 방비수역 내에는 일본제국(日本帝國) 관선(官船)과 관용선(官用船) 이 외의 선박을 사령관의 허가 없이 항해와 정박을 금하여 이에 위반하면 군벌에 처하고 선박을 몰수한다.

러일전쟁 직후인 1906년에 일본 해군 군인들은 멀쩡한 남의 밭에 헌병대 막사를 서둘러 세웠는데, 땅 주인 우찬욱 씨가 항의를 하자 막사 안에 끌고 들어가 모진 고문과 폭행을 가하였고, 이후 40년 동안 집안에 누워 투병을 하다가 죽음을 맞았다.[20] 결국 수백 년 간 물려 내려온 논밭은 일본 해군에 헐값으로 빼앗긴 뒤, 진해의 주민들은 모두 흩어지고 말았다.[21] 이러한 일본군의 만행 소식을 들으며 개탄한 조선의 선비 황현은 1906년의 『매천야록(梅泉野錄)』에서 다음과 같이 썼다.

"왜인(倭人)이 경남 진해만을 늑탈(勒奪)하여 (…) 웅천 진해 수 백리의 항역이 군항에 포함되어 이속도 농민도 고기잡이도 모두 흩어져 마치 난리를 만난 것 같다"(倭人勒奪慶南之鎭海灣 (…) 定期軍港 (…) 熊川距鎭海數百里而亦捲入港域吏民漁散如逢亂離)

통감이었던 이토 히로부미도 1905년에 마산과 진해를 방문했을 때, 한일 양국의 함선이 욱일기(旭日旗)와 태극팔괘기(太極八卦旗)를 휘날리며 함께 항해하는 날을 진췌(盡悴)

진해시가도(1912)

한다면서 침략의 의도를 숨겼지만,**(22)** 1909년 1월에 순종 황제를 데리고 한반도를 순행하던 중, 일부러 진해를 들러 다음과 같은 연설을 남기며 진해항 점령에 대한 각별한 관심과 의도를 드러냈다.

> "한국의 진해만(鎭海灣)은 세계 각국에 있어서 유수의 항만이다. (…) 특히 일한(日韓) 양국의 관계상 당항은 국방상 빼놓을 수 없는 위치를 차지하고, 만약 이 항을 그 손아귀에 넣을 수 있는 것이라면, 일한(日韓) 양국은 거의 그 제어 하에 들어갈 수밖에 없는 장소이다. (…) 여기에 한국의 군항을 설정하기로 하고, 한국 정부로부터 일본 정부에 전적으로 (진해를) 양여하고, 일본해군은 이 양여 위탁에 기초해 당항을 지배하는 것을 권장하고자 한다. 장래 일본해(日本海)가 계속 존재하는 한은 우리 해군에서 충분히 설비를 갖추고, 양국의 산하(山河)를 방어하는 것을 요위(要衛)하도록 한다. 따라서 이 땅에 주거하는 자는 한국인과 일본인을 불문하고, 당항이 양국 방위의 목적으로 사용되는 것을 고려하여, 그 목적을 변경하지 않을 것임을 양해하고, 그 취지에 어긋나지 않도록 하여 농상공업의 계획을 세우면서 각각 그 목적을 달성하도록 한다. (…) 오늘날 일한 황실(日韓皇室)에서 나날이 교의 친밀감을 더해 협동일치(協同一致) 방침을 찾고 힘을 합쳐 극동(極東)에 있어서의 양국의 위치를 유지하고자 한다면, 금회(今回) 한황 폐하(韓皇陛下=순종)의 당지 지방 순행에 즈음하여, 우리 천황폐하(我天皇陛下)로부터 발송된 친전(の親電)을 통해 그 일은 더욱 명확해 질 것이다."**(23)**

이토 히로부미의 이러한 관심과 지원 하에 진해의 신도시 건설을 착착 진행되어 갔다. 하지만 그 과정에서 가혹한 법률을 제정하여 진해의 조선 민중이 토지를 빼앗기고 쫓겨나 근처 경화동 등지로 강제 이주 당하는 등, 무자비한 인권 탄압이 이루어졌다. 1910년 1월에 해군대신(海軍大臣)이었던 사이토 마코토(훗날 조선총독)가 제출한 『진해군항시설지 실시답사보고』의 1항에는 "한인을 일본시민과 잡거케 함은 위생상 그 밖에 있어서 불가한 것을 감안해 이를 격리함이 지당하다고 보아 그들 모두 덕산 방면에 이전토록 함을 필요로 함"**(24)**이라고 기록되어 당시의 일방적인 진행 상황을 엿볼 수 있다. 강제로 추방당하게 되자 진해 주민들은 측량 중인 일본 해군과 싸우기도 하고, 터무니없는 토지보상비 제안을 거부하기도 했다.**(25)** 1910년 8월에는 '진해 해군 군용지 임대 내규'(鎭海海軍軍用地賃貸內規)를 통해 시내에 거주할 수 있는 사람들이 제한되었다. 그해 8월 강제병합이 확정되자, 일본 해군은 거제 송진포에 있던 진해방비대를 진해로 옮겨 왔고, 이윽고 1914년에 마

진해시 중원 로터리(中辻=中園広場)의 1920년대 모습

산에 있던 요새사령부가 진해로 이전했으며, 1916년에는 일본 해군사령부 격인 진해요항부가 설치되어 간다.

러일전쟁 이후 진해의 개발이 본격화되자 『군비와 재정』(軍備と財政, 1914)이라는 책에서는 진해만을 일본해군의 기지임과 동시에 세계 제일의 항만으로 만들자는 주장이 게재되었고,[26] 조선총독부도 『조선항만요람』(朝鮮港湾要覧, 1931)에서 "이전에는 벽방의 작은 한촌에 불과했던 진해"(以前は僻阪の一寒村に過ぎなかった鎮海)[27]가 지금은 많은 발전을 이루었다고 평가하였다. 해군 중좌 출신의 미즈노 히로노리(水野広徳)가 쓴 러일전쟁 해전 회고록 『차 일전』(此一戦, 1915)을 보면, 도고 헤이하치로 함대의 작전을 묘사하면서 진해만에서의 출동 모습을 두 번이나 사진으로 소개하는데,[28] 이것만 보아도 진해가 러일전쟁의 중요한 '성지'로 기념되어 갔음을 확인할 수 있다.

욱일기가 아로 새겨진 일본제국의 신도시들

한국 및 일본 학계에서는 아직도 진해의 신도시 계획을 누가 주도했고 실무는 누가 담당했는지 밝혀내지 못하고 있다.[29] 하지만 필자는 가와시마 세이지로(川島清治郎)가 쓴 『조선론』(朝鮮論, 1924)을 읽던 중, 가미이즈미 도쿠야(上泉徳彌, 1865-1946) 해군 중장이 진해 도시 건설 계획을 주도하였음을 발견할 수 있었다. 가와시마(川島)는 『국방해군론』(国防海軍, 1911)등 수많은 해군 및 군사 관련 저술을 남긴 전문가였으므로 당시 진해의 요항 신

도시 건설 상황에 대해서도 자세히 알고 있던 인물이다.[30]

"일본의 국책상 조선에 시설해야 할 사업 중 가장 시급한 것은 진해의 경영과 함경 철도의 관설이다. 진해는 일본 대륙에 대한 대책원지(大策源地)로서, 만약 전쟁이 일어났을 때(一朝戰時) 일본과 대륙을 연결할 경우, 부산에서는 해상으로부터 직접 포격을 당할 우려가 있지만 진해에서는 그러한 우려가 없다. 진해를 대륙에 대한 대책원지로서 경영하는 것은 오늘의 급선무이며 그 중에서도 가장 시급한 것은 철도의 개통이다. 종래 진해와 대구 사이에 철도 관통의 예정이 있지만 아직 그 실행 기회에까지는 이르지 못하고 있으며 (…) 진해는 역시 수년 전 가미이즈미(上泉) 장군이 대규모 계획을 세우고 있었던 만큼 실제로 대규모의 책원지가 되어야 할 희유(稀有=드물고 귀함) 땅이다. 머지않아 (가미이즈미) 장군의 선견지명이 드러날 때가 올 것이다."[31]

"진해는 역시 수년 전 가미이즈미(上泉) 장군이 대규모 계획을 세우고 있었다"라는 표현을 통해 진해의 마스터플랜 입안자가 가미이즈미 도쿠야(上泉德彌) 해군 중장이었음을 알 수 있다. 마이즈루 진수부의 도고 헤이하치로 중장처럼 진해 요항부 사령관으로 부임했던 그는 해군의 중장기(中將旗) 욱일(旭日)의 의미를 진해 도시의 중심에 표현할 수 있는 기본 주체가 된다. 해군 내부에서도 우파로 분류된 그는 러일전쟁 개전 전 젊은 육해군 군인 및 관료들과 함께 요정 호월정(湖月亭)에 모여 조기 개전을 호소한 과격한 인물이었다. 즉 통칭해 부르는 '호월회'(湖月会) 혹은 '호월구미'(湖月組)의 한 사람인 것이다. 일본제국 해군 중장이었던 나가사와 나오타로(長沢直太郎)가 가미이즈미의 생애를 정리한 평전『가미이즈미 도쿠야 전』(上泉德弥伝, 1955)에는 다음과 같이 진해 부임 후 신도시 건설의 진척에 대해 기술하고 있다.

"44년(1911) 9월 2일, (가미이즈미는) 진해방비대 사령관 겸 임시 해군 건축부 지부장으로 전환하여 진해에 부임하였다. (…) 동 요항부 건설계획 수행에 힘써 자신의 이름을 일세(一世)에 떨쳤다. 동시에 진해의 이름을 국민에게 강하게 각인시켰다. (…) 그는 말하되, 「세간에서는 진해의 대건설 계획을 내가 다 한 것처럼 전해지고 있으나 사실 그것은 해군성(海軍省)의 계획(計)으로서 내 부임보다 조금 이전에 입안된 것이었다. (…) 가보니 광막(広漠)한 풀밭에 손댄 곳이 한 군데도 없었다. (…) [진해 시절의 추억] 그가 사령관으로서 그 계획의 건설을 맡게 되자 그 규모가 웅장한 일은 당시는 물론 훗날에도 경이로운

화제가 되고 있다. (…) 그는 진해를 동양 제일의 대군항으로 만들기 위해 마치 백지에 글을 써 내려가는 것처럼 구상도 거대했다.(構想も大きかつた) 시내 중심에서 큰 폭의 방사로를 취하였고,(街の中心から大巾の放射路を取り) 요소에 연락하여 기차, 군차량을 운행할 계획이었다. 기타 설비, 식림, 급수 등 주도 면밀하게 이룬 것으로, 시가 구획도 큰 도로로 구획정연, 마을 이름에도 군함명을 붙이고 벚나무 등을 무수히 심어 큰 벚꽃 명소가 되기도 했다.(市街区劃も大道路で区劃整然, 町名にも軍艦名を附し, 桜樹など無数に植え, 大に桜の名所ともなつた) (…) 또한 데라우치 조선총독(寺内朝鮮総督)으로부터 조선 내의 여행패스를 받고 각지를 돌아보며 유유히 시찰하였던 것이다. 그는 군항 설비 때문에 실로 다사다단(多事多端)한 몸이긴 했지만 촌가(寸暇)를 얻어서는 단신(単身)으로 건설지나 선인 부락(鮮人部落) 등을 구석구석 순시하였고 (…) 사람들은 남선총독(南鮮総督=조선의 남쪽 총독)이라 부르며 그 덕을 흠모했다."**(32)**

위와 같이 진해신도시 건설은 시가구획에서 벚나무 대량 식목에 이르기까지 모든 실행을 가미이즈미 해군 중장의 구상에 따라 이루어졌음을 알 수 있다. 1913년 '진해학교조합'(鎮海学校組合)의 관리자인 잇스기 다케노스케(一杉竹之助) 명의로 가미이즈미에게 전달한 '감사장'에는 "각하 진해군항 경영의 일을 당하시어, (…) 정연(井然)한 시가(市街)가 완성되었고, (…) 장래에 대발전을 보일 것입니다."**(33)** 라면서 그가 주도한 진해 신도시 건설의 결과를 높이 평가하였다. 우연인지는 몰라도 가미이즈미 중장이 러일전쟁을 3년 앞둔 1901년 11월 1일에는 '공4급금치훈장'(功四級金鵄勲章)과 함께 '훈4등 욱일소수장'(勲四等旭日小綬章)을 받았다. '욱일'(旭日)에 대한 그의 각별함이 진해 신도시의 건설에도 자연스럽게 반영되었을 것임을 짐작케 하는 대목이다. 그 밖에도 그가 지닌 사상의 핵심인 '대일본주의'(大日本主義)도 욱일형 거리의 조성에 대한 그의 독특한 관심을 포착하는 단서가 된다. 그는 진해 신도시를 건설한 수년 뒤에 펴낸 책 『대일본주의』(大日本主義, 1918)의 서문에서 다음과 같이 말하고 있다.

"우리나라가 지고 있는 절대적인 천직과 임무를 완수할 길이 없다. 그렇다면 그 중심 사상은 과연 무엇에서 찾아야 할 것인가? 가로되 대일본주의(大日本主義)의 유일한 존재일 뿐이다. 우리 국민으로서 진정으로 세계무비(世界無比)한 황실 중심(皇室中心)의 관념을 갖고 대일본주의 대산하(大日本主義の大傘下)에 결속하여 세계에 누빈다면 그야말로 천하무적(天下無敵), 강대국을 그렇게 두려워할 필요는 없다. 뭐가 되었든 우리 대일본주의의

러일전쟁 승리 후(1905) 도쿄 미야지마(宮島) 저택에 모인 해군 제독들. 왼쪽부터 유노가와 다다오(湯野川忠世), 가미이즈미 도쿠야(上泉德彌), 미야지마 세이이치로(宮島誠一郎), 고모리사와 나가사마(小森沢長政), 야마시타 겐타로(山下源太郎)이다. 가운데의 미야지마 세이이치로는 일본제국 해군 대위 소네 도시토라(曽根俊虎)와 함께 '진아회'(振亜会)를 설립한 인물인데, 이 단체는 1880년 일본 최초로 설립된 아시아주의 종합기관인 '흥아회'(興亜会)의 전신이었기 때문에 일본 아시아주의(흥아주의)의 원점이었으며, 1930년대에는 '대동아공영권' 건설 이념으로 이어진다. 가미이즈미도 이런 사상의 영향으로 대일본주의를 제창하였다.

진체(大日本主義の眞諦)는 무한한 왕도(王道)와 다름없기 때문이다. (…) 제국의 존망흥폐(帝國の存亡興廢)가 하나에 걸쳐 대일본주의(大日本主義) 위에 존재함을 말하는 것이다. (…) 일개 군인으로서 스스로 읊조리는 복음(福音)을 전도(傳道)할 만한 학식이 있다고는 생각하지 않지만, (…) 동지(同志)를 얻는 것이 급무(急務)임을 믿고 (…) 서를 저술한 바이다."(34)

그는 진해에 부임하기 직전인 1906년 이토 히로부미(伊藤博文) 통감과 만나 다양한 정치적 군사적 의견을 나눈 일화도 소개하고 있다.(35) 또한 "대일본주의란 우리 대일본제국의 대정신(大日本帝國

가미이즈미 도쿠야(上泉德彌) 해군중장(海軍中将) 『대일본건설』(大日本の建設, 1933)에 수록된 사진

제7장: 한반도의 화인(火印), 진해와 나남의 욱일가도 173

1908년 봄 군함 아즈마(軍艦吾妻)에서 이토 통감 한국 귀임시. 오른쪽 의자에는 이토 히로부미가 앉아 있고, 왼쪽 끝에 서있는 인물이 가미이즈미 중장이다(『上泉德弥伝』 97).

の大精神), 즉 세계의 모든 인류를 자애하고 계시는 아마테라스 오미가미(天照大御神)의 대신심(大神心)을 실현하는 것으로, 만세일계 황실을 중심으로 충효를 격려한다는 데 있다. (…) 대일본주의를 수행하려면 식산, 흥업, 군비 등을 완수해야 한다."**(36)**면서 자신이 철저한 천황주의자임을 강조하고 있다. 아마테라스 오미가미는 나중에 세워지는 진해신사(鎮海神社)의 제신이 되는 일본 신화 속의 가장 중요한 신으로 일장기와 욱일기의 중심에 그려진 태양신을 의미하기도 한다. 이러한 일본 고대의 신개념을 중심으로 전 세계로 확산되는 일본제국에 대한 열망이 '대일본주의' 사상에 그대로 투영되어 있으며, 그것은 그가 진해 신도시를 건설하면서 8방의 욱일기를 도시 설계에 반영시킨 사상적 배경이 되었다고 볼 수 있다. 그리고 다음과 같이 '아마테라스 오미가미'야말로 곧 전세계 인류를 구제하고 인류에게 '일시동인의 은혜'(一視同仁の恩惠)를 준다고 강조한다.

"아마테라스 오미가미(天照大御神)는 장차 전세계 인류가 인종적 편견이나 이해충돌 등을 위해 서로 반목쟁투 하다가 도탄(塗炭)의 고환(苦患)을 받아야 함을 간파하시어 깊이 연민하고, 이를 구제하여 온 인류에게 일시동인(一視同仁)의 혜복(惠福)과 은택(恩澤)을 부여하며 크게 신려(神慮)를 고민하시었다. 그 즉슨 황손으로 하여금 인류구제의 대목적과 대책임을 감행하게 하여야 한다고 굳게 결심하는 것이며, (…) 이윽고 천손(天孫) 니니기노 미고토(瓊瓊杵尊)을 다카치호노 미네(高千穂の峰, 미야자키현에 있는 기리시마야마의 최고봉으로 천손강림의 땅으로 알려진 곳인데 정상에는 아마노사카호코(天の逆鉾)가 있음-필자 주)에 강림케 하였던 것이다."**(37)**

이어 그는 "다이쇼 5년(1916) 5월 조선에도 오신 바(來朝) 있는 불인(佛人=프랑스인) 파울 리샤르는 『고일본국』(告日本國)이라는 책을 저술했으며, 세계는 우리 대일본의 천황(大

日本の天皇)으로 인해 구제되어야 할 이유를 도파(道破)하고 있다"**(38)**라고 덧붙이고 있다. 프랑스의 신학자이자 시인인 파울 리샤르(Paul Richard, 1874-1964)는 1916년에 일본을 방문했다가 일본의 문화와 정치에 매료되어 4년간 머물게 되었고, 이후 일본 국수주의를 찬양하며 일본의 선민의식을 자극하는 활동을 전개한 인물이다. 그는 니치렌슈(日蓮宗)에서 나온 신종교인 국주회(国柱会)와 교류가 활발하였고, 그 과정에서 펴낸 책이 바로 『고일본국』(告日本國, 1916)이었다. 지금도 국주회의 홈페이지에 가면 그의 생애와 사상이 소개되어 있을 정도다.**(39)** 국주회의 창시자인 다나카 지가쿠(田中智学, 1861-1939)는 "전국 신사에 모셔진 주신(主神)은 모두 황조신(皇祖神)에 통일되어야 한다"고 주장하는 등 신도적 요소를 강하게 주장하였고, 일본에서 가장 대표적인 국주회 슬로건으로 널리 채택된 '팔굉일우'(八紘一宇)라는 말도 1913년 다나카가 창시한 국주회에서 처음 표방되었다. 오늘날에도 국주회는 유력한 우익단체인 '일본회의'와 밀착 협력하고 있어 이러한 역사는 현재까지도 이어지고 있다.**(40)**

가미이즈미는 이후에도 『대일본의 건설』(大日本の建設, 1923)라는 책을 발표하는데, 제2장과 5장의 제목이 '소일본보다는 대일본으로'(小日本より大日本へ), '대일본의 건설'(大日本の建設)이다.**(41)** 이를 보면 그가 '팔굉일우'에 입각한 일본제국의 무한한 팽창을 일생의 사명으로 파악하고 있었음을 알 수 있다. 그것은 스스로가 8방의 욱일기의 주체이기도 했던 일제 해군 중장으로서 진해 신도시의 중심에 그 상징을 단단히 새겨 두려는 결과로 이어진 것이다.

『대일본의 건설』이라는 책은 1923년 『국풍총서 제1책』(国風叢書第1册)으로 초판이 발표되었고, 10년 후인 1933년에도 재판이 이루어지는데, 모두 『국풍회출판부』의 발행이다. 국풍회는 1920년 11월 에토 데쓰지(江藤哲二)를 회장으로 하여 만들어진 교화단체이다. 특히 '대일본주의'를 표방하며 황실을 중심으로 국민을 통합해 나가기 위한 선전 및 강연 활동 등을 펼친 국수주의 단체였다. 해군 중장 가미이즈미가 회장이 된 1921년부터는 조직이 보다 확대되어 회원도 4,600명까지 늘어났다. 이른바 황기2600년(1940)이 다가오자 국풍회는 '황국의 국체에 입각한 대기념관'으로서 '국체관' 건립을 기획하였고, 1935년 10월에는 '황기 2600년 기념사업 국풍회 계획 건의안'을 독자적으로 작성하여 배포하였다. 건의안은 "황기 2600년을 영원히 기념하고 동시에 세계 전인류로 하여금 유구무한(悠久無限)한 황국(皇国)의 용자(勇姿)를 첨앙체인(瞻仰体認) 할 수 있는 충분한 대시설을 갖추고 거연(巨然)한 실적을 거두는 것"**(42)**을 목적으로 1940년 기원절 당일(2월 11일)에 완성하고자 하였다. 이 국체관의 사업으로서는,

첫째, 국체명징(国体明徴)에 관한 실물 지도(実物指導)의 대설비

건국희업(建国熙業)에서 메이지, 다이쇼에 이르는 역대 성업에 관한 회화 및 각종 자료를 진열 공개하고 장내를 일순(一巡)하면 누구라도 즉시 우리 국체(国体)의 핵심을 터득할 수 있는 것과 같은 대시설을 갖춘 이 진열관을 특히 '국체전당'(国体殿堂)이라 하여 본관의 중심도량(中心道場)으로 삼는다. (…)

다섯째, 출판 사업

여섯째, 국체명징에 관한 강연

이라고 계획함과 동시에, 최종적으로는 문부대신의 감독하에 속할 것을 목표로 하여, 이후 제국의회에까지 이 운동을 확산시키려 하였다. 국체관 건립을 그 후 경과에 대해 정리한 『국체관 건립 건의 경과에 관한 보고서』는 가미이즈미의 명의로 작성되었다.**(43)** 이처럼 가미이즈미 중장은 일제의 국체를 구체적으로 표현하여 국내는 물론 식민지민들에게까지 적극적으로 교화하는 활동에 큰 관심을 갖고 있는 인물이었다. 따라서 '아마테라스 오미가미', '천황', '대일본주의'에 이어 '욱일'과 '팔굉일우' 사상에 깊이 경도된 그가 진해 신도시 중앙에 욱일가도를 조성하려 한 것은 지극히 자연스러운 과정이었다고 볼 수 있겠다.

가미이즈미가 『대일본의 건설』(1923)을 발표한 해에 목사이자 소설가였던 오키노 이와사부로(沖野岩三郎)**(44)**가 저술한 『얇은 얼음 위를 밟으며』(薄氷を踏みて, 1923)라는 작품 중 '마산에서 진해만으로'(馬山から鎭海灣へ)라는 절이 나오는데, 거기엔 당시의 진해에 관한 상황이 자세히 묘사되고 있다. 그 가운데 "군기제의 여흥을 깨뜨렸을지도 몰라"**(45)**라는 표현이 등장한다. '군기제'(軍旗祭)란 일본제국 육군이 마치 천황의 분신으로 간주하는 '16방의 욱일기'를 연대장실에서 밖으로 꺼내 공개하면서 그 부대의 창립일을 축하하고 지역 주민들과 교류하는 일종의 군민 연합 행사인데, 마산에 주둔하고 있던 육군 부대가 마침 그

1916년 국주회(国柱会)의 본산인 최승각(最勝閣)을 방문한 파울 리샤르(Richard, Paul)가 다나카 지가쿠(田中智学)와 교류하는 모습

행사를 치르고 있었던 것이다. 진해에 도착한 후부터는 그곳에 건설된 8방의 욱일 가도에 대해 다음과 같은 이야기가 오고 가고 있다.

진해만 지도를 꺼내 잔디밭 위에 펼쳐 보이며

"대단한 동네야, 중학교, 여학교, 농림학교, 은행, 병원, 요항부, 유곽… 정말 훌륭한 동네야. 도로는 방사선으로 그 폭 30칸이야"라고 했다.

… 거리를 걸었지만, 어딜 가더라도 풀이 무성한 30칸 폭의 도로에 … 빈 집이 즐비할 뿐, 초등학교 외에는 여학교도 아무 것도 없다. …

…

"이거 진해만 예정도입니다. … 마을이라고 하면 저 거리의 빈집과 건달들 뿐, 길은 이 거리로 온통 풀무성이 언덕들, 가미이즈미(上泉)라는 사내도 무모한 짓을 저질렀다"라고 말하면서 멀뚱멀뚱 도로의 하얀 흙을 바라만 볼 뿐이다.

"가미이즈미(上泉)이라는 놈은 청부사(請負師)입니까?" 오토나시(音無)가 머리를 내밀자 오오하시(大橋)는

"가미이즈미 중장 말이지, 해군 중장 말이야!"라며 오토나시의 어깨를 두드렸다. 학처럼 길죽한 신사 분은 더욱 씁쓸한 표정으로 말을 이어갔다.

"도대체 일본인은 공상(空想)이 지나치다. 상태가 정상이 아니다. 한일강제병합(日韓倂合)이 성립되자 갑자기 영토가 100배나 된 것처럼 느꼈는지 이곳을 동양 제일의 군항으로 만들자는 생각을 한 겁니다. 이 근처에 여명(余明)이라는 마을이 있었는데, 그 밖에 십여 개의 마을 사람들을 모두 저 산 너머로 쫓아내고 이런 엄청난 마을을 만든 거예요."

"하지만 땅은 (일본이) 산 것이겠지요?" 오토나시가 묻자, 신사는 잠시 머뭇거리더니 이내 말했다.

"물론 샀어요. 최고로 쳐도 1평에 5전 정도에 샀어요. 7~8린(厘=엔(円)의 1000분의 1 정도 되는 화폐 단위, 1전의 10분의 1에 해당.)에 산 곳도 있겠조. 그리고 그걸 1평 5전 평균으로 일본인에게 지불했기 때문에 바보 같은 놈들은 재산을 팔고, 그 1평 5전의 땅을 욕심내서 넓게 사서 집을 지었습니다. 그런데 군항도 제대로 안 되고, 상업항(商港)으로 안 되고 말았어요. 게다가 군비 축소라는 흥론(興論)에 휩쓸려 여기 진해는 이렇게 비참함의 극치를 맛본 거죠. 마치 거인의 시체를 보자마자 황폐해진 느낌이랄까요. 바보 놈들, 누가 이런 곳에 일부러 은거(隱居)하는 놈이 있겠습니까?"

"이 마을은 언제 열렸습니까?"

"메이지 45년(1912-필자 주)입니다. 다이쇼 원년부터예요."

"'유곽이 있군요."

"일본인들은 어디에 가든 관위(官衛)와 유곽(遊廓)을 동시에 지으니까요. 여기에도 작은 것이 있습니다. 어제 그곳 창기(娼妓)와 수병(水兵)과의 심중(心中=정사)이 있었어요."

(…) 이시바시(石橋) 쪽을 바라보고 있었다.

"훌륭한 다리네요. … 이것은 소위 무엇 무엇 예정지의 전지(田地)를 선인(鮮人)에게 소작시킨 결과에요. 그 소작료 몇 만 엔으로 세운 다리에요."**(46)**

소설의 내용이지만, 진해를 직접 방문한 작가가 지역의 조선인 노인과 대화한 내용을 기록하였을 것으로 보인다. 당시의 시대상을 구체적으로 묘사하고 반영한 이 작품은, 겉으로는 화려하게 건설된 진해 시가지이지만, 진해의 조선인 주민들이 부당하게 추방당하였고, 그 안에는 여러 문제와 모순이 발견되는 무리한 시도였음을 고발하고 있다. 실제로 장밋빛 미래로 건설한 신도시 진해였지만, 몰수한 군항주변 토지들은 이후의 '도시계획 축소'로 인해 황무지로 변하였고, 그 토지를 비싼 값으로 소작농에게 빌려 주었으며, 그 수입금으로 겨우 도시 경영에 사용하는 악순환이 이어졌다.**(47)** 소설에 나오는 진해의 노인 신사분이 전한 "도대체 일본인은 공상(空想)이 너무 지나치다."(一体日本人は空想が過ぎる)라는 말처럼, 가미이즈미(上泉) 해군 중장이 욱일기를 도시 계획에 직접 반영해 건설한 것과 그 바탕이 된 '대일본주의'라는 이념은 지극히 공상적(空想的)이고 무모한 시도들이었음에 틀림 없다.

일본 야마가타 한 부대의 군기제의 모습(1912)

제국일본 해군의 '욱일도시'로서 건설된 진해

러일전쟁 승리 직후인 1905년 4월에는 진해만요항사령부(鎭海湾要港司令部)가 세워졌고, 1907년 10월에는 진해해군방비대(鎭海海軍防備隊)가, 1912년에는 해군요양부병원과 진해우편국이, 1913년 진해경찰서가, 1914년 진해헌병분대가, 1916년 진해신사(鎭海神社)가 설립되는 등, 진해는 일본제국 팽창의 상징적 군사도시로서의 면모를 확실히 해 나갔다.

진해의 원래 지명인 웅천(熊川) 중앙에는 약 1200년 된 거목이 서 있었다. 당산목(堂山木) 혹은 신목(神木)이라 불리던 이 팽나무(榎木)는 마을의 상징이자 농민들의 휴식처였다. 새로운 군도(軍都) 진해는 이 나무를 구심점으로 건설되었는데 굳이 이 나무를 남긴 이유는 무엇이었을까?

조선총독부와 일본해군은 기존 촌락을 파괴하면서 주민들의 강한 저항에 부딪혔다. 에니미즘(animism)과 토테미즘(totemism) 등에 기반한 마을 수호신으로 사랑받아 온 종교적 상징의 나무마저 뽑아 치우기에는 망설임이 생겼을 것이다. 아니 오히려 마을의 신목은 보존해야 할 대상으로 생각했을지도 모른다. 일본의 전통종교 신도(神道)에서는 거목으로 가득한 신사를 '모리'(森)라고도 부른다. 군도 진해 건설을 주도한 가미이즈미 해군 중장은 오히려 이 거목을 중심으로 8방사 욱일형 가도 조성을 자연스럽게 떠올렸을 것이다. 조선의 토착 민간신앙 대상물이 일본 신도와 연결되고, 결국 그 정점에 있는 천황과도 자연스럽게 연결된다는 발상이었을 것이다. 진해의 팽나무는 욱일기의 중심 즉 '나카쓰지'(中辻, 현 중원로터리)의 상징으로 변신해 갔다. 그리고 그 나무 아래 그늘에는 러일전쟁을 승리로 이끈 해군 대장 도고 헤이하치로(東鄕平八郎)의 친필로 '진해군항설비 기념비'(鎭海軍港設備記念碑)가 건립되었다.⁽⁴⁸⁾

팽나무를 중심으로 욱일형 가도가 완성된 후, 진해는 일본의 전쟁사 가운데서 가장 중요한 성지로 취급되

1930년 경에 진해 중심부 팽나무 앞에서 실시된 해군 행사

기 시작하며 조선총독부와 일본해군은 그 내용을 적극 선전하기 시작한다. 니시다 시게조(西田繁造)가 편집한『일본명승구적 산업 사진집』(1918)**(49)**에는 진해가 러일전쟁 승리의 기념 성지일 뿐 아니라 앞으로 군항으로 더욱 발전해 나가기를 바라고 있다. 또한 마사키 데지로(正木貞二郎)가 저술한『일본의 명승』(日本の名勝, 1918)**(50)**이나 후쿠치 기이치(福智義一)가 편찬한『일본연안유람안내』(日本沿岸遊覽案內, 1920)에서도 이러한 진해의 성지화 노력이 구체적으로 그려지고 있다.

"진해만(鎭海灣)은 지세가 가장 뛰어나고 이를 동양 제일(東洋第一)의 해진(海鎭)이라 칭하나 실로 과대한 말이 아니며, 그 옛날 진구황후(神功皇后)의 외정(外征, 바깥 정벌)으로 시작되어 고안의 전역(弘安の戰役=원의 일본정벌), 분로쿠게이초의 전역(文禄·慶長の戰役=임진왜란)까지, 그리고 더 가까이는 일청일로(日淸日露)의 전역에 이르기까지 동양사상(東洋史上) 일찍이 세계에 알려진 바 되어 메이지 30년(1897-역자 주) 이곳(=진해)에 방비대(防備隊)를 두어 내지인(內地人=일본인) 이주자가 많아 이제 번화한 시가(繁華なる市街)를 이루기에 이르렀다. 다치바나도리(橘通)의 중앙 네 개의 쓰지(辻=로타리)에는 주위 두 곳에 커다란 팽나무가 있고 잎과 가지가 무성하여 삼복 무더위 속에서 휴량(休涼)하는 행인이 적지 않다. 그 옆에는 방비대설비기념비(防備隊設備記念碑)가 있고 도고 대장(東鄕大將)이 친필 붓으로 쓴 비문이 있는데, 그 때의 방비대 사령관(防備隊司令官) 미야오카 나오키(宮岡直記) 소장(少將)의 센(撰=시가(詩歌) 등에서 좋은 문장을 골라내어 편집하는 것)이었으며, 히가시산초(東三町)로 가부토야마 공원(甲山公園)이 있는데, 산 정상에는 메이지 천황 요배식 기념비(明治天皇遙拜式記念碑)가 있으며, 경찰서, 수교지사(水交支社), 진해소학교, 병원 관사 등이 산재해 있다. 부근에는 무수한 복숭아, 벚꽃을 심어 놓아, 춘계(春季) 조망(眺望)이 대단히 좋다. 방비대 배후의 산에는 분로쿠게이초노 에키(文禄·慶長の役=임진왜란) 때의 구혼 (九魂) 요시타카(義隆), 도도 다카토라(藤堂高虎1556-1630), 와키사카 야스하루(脇坂安治, 1554-1626) 등 수사군(水師軍)이 상륙하여 축성했다고 전해지는 성지(城址)가 있으며, 그 밖에 인근 해안에는 적수군(敵水軍)의 영장(英將) 이순신(李舜臣)의 고적(古蹟)이 많다."**(51)**

필자 주 진구황후(神功皇后, 170?-269)은 가이카 천황의 현손 오키나가노스쿠네노미코의 딸이며, 어머니는 신라 왕자 아메노히보코의 후손 가즈라키노다카누카히메이며, 오진 천황의 어머니로서 201년부터 269년까지 섭정을 하였다고 전한다.『일본서기』는 그녀가 오진 천황을 임신한 채로 한반도에 출병하여 신라를 정벌했다고 기록되어 있다(200년). 신라왕은 일본군이 도착하자 스스로 결박하고 항복하였고 말과 마구를 바치겠다고 맹세하였다고 한다. 하지만 이러한 삼한 정벌설은 왜곡된 역사로서 비판 받고 있다. 메이지 시대에 그려진 삼한정벌도 속 신라왕은 파사 이사금인데, 진구 황후와 파사 이사금은 살던 시대를 비교했을 때 서로 만날 수 없는 인물이었다. 그럼에도 불구하고 이러한 삼한 정벌설은 일본이 조선을 침략할 때 그 정당성을 주장하기 위한 근거로 사용되었다.

러일전쟁 25주년과 대마도해전 24주년을 맞이했던 1929년 5월 27일에는 진해 제황산(帝皇山) '일본해해전 기념탑'(日本海海戰記念塔)이라는 거대한 탑이 세워졌다. 당시 일본 내 정치적 혼란을 감추고 일본 제국주의의 영광을 선양하는 행사로서 진행됐다. 5월 27일 행사에서는 해군사령관 제막, 경상남도지사 축사, 제국 육군 만세 삼창이 이어졌다. 진해에는 2만여 명의 인파가 몰렸고 해군 전투기 2대의 기념 비행도 진행됐다. 탑 바로 옆에는 러일전쟁 승리를 이끈 도고 대장의 친필 발췌로 일본해해전기념탑(日本海海戰記念塔)이라는 비문이 세워졌고, 2년 뒤인 1931년에도 진해 인근 거제도 송진포(松眞浦)에도 도고의 친필로 '러일전쟁기념비'(日露戰爭記念碑)를 세웠다.

일개 한촌에 불과했던 진해는 이처럼 새로운 일본제국의 명소로 거듭났다. 그리고 1931년 만주사변 이후 전시 체제에 들어서자 진해 중심에 건설된 방사형 교차로에 '욱광'(旭光) 혹은 '욱일'(旭日)이라는 표현이 뚜렷하게 등장하기 시작한다. 아래 인용문은 조

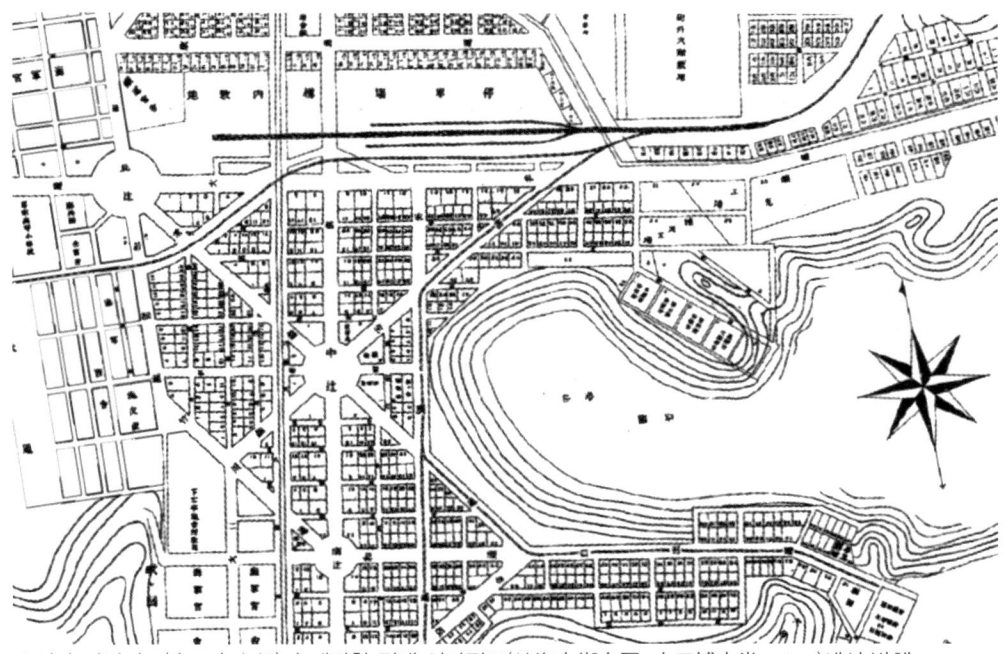

요시다 이치지로(吉田市次郎)가 제작한 진해 시가전도(鎮海市街全図, 吉田博文堂, 1914)에서 발췌

선총독부에서 발행한 『조선의 도읍』(朝鮮の都邑, 1930)이라는 책에 소개된 진해에 관한 설명인데 중앙교차로를 욱일기의 태양을 의미하는 '욱광방사선'(旭光放射線)이라고 명확하게 적고 있음을 알 수 있다.

"진해, (…) 진해만의 한 모퉁이에 삼면산구(三面山丘)에 둘러싸인 천연의 형승 요해(形勝要害)를 차지하고 있으며, 그 신시가(新市街)는 정야천(征矢川= 현 여좌천(余佐川))을 끼고 북쪽으로부터 동남쪽으로 흘러간다. 나카쓰지(中辻=중원로터리)의 오에키(大榎=거대한 팽나무)를 중심으로 **욱광 방사선으로 정연히 구획되어 있다.**(旭光放射線に井然と區劃されてゐる) (…) 읍사무소, 진해요항부, 진해방비대, 진해만요새사령부, 헌병분대, 경찰서, 우편국, 우편소, 세관출장소 (…) 진해신사, 일본해 해전기념탑(日本海々戰記念塔), 하고로모마쓰(羽衣松) (…) 등은 그 이름을 떨치고 있으며, 봄에는 벚꽃으로, 여름에는 해수욕으로 유람객이 많이 찾는다. 조선인 1만3,430여 명, 내지인 4,470여 명, 외국인 30여 명이 있다."(52)

2년 후 조선총독부 철도국이 펴낸 『부산: 대구, 경주, 마산, 진해』(釜山·大邱·慶州·馬山·鎭海, 1932)에서는 "동남을 향해 전개된 욱일형의 구획정연한 도시를 이루고 있다"(東南に向つて展開したる旭日型の區劃井然たる都市をなしてゐる)고 말하고 있다.(53) 이러한 관변 자료에서의 설명들을 보면, 진해의 도시계획이 '욱일기'를 형상화한 것임을 명확하게 알 수 있으며, 경성전기주식회사가 발행한 『확대되는 경성전기』(伸び行く京城電氣, 1935)라는 책에서도 진해는 러일전쟁을 통해 일약 "세계적으로 유명해진 곳"이라고 말하면서 아래와 같이 "욱일형의 정연한 근대도시"(旭日型の井然たる近代都市), "순연한 내지풍의 시가"(純然たる內地風の市街)를 이루고 있다고 한다.

진해시 욱일가도가 방사하고 있는 파노라마 사진

"노국(露國)은 일찍이 이곳을 중시(重視)하여 노국동양함대(露國東洋艦隊)의 근거지로 삼고 있었지만, 노일의 역(日露の役=러일전쟁)으로 우리 제국(我が帝國)의 몽동(艨艟=군함)이 점거한 곳이며, 일본해전(日本海戰)의 전첩(戰捷)과 함께 일약 세계적으로 유명해진 곳으로 근래 해군의 요항으로서 오늘에 이르고 있다. 진해요항(鎭海要港)이 개설된 것은, 메이지 43년(1910-필자 주)으로 옛 현동(縣洞)을 중심으로 있던 한 어촌 마을은 **욱일형의 정연한 근대도시(旭日型の井然たる近代都市)**가 되어 현재 인구 약 21,551명(내지인 4,386명)이고, **순연한 내지풍의 시가를 이루고 있는데,**(純然たる內地風の市街をなしてゐるが) 삼삼오오 이 부근에 거주하고 있던 조선 사람들은 읍내의 한 지역에 경승지(景勝の地=보승지)를 부여 받아 신식 거리(新式の街路)와 깨끗한 가옥(淸潔な家屋)이 즐비한 경화동(慶和洞)에 살면서 발랄한 신동포(新同胞)다운 면모를 발휘하고 있다."(54)

중일전쟁 발발 직전, 조선과 만주를 방문한 불교학자 나카네 간도(中根環堂, 1876-1959, 쓰루미대학 창설자, 고마자와대학 교수)은 진해가 "구획 정리되고 그 중앙에는 러일전쟁 기념탑이 우뚝 솟아 있다"(55)고 하지만 미해결 과제가 많이 남아 있기 때문에 "토지 진흥책으로 진해에 중등 이상의 학교를 설립하고 (…) 내지(內地=일본열도)에 유학하는 학생들도 전도(全道=한반도 전체)에서 흡수하여 (…) 이상적 학업지(理想的學業地)로 만들고 싶다"(56)면서 메이지유신 이후 교토(京都)가 근대 교육의 중심지로 변신한 것처럼 진해를 그렇게 육성해야 한다고 주장했다. 앞으로는 만주국(滿洲國)의 발전을 뒷받침하기 위해서라도 조선 북부의 청진(淸津)이나 나진(羅津) 등이 진해와 마찬가지로 "욱일승천의 기세를 살려 새롭게 부흥시켜 나가고 있다"(旭日昇天の勢を以て新興せんとして居る)(57)고 밝히고 있다.

제국일본 육군의 '욱일도시'로서 건설된 나남

한일강제병합은 일제의 대륙 진출을 위한 발판으로서의 성격이 강하였다. 따라서 1931년 만주 침략과 1937년 중일전쟁 준비 기간으로 조선 최북단에 일본제국 육군을 대표하는 군사도시 나남(羅南)이 새롭게 건설된다. 조선인 중심의 독립군이 연해주에 다수 출현하자 이러한 항일 운동을 진압하기 위한 목적과 함께 향후 대륙 진출을 위해서라도 경성(서울)의 용산에 위치해 있던 제19사단 사령부를 나남으로 이전하였다.[58] 이로써 한반도 최남단 진해에 이어 한반도 최북단인 나남에도 그곳과 동일한 욱일형 8방 가도가 탄생하게 된다.

진해와 마찬가지로 나남 또한 "일개 한촌에 불과했다"(一寒村に過ぎなかつた)[59] 하지만 러일전쟁 승리 이후부터 군인을 중심으로 한 다수의 일본인이 나남에 이주하면서 새롭게 도시가 형성되기 시작했다. 한일강제병합 이후 1914년에는 청진시(淸津市) 안에 나남면(羅南面)이 신설되고 이듬해(1915)에는 일본제국 육군 제19사단이 배치된다. 마찬가지로 1914년 경남 웅천(熊川)은 창원군(昌原郡) 진해면(鎭海面)으로 승격되었고 1916년 진해요항부가 공식적으로 설치된 시점을 감안하면 진해와 나남은 마치 쌍둥이처럼 같은 시기에 탄생한 두 개의 군사 도시였다.

1920년에는 경성군(鏡城郡)에서 나남(羅南)으로 함경북도청(咸鏡北道道庁)이 이전되면서 함경북도의 군사 및 행정 중심지로 새로이 우뚝 섰다.[60] 자연스럽게 군도(軍都) 진해와 마찬가지로 나남에도 욱일형 8방 가도가 조성되는데, 이 구역에는 일본인들이 거주하고 조선인들은 외곽으로 쫓겨나게 된다. 진해와 나남에서 일어난 이러한 신도시 건설의 과정은 결코 우연한 일이 아니었으며 욱일기의 상징을 한반도에 명확히 각인시키려 한 의도적 정책의 결과물들이었다. 식민지 지배 하의 함북도청이 공식적으로 펴낸 『함북요람』(咸北要

나남의 시가지(좌)와 콘피라산의 보병연대 풍경(우)

覽, 1926)은 나남에 대해 다음과 같이 소개하고 있다.

"강덕역(康德驛)을 지나 나남(羅南)에 이르렀다. (…) 이곳 시가는 행정상으로는 함경북도청 소재지이며 군사상으로는 제19사단이 놓여 있는 북조선의 수도(北鮮の首都)입니다. 중앙에는 나남천(羅南川)이 흐르고 있으며, **시가는 정연하게 구획되어(市街又整然と區劃せられ)** 군영물(軍營物), 관아(官衙), 관사(官舍) 및 상업가(商家)가 즐비하며, 그 미관(美觀)을 뽐내는 모습은 실로 이상적 시가(理想的市街)를 실현하며 조선은 물론 내지(內地)도 그 비할 바가 없다. 이 땅은 구 경성군(鏡城郡) 오촌면(梧村面) 나남동(羅南洞)이라 칭하는 호수 30개뿐인 소농촌(小農村)이었으나 메이지 38년(1905) 전역(戰役=러일전쟁) 종국(終局=끝남)과 동시에 이듬해(1906) 주차군(駐劄軍)의 병영지로 선정되어 같은 해(1906) 1월 토지 매수에 착수하여 5월 이를 마치자마자 경리부 파출소(經理部派出所)를 설치하여 병영의 건축과 군용지 시가 계획을 세우고(軍用地の市街計劃成り) 6월 공사에 착수된 당시의 풀만 무성한 황무지는 지금 모습과 비교해 보면 꿈만 같다. 메이지 42년(1909) 8월 대병영 공사의 준공을 알리고, 보병 제36여단 사령부, 제45연대, 포병 제6연대, 기병 제6연대 각지로부터 전영(轉營=옮겨 옴)하였고, 이 곳에 혼성여단(混成旅團)을 편성하여 위수병원(衛戍病院), 병기지창(兵器支廠), 육군창고, 헌병대 등이 설치되고, 다이쇼8년(1919) 제19사단 신설을 지켜본 9년 11월 함경북도청, 자혜원 등 경성에서 이전하여 마침내 오늘날 대도시의 몸을 갖추게 되었다. 위수병원, 병기지창, 육군창고, 헌병대 등이 설치되는 다이쇼 8년(1919) 제19사단 신설을 보게 되어 다음해인 다이쇼 9년(1920) 11월 함경북도청, 자혜의원(慈惠醫院) 등이 경성(鏡城, 기존의 함북 도청소재지)으로부터 옮겨 와 마침내 오늘의 대도시를 정비하였다."**(61)**

이 보도에서 "그 미관(美觀)을 뽐내는 모습은 한없이 이상적 시가(理想的市街)를 실현하며 조선은 물론 내지(內地)도 그 비할 바가 없다"는 표현은 진해에 대한 묘사와 거의 일치한다. 내지에서도 볼 수 없는 욱일형 '이상 도시'를 한반도에 건설했다는 자부심이 느껴진다. 그 당시 나남에 거주한 내지인(일본인)은 5,332명(1,420호)이었던 반면 조선인은 6,110명(1,210호)으로서 일본인이 조선인보다 약간 적었으나 대체로 비슷한 인구였다.**(62)** 하지만 1930년대에 들어서면서 일본인이 급증하여 조선인을 압도하기 시작한다.**(63)** 말 그대로 조선 안에 만들어진 작은 '제국일본'이었다.

일본인은 '욱일 8가도'(旭日8街道)의 중심부에 살았고, 조선인은 그 주변부에 배치되어

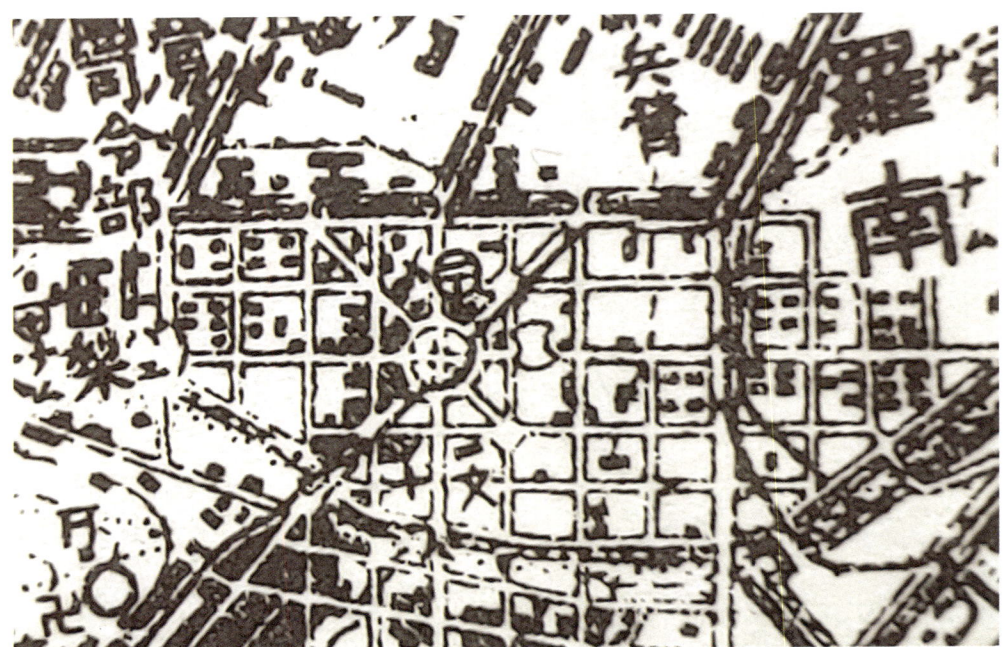

초기의 나남 지도(1917)에는 8조 욱일가도가 확실히 조성돼 있다. 하지만 10여년 뒤인 1926년 지도를 보면 학교가 건설되면서 한쪽 가도가 사라져 변형되어 있다(陸軍参謀本部陸地測量部『朝鮮半島五万分の一地図集成』1917).

생활해야 했다. 이 역시 진해와 동일한 거주 형태였는데, 이에 대해 함북도청의 발간 서적에서는 "질서 있는 시가"(秩序ある市街)라고 표현하고 있다. 이처럼 일본인들이 지배하는 '새로운 질서'에 대하여 나남의 기존 주민들이 반발하는 일도 종종 일어났는데, 이러한 현상 역시 진해와 매우 유사하다.[64]

그러한 '새로운 질서'에 해당하는 또 다른 특징은 바로 유곽이다. "군대 및 그 사택의 이남(以南)에 있는 하쓰세초(初瀬町), 이코마초(生駒町), 미요시초(美吉町) 등에는 상가 건물이 늘어서 있고 미와사토(三輪里)에는 유곽(遊廓)도 있다."[65]라는 설명처럼 군대에서 상징되는 남성에 의한 가부장적 폭력성이 일상적으로 공인되는 도시 시스템의 구축이 그것이다. 이 역시 진해의 도시 구성과 일치하는 중요한 특징 가운데 하나이다. 즉 제국의 적자(嫡子)인 내지인과 그 지배 하에 놓인 식민지민, 그리고 남성과 여성의 명확한 종속 및 차별 구조가 제국일본에 의해 건설된 군사도시인 나남에서도 '욱일형 가도'(旭日型街道)가 그 상징적 '화인'(火印)으로 각인되었다. 그리고 그것이 마치 변치 않을 세계와 우주의 질서인 것처럼 굳어져 갔다.

재일 역사학자 김부자(金富子)와 르포작가 김영(金栄)은 『식민지 유곽: 일본의 군대와

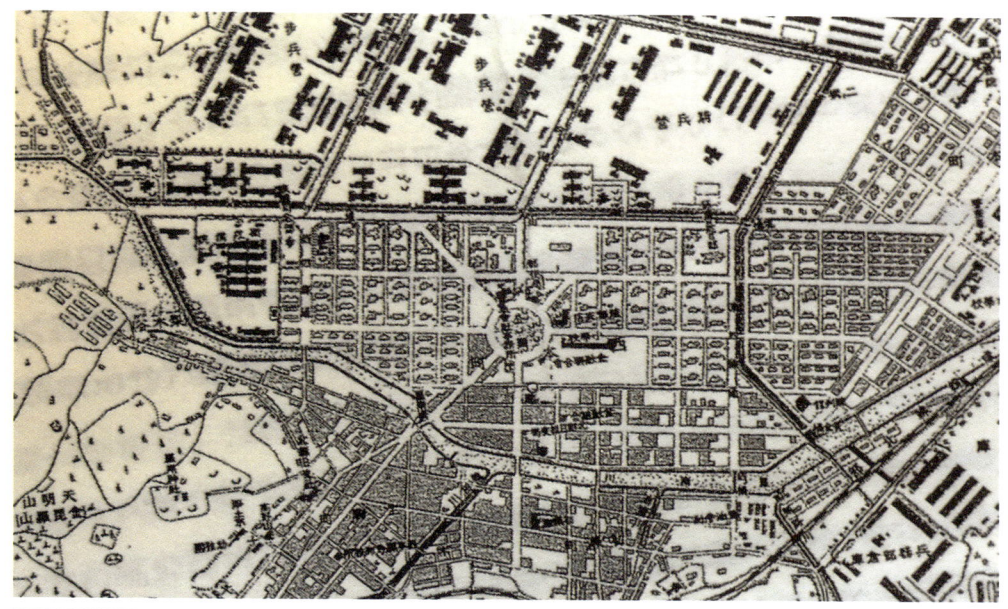

나남의 지도(1926)와 항공사진, 욱일8가도(출처: 学生社, 1981年 復刻; 朝鮮総督府 『一万分一朝鮮地形図集成』 柏書房, 1985; 山本実彦 『満·鮮』, 1932, 127)

한반도』(植民地遊廓: 日本の軍隊と朝鮮半島, 2018)에서 일본식 성매매가 1876년 조선 개항 이후 본격화된 일본인의 조선 이주와 거류지 형성에 따른 '거류지 유곽'과 이후 청일·러일

전쟁에 따른 조선에서의 일본군 점령을 배경으로 한 '점령지 유곽'이 뿌리 깊이 유래하고 있음을 밝히고 있다. 경성(서울)의 용산, 부산, 마산과 같은 기존 대도시 외에도 해군 도시 진해와 육군 도시인 나남을 중심으로 유곽 문화가 확산되었다고 지적한다. 진해의 유곽에서는 1929년경 모든 업자가 일본인이었으며 매춘객의 90%도 일본인이었다. 또한 '업자·창기·매춘객·유흥비'의 일본인 비율도 훨씬 높아 매매객의 상당수가 해군 군인이었음을 연구를 통해 밝히고 있다. 조선 북부 지역의 군도인 나남에서도 일본인들은 군인과 장사꾼 이외에 대부분 군사 관련 잡무노동자 정도였기 때문에 시가에는 일본인이 아니면 들어갈 수 없었다. 그것은 조선인들 중에 섞여 있을 소련의 간첩을 경계했기 때문이라고 한다. 나남에 유곽이 일찍 설치된 이유는, 군영지 주변에서 다수의 군인이 배회하다 보면 결국 풍기문란이나 성범죄 등이 발생할 수 있다는 우려에서 1908년 미와사토(三輪里) 유곽(遊廓)을 조성했다고 지적한다.⁽⁶⁶⁾ 이러한 일본의 유곽문화는 한일강제병합 이전(1908)부터 이미 한반도 안에서 진행되고 있었던 것이다.

개조사(改造社)의 창업자로서 당시 일본을 대표하던 출판언론인이었던 야마모토 사네히코(山本彦彦, 1885-1952)는 만주와 조선의 방문기를 책으로 발표하면서 나남에 대하여 다음과 같이 적고 있다.

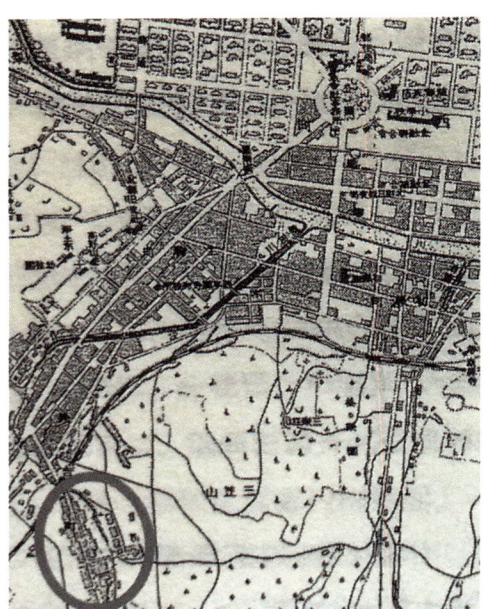

나남시 욱일 가도 남단에 건설된 유곽지구(미카사야마 옆의 'ㅇ' 부분, 金富子, 金栄 『植民地遊廓: 日本の軍隊と朝鮮半島』, 2018, 141에서 재인용)

"나남의 거리는 군인의 거리. 나는 청진을 떠나 자동차로 나남 거리에 들어 갔습니다. 조선 안에서도 무척 희한한 도시입니다. **그 한 가운데 공원이 있고 거기로부터 방사로(放射路)가 정연(整然)하게** 하치만산(八幡山) 쪽으로, 미카사산(三笠山) 쪽으로, 콘피라산(金毘羅山) 쪽으로, 나시키야(梨木谷) 쪽으로, 사단(師團) 쪽으로, 나남역(羅南驛) 쪽으로, 오곤바시(黃金橋) 쪽으로! **팔방으로 방사하고 있습니다(八方へ放射してゐます)**. 거리에는 플라타너스, 아카시아, 포플러 나무들이 아름답게 심어져 있었습니다. 그리고 초여름의 바람이 사르르 그 가지 끝으로 불고, 푸른 잎들 사이에 매달려 있었습니다. 사단의 군인은 출정하여 대부분은 집에 없었습니다. 거리를 걷고 있는 군인들은 보이지 않아 어딘가 쓸쓸했습니다. 그리고 평소 군인을 상대로 하는 바(ハア, 서양술집)의 등불은 쓸쓸히 흔들리고 있었습니다."**(67)**

그는 나남을 군인의 도시로 특징 지은 뒤 가지런히 늘어선 일본식 지명과 팔방으로 방사하는 욱일형 도시의 모습에 주목하고 있다. 그리고 자연 풍광에 대한 문학적 묘사와 함께 마지막에는 군인들을 상대로 한 유곽의 쓸쓸한 풍경에 관심을 보이고 있다. 그가 묘사한 나남은 "군대, 왜색, 욱일형 방사가도, 유곽"으로 요약할 수 있을 것이다.

화족(華族)으로서 메이지 시대의 정치가, 교육자이기도 했던 노무라 마스조(野村益三, 1875-1959)도 『계림십삼도』(雞林十三道)에서 나남을 "정연한 군대 마을이며 또한 숙연한 병영 도시다"(井然たる軍隊町にして且肅然たる兵營街也) **(68)** 라고 표현하고 있다. (참고로, 계림은 신라의 옛 이름으로 탈해왕(脫解王) 9년(65년)에 금성(金城) 서쪽에 있는 시림(始林)에서 닭의 울음 소리가 들린 것에서 연유한 나라 명칭이다.-필자 주) 이곳에서의 "정연한 군대마을"이란 다름 아닌 '욱일형 8방 가도'를 의미하며 진해를 설명할 때와 거의 똑같은 표현이다. 일본인들이 진해와 나남에 건설된 두 방사형 거리를 동일하게 느끼고 있었음을 알 수 있다.

나남의 신도시 건설을 주도한 일본제국 육군 제19사단 사단장은 다치바나 고이치로(立花小一郎, 생몰 1861-1929) 중장(中將, 1916.4.-1918.7 재임)과 다카시마 도모타케(高島友武, 생몰 1867-1943) 중장(1918-1921 재임)이다. 특히 다치바나 중장은 러일전쟁 당시 제4군 참모부장으로 직접 참전한 경력이 있는 인물이다. 한국을 병합할 당시 육군 소장으로 진급했으며, 이후 조선주둔군 참모장, 조선주둔헌병대 사령관 겸 조선총독부 경무총장으로 일했던 조선 침략과 식민지화의 주역 중 한 명이었다. 1914년 육군 중장까지 진급한 다치바나는 19사단장으로 부임해 군도 나남의 건설을 주도한 것이다. 진해의 가미이즈미 해군 중장과 유사한 경력 및 활동이다. 그는 19사단에 부임한 바로 그 시기와 겹치는 1915년 11월 7일이에 가미이즈미 해군 중장과 비슷하게 '욱일중광장'(旭日重光章)이라는 훈장을 받는다. 그의 후임으로 19사단장으로 부임한 다카시마도 나남에 부임해 있던 1920년 12월 25일에는 '훈일등 욱일대수장'(勳一等旭日大綬章)을 받았다. 군도 나남에 '욱일형 8방 가도'를 건설한 초기 19사단장 두 명도 모두 나남 부임 당시 '욱일 훈장'을 받았다는 사실은 과연 우연이기만 한 것일까?

1930년에 들어서자 나남에는 19사단 사령부 이외에도 보병 제38여단 사령부, 보병 제73연대, 보병 제76연대, 기병 제27연대, 야포병 제25연대 등 다수의 육군 부대가 배치

나남신사(羅南神社)에서 참배하는 군인들

되어 있었다. 하지만 이러한 인위적인 군사 도시의 육성은 진해가 그랬던 것처럼 자연 발생적인 도시 성장으로 계속 이어지지는 않았다. 군인과 관료, 유곽의 여성들이 중심을 이룬 인공 도시는 경제적 생산 능력의 결여로 인해 결국 가라앉기 시작했고, 이를 억지로 부흥시키기 위한 도시육성계획이 입안되기에 이른다.[69] 하지만 결과적으로 나남은 쇠퇴를 거듭하여 1940년 함북도청을 폐청, 청진에 도청을 반환하게 된다. 30여 년간 이어진 나남의 일시적 번영은 제2차 세계대전 발발과 때를 같이 하여 그 지위를 한 순간에 잃고 만다.[70]

미카사산(三笠山)과 미카사 공원의 탄생 – 진해와 나남, 그리고 요코스카

일제는 전쟁에서 승리한 장군이나 함선의 이름을 식민지의 새 지명으로 바꿔 쓰는 것을 즐겼다. 러일전쟁 승리를 이끈 뒤 해군 대장까지 오른 사이토 마코토(齊藤實, 1858-1936)가 1906년 9월 현재의 옥포만(玉浦灣)에 상륙한 것을 기념해 그곳을 사이토만(齊藤灣)이라 부르기 시작한 것처럼 말이다.

앞서 언급했듯이 해군도시 진해와 육군도시 나남은 조선을 병합하는 데 크게 기여한 러일전쟁과 깊이 관련된 도시이다. 따라서 '현해탄 해전'(玄海灘海戰, 혹은 쓰시마 해전)에서 러시아 발틱 함대 격침을 선도한 도고 헤이하치로(東鄕平八郞) 중장과 그가 승선한 기함 '미카사'(三笠)를 기념한 지명이 이 두 도시에서 공통적으로 발견된다. 시바 료타로(司馬遼太郞)도 역사 소설 『언덕 위의 구름』(坂の上の雲, 문예춘추, 1973)에서 발틱 함대를 공격하기 위해 전함 미카사가 진해만으로 잠입해 가는 장면을 자세히 묘사하고 있다.

먼저 진해 해군기지를 둘러싸고 있는 평지봉(426m)은 '미카사산'(三笠山)으로 명칭이 바뀌었고, 그 옆의 도불산(道佛山, 현재의 長福山)은 한일강제병합을 이끈 대표적인 친일파

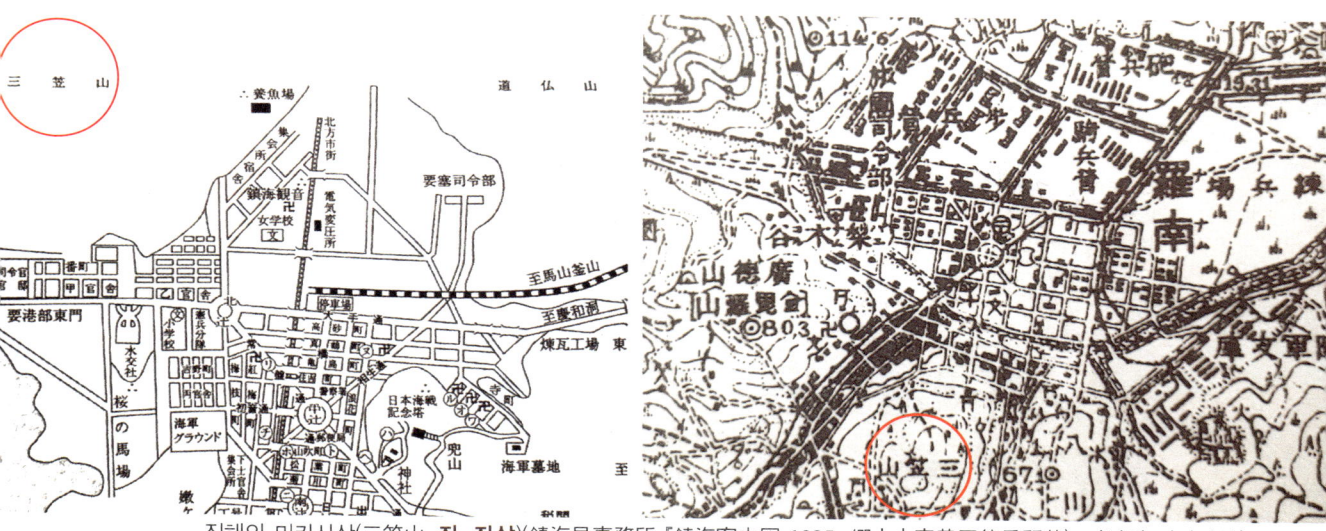

진해의 미카사산(三笠山, **좌, 좌상**)(鎭海邑事務所『鎭海案內圖』1935, 鄕土史家黃正德氏所藏). 나남의 미카사산(三笠山, **우, 중하**)(陸軍參謀本部陸地測量部『朝鮮半島五万分の一地圖集成』1917, 学生社, 1981年 復刻)

인물인 이완용(李完用), 이하영(李夏榮), 송병준(宋秉畯), 윤덕영(尹德榮), 민병석(閔丙奭) 등의 별장지구로 특전을 베풀었다. 또한 1927년 진해 욱일8방 가도 바로 옆의 제황산(帝皇山) 정상에는 일본해해전기념탑(日本海海戰記念塔)을 건립하였는데, 그 때에도 전함 미카사(戰艦三笠)의 후나바시 마스터(船橋マスター, 통제탑)의 모습을 연출한 34.85m 높이로 건립하였으며, 탑 정면에는 도고 헤이하치로의 친필로 일본해해전기념탑(日本海海戰記念塔)이라는 글자를 새긴 간판을, 탑 아래 정면에는 제단도 설치하였다. 탑의 정상에는 진무 천황(神武天皇)이 나가스네히코(長髓彦, 고사기에 등장하는 일본의 신으로 진무동정 때 저항했음-필자 주)와 싸울 때 천황의 활 위에 앉아 빛을 발하여 적군의 눈을 현혹시켰다고 전해지는 '금치'(金鵄=금빛 솔개)가 함께 했다. (이 새는 『니혼쇼키』(日本書紀)에 등장하는데 『고사기』(古事記)에는 야타가라스(八咫烏)가 그려져 있으므로 둘은 동일시되기도 한다.) 금치의 아래 쪽에는 욱일기를 내걸고, 다시 욱일기 아래에는 만국기가 펄럭이고 있는데, 욱일기 아래에 전 세계가 다스려 지는 상황을 연출한 것이다. 기념탑이 들어선 제황산 중턱에는 사원 구역(寺院區域)을 설정하여 세 개의 신사를 건립했는데 지역민들에게 신사 참배를 하도록 이끄는 공간으로 활용되었다.

앞서 소개한 가이조사(改造社)의 사장 야마모토 사네히코(山本実彦, 1885-1952)가 쓴 나남에 관한 글 중에도 "미카사산 쪽으로"(三笠山の方へ)라는 표현이 있듯이, 나남 지역의 산 하나도 '미카사산'으로 새롭게 명명되었다. 1913년 7월 29일에 지리과학자인 사토 덴조(佐藤傳藏, 1870-1928)를 중심으로 한 도쿄지학협회(東京地學協会)의 회원들이 시모노세키를

진해 일본해전기념탑(海々戰記念塔)에 걸린 긴시(金鵄=야타라가스)와 욱일기(中根環堂 『鮮滿見聞記』中央仏教社, 1936, 54)

출발하여 조선 북부 지역을 시찰하는 과정에서 나남을 방문했을 때의 기록이 등장한다. 거기서도 "콘피라 신사를 모시고 있는 미카사산"(金比羅神社を祀れる三笠山)이라는 문장이 등장한다. (콘피라(金比羅·金毘羅)는 불교에서 비를 오게 하거나 항해의 안전을 수호하는 수호신을 지칭한다.-필자주.)

"8월 4일 아침 11시, 청진항(淸津港)에 도착하다. 청진부윤(淸津府尹), 총독부 기사(總督府技師) 가와사키 시게타로(川崎繁太郎) 씨, 공학사(工學士) 오시마 주로(大島十郎) 씨, 거류민 유지 등이 승선하여 마중하였다. 점심 식사 후 상륙하였다. 당항(청진항)은 러일전역(日露戰役=러일전쟁) 후 항으로 발전하였고 북쪽은 회령(會寧)을 통해 간도(間島)의 문호(門戶)를 이루고 남서쪽은 나남(羅南)을 통해 경성(鏡城)에 이르러 시황일(市況日)에 크게 번성하고 있다. 일행은 시간 여유가 있어서 가벼운 마음으로 다이샤(臺車)에 편승(便乘)하여 여단사령부(旅團司令部) 소재지인 나남으로 향하였는데, 다이샤(臺車)는 한 차를 선인(鮮人) 둘이서 밀었는데 가속력이 꽤 컸다. (다이샤는 철도 차량 따위의 바퀴 위에 있으며 차체를 지탱하는 부분, 짐받이에 수레바퀴와 손잡이들 단 운반용 손수레 등을 의미한다. 필자 주). 오시마(大島) 공학사 및 부청(府廳)의 관리의 안내를 받아 대략 4리 정도 (…) 1시간 정도를 달려 나남에 도착하였다. (…) 먼저 헌병 주둔소(憲兵屯所)를 방문하는 소장(所長)의 안내로 여단사령부에 다케시마(竹島) 소장(少將)을 방문하여 막사를 참관하였고, 설비가 완비되어 있음에 놀랐다. 이어서 장교 집회소에 이르러 다과 향응을 받았고 **시가를 시찰하고 콘피라 신사를 모시고 있는 미카사산에 올라갔으며**, (市街を視察し, 金比羅神社を祀れる三笠山に登り) 배후의 야부초(藪町)의 땅에는 특별한 종류의 증기탕이 있다는 소식을 들었다. (…) " **(71)**

한일강제병합 직전(1909)부터 이미 나남에는 일본제국 보병 제36여단 사령부와 예하부대가 배치되어 있었고, 그 직후에는 러일전쟁을 기념한 '미카사산'(三笠山)의 지명 변경이 이루어졌음을 알 수 있다. 미카사산은 단오(端午)를 맞아 열린 각희회(脚戲会)와 시민대

회 등 나남 지역의 각종 행사가 열리는 중심 무대가 된다. **(72)**

"나남(羅南)에서는 단오의 가절(佳節)을 이용하여 미카사야마(三笠山) 위에서 각희회(脚戲會)를 열어 사흘에 걸쳐 성대하게 거행하였다. 여흥(餘興)으로서 보통학교 학생들의 운동회가 있어 관객들에게 흥미를 많이 불러 일으켰고, 월계관(月桂冠)을 받은 사람은 지금 '경성'(鏡城)에서 배우고 있는 경원공립보통학교(慶源公立普通學校)의 교원 서윤겸(徐允謙)씨라고 한다. (鏡城)"**(73)**

미카사산(三笠山)과 함께 미카사공원(三笠公園)도 조성되어 나남 지역의 상징적인 공간이 되었다. 함경북도 도청 요람과 조선총독부 공식 자료에도 나남의 대표적 명소로 반드시 미카사산이 언급되고 있다. 이처럼 러일전쟁 승리의 상징어가 된 '미카사'라는 지명은 진해(해군)와 나남(육군)이라는 조선의 두 군사 신도시에 공통적 신지명으로 사용된 것이다. 1940년에는 서해안의 대표적 항도인 인천(仁川) 부평(富平)에도 세 개의 산, 즉 영성산((靈成山), 갈산(葛山), 금산(金山)이 있다 하여 삼산동(三山洞)이라 불리던 지역을 '미카사초'(三笠町)로 개칭하기도 하였으나 해방 후 다시 원래 지명으로 되돌아간 바 있다. **(74)**

콘피라산(金比羅山)이나 하치만산(八幡山)이라는 지명이 일본 각지에 존재하듯이 나라(奈良)의 유명한 와카쿠사산(若草山)의 별칭이기도 한 미카사산(三笠山, 283m)도 그와 동일한 지명이 전국 각지에 널리 분포한다. 하지만 진해와 나남에 새롭게 적용된 미카사산(三笠山)은 일반적인 일본 지명에서 유래한 것이라기보다는 도고 헤이하치로 중장이 러일전쟁 승리를 이끈 전함 '미카사'에서 유래되었다고 보아야 할 것이다. (물론 전함 미카사는 나라 현의 미카사산에서 유래했던 것으로 보인다.) 러일전쟁 승리 이후 '제국일본'의 근대적인 파워라는 새로운 의미를 담게 된 '미카사'가 진해와 나남에 새로운 지명으로 사용되었던 것이다.

이러한 '근대적 의미로서의 미카사'를 채택하여 강조하고 있

가나가와현 요코스카시에 있는 '미카사공원'(三笠公園)

는 장소는 일본에도 있다. 가나가와현(神奈川県) 요코스카시(横須賀市)에 있는 미카사 공원(三笠公園)이 그곳이다. 도쿄만 입구에 위치한 요코스카항(横須賀港)은 메이지 시대 이후 군항으로 발전하여 1876년에는 도카이 진수부(東海鎮守府)가 설치된 곳이다. 현재도 일본 해상자위대 요코스카 기지(자위함대사령부·요코스카지방총감부)와 미 해군 7함대가 배치되어 일본 해상 무력의 상징적 공간으로 이어지고 있다. 이곳에는 러일전쟁 당시 도고 헤이하치로 중장이 직접 승선하여 러시아 발틱 함대를 격퇴시킨 전함 미카사를 보존, 공개하면서 그 일대를 '미카사공원'(三笠公園)이라 부른다.

전함 미카사(戰艦三笠) 안에는 일본 해군의 역사가 전시되고 있으며, 정면 중앙공원에는 도고 헤이하치로 연합함대 사령장관의 동상이 세워져 있다. 옆에는 대일본제국 해군 시절을 추모하는 비석도 세워져 있다. 전함 미카사의 함수(뱃머리)는 도쿄의 황거(皇居)를 향해 있으며, 함포는 여전히 러시아를 겨냥하고 있다. 이는 미카사가 일본해군의 상징이라는 점뿐만 아니라 러일전쟁을 지금도 잊지 않고 주시하고 있음을 의미한다. 러일전쟁이라는 악연으로 제2차 세계대전 패전 직전 이 전함을 확보했던 소련은 미카사 해체를 고려했었지만 일본 정부와의 협상 결과 해체를 취소하고 일본에 돌려주게 되어 오늘에 이르고 있다. 따라서 러일전쟁 승리를 기념하는 의도를 담아 건설된 한반도의 두 군사도시 진해와 나남처럼 일본 내에도 전함 미카사를 기념한 공간이 새롭게 마련되었다.

뭉개진 욱일 도시와 보존된 욱일 도시

러일전쟁 승리와 한일강제병합을 기념하여 군도(軍都)로 건설된 진해(해군)와 나남(육군)은 "해가 지지 않는 제국 일본"의 대내외적 과시를 위해 '욱일기'를 상징하는 8방형 가도를 조성하였다. 그야말로 욱일기처럼 무한한 팽창을 이어가겠다는 군국주의의 야망을 노골적으로 드러낸 것이다.

하지만 결국 일본은 패전하였고, 해방된 지 얼마 안 돼 한반도는 남북으로 분단되고 말았다. 그 결과 진해는 대한민국의 영토로, 나남은 조선민주주의인민공화국의 관할 하에 들어갔다. 현재 나남에 조성된 '욱일형 8방 가도'는 위성사진을 보면 모두 철거된 상태다. 일제의 굴욕적 잔해에 대한 북한 당국의 적극적인 조처였을 것으로 보인다.

한편 식민지 지배 하에 일제 당국에 적극 협력한 사람들(이른바 '친일파'들)이 여전히 권력에 쥐어 온 대한민국 현대사에서 진해의 '욱일형 8방 가도'는 기어이 살아 남았다.

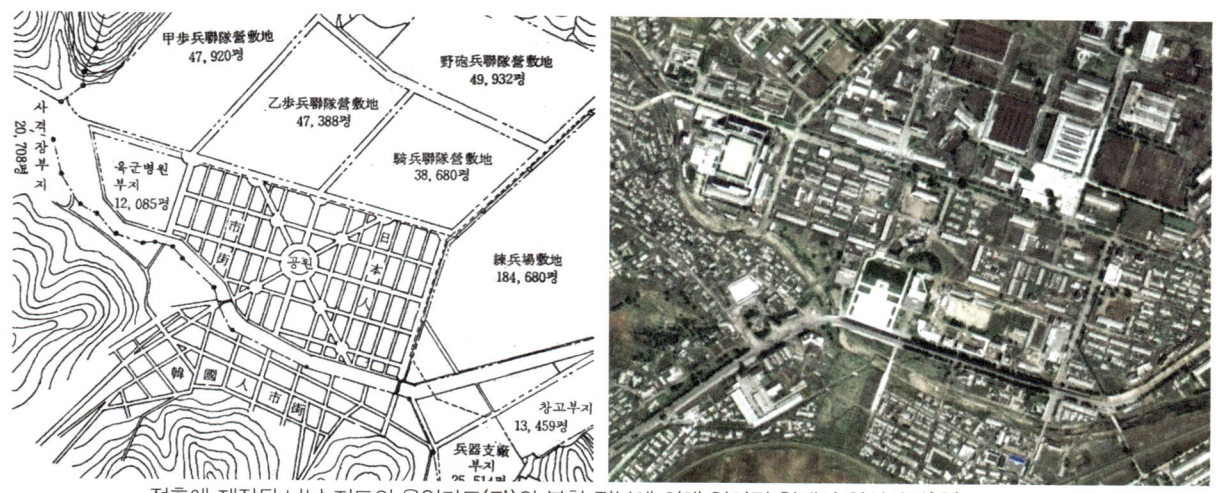
전후에 제작된 나남 지도의 욱일가도(좌)와 북한 정부에 의해 없어진 현재의 위성사진(우)

1905년 진해요항부 사령부 설치 때부터 시작된 벚나무 식목 사업으로 인해 한일강제병합이 이루어진 1910년에는 10만 그루를 심었고 진해가 읍으로 승격된 1931년에도 수만 그루를 심어 진해는 그야말로 '벚꽃 마장'(桜の馬場)이 되었다.[75] 해방 직후에는 배일사상이 높아짐에 따라 일본을 상징하는 벚꽃의 대부분이 잘려 나갔다. 하지만 일본 육군사관학교를 나온 관동군 장교 출신 인물이 대통령이 된 뒤 1976년 4월 진해를 세계 제일의 벚꽃도시로 육성하라고 지시하였고, 이내 연차계획까지 세워 식목사업을 벌인 결과 진해는 다시 벚꽃도시로 변모해 갔다. 국내에 묘목이 부족하자 심지어 일본의 지원까지 받아 사업을 진행할 정도로 의욕적이었다. 이에 따라 현재는 36만 그루의 벚나무가 욱일형 8개 가도를 중심으로 진해시 전역에서 다시 자라나고 있다. 한반도 남북이 분단된 불행한 현대사는 진해와 나남의 욱일형 8방 가도, 그리고 벚나무들의 운명에도 적잖은 영향을 미쳤던 것이다.

진해의 '화인'(火印)을 응시하는 두 눈

앞서 소개했듯이 후쿠치 기이치(福智義一)는 『일본연안 유람안내』(日本沿岸遊覧案内, 1920)에서 "방비대 배후의 산에는 분로쿠게이초노 에키(文禄・慶長の役=임진왜란) 때의 구혼 (九鬼) 요시타카(義隆), 도도 다카토라(藤堂高虎1556-1630), 와키사카 야스하루(脇坂安治, 1554-1626) 등 수사군(水師軍)이 상륙하여 축성했다고 전해지는 성지(城址)가 있으며, 그 밖에 인근 해안에는 적수군(敵水軍)의 영장(英將) 이순신(李舜臣)의 고적(古蹟)이 많다."[76]고

기록하였다. 한국을 병합하여 '일본제국'의 일부로 흡수해 마침내 하나가 되었다고 호소하면서도 '적수군의 영장 이순신'이라고 표현한 것이다. 한국을 여전히 적으로 취급하면서 동시에 내세운 내선일체(內鮮一體)라는 구호가 얼마나 공허한지 엿볼 수 있는 대목이다.

일본해군이 주도해 건설한 신도시 진해. 그 중앙의 제황산에 건립된 일본해해전기념탑과 진해신사는 해방 직후 철거되었다. 하지만 그 정상에 있는 '3738계단'은 지금도 그대로 남아 있다. 러일전쟁의 시작과 끝 해를 뜻하는 '메이지 37년'(1904)과 '메이지 38년'(1905)을 기념해 계단의 숫자를 그렇게 칭하였던 것이 지금도 사용되고 있다. 동시에 가미이즈미(上泉) 중장에 의해 건설된 욱일형 8방 가도(=中辻, 나카쓰지)는 사람들과 차량 등의 왕래와 함께 현재도 진해 풍경의 중심을 형성하고 있다. 필자는 이를 일제가 남긴 진해의 '화인'(火印), 일본말로 하면 '야키인'(燒印, 소인)이라고 부르고 싶다. 망국이라는 비탄 속에서 한때 일제의 식민지로 전락한 슬픈 사실을 증명하는 한반도라는 몸둥아리에 깊이 배인 상흔이다.

해방 이후 이곳에도 새로운 변화가 일어났다. 욱일가도 북쪽에는 기타쓰지(北辻, 5가도, 현 북원(北園)로터리)가, 남쪽에는 아이쓰지(相辻, 5가도, 현 남원(南園)로터리)가 만들어졌다. 기타쓰지에는 원래 이토 히로부미(伊藤博文) 초대 통감이 쓰시마 해전(対馬海戰) 승리를 축하한 시를 사이토 마코토(齋藤實) 조선총독이 붓으로 쓴 석탑이 세워져 있었으나 해방 후 철거되었고 그 자리에 이순신 장군 동상이 세워졌다. 한국전쟁이 발발하면서 풍전등화 같은 상태였던 1952년, 해방 후 처음으로 이순신 장군 동상이 건립되었다. 그리고 남쪽의 '아이쓰지'(相辻)에는 식민지 시대부터 해방 때까지 대한민국 임시정부를 지키면서 독립운동을 이끈 김구(金九) 주석의 친필 시비가 세워져 있다. 1948년 해군제독 손원일(孫元一)의 초청으로 진해를 찾은 김구는 대한민국 해군의 모태가 된 해안방비대를 방문해 이순신 장군의 '진중음'(陳中吟)을 친필유묵으로 남겼다.

서해어룡동 맹산초목지 (誓海魚龍動 盟山草木知)

수이여진멸 수사불위사 (讐夷如盡滅 雖死不爲辭)

바다에다 맹세하니 바닷속 용도 감동하여 하늘로 날아 오르고

산에다 맹세하니 초목도 놀라 소스라 치네.

원수 오랑캐(왜적)를 모두 멸할 수만 있다면

비록 죽는다 할지라도 결코 사양치 않겠노라.

(『李忠武公全書』에서)

한국전쟁이 한창이던 1952년 이순신 장군 동상 제막식의 이승만(좌)과 운집한 진해 시민(우)

임진왜란 당시 선조(조선의 14대 왕)는 백성과 한양을 버리고 의주로 피신했다. 하지만 이순신은 끝까지 남아 나라와 백성을 지키겠다는 의지를 시로 표현했다. 진해는 그 지명만큼이나 마을 자체가 일제의 치밀한 의도에 의한 근대적 작품으로 탄생한 신도시다. 그 중심에는 욱일기가 '화인'처럼 새겨져 지금도 남아 있다. 그 중앙에 흉터처럼 그어진 욱일형 가도를 향하여 조선의 영장 이순신, 그리고 그를 존경하며 통일된 한반도의 정부 수립을 위해 마지막까지 힘쓴 독립운동가 김구가 남북으로부터 함께 응시하고 있다. 과거의 일본이 한반도에 와서 무엇을 했는지 너무나 잘 아는 두 사람이 현재의 일본이 무엇을 하고 있는지, 그리고 미래의 일본이 어떤 길을 걸어 갈 지에 대해 냉엄한 시선으로 바라보고 있다. 그 무서운 두 눈이 여전히 시퍼렇게 떠 있는 자리가 바로 진해이기도 하다.

1940-2020, 환상의 도쿄 올림픽

2019년 가을, 2020년 도쿄 올림픽을 코앞에 두고 '욱일기' 문제가 불거진 것을 계기로 이 장의 내용을 쓰기 시작했다. 하지만 세계를 혼란스럽게 만든 코로나19로 인해 도쿄 올림픽은 1년 연기되었고 2021년에 겨우 무관객으로 개최할 수 있었다. 결국 성공적 개

1940년 도쿄 올림픽 유치를 환영하는 일본 국민들 모습. 나치당의 하켄크로이츠기를 일장기와 함께 들어 보이고 있다.

최라고 말할 수 없는 참담한 사태였다. 일본의 우익 정치인들이 1964년 도쿄 올림픽을 통한 경제 부흥과 세계무대로의 복귀라는 일본몽(日本夢)은, 21세기의 도쿄 올림픽을 통해 다시금 패전 이전의 '대일본제국'이라는 영광의 회복을 꿈꿨는지도 모른다. 하지만 이들은 결국 80년 전 개최하지 못한 도쿄 올림픽의 '허무한 환상'으로 회귀하고 말았다.

1936년 7월 31일 베를린 시내 호텔 아드론(Hotel Adlon)에서는 추축국 중 하나였던 일본이 독일에 이어 1940년 제12회 도쿄 올림픽을 유치하였다. 근대 유도의 아버지로 불리던 가노 지고로(嘉納治五郎)는 IOC 위원들 앞에서 "아시아 일각에 전 세계 젊은이들이 모일 때 세계는 새로운 평화의 장을 열 것"이라고 역설하면서 도쿄 올림픽의 의미를 강조했다. 그가 말한 평화란 어떤 평화일까. 그가 획득한 IOC 위원 자격도 러일전쟁(1904-5)의 전리품이었는데 말이다.

도쿄 올림픽이 예정됐던 1940년은 황기 2600년과 겹쳤다. 올림픽은 엑스포와 마찬가지로 제국 일본과 황실의 명예, 야마토 민족의 우월성을 전 세계에 선전하기 위한 수단이었다. 그러나 올림픽을 유치한 일본은 2.26사건의 국내적 혼란에 이어 이듬해(1937) 중일전쟁을 일으켰다. 대학살이 계속되면서 그로 인한 광기는 태평양전쟁으로까지 번졌다. 가노 지고로(嘉納治五郎)의 입에서 나온 평화란 도대체 무엇인가? 지금의 일본이 외치는 평화란 무엇인가?

전쟁과 올림픽을 동시에 성공시키려 했던 당시 일본 정부는 내우 외환에 부딪혔다. 서양 국가들은 중일전쟁이 계속되는 한 올림픽에 선수를 파견할 수 없다고 공표했고, 일본의 첫 올림픽 개최의 꿈은 1938년 7월 15일 만국 박람회 개최 계획과 함께 각의 결정으로 포기 선언을 하게 되었다.[77]

2020년 도쿄 올림픽은 어떠했나? 세계평화를 외치는 행사를 1년 앞두고 이웃 국가들과 군사적 경제적 갈등을 심화시키고, 부패하며 무능하기까지 했던 일본 정치지도자들은 2020년을 1940년으로 되돌렸다. 대지진, 후쿠시마 원전 문제, 태풍과 홍수를 만나도 국민의 생명과 안전은 뒷전으로 밀렸고 코로나로 인한 긴급사태에서 그 실체는 더욱 뚜렷해 졌다.

도쿄 올림픽 아레나 응원석에 욱일기를 넣겠다는 일본 정부의 꿈도 동시에 무너졌다. 미야자키에는 황기 2600년(1940)에 건립된 '팔굉일우'(八紘一宇) 탑이 있다. 1964년 도쿄는 패전 직후 쪼아 없애버렸던 '팔굉일우'라는 글자를 다시 새겨 넣었던 영화롭던 1964년의 도쿄를 다시 꿈꿨다. 하지만 그 결과는 1940년 도쿄로의 회귀가 되고 말았다. 일본은 1945년 제국과 함께 욱일기도 역사 속에 묻어야 했다. 과거 유물들을 언제까지나 화인(燒

왼쪽 포스터는 현상공모에 1등 당선된 진무천황상(神武天皇像) 모티브의 작품(黒田典夫作)인데, 천황 이미지의 사용이 금지되어 오른쪽 작품으로 바뀌었다(지지부노미야 기념 스포츠 박물관(秩父宮記念スポーツ博物館蔵 소장).

印)처럼 끌어안고 살아갈 것인가? 한반도 남쪽 끝 진해 욱일가도의 북단과 남단에 서 있는 이순신과 김구 동상은 욱일기를 둘러싼 한일의 풀리지 않는 과거 현재 미래를 여전히 조용히 그러나 준엄하게 응시하고 있다.

제8장: 서울과 부산, 만용과 무지의 욱일 가도

조선총독부 앞의 황금정통 욱일거리 구상

군사도시 진해와 나남에 건설된 욱일 거리는 수도 서울에서도 이미 일찍부터 구상되고 있었다. 조선총독부 사법부장관(司法部長官)이었던 구라토미 유자부로(倉富勇三郎)의 소장품에서 발견된 '경성 도시 구상안'(京城都市構想図)이라는 조감도가 그것을 증명한다. 교토대학 공동연구팀이 학계에 소개한 이 조감도는, 한일강제병합 직후인 1910년 9월에 작성된 것으로서 안국동 일대는 물론 남산의 조선총독부 아래에 거대한 욱일 거리를 조성할 계획을 그려 넣고 있다. 심지어 경복궁 근정전 앞의 흥례문과 광화문을 철거하고 근대식 조선총독부 건물을 신축하려는 계획이 이때부터 기획되었음을 알 수 있다.(1)

2년 뒤인 1912년 11월 6일에 데라우치 마사타케 총독 명의로 발표된 조선총독부 「관보」제81호의 '경성시구 개수예정 계획노선'(京城市區改修豫定計劃路線)을 보면, 좁고 구불구불한 기존 도로 위에 새로운 광폭 도로 건설 구상을 발표한다.(2) 결론부터 말하자면, 결국 서울(경성)에서의 이 시도는 성공하지 못했다. 황무지에서 신도시를 건설한 진해나 나남과 비교할 때, 500년 전통의 가옥이 밀집된 서울 시내는 저들 멋대로 쉬이 갈아엎을 수 없었던 것이다.

흥미로운 것은 '욱일거리'의 구상이 두 군데에서도 시도되었다는 점이다. 우선 광화

 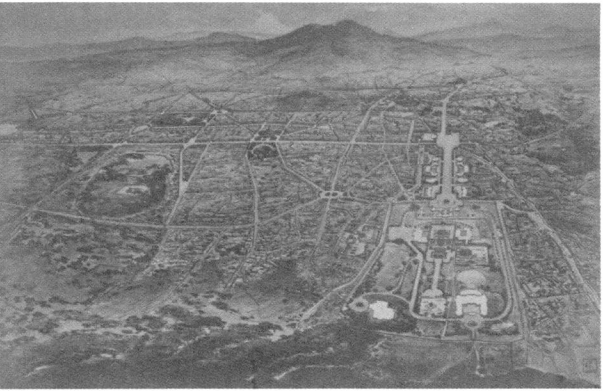

남산에 있던 조선총독부 청사. 통감부 시절부터 증개축을 거쳐 이어져 오다가 1926년에 경복궁 부지로 옮겼다. 당초에는 남산의 총독부 청사와 종묘 사이에 욱일 거리 조성을 구상했다(좌). 한일강제병합 직후인 1910년 9월에 작성된 '경성도시구상안'(京城都市構想図)(출처:「『京城都市構想図』に関する研究」『日本建築学会計画系論文集』 2013)(우)

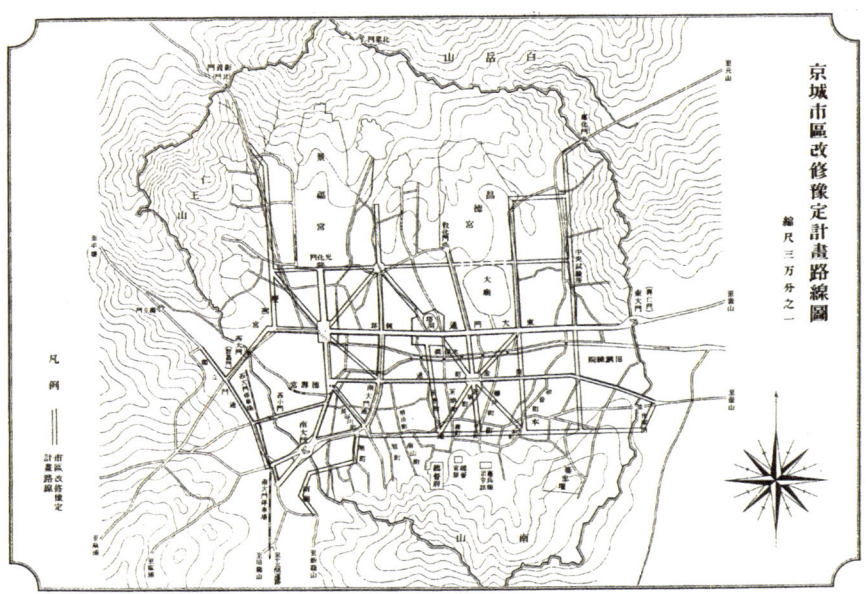

'경성시구 개수예정 계획노선'(京城市區改修豫定計劃路線), 「관보」제81호, 1912년 11월 6일 발표. 같은 계획 노선이 보도된 「매일신보」(每日申報)의 1912년 11월 7일 1면 기사. 일본인 사장의 「경성일보」(京城日報)는 반일 논조가 강했던 「대한매일신보」(大韓每日申報)를 인수하여 자매지 성격의 「매일신보」(每日申報)로 이름을 바꾸어 총독부 정책을 선전하는 신문매체로 활용하였다. 1937년에는 한자명칭을 「每日新報」로 바꾸면서 완전한 조선총독부 기관지로 바뀐다.

문 앞 네거리를 팔방으로 조성해 욱일기 형태를 구현하고자 했다. 하지만 덕수궁과 영국 공사관, 성공회대성당 등이 들어서 있던 경성부청(서울시청) 건너편은 일종의 불가침 지역이었다. 결국 온전한 욱일 거리의 완성이 불가능해지자, 조선총독부는 통감부 시절부터 남산 기슭에 자리 잡고 있던 당시 총독부와 총독 관저 아래의 황금정(명동과 을지로) 일대에 완전한 욱일 거리를 구상하였다. 두 거리 모두 경복궁의 광화문 앞 거리, 창덕궁의 돈화문 앞거리를 그대로 살리면서 조선의 역사가 욱일을 통해 이어져 감을 드러내고자 했다.

황금정 쪽 욱일 거리 구상도를 자세히 들여다보면, 서울 지하철 2, 3호선 을지로3가역이 황금정 욱일거리의 중심이 된다. 그리고 시계방향으로 1. 창덕궁 돈화문 방면, 2. 연지동 방면, 3. 을지로5가 방면, 4. 충무로 방면, 5. 총독부(남산) 방면, 6. 명동 방면, 7. 시청 방면, 8. 수표교 방면으로 뻗어 나갈 예정이었다. 경복궁 쪽의 욱일 거리와 황금정 쪽의 욱일 거리 사이에는 이미 '아사히마치'(旭町, 회현역 일대), '메이지마치'(明治町, 소공동 일대) 등의 지명이 정해져 양 쪽 욱일 거리의 의미를 부각시키고 있다. 아사히마치(旭町)라는 지명은 지금도 일본 전국 각 시 단위에 150여개의 지명으로 사용 중이며, 7개는 시 단위의 지자체 지역 명으로도 사용 중이다. 그리고 지금은 사용하지 않지만 대만(台湾)의 식민지화 과정에서도 대표적인 두 도시인 타이페이시(台北市)와 타이난시(台南市)에도 아사히마치(旭町)를 조성한 바 있다.

이처럼 일본 정부는 조선의 수도 서울에서도 메이지 일본의 지배를 정당화하고 상징화하기 위해 욱일거리 조성과 더불어 여러 지명 개칭 과정도 함께 진행했다. 고토 야스시(五島寧)의 논문 '일본통치하 조선의 시구개정의 특징에 관한 연구'(日本統治下朝鮮の市区改正の特徴に関する研究)를 보면, 조선총독부가 1910년 강제병합 직후부터 서울과 진해를 한데 묶어 높은 관심을 갖고 도시 계획에 집중 관여하고 있음을 확인할 수 있다.[3]

1910년: '치도공사공정'(治道工事工程) 표 가운데 시가개량선(市街改良線)으로서 경성, 대구, 인천이 기술됨

1911년: '1기계획 치도공사노선'의 일부로서 '경성시가선 1,2등 도로개수'가 포함. 경성 시가는 남대문부터 정차장(서울역) 간 개수(1910). 황금정 개수(1911년까지). 시구(市區)의 대개수를 계획 중.

1912년: 경성시가의 경우, 남대문과 정차장(서울역) 사이(1910), 치도비(治道費)로 황금정통(黃金町通) 개수가 완료. 예정개수노선 고시로 진해시가 경영이 발표됨. 1기 계획(1912-1917)으로 도로 수축, 노면 상복(上覆) 등.

1914년: 국비(國費)를 통한 시구개정은 경성(京城)과 진해(鎭海)가 지정됨. 경성에서는 1기 치도공사로서 시가도로를 개수한 후, 12노선 개수(1913-1919). 진해는 공사 년한을 1912년부터 1917년으로 정하여, 수도가 준공됨. 다른 지방의 시구개정 작업은 총독부 인가를 의무화 함.

1916년: 경성과 진해에서 국비 사업 진행. 경성의 1기 시구개정 공사는 1919년 종결하여 2기 공사에 착수. 진해의 시가 경영공사는 1915년까지 대부분 완료됨.

고토(五島)도 "총독부는 1912년에 경성시구개수예정노선 29노선을 고시했다"면서 종로, 남대문통과 평행하는 가로에 의한 격자를 기본으로 하여 "운형광장에서 방사상가로가 배치되었다"**(4)**고 기술하고 있다. 하지만 이 거리가 '욱일거리'를 의미한다는 언급은 없으며, 오히려 결론부에서 이러한 도시계획에 영향을 미친 '통치이념'으로서 1909년 이전까지 통감으로 활동한 이토 히로부미(伊藤博文)가 조선의 재정적 자립을 돕기 위한 농업 육성의 목표가 이후의 치도사업 등으로 이어진 것이라고 설명하고 있다.**(5)** 하지만 진해, 나남에 이어, 경성에서까지도 동일한 '8방 방사형' 도로가 구상되었고, 그것은 일본 해군으로부터 시작된 군부의 은밀한 의도 속에서 시도된 상징적 침략 행위였다고 볼 수밖에 없다. 훗날 진해의 방사형 거리를 조선총독부 스스로가 '욱일형 거리'라고 규정한 것은 그 본래

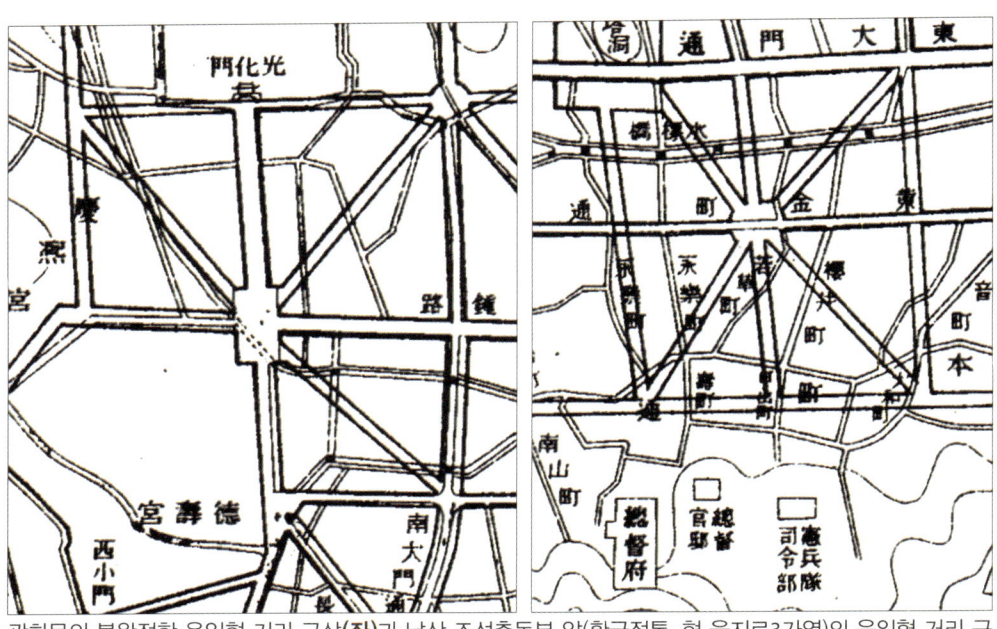

광화문의 불완전한 욱일형 거리 구상(**좌**)과 남산 조선총독부 앞(황금정통, 현 을지로3가역)의 욱일형 거리 구상(**우**)

적 의도를 여실히 드러내고 있다.

한편 도시사학자 염복규는 『서울의 기원 경성의 탄생: 1910 - 1945 도시계획으로 본 경성의 역사』(2016)에서, "일제 식민지 도시는 기본적으로 잡거와 혼종의 도시였다"면서, "식민지 시기경성 도시계획을 (…) 식민통치라는 제약 속에서 굴절을 거듭한 역사적 과정"으로 묘사하고 있다.[6]

1장 '제국의 문명, 도성을 해체하다'에서 경성 도시계획의 첫 단계인 '경성시구개수'의 기본구상이 지닌 의미를 다루고 있는데, 특히 경성과 진해의 경우 도로 개수 사업비 중 일부를 전용한 것에 대해서 "총독부가 경성 도심부 정비에 상당한 힘을 들였다는 말이 된다"[7]고 평가했다. 그리고 김광우, 이태진 등의 연구를 통해 '황금정통'의 광장 및 방사형 거리 구상이 "일제의 권력 탈취의 공간적 구현"이라 지적 받은 사실도 소개하고 있다. 염복규는 방사형 거리가 1912년 시구개수안의 핵심이라는 것에 대해서는 회의적이긴 하지만, 재경성 일본인 세력의 부상과 함께 "대한제국 시기까지 형성된 서울의 상징적 공간구조의 해체"[8]에 대해서는 동의하고 있다. 문제는 그가 경성시구개수의 기본 성격을 "일본적인 것의 이식이 아니라 일본이 도입한 서구 근대(도시계획)의 이식"[9]이라고 본 점인데, 진해와 나남의 경우를 나열해 보면 경성의 '욱일거리 구상' 또한 지극히 '일본적인 것의 이식'이라 말하지 않을 수 없다.

광화문 욱일 거리의 좌절과 영일동맹

앞에 설명했듯이, 서울에서는 욱일형 거리가 두 군데 시도된 바 있다. 하지만 결국 두 곳 모두 완성에는 실패했다. 다시 말하지만, 오랜 세월 형성되어 온 경성 시내의 밀집된 주거 시설, 전통적 풍수지리사상에 입각한 지역 유지와 민중의 저항, 예산상의 문제 등 여러 원인이 있었을 것이다.

그렇다면 광화문 쪽의 욱일

1905년 러일전쟁 승리 직후 연장된 영일신동맹을 축하하며 미쓰코시오복점(三越吳服店)이 제작한 축하 엽서. 영일 양국의 소녀가 상대국을 대표하는 꽃인 국화와 장미를 들고 있으며 그 뒤로 유니온 잭과 일장기가 그려져 있다.

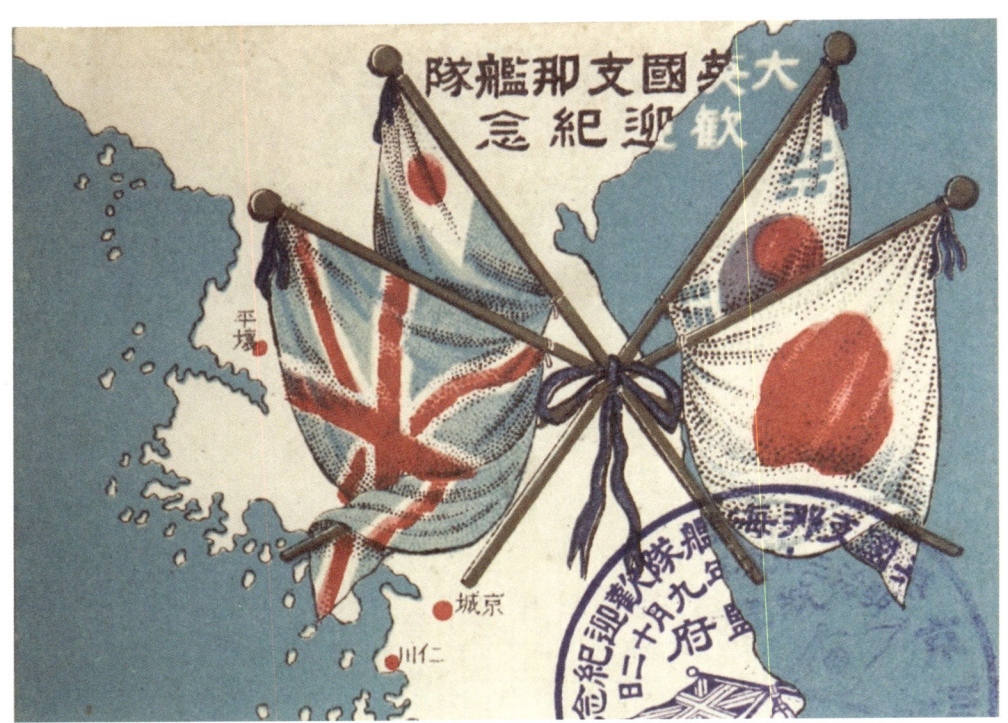

1906년 통감부 발행 영국 함대의 조선 입항 환영 엽서(**상**). 일본정부 체신부가 발행한 일영 양국 박람회(Japan-British Exhibition) 기념 엽서(1910년 런던). 양국의 국기와 함께 장미와 국화가 어우러져 있다(**하**).

거리는 어째서 계획도에서 조차 온전한 욱일기의 형태를 구현하지 못 했던 것일까? 그것은 이순신 동상이 있는 광화문 네거리 쪽에서 영국 성공회대성당과 공사관, 덕수궁이 자리한 정동 구역을 쉽게 파괴하지 못하였던 상황이 핵심 원인이었을 것이다. 즉, 1910년 한일강제병합 전후로 견고하게 형성되어 있던 '영일동맹'의 힘이 경성을 대표하는 거리인 광화문 사거리에 욱일 거리의 건설을 저지하는 바리케이트 역할을 한 셈이다.

오히려 두 '욱일형 거리'를 이어주던 소공동 일대(덕수궁 대한문부터 아사이마치(旭町=회현) 사이)에는 1914년 9월 20일에 만철회사(滿鐵會社)의 주도로 조선호텔이 건립되고 신작로가 건설된다. 이 과정에서 대한제국의 위상을 상징하던 환구단(圜丘壇)이 대부분 파괴되어 호텔의 정원으로 전락한다. 대한제국의 상징적 공간을 이렇게 쉽게 파괴하면서도 덕수궁 주변에 욱일거리 형성을 위한 광폭 신작로의 건설을 주저한 이유는 영일동맹(Anglo-Japanese Alliance) 이 외에는 설명이 안 된다. 영국공사관과 성공회 대성당, 구세군 본영 등 영국 세력은 물론, 미국공사관 및 미국 개신교회의 선교기지가 밀집된 지역에 함부로 메스를 들이 댈 수 없었을 것이다.

1902년 1월 30일에 체결되어 1923년 8월 17일까지 21년 간 이어진 '영일동맹'. 이 동맹 관계는 1904년 러일전쟁을 2년 앞두고 러시아의 극동 진출과 한반도로의 남진을 막기 위한 목적으로 근대 일본이 서방 열강과 맺은 최초의 군사동맹이었다. 그야말로 극서와 극동 두 제국의 특별한 관계를 잘 보여준다. 이 동맹은 양국의 제국주의 정책을 서로 지원하는 내용이었으므로 이후 러일전쟁 발발 상황 속에서 일본에 큰 힘이 되었다. 러일전쟁에서 일본이 승리한 직후인 1905년 8월 12일에는 영일동맹 협약이 개정되었는데, 일본의 조선 지배권을 인정하고, 동맹 적용 범위를 인도까지 확대하였다.

이 시기 일본은 미국과도 교섭을 진행해, 이른바 '가쓰라-태프트 밀약'(1905년

영일동맹 기념 화보. 영국을 의인화 한 브리테니아(Britannia) 여신과 일본 신화 속의 야마토히메(やまとひめ)가 나란히 서 있고, 그 아래에 중국과 조선이 꼬마처럼 묘사되고 있다.

7월)을 통해 양국의 식민지 이익(미국은 필리핀을, 일본은 조선을 병합하는 것)을 상호 보장하기로 하였다. 그리고 동맹국이 다른 한 나라와 전쟁을 하게 되면 동맹국이 참전하는 것을 조건을 명문화 했다. 대한제국의 외교권을 침탈한 을사늑약이 바로 그 해 11월 17일에 체결된 것은 결코 우연이 아니다. 이후 한일강제병합이 완료되자 1911년 7월 13일에 이 동맹관계는 또다시 10년 동안 연장되었다. 하지만 이후 제1차 세계대전이 끝난 뒤 1921년에 열린 워싱턴 회의에서 일본, 미국, 영국, 프랑스 4개국이 새로운 조약을 맺으면서 영일동맹은 효력을 상실해 갔고, 1923년 8월 17일에 공식 폐기되었다.

　　이처럼 일본이 한반도의 국권을 침탈하고 병합에 이르기까지 지배를 확정 지을 수 있기까지, 영국의 존재는 매우 큰 뒷배가 되어 주었다. 따라서 서울 한 복판 영국 세력의 본거지를 '욱일 거리' 조성이라는 이유로 파괴하는 일은 쉽게 추진할 수 있는 일이 아니었을 것으로 보인다. 그 결과 자연스럽게 총독부(구 통감부)에서 내려다보이고 일본 세력이 새롭게 장악한 황금정통에 온전한 욱일거리를 조성하기로 구상한 것으로 추측된다. 광화문 쪽은 후일을 기대하면서….

　　이러한 영일동맹 시기를 관통하며 서울의 영국 세력을 대표하고 상징한 인물이 바로 마크 트롤로프 주교이다. 1910년에 조선성공회 2대 주교인 아더 터너(Arthur Beresford Turner, 1862-1910)가 과로로 죽자, 마크 트롤로프(Mark Napier Trollope, 1862-1930) 주교가 3대 주교로 취임했다. 그는 조선총독부의 '욱일 거리' 구상을 비웃기라도 하듯, 로마네스크 양식의 웅장한 성공회 대성당을 그 한 가운데에 건축한 인물이기도 하다.

　　그는 영일동맹의 효력이 거의 상실되어가던 1922년에 영국인 건축가 아더 딕슨(A. Dixon)의 설계로 대성당 건축에 착수했고 자금 문제로 1926년에 부분 준공하였다. 그는 일본의 조선병합에 대해서 불만을 가지기도 했지만, 영일동맹의 정치 외교적 상황을 염두에 두고 조선총독부와 협력적 관계를 유지했다.

　　1909년 가톨릭 신자 안중근이 이토 히로부미(伊藤博文) 통감을 암살했을 때 서울에서 제2대 주교였던 터너는, 유능한 인물(이토)을 잃었다며 애도의 메시지를 발표하면서 "그는 정의로웠고 약탈은 없었다"는 식으로 말했다.[10] 그는 을사늑약이 맺어진 1905년에 조선에서 함께 일할 동역자를 요청하면서 "두 사람 중 한 명은 서울에서 저를 도와줄 사제이고 다른 한 명은 일본인들을 위한 선교 책임자입니다"라고 말할 정도로 조선인보다는 일본인 선교에 더 많은 관심을 가졌다. 일본의 고베교구 주교였던 바질 심슨(Basil Simpson, 1880-1942)은 "물질적인 차원에서 보면 한국에 있는 일본 식민정부는 놀라운 발전을 가져왔다"고 노골적으로 일본 편을 들었다.[11]

한국에서의 영국성공회 선교를 주도한 사제들. 가운데 앉은 사람이 터너 주교

터너 이후의 한국성공회 선교를 지도한 트롤로프 주교와 한국인 사제들(좌). 건립 초기의 성공회 서울대성당(우)

조선의 제3대 주교 트롤로프도 조선의 입장을 일면 대변하면서도, 터너나 심슨의 입장을 계승하면서 친일적 입장을 견지했다. 트롤로프가 죽은 뒤 현재의 서울주교좌 대성당 지하 예배당에 매장되었다는 사실을 통해서도 이를 확인할 수 있다. 서울은 원래 완고한 유교 사상에 기초해 조선 왕조 500년 동안 4대문 안에서의 몇 가지 행위가 금지돼 있었다. 1. 불교 사찰 건립, 2. 외국인 거주, 3. 분묘(시신 매장) 등이었다. 그런데 1930년 트롤로프 주교가 사망하자 경성부청 바로 앞의 서울 한 가운데 대성당 지하 예배당에 트롤로프 주교의 시신을 그대로 매장한 실내 묘소가 조성된다. 심지어 대성당 부지는 원래 옛 왕궁 부지였다. 이런 행위는 여전히 조선의 오랜 전통이 고집되던 당시 정서를 고려할 때 파격적인 사건이었다. 실제로 "조선총독부의 호의를 통해 주교의 유해는 대성전 지하에 안치시킬 수 있도록 허용하게 되었다"(12)는 기록이 남아 있는 걸 보면, 그의 대성당 매장은 그 자체로서 영일 동맹의 오랜 유착 관계 하에서 이루어진 특혜의 결과였다.

한일의 영국 관련 건조물에서 발견되는 국화 문양들

영일동맹 이야기가 나온 김에 영국인이나 성공회 쪽 사람들이 한국과 일본에 세운 건물들에서 발견되는 영국과 일본의 상징들에 대해 이야기하지 않을 수 없다. 뭔가 두 나라 상징의 끈끈한 인연 같은 것이 느껴지는 사례들이 아닐 수 없기 때문이다.

앞서 언급한 트롤로프 주교는 19세기 옥스퍼드 운동의 영향을 크게 받은 학자풍의 사제로서 한국의 전통 문화와 예술에 각별한 관심을 가진 인물이었다. 영국왕립아시아학회 조선지부장으로서 한국학 연구를 주도했음은 물론, 불교나 유교, 샤머니즘 등 한국의 전통 종교에 대한 여러 연구 성과도 발표했다. 특히 한국의 전통 건축에도 관심이 많아 서양식 건물, 특히 성당 건물을 지을 때도 전통과 조화되는 실험적 시도를 많이 했다. 그 대표적 사례가 1900년에 그의 주도로 세워진 성공회 강화읍성당과 온수리성당, 수원성당 등이다.

불교 사찰을 연상시키는 강화읍성당은, 밖에서 보면 2층 같지만 안에 들어가면 천장이 높은 바실리카 양식(삼랑식)의 한옥 구조물이다. 1906년에 트롤로프가 세운 강화온수리성공회성당(江華溫水里聖公會聖堂)은 유교의 강학이 이루어지는 향교를 떠올리게 하는 한옥 구조물이다. 강화읍성당의 경우는, 모든 목재가 뗏목으로 옮겨온 백두산 적송이 사용되었는데, 성당 양쪽 출입문이 영국 국기인 유니온 잭으로 연출되고 있다. 그 만큼 영국의 상

건립 초기의 강화읍성당 외관과 그 안의 강대상 국화 문양. 강대 위의 양쪽에는 14엽 국화(황실)가, 기둥의 양쪽에는 16엽 국화(천황) 문양이 새겨져 있다.

징을 자연스럽게 실내 구조물에 표현하고 있다. 이 두 작품의 실험 이후 서울 한복판에 세운 서울대성당도 한국 전통의 서까래와 창문살을 살린 한양(韓洋) 절충의 로마네스크 양식으로 지었다. 그런데 이 세 곳에 동일하게 발견되는 흥미로운 물건이 있다. 그것은 강론할 때 사용하는 강대상(講臺床)과 성찬식을 거행할 때 사용하는 제대(祭臺)의 상징 문양이다.

    강화읍성당의 강대에는 양쪽 측면에 14엽 국화가, 기둥에는 16엽 국화가 새겨져 있다. 온수리성당, 수원성당의 강대, 서울의 대성당 좌우측의 제대에는 모두 천황(16엽) 혹은 천황가(14엽)를 상징하는 국화 문양이 여러 곳에 새겨져 있다. 15엽 등의 국화도 여러 개 발견되지만, 이것은 한국에서 제작하는 과정에서 엄밀한 작업이 수행되지 않은 결과로 보인다. 아무튼 영국 성공회의 대표적인 초기 건조물 안의 종교 시설물들에서 공통적으로 발견되는 국화 문양은 '장미와 국화'의 만남으로 대표되던 상징적 이미지와 자연스럽게 연결된다.

영국 성공회의 기도문이 왕과 왕실을 위한 기도를 매번 잊지 않듯이, 일본 성공회의 기도문에도 천황과 천황가를 위한 기도가 당연하듯 등장하였다. 이 습관은 전후에도 계속되어, 1959년 발간된 "일본성공회기도서"에도 "여러 기도·감사"라는 항목에, 영국 성공회의 군주·황실을 위한 기도를 따라 해, 일본의 천황과 황실에게 하느님의 도우심을 바란다는

온수리성당의 석양 십자가와 실내 제대에 그려진 14엽(황실)의 국화 문양

성공회 서울대성당 내의 좌우측 제대에는 14엽 혹은 15엽 국화 문양이 다수 새겨져 있다. 같은 서울교구의 수원교회에는 십자가와 12엽 국화 문양이 함께 새겨진 강대가 있다.

고베 슈에케 하우스의 사치호코와 국화 문양

기도가 여전히 남아 있었다. 하지만, 1988년판을 기해 천황을 위한 기도 문구는 삭제되었다. 이처럼 일본제국에 편입된 조선에서의 성공회 성당에서는 일본인 신자들도 다수 예배에 참석했으며, 천황 및 천황가를 의미하는 국화 문양을 곳곳에 배치하는 것이 어쩌면 자연스러운 일이었는지도 모른다.

한국의 초대 감리교 의료 선교사 중 한 명으로서 3.1운동 이후 일본 고베로 옮겨 와 활동한 스크랜턴(William B. Scranton) 선교사의 고베 시절 사택인 슈에케 하우스(Choeke House)도 꽤 흥미롭다. 고베의 외국인 거주 지역인 야마모토도리(山本通) 산초메(三丁目) 5번지에는 1896년에 영국인 건축가 한셀(Alexander Nelson Hansell, 1857-1940)이 자신의 집으로 지은 고딕식 콜로니얼 스타일의 양관이 남아 있다. 넓은 서양식 정원에는 일본식 석등이 세워져 있고, 지붕에는 일본 성곽 지붕의 전통 조형물인 사치호코(金鯱)가 부착되어 화양(和洋)절충을 시도하고 있다. 더 흥미로운 것은 지붕 처마의 곳곳에 16엽의 국화 문양이 부착되어 있다는 점이다. 이후 벨기에 사람 슈에케가 오래 살았기 때문에 슈에케 하우스라고 명명되었지만, 일본에 온 영국인이 서양식 건축에 일본적 요소를 가미하는 과정에서 천황을 상징하는 국화가 도입된 하나의 사례라 할 수 있다.

일본 천황이 메이지유신 직전까지 머물렀던 교토 시내 중앙의 고쇼(御所) 바로 옆에는 일본성공회 교토교구의 주교좌 성당인 아그네스교회가 있다. 이 교회는 영국이 아닌 미국 성공회에서 파견된 윌리암즈 선교사가 설립하였다. 그리고 슈에케 하우스가 고베에 세워지기 1년 전인 1895년에, 미국 성공회에서 파견되어 릿쿄대학 교장을 역임한 제임스 가드너(James McDonald Gardiner, 1857-1925)가 설계하여 성 아그네스 교회 성당을 건축하였다. 미국성공회이기는 하지만 이 예배당 첨탑에도 8엽이 교차하여 결국 16엽이 되는 국

일본성공회 교토교구 성 아그네스 교회의 십자가와 국화문양. 8엽의 국화는 오사카성 등 메이지시대 이전에 많이 사용되었다.

화가 다수 연출되어 있다. 메이지유신 때까지 천황들이 머물던 고쇼(御所) 바로 옆에 서양식 예배당이 건립되는 것에 대해서는 일본인들의 거부감과 저항이 만만찮았다. 따라서 이를 상쇄하기 위한 목적과 더불어 화양절충의 한 상징으로서 십자가와 국화가 만난 것으로 짐작된다.

도쿄의 릿쿄대학 채플 예배당에도 흥미로운 공간이 있다. '로즈 윈도우'라 불리는 예배당 배면의 스테인드글래스 원형 창문이 공교롭게도 16엽 국화를 떠올리게 한다. 1920년에 처음 채플이 세워졌을 때는 로즈 윈도우가 아니었지만, 3년 반 뒤 간토 대지진으로 인해 채플이 파괴되자 1925년 11월 7일에 복원 공사를 마친다. 이 채플의 준공식 때 모토다(元田) 신부는 아래의 하박국 예언자의 말씀을 소개하며, 사람의 손으로 만들어진 우상을 향해 허망하게 비는 사람들의 어리석음을 지적하며, 성전에서야말로 전능하신 하나님이 계신다는 것과, 여전히 거짓 우상에게 의지하는 사람들이 많은 이 시대에 이곳에 성전이 완성된 것을 선언한다고 말하였다.

> 우상을 무엇에다 쓸 수 있겠느냐? 사람이 새겨서 만든 것이 아니냐? 거짓이나 가르치는, 부어 만든 우상에게서 무엇을 얻을 수 있겠느냐? 그것을 만든 자가 자신이 만든 것을 의지한다고 하지만, 그것은 말도 못하는 우상이 아니냐? 나무더러 '깨어나라!' 하며, 말 못하는 돌더러 '일어나라!' 하는 자야, 너는 망한다! 그것이 너를 가르치느냐? 기껏 금과 은으로 입힌 것일 뿐, 그 안에 생기라고는 전혀 없는 것이 아니냐? 나 주가 거룩한 성전에 있다. 온 땅은 내 앞에서 잠잠하여라." (하박국 2: 18-20)

그 상태로 유지되어 오던 릿쿄대학 채플의 정면 제단 상부는 1958년에 큰 변화를 겪는다. 라이프 슈나이더 전 총리의 서거 기념으로 로즈 윈도우가 봉헌된 것이다. 그리고 1960년에는 스테인드글래스가 설치되었는데, 중앙에는 백합, 그 주위를 포도 열매와 잎이 둘러싸는 이미지이다. 특히 백색의 백합은 "마돈나 릴리"라고도 불려, 성모 마리아를 상징한다고 한다. 이 스테인드글래스 봉헌식에서는 "신이여, 당신은 보이는 것을 통해 보이지 않는 것을 나타내십니다"라는 기도가 드려졌다고 한다.[13]

릿쿄대학 채플에 그려진 로즈 윈도우. 공교롭게도 16엽의 국화와 유사한 모습이다.

물론 로즈 윈도우(バラ窓)의 경우는 방사하는 잎의 수가 4, 6, 8, 12, 16, 20, 24 등 매우 다양하다. 유명한 파리의 노틀담 대성당도, 실 외에는 12엽 창문과 16엽 창문이 모두 보인다. 프랑스의 스트라스부르 대성당과 오르뷔에트 대성당의 로즈 윈도우도 모두 16엽이라 릿쿄대학의 로즈 윈도우가 특별히 문제가 될 것은 없다. 하지만 릿쿄의 채플이 세워진 땅이 일본이라는 점은 뭔가 그 상징을 보며 복잡한 기분에 휩싸이게 한다. 하필 16엽의 국화 상징과 겹쳐 보이고 마는 것이다.

과거 장미와 국화를 서로 바꿔 든 어린 소녀의 모습에서, 영일 군사동맹의 끈끈함은 여실히 확인된다. 그러한 밀월관계는 일본과 한국의 영국인 건축이나 성공회 교회 등에서 발견되는 국화 문양의 흔적들을 통해 오늘날까지도 감지되고 있다. 심지어 일본이 한국을 식민지화 한 뒤 수도 서울 한 복판에 욱일 거리를 조성하려 했을 때에도, 영국 공사관과 성공회대성당, 구세군본영, 미국공사관 등, 영미 세력이 둥지를 튼 덕수궁 인근 지역에는 욱일의 마지막 한 줄기를 포기해야 할 정도로 간단치 않은 관계였던 것으로 보인다.

무지의 소산, 부산 용두산의 욱일 정원

그런데 일본인에 의해 시도된 욱일형 거리가 해방 이후 한국인에 의해 다시 만들어지는 경우도 발견된다. 1966년에 조성된 부산의 용두산공원이 그곳이다. 물론 욱일기를 구현하려는 의도가 있었다고 생각되지는 않지만, 그만큼 진해와 나남에 건설된 욱일 거리는 전 국민적 트라우마로까지 이어지지는 않았던 것 같다. 그만큼 교묘하게 군사도시라는 제

부산의 용두산신사

한된 공간에서 구현되었던 까닭일 테다.

조선 후기 숙종 때부터 부산 초량(草梁)의 용두산(龍頭山)에는 일본과의 외교 업무를 담당하던 왜관(倭館)이 설치되어, 부산은 일본인들이 반드시 거치는 공간이 된다. 원래 소나무 숲이 우거져 송현산(松峴山)이라 불린 이곳에 일본인들은 신사(神社)와 대마도 도주(島主) 소오씨(宗氏)의 신하가 상주하는 관수왜가(館守倭家)를 세워 저들만의 정치종교적 의미를 부여하기 시작했다. 이 때 세운 신사가 상선의 안전 운항을 비는 금도비라신사(金刀比羅神社)였다. 이후 그 주변에 크고 작은 신사들이 새로 생겨 5개소까지 늘어났다.

마침내 1910년에 일본이 조선을 식민지화 하자 그 공간은 부산에서의 완전한 일본적 공간으로 탈바꿈 한다. 1916년 10월 17일에 부산상업회의소가 일본정원주식회사에 용역을 주어, 용두산 일대 1만 2천 평에 부산 최초의 근대식 공원을 세운다. 그 과정에서 기존의 금도비라신사(현재의 이순신 동상 자리)를 공원 꼭대기(현재의 부산타워 자리)로 옮겨 거대하게 증축하고 성역화해 나간다. 이 신사가 1936년에 경성신사와 함께 조선총독부가 일체의 비용을 부담하는 국폐사로 지정된 용두산신사다. 『대륙신사대관』(1941)은 이 신사의 의미에 대해 다음과 같이 서술하고 있다.

"1899년에 그 규모를 확장해 사전의 면목을 일신하자 용두산신사로 개칭했다. 이 신사는 부산을 대표하고 경남을 압도하는 조선 최고의 신사이자 대륙 진출의 수호신으로 그 신위를 온 나라에 혁혁히 떨치고 있다."[14]

이곳에서 매일 오전 10시에 정천제(正遷祭)를 거행하면, 부산의 모든 관공서는 하던 일을 멈추고 신사 방향으로 요배하도록 강요했다. 만주사변 이후인 1933년에는 용두산공원에 102척의 일장기 게양대가 세워졌고, 1935년부터 신사참배가 강요되면서 부터는 전차를 타고 가다가도 용두산신사를 향해 절을 올려야 했다.

1915년 8월 조선총독부령 '신사사원규칙'이 제정되자, 각지에서 공원과 신사의 건설이 뒤를 잇는다. 한 도시의 중심부에 위치한 산이나 언덕 입구에 높은 계단의 참도를 조성한 뒤, 도리이(鳥居)를 세워 도시 전체가 내려다 보이도록 신사를 지었다. 서울의 남산공원과 조선신궁 및 경성신사, 대구의 달성공원과 대구신사, 전주의 다가공원(多佳公園)과 다가신사, 진해 제황산공원과 진해신사, 그리고 부산의 용두산공원과 용두산신사 등, 식민지화 직후에 건설된 일본식 공원은 늘 이른바 '침략신사'와 세트로 조성되었다. 그 주변에는 관공서와 은행, 세관, 경찰서 등의 핵심적 통치 기관들이 밀집해 그 정신적 성지(聖地)로서 신사는 기능하였다.

이윽고 해방이 되자 용두산신사는 1945년 11월 17일에 부산 청년들에 의해 불태워 없어진다. 이를 주도한 인물이 37세의 민영석이었는데, 그는 신사참배를 거부하다가 두 번이나 옥고를 치른 기독교인 청년이었다. 부산 초량은 신사참배 거부로 순교한 주기철 목사의 활동지이기도 했다. 전국의 귀환 일본인의 집결지 기능을 하였고, 일본인 거류지 한가운데라 다른 지역에 비해 신사의 철거가 늦어졌다.

해방이 되자 불탄 용두산신사 자리에 잠시 미군 장교클럽(1948)의 막사가 세워지기도 했지만, 이내 새로운 독재자의 놀이터가 된다. 서울 남산의 조선신궁 터에는 동양 최대의 동상으로 평가받던 이승만 당시 대통령의 동상이 세워졌고, 용두산공원도 1955년 12월 22일 이승만의 80회 탄신일 기념사업으로 그의 아호를 딴 '우남공원'(雩南公園)으로 명명된다. 그리고 최초의 신사 자리에 이순신 장군 동상이 세워진다. 그렇게 인물 숭배의 공간으로 왜곡되어 온 용두산은 이승만의 실각 이후인 1966년에 다시 용두산공원이라는 이름을 회복하였다.

이처럼 부산이 한 눈에 내려다보이는 대표적 명승지 용두산은, 조선후기 이래 꾸준히 일본의 정치종교적 상징물이 세워졌고, 이후에는 친일세력과 결탁한 독재자의 인물 숭배의 정치적 무대로 이용되어 왔다. 그 과정에서 이순신 장군의 동상 앞의 정원이 욱일형으로 조성된다. 이 욱일 정원은 무지의 소산이다. 진해와 나남에 건설되었던 굴욕적인 '욱일거리'와 유사한 팔방으로 방사하는 욱일정원을 일본의 국폐사가 세워져 있던 공간에 다시 한국인이 직접 조성한 것이다. 아이러니하게도 이순신 동상과 함께

아이러니하게도 이순신 동상과 욱일 정원이 함께 들어선 용두산공원의 1960년대 모습(부경근대사료연구소)

부산타워 위에서 내려다 본 욱일정원의 모습(1992년 3월 28일 촬영, **좌**)과 부산의 종각이 세워진 이후 현재의 모습(**우**)

말이다. 1960년대부터 1990년대의 사진까지 확인해 보면 이 욱일형 정원은 그대로 보존된다.

    그러다가 거제 출신의 김영삼 대통령이 '역사 바로 세우기' 정책을 펴면서 서울의 구 조선총독부 건물의 철거가 완료되던 바로 그 해인 1996년에 이 정원은 그 욱일기 형태가 바뀌게 된다. 시민들의 자발적 운동으로 '부산 시민의 종' 건설 계획이 진행되어, 그 욱일형 정원의 반쪽이 건설부지로 정해진 것이다. 그 결과 무지의 소산으로 조성되었던 부산 이순신 동상 앞의 욱일형 정원은 그 원형의 일부 형태를 잃게 되었다. 기묘한 역사의 우연이 아닐 수 없다. 반쪽이 잘려 나가 온전한 욱일기 형태는 아니지만, 여전히 이순신 동상 앞의 욱일 정원은 그 반쪽이 살아 남아 해방 이후 여전히 무지했던 한국현대사의 자화상을 재확인하게 한다.

제9장: 조선의 심장에 이식된 국화, 그리고 팔굉일우

경복궁에 걸린 국화문과 히노마루

한일강제병합 이후의 무단통치로 자신감을 얻은 조선총독부는 1915년 9월 11일부터 50일 동안 경복궁에서 총독부의 '시정오년기념(始政五年記念) 조선물산공진회(朝鮮物産共進會)'를 개최한다. 조선총독부 출범이 10월 1일이었기 때문에 이 시기에 맞추었고, 이 행사 준비를 위해 조선 500년의 법궁(法宮)이었던 경복궁(景福宮)을 본격적으로 파괴하기 시작한다. 곳곳의 궁궐 건물 200여 동을 해체하고 그 위에 전시 행사를 위한 가건물을 세웠으며, 조선의 풍물은 구시대를 상징하며, 일본의 근대 문물은 신시대를 상징하는 컨셉으로 전시가 기획되었다. 일본이 조선을 지배한 덕분에 이 만큼 발전할 수 있었음을 강조하기 위한 자화자찬 이벤트를 하필 조선의 심장부를 파헤치며 개최한 것이다. 궁궐 안에는 제1호관, 제2호관, 기계관, 영림창특설관, 철도특설관, 동양척식특설관, 미술관, 연예관, 양어장, 분수대, 음악당 등이 설치되었다. 공진회미술관 앞 야외에는 전국에서 가져온 불상과 불탑 등 유물들이 대거 전시되어 문화재 약탈과 수난의 현장이 되었다. 이 행사에 동원된 인원은 110만 명에 달했으며, 통감부 시기인 1909년 11월 1일에 이미 동식물원으로 전락한 창경궁에 이어, 경복궁도 아무나 드나들 수 있는 박람회장으로 변하여 500년 지켜온 장소적 권위는 한 순간에 무너져 갔다.

그러한 굴욕을 상징 그 자체로서 선명하게 보여주는 사건이 발생한다. 공진회 행사 도중인 10월 1일, 총독부 출범일을 기념하여 일본의 천황을 대신하여 파견된 간인노미야 고토히토 친왕(閑院宮載仁親王)이 경복궁 근정전 용상에서 공진회 개회식을 주관한 것이다. 이때 경복궁의 법전(法殿)인 근정전(勤政殿) 앞에 히노마루(일장기)가 교차로 걸린 것이다.

조선물산공진회로 인해 파괴된 경복궁 경내의 모습(朝鮮総督府,『朝鮮物産共進会報告書』全3卷, 1916)

조선물산공진회장 전경도를 보면, 근정전을 비롯한 주요 건물만 몇 개 남겨 놓고 대부분이 철거되었으며, 전시를 위한 임시 가건물로 들어찼다. 그리고 통감부 시기까지 함께 게양되던 태극기는 사라지고, 경복궁 도처에 일장기로만 가득 차 있는 모습이다(始政五年記念朝鮮物産共進会編, 『朝鮮案内』, 1915; 「每日申報」 1915年 9月 3日).

이 장면은 1910년 한일강제병합 당시의 사진이라고 잘못 알려진 정보가 많지만, 실상은 이 행사를 통해 비로소 조선의 법궁(法宮) 안에 일장기가 당당히 내걸렸고, 조선이 일본의 완전한 지배 하에 들어갔음을 상징적으로 보여주었다. 이와 더불어 경복궁의 정문인 광화문은 공진회 행사의 현관으로 전락하여 천황을 상징하는 황국 문양들로 장식된다. 이 날 조선물산공진회 경성협찬회는 일본 제국비행협회와의 협의를 통하여 행사 축하하기 위해 '미에호'(三重號)라는 비행기를 하늘에 띄웠다. 일본군 기지가 된 용산의 연병장에서 이륙한 뒤 한 시간 정도 공진회장 상공을 비행하였다. 조종사는 일본 사법대신의 아들 오자키 유키데루(尾崎行輝, 1888-1964)였으며, 9차례에 걸쳐 축하 비행을 이어갔다.

조선물산공진회 개회식 장면(1915년 10월 1일). 근정전에 일장기가 교차로 게양돼 있다(東洋文化協會 編, 『大正初年の博覽會と朝鮮物産共進會』, 『幕末, 明治, 大正回顧八十年史. 第9輯』, 1933).

조선물산공진회 정문 역할을 한 광화문 중앙 아치에는 일장기 두 개가 걸려 있고 좌우 아치 위에는 천황가를 상징하는 황국 문양이 장식돼 있다**(좌)**. 조선물산공진회 홍보 엽서. 사진 주변으로 천황가를 상징하는 황국 문양이 그려져 있다**(우)**.

이 행사를 계기로, 조선총독부는 남산 기슭에 있던 조선총독부 청사를 경복궁 근정전 앞으로 이전하는 공사를 시작했다. 행사 직후인 1916년 7월 10일에 신도식 지진제(地鎭祭)와 함께 착공하여, 10년간의 공사 끝에 1926년 1월 4일 조선총독부 건물이 완공된다. 공진회 행사는 바로 이러한 총독부 이전을 위한 사전 이벤트였으며, 총독부 건물 완공 수년 뒤인 1929년에도 경복궁 일대에 또다시 '조선박람회'를 개최했고 100만 명 정도가 관람하게 된다.

조선총독부 신청사의 연화문과 국화문

앞서 살펴 본 '경성도시구상도'(京城都市構想図, 1910년 9월)에서 확인되듯, 경복궁으로의 조선총독부 이전은 강제병합 직후부터 착수된 사업이었다. 그에 따라 조선총독부 신청사 건물은 독일인 건축가 게오르크 데 랄란데(George de Lalande)가 1912년부터 설계를 맡았다. 신흥 아시아 최강국을 목표로 삼던 메이지 정부가, 당시 유럽에서 부국강병을 가장 잘 진행해 가던 독일의 건축가에게 네오 바로크 스타일의 설계를 의뢰한 것은 결코 우연한 일이 아닐 것이다. 하지만 야심 차게 건설하여 1926년에 완공한 조선총독부 신청사는 패전에 이르기까지 겨우 19년밖에 사용하지 못하였고, 이후 한국의 중앙박물관으로 사용되다 1996년에 철거되는 운명에 처한다. 혹시 용산이나 마포 등, 서울의 다른 장소였다면 살아 남았을지도 모를 일이다.

아무튼 병합 초기부터 심혈을 기울인 자신들의 새로운 근거지를 총독부 당국이 허술

경복궁 흥례문이 철거된 자리에는 공진회 제1호관(임시 가건물)이 세워졌고, 행사 직후인 1916년 6월 24일 조선총독부 신축 공사를 시작하여 10년만인 1926년에 준공한다(상). 조선총독부 신축 당시 일본 신도식 제례인 '지진제'(地鎭祭)를 올리는 모습(조선총독부, 『朝鮮総督府廳舍新營誌』, 1926년 35쪽).(중). 조선총독부가 세워진 이후의 광화문 거리 풍경 (하)

하게 준비했을리 만무하다. 이 책이 관심하는 '상징'의 부분 또한 조선총독부 당국자들의 중요한 관심거리였음에 틀림이 없다. 실제로 조선총독부 건물 곳곳에는 다양한 상징 문양이 연출돼 있다. 이 주제에 대해서 35년 넘게 연구를 진행해 온 조원교 박사(국립중앙박물관)는 "조선총독부 건물의 문양에 대한 고찰"(1998)이라는 논문과 최근의 보완 연구(2020)를 통해 조선총독부 건물 곳곳에 표현된 각종 문양과 그 상징적 의미에 대해서 다음과 같은 결론을 내리고 있다.

"조선총독부 건물의 장식 문양들의 원천은 일본 제국주의의 팽창과 일본의 무궁한 국운 도약을 표현한 일본의 우주적 태양이자 연꽃이다. 생명력과 광명을 지니고 화생(化生)의 기운을 상징한 태양과 연꽃으로 표현한 것이다. 일본인들은 그 표현 방법이나 상징성 등을 유구한 문양의 역사 속에서 찾아 이를 생생하고 은밀(隱密), 치밀(緻密)하게 개화(開花)시켰던 것이다. 그 꽃은 저들 일본인들에게는 태양이 뜨는 한 영원히 곱디고운 향기를 가진 존재일 수 있었을 것이다. 하지만 이 꽃은 정작 이 건물이 들어선 곳의 식민지 시절 우리 민족에게는 차라리 저주

(詛呪)의 꽃이었다. 조선총독부 건물은 문양만으로서도 우리의 정신을 송두리째 억누르려고 주술적(呪術的)으로 설계한 것이며, 식민 통치를 영구히 지속하려는 상징과 의미를 은밀하게 부여한 일본 제국주의의 화신(化身) 그 자체였던 것이다."[1]

조원교는 조선총독부 신청사의 상징을 '연화문'이라는 키워드로 풀어내고 있다. 원래 '연꽃'은 이집트와 인도의 고대 문명에서부터 이미 '태양'을 상징하는 꽃이었다. 또한 이 꽃은 불교의 상징화(象徵花)가 되면서 '화생'(化生)을 의미하였기 때문에, 영원한 성장과 발전, 그리고 번영에 대한 염원을 담아내는 상징이라고 보았던 것이다. 자연스럽게도 일본제국의 영원한 팽창이 태양을 상징하는 일장기나 욱일기를 통해 잘 드러나듯, 연꽃 또한 식민지에서의 그러한 비전을 교묘하게 표현해 낼 수 있었던 것이다. 즉, 신라, 백제, 고구려 등의 한반도 고대 문화는 물론, 동아시아 전체를 품으며, 궁극적으로는 '전세계적' 혹은 '우주적 표현'으로까지도 설명 가능한 연화문을, 조선총독부가 자신들의 비전을 곳곳에 새겨 넣기 위해 선택한 것도 결코 이상한 일은 아닐 것이다. 그의 주장대로 실제로 조선총독부 신청사의 중앙홀(2층)과 2-4층 회랑, 그리고 옥탑(屋塔) 부분에 연화문은 집중 표현되어 사실상 건물 전체가 연꽃으로 연결되어 있어 보인다. 특히 중앙홀 바닥에는 8엽의 연꽃이 중심에 묘사되고 그 주변으로 16방의 날카로운 돌기가 뻗어 나가는 형상을 연출하고 있다. 조원교는 이들 조선총독부의 문양을 디자인한 인물로서, 강제병합(1910) 이전인 1900년부터 우리나라 각지 역사문화재에 대한 조사, 연구 작업을 수행한 조선총독부 박물관의 오바 쓰네키치(小場恒吉)로 추정한다.[2]

이처럼 세계적, 혹은 동아시아적 보편성을 지니고 있던 '연화문'을 통해 '제국일본'의 팽창과 번영을 조선총독부가 기원했을 것이라는 것은 충분히 이해할 수 있다. 그런데 총독부 건물 중앙 돔의 지붕을 하늘에서 보면 정확하게 16엽의 국화 문양으로 연출돼 있다. 또한 중앙 로비에서 돔 천정을 바라보면 스테인드글라스가 있는데, 8각 방사 조형이 외곽으로 뻗어 나가면서 16엽의 국화를 지붕에 맞춰서 연출하고 있다. 도쿄역의 천정 장식과 서울역의 국화 아치 등이 조선총독부 돔에서 비로소 완성된 듯한 느낌마저 준다. 그 뿐만이 아니라, 2~4층 샹들리에 위의 천정 장식에서도 16엽의 국화문(菊花紋)이 발견된다. 이것은 3층 북쪽 회랑 바로 옆에 위치한 대회의실에는 천황의 옥좌를 마련해 놓았기 때문으로 보인다. 그곳 주변의 바닥에는 정사각형이 엇갈려 겹쳐져서 결국 8엽의 꽃을 연상시키는 기하학적인 심볼이 발견된다. 조원교 박사는 이 마크도 연화문이라고 보았지만 필자의 생각은 다르다. 뒤에서도 다루겠지만 해방 이후 서울시 상징 마크로도 사용된 8각 심볼은 일본의 불교와 신도 등의 종교계에서 사용해 온 단순화된 '국화문'이다.

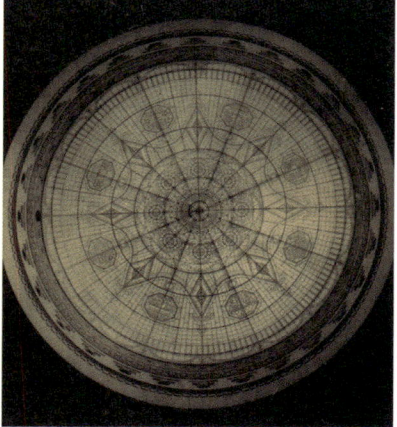

1 1926년 10월 완공 직후의 조선총독부 신청사. 뒤에 경복궁 근정전이 초라하게 밀려나 있다.
2 정확하게 16엽으로 방사하는 천황 상징의 국화문을 형상화한 조선총독부 중앙 돔 지붕
3 조선총독부 중앙 돔의 실내 스테인드글래스. 8각 방사의 조형물이 눈에 띄지만 외곽을 보면 16엽 국화 문양을 지붕에 맞춰서 연출하고 있다.
4 도쿄역 천정의 돔 장식. 조선총독부와 유사하면서 결국 16엽 국화문으로 귀결되고 있다.

조선총독부 2층 중앙홀. 중앙홀의 바닥에는 연화문을 중앙으로 하여 16방으로 뻗어 나가는 모습이 연출돼 있다. 남북 벽면에는 '하고로모(羽衣, 날개 옷)'를 소재로 한 화가 와다 산조(和田三造)의 벽화가 그려져 있었는데, 이는 한일 공통의 '선녀와 나무꾼' 설화를 모티브로 하여 내선일체(內鮮一體)를 표현한 것이었다. 서양의 신고전주의 분위기로 실내 공간을 연출하면서도 일본 고대 신화의 내용을 담아냈다는 점에서 조선총독부는 일본적 요소를 조선 등의 식민지에 이식하고 동화시키려는 의도를 잘 엿볼 수 있다.

조선총독부 벽 곳곳에서 발견되는 연화문과 중앙 로비 바닥의 연화문

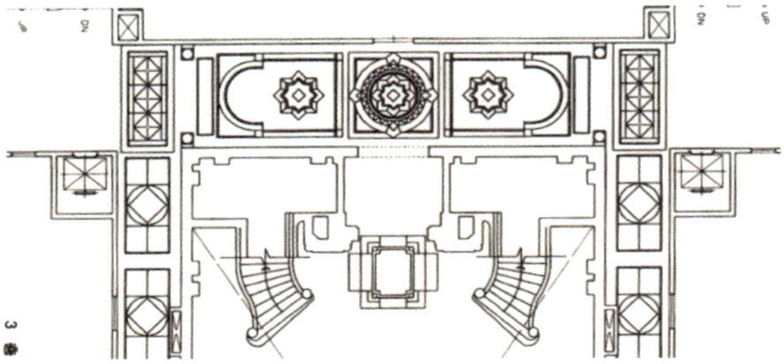

조선총독부 대회의실의 천황 옥좌와 상단의 황금 국화문양(**상좌**), 나고야 재판소의 대회의실 국화문양(**상우**). 유사한 구조이다. 조선총독부 3층 대회의실 앞 바닥의 8각 문양(**하우**)과 도면(**하좌**)

경성부(京城府)의 휘장은 무엇을 의미할까?

　　조선이 일본의 식민지가 된 이후 '한양'의 이름은 '경성부'(京城府)로 바뀌었다. 그리고 1918년 8월 10일(경성부 고시 제7호)에 첫 상징 로고가 결정되었는데, 원 안의 중심에 '京'을 배치하고 8방향의 돌기가 있는 방사형 디자인이었다. 이후 경성부의 인구가 급증하면서 기존의 청사가 협소해지자, 조선총독부는 「매일신보」 건물을 부수고 그 자리에 새로운 경성부청 건물을 세운다. 그것이 1926년에 덕수궁 건너편에 세워진 현재의 서울시청 건물이다. 새로운 청사의 건축 설계 책임은 경성부 관료였던 이와이를 비롯한 일본인 3명이 맡았는데, 장연채라는 조선인도 한 명 참여했다는 기록이 있다. 새로운 모습을 갖춘 경성부청은 자연스럽게 새로운 휘장을 제정하는데, 기존의 '京'은 히노마루를 연상시키는 '원'으로 교체하고, 주변의 방사형 디자인은 여러 다양한 의미를 부여하면서도 그대로 살려 나갔다. 당시의 신문 기사 내용이다.

　경성부 휘장
　◇경성부텽의 현재 '마-크'(徽章)는 '경'(京)자의 주위에 성벽의 모양을 배치한 것으로 발뎐하여 가는 경성부의 현상에 빗처서 그 의의가 좁을 뿐 아니라 이것을 미술덕으로 관찰한다 하여도 좀 부족한 덤이 업지 안타하야 작년 십일월에 이 개뎡할 도안을 일반에게 현상공모 하얏든바 응모된 중에서 일등 당선된 '막-크'의 설명은 이러하다.

一, 경성부의 『京』자를 그림으로 표시한 것.
二, 상부의 『山』은 북한산(北漢山)이요 하부의 『巾』은 남산(南山)이며 중앙의 적은 원(圓)은 경성시가를 의미한 것인데 장래에는 남산을 관악산(冠岳山)이나 남한산(南漢山)으로 하면 그만이다.
三, 현재 사용하는 『마-크』는 사방이 막혀서 외부로 발뎐할 여디가 업게 되어잇스나 이 『마-크』는 성벽을 업새 버리고 동(淸凉里往十里) 서(二村洞龍山麻浦) 등에 발뎐할 여디가 만흠을 의미한 것
四, 이 『마-크』의 형상은 가장 수명이 긴 거북의 형상과 갓틈으로 경성의 장래는 무궁하고 행복이 만흠을 의미한 것
五, 이 『마-크』의 형상이 성(城) 형상과 구조와 비슷함으로 경성

최초의 경성부 휘장(1918-1926)

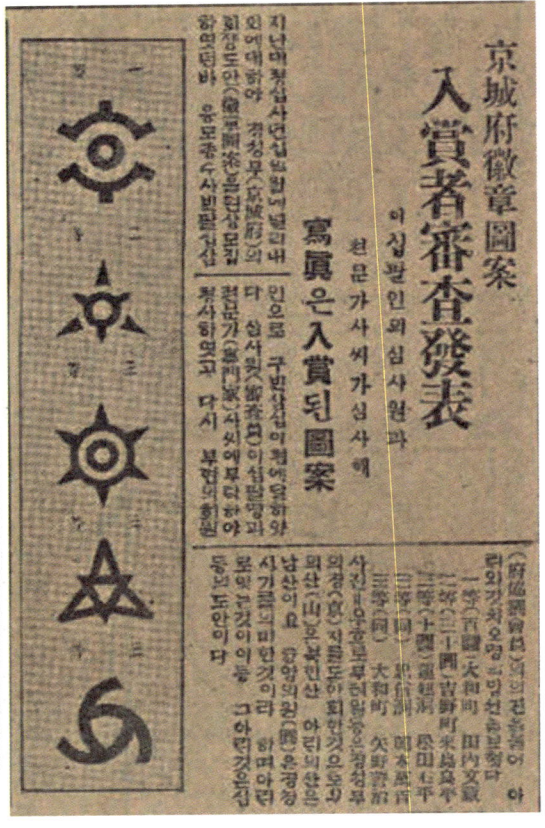

두 번째 '경성부휘장'(京城府徽章), 「동아일보」, 1926년 9월 26일, 2(상좌). 경성부 새로운 휘장 후보로 입상된 도안 대부분이 방사형 디자인을 보이고 있다("경성부 휘장 도안, 입상자 심사발표, 사진은 입상된 도안들", 「每日申報」, 1926년 9월 26일)(상우). 1926년에 선정된 서울시 도안은 당시 도쿄도의 휘장과 유사한 형식을 취하고 있다. 이 도쿄도 휘장은 1889년에 제정되어 1989년까지 사용된 것이다. 도쿄도 교통국 휘장은 도쿄도 휘장 외곽의 원에 둘러 싸여 있다(하).

의 성(城)자의 의미를 표시한 것

六, 『마-크』의 형상이 방사상(放射狀)으로 되엿슴으로 현대의 리상뎍 도시구조를 표시한 것.**(3)**

이 기사의 설명 (6)에서, '방사상'(放射狀)을 강조하는 것은 욱일형 방사상 거리를 서울과 진해, 나남 등에 건설하던 것과 같은 맥락에서 상징 마크에서도 여전히 그 점을 강조하려는 의도를 엿보게 한다. 그런데 해방 이후 미군정 하에서 '경성부'가 '서울시'로 바뀌

1929년경 촬영된 경성부청 엽서. 4층 옥상 부분에 1926년에 제정된 경성부 휘장이 걸려 있다.

자 시의 휘장이 또 다시 새롭게 제정된다. 이번에도 대중에게 디자인을 공모하였고 그 가운데 선정된 것이었다. 하지만 수십 년 후에 더 적잖은 논란이 기다리고 있을 줄은 아무도 몰랐다.

○시휘장 설정의 건 (1947. 4. 1. 서고 제17호)

자반 당시가 특별시로 승격됨에 수반하여 기 명칭도 「경성부」가 「서울시」로 변경되었음으로 신명칭을 상징할 휘장의 고안을 일반에게 현상 모집하였던 바 응모자 수가 천 여명에 달하여 사계 권위자를 초청하여 신중히 차(此)를 심사한 결과 별지 고시의 도안이 수위로 당선되었으므로 차(此)를 당시의 휘장으로 사용하기로 결의되었으니 양찰하시고 사용에 유감없기를 기하시압.

참고: 고안자(考案者)의 안의(案意)에 의하면 휘장도(徽章圖)의 중축(中軸) 원조(圓條)는 서울시가(市街)를, 외곽(外廓) 팔각(八角)의 돌기(突起)는 서울의 주위를 싸고 있는 남산(南山), 와우산(臥牛山), 안산(鞍山), 인왕산(仁旺山), 북악산(北岳山), 낙산(駱山), 무학봉(舞鶴峯), 응봉(鷹峯)등의 팔악(八岳)을 보석(寶石)의 섬광상(閃光狀)을 각각 표현하며, 겸하여 5천년의 유구한 역사를 가진 우리나라 수도의 찬연함을 표현함.

서울시 고시 제17호, 서울시 휘장 좌와 여의 개정함. 서기 1947년 4월 1일, 서울시장.

해방 직후의 새로운 서울시 휘장은, 조선총독부에서 문제가 된 정사각형 두 개가 엇갈려 겹친 8 꼭지점의 심볼 마크 안에 히노마루를 떠올리게 하는 원이 들어서 있다. 지금도 보존돼 있는 옛 경성부청 로비 바닥의 3개 문양과 똑같은 모양이다. 이슬람교의 루브 엘 히즈브(Rub el Hizb, 이슬람의 별)이나 예언자 무함마드의 인장인 '하팀'(Khatim), 그리고 기독교 구세군의 상징(성령의 불)도 정사각형을 겹친 별 모양이라 해방 직후의 서울특별시 휘장과 유사하다. 하지만 그것이 이슬람이나 기독교 구세군의 심볼로부터 영향을 받았을 리는 만무하다. 이것은 상징의 중의성, 다의성(다가성)에서 비롯된 우연일 뿐이다. 결국 해방 직전까지 한반도를 지배한 일본제국의 영향력에 주목하게 된다.

이 디자인은 수천 명의 공모 중에 선정한 것이라고 발표했지만, 그런 면에서 전혀 새로운 디자인도 아니었으며, 형식만 공모를 취하였을 뿐 결국 친일파 출신 관료들이 여전히 결정권을 쥐고 있던 상황에서, 경성부 로비에 각인돼 있던 문양을 그대로 답습한 결과가 아닌지 의심하게 한다. 위의 서울시 고시의 마지막 부분에서도, "팔악(八岳)을 보석(寶石)의 섬광상(閃光狀)을 각각 표현"하였다고 밝히고 있듯이, 해방 이후에도 여전히 욱일형 방사 디자인에 대한 무비판적인 친밀감, 그로 인한 수용적인 태도가 만연해 있었음을 잘 드러낸다. 아니면 오히려 시 당국의 의도적인 결정이었을지도 모를 일이다.

결국 해방 이후의 새로운 서울시 휘장은 40년간 아무도 문제제기 하지 않은 채 공연(公然)하게 사용되어 갔다. 하지만 1995년 조선총독부의 상징을 연구하던 조원교 박사가 "서울특별시 휘장과도 매우 상관이 깊다"는 지적을 한 것이 계기가 되어 이 휘장에 대한 재검토가 시작되었다. 그리고 이미 1926년에 지어진 경성부청 건물 로비에 정사각형 두 개를 엇갈려 겹친 뒤 그 안에 히노마루를 연상케 하는 원형을 넣은 문장이 세 개나 연출돼 있었다. 조선총독부가 경성부청 건물에 의도적으로 사용한 문장을 다시금 해방 이후에 새로운 상징이라면서 그대로 사용한 것이었다. 더욱이 이 논란 과정에서 전혀 몰랐던 새로

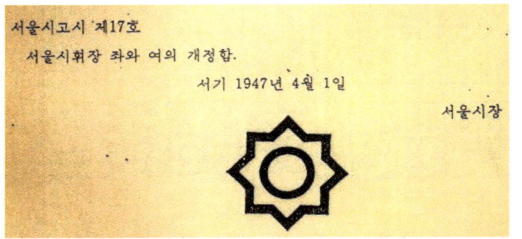

1947년 서울시 고시(좌)와 「동아일보」 1947년 4월 3일자에 보도(우). "일인들이 만든 휘장을 버리고 새로이 고안 중 성안을 어더 군정 당국에 정식 인가가 있어 사(四)월 일(一)일부로 정식으로 팔각(八角)형의 새 휘장(徽章)을 사용하기로 되었다"라고 보도하고 있다. 하지만 일본인들보다 더 일본적 심볼로 귀결된 아이러니를 확인하게 된다.

운 사실까지 확인되면서 결국 서울특별시 휘장은 다시 교체되기에 이른다. 1996년의 신문 보도 내용이다.⁽⁴⁾

> 「과연 40년 동안 아무도 몰랐을까」 우리나라 서울시와 일본 도쿄도(東京都)의 심볼 마크가 동일한 것으로 27일 확인됐다. 서울시 홍보담당관실에 따르면 도쿄도는 1868년 쯤부터 팔각 모양의 심볼 마크(그림1)를 사용해 오다 (1889년에 한 번 바뀌었고, -필자 주) 도청 이전을 계기로 1989년 은행 나뭇잎과 동경의 영문 이니셜인 「T」를 심볼화 한 새 마크를 만들었다.
>
> 도쿄도가 1백년 이상 사용한 상징 휘장은 여덟 개의 산을 대칭으로 배치한 형태로, 서울시의 휘장(팔각 별모양의 가운데 원 - 필자 주)과 같다. 다른 점은 8개의 산 모양 중 4개가 겹한 형태로 돼 있다는 점이다. 도쿄도는 이 마크를 갖가지 형태로 변형해 다양하게 사용했으며, 도쿄도 수도국의 경우엔 팔각 안에 원을 넣어 상징마크로 사용해 서울시의 심볼마크와 빼 닮았다.
>
> 정미홍(鄭美鴻) 홍보 담당관은 "현재 사용하고 있는 시 휘장이 「일본적」이라는 의혹이 제기된 직후 도안자와 상징 의미를 추적하던 중 최근 일본 동경도 기념품인 열쇠 고리에 같은 모양이 새겨져 있다는 것과 그것이 도쿄도가 1백 20여년 동안 사용했던 상징마크라는 사실을 알게 됐다"고 말했다.
>
> 정 담당관은 "서울시 도쿄도 주재관을 통해 도쿄도 마크에 대한 추가 정보를 수집 중"이라며 "어떻게 일본에서 사용 중인 휘장이 서울시의 휘장으로 제정되게 됐느냐는 의문과 함께 그 동안 누구도 이를 문제 삼지 않았다는데 놀랐다"고 덧붙였다. 이에 따라 지난 1947년 서울시 상징 마크 공모 및 당선작 선정 과정에 대한 의혹(『國民日報』 6월 15일자 24면 보도)이 더욱 짙어 지게 됐다. 서울특별시 휘장은 일본과 일본 제국주의 및 총독부 연꽃 문양을 형상화한 것이 아니냐는 의문이 제기돼 왔었다.⁽⁵⁾

뒤에서 바로 다루겠지만 해방 직후의 서울시 상징 마크는 연화문이 아니라 국화문이다. 그렇게 천황을 상징하는 '국화' 일장기의 태양을 상징하는 '원'이 결합된 상징이 해방 이후 태극기와 반세기 동안 동거하는 기괴한 상황이 이어지게 된다.

그러다가 서울특별시 휘장이 옛 도쿄도(東京都)의 두 휘장과 유사하다는 사실까지 밝혀지면서, 결국 해방 이후 반세기 가까이 사용된 휘장도 여러 비판과 함께 역사 속으로 사라지게 된다. 메이지 시대 초기의 문장은 해방 이후 서울의 휘장과 유사하며, 1889년(메이

1 지금도 보존돼 있는 서울시청(구 경성부청) 로비 바닥의 팔각 문장. 1947년에 새롭게 제정된 심볼과 동일한 문양이 이미 1926년 건설 당시의 경성부청에도 연출되어 있었던 것이다.
2 메이지 초기부터 1889년까지 사용된 도쿄도의 초기 휘장(상). 도쿄도의 이 휘장은 1947년에 새롭게 제정된 서울시의 휘장(하)과 흡사하다.
3 서울시 의회도 초대부터 3대 의회까지 이 휘장을 무궁화가 둘러싼 형태로 사용하였다.
4 서울 시내 곳곳에서 지금도 많이 발견되고 있는 팔각 문양의 맨홀

지22)에 제정된 것도 그 전의 경성부 상징과 유사하다. 도쿄도 홈페이지는 이 심볼의 의미에 대해 "도쿄의 발전을 바라며, 태양을 중심으로 6방의 빛이 뻗어 나가는 모습을 나타내고, 일본의 중심으로서의 도쿄를 상징"(紋章の意味は東京の発展を願い, 太陽を中心に6方に光が放

새로운 서울시 마크와 태극기(서울시 건설 돌격의 해, 1967)**(좌)**, 상장의 서울시 마크와 태극기. 서울시민체육대회 어린이 경기 시상식(1982)**(우)**

たれているさまを表し, 日本の中心としての東京を象徴)한다고 설명하고 있다. 욱일적 사고는 거의 대부분 상징에서 공통적 요소로 등장하고 있다.

결국 서울특별시의 휘장은 1996년 10월 16일에 새 휘장을 발표(서울시 조례 제6207호)하였다. 서울의 산, 해, 한강을 소재로 디자인되었는데, 조선 시대 화가 겸재 정선의 산수화 〈목멱조돈〉(木覓朝暾, 남산에 돋는 아침 해)과 단원 김홍도의 풍속화 〈무동〉(舞童)에서 상징 마크의 기본 개념을 따온 것이었다.

충남도청의 벽을 장식한 문장의 의미는?

조선총독부 건물(1926), 경성부청(1926)이 지어지고 5년 뒤인 1932년에는 대전시(大田市)에 충청남도(忠淸南道)의 행정 기관인 충남도청이 세워진다. 이 건물은 원형 보존이 잘 돼 있어 2002년에 등록문화재 제18호로 지정되었는데, 2012년 대전광역시 중구 선화동에서 홍성예산으로 이전하면서 향후 건물 사용을 둘러싸고 뜻밖의 논란이 촉발되었다. 도청 곳곳에서 조선총독부 및 서울시청의 문장과 유사한 상징물이 발견되어 그 성격을 놓고 논쟁이 일어난 것이다. 이미 1990년대부터 도청의 여러 문양에 대한 일본 제국주의와의 관련성이 주장된 바 있었으며,[6] 동시에 건축미를 살리기 위한 단순한 조형적 장식에 불과하며, 상징성 또한 특별히 없는 도안이라는 주장도 존재했다.[7] 하지만 서울대 김민수 교수의 논문을 통해 이러한 논란은 거의 종식되었다. 여기서는 그 내용을 정리하는 가운데 필자의 의견도 더해서 설명해 볼까 한다.[8]

완공 직후의 충남도청(1932)

대전(大田)은 러일전쟁(1904) 직후 경부선이 개통(1904)되고, 통감부의 지배가 시작되면서 충남 지역의 새로운 교통의 요지이자 상공업 중심지로 개발된 도시이다. 원래 전통적 행정중심지인 공주가 있었지만, 기득권 세력을 배제하고 일제의 통치 수월성을 높이는 차원에서 대전이라는 도시가 육성된 것이다. 1914년에 호남선이 대전을 기점으로 연장되면서 대전은 더욱 발전해 간다. 결국 1931년 1월 13일, 사이토 마코토 제5대 총독이 공주에 있던 충남도청을 대전으로 옮겨오는 계획을 발표하였고, 제6대 총독인 우가키 가즈시케(宇垣一成)가 재임 중이던 1932년 8월 29일에는 대전의 새로운 도청 건물이 준공된다.(9)

도청의 설계는 조선총독부 건축과에서 담당했는데, 그보다 앞서 중요하게 고려된 부지 선정은 대전역 앞 직선 도로와 연결된 보리밭 6천 평으로 결정되었다. 지금도 '중앙로'로 불리는 이곳은 대전 시가지가 대전천 서쪽 은행동과 선화동 등으로 뻗어 나가는 도심 형성의 중심이 된 곳이다. 하지만 그 전까지는 대전역을 중심으로 서쪽으로 도시가 팽창해 나갔고, 1929년에 대전신사가 건립되면서, 그곳의 일본인 거주 지역이 새로운 도시의 축이 되기도 하였다. 그런데 그러한 대전신사의 서쪽 구간 직선 도로가 끝나는 장소에 새롭게 충남도청사가 건립되면서 그곳은 대전의 마지막 중심축으로 새롭게 등장하게 된

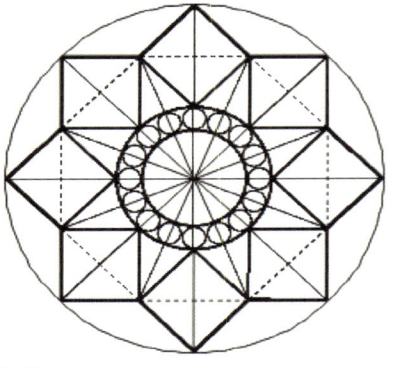
충남도청 건물의 53곳에 부착돼 있는 문장. 작도는 김민수 교수의 재현

다.[10] 따라서 대전에 세워진 충남도청 신청사는 만주사변을 전후로 하여 식민지 조선에서의 일본제국의 위상을 제대로 드러내기 위해 조선총독부가 공들여 건립한 공간이라 볼 수 있다.

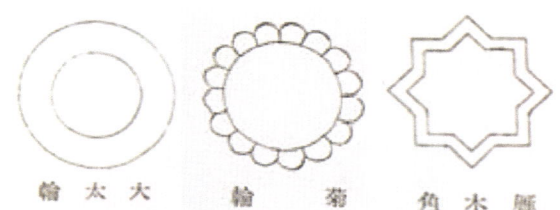

누마타가 분류한 일본의 문장 유형. 왼쪽부터 '대태륜'(大太輪), '국화륜'(菊輪), '안목각'(雁木角)(沼田賴輔, 『(綱要)日本文章學』, 明治書院, 1928. 22–24)

가장 중요하게 다뤄진, 충남도청 건물 외벽의 문장은 현관을 중심으로 남쪽 28개, 북쪽 25개 모두 53개가 부착돼 있었는데, 현재는 52개가 남아 있다. 김민수 교수는 그 문장의 모습을 다음과 같이 묘사하고 있다.

> "2개의 원을 중심으로 외곽에 겹쳐진 2개의 사각형 조합이 8개의 꼭지점을 이루고 있다. 중심의 두 원 사이에는 16개의 구슬과 같은 작은 원들이 마치 태양을 에워싸고 있는 위성처럼 배치돼 있다. 이것은 8개의 햇살 무늬가 원의 중심에서 뻗어 나가 외곽에서 엇갈려 겹친 2개의 사각형과 결합하여 빛을 방사하는 효과를 입체화한 형상이다."[11]

적지 않은 수의 이들 문장(紋章)에 대해 김민수 교수는 조선총독부나 경성부청의 그것들과 비교하면서, 지금까지 인용되지 않은 일본의 문장학자 누마타 요리스케(沼田賴輔)가 분류한 일본의 문장 유형을 근거로 제시하고 있다. 충남도청에서 보이는 형상은 누마타가 분류한 유형 가운데, '대태륜'(大太輪), '국화륜'(菊輪), '안목각'(雁木角)에 기초하고 있다는 것이다. 즉, 태양과 같은 대태륜을 중심으로 16잎의 국화륜이 둘러 싸고, 이로부터 8방으로 햇살이 방사하여, 2개의 사각형이 엇갈려 겹친 8개의 안목각으로 구조화된 빛의 형상을 이룬다는 것이다. 이것은 천황을 상징하는 '태양' 곧 히노마루와 '국화'가 4방, 8방, 16방으로 뻗어 나가는 것을 의미한다고 보았다.[12]

충남도청 바닥과 천정의 8각 문장 장식들

누마타(沼田賴輔)는 일본의 문장은 아무런 의미가 없이 만들어진 경우가 거의 없고, 대체로 특정한 의의(意義)에 기초한다고 주장하면서, 엽승적(擸勝的, 주술적), 상무적, 역사적, 서상적(瑞詳的), 종교적 의의로 규정하였다.[13] 동시에 근대 일본의 각 도도부현은 저마다 문장(심볼)을 만들었는데, 그 대부분이 상징적 의미에 기초하여 제정되었다. 김민수는 "당시 일본 사회에서 지방자치의 독립성은 천황제 파시즘 속에서 고려되는 한계를 지녔다"[14]고 강조하면서, 각 지역의 개성과 특성을 드러내면서도 결국은 천황제를 중심으로 한 국가적 지향성을 드러내는 결과로 이어졌다고 보았다.

일본 내무성 지방국장이었던 와타나베 가쓰지로(渡邊勝三郎)는 『도시의 문장: 지자체의 문장』(都市之紋章: 自治體の紋章, 1915)에서, 근대 일본의 각 지자체 문장이 공동체적 관념을 새롭게 정립하고 공동의 목표를 세우기 위한 정신적 의의가 있다고 설파한 바 있다. 그 책을 보면 도쿄도, 교토부, 사가현, 구마모토현 등, 여러 지자체가 욱일형, 방사형의 심볼을 제정해 사용한 점이 확인된다. 특히 사가시의 경우는, 이른 바 '12 줄기의 욱일 빛'(十二足光の旭)이라고 불리는 형상을 취했다고 언급되고 있다.[15] 결국 경성부의 휘장과 충남도청의 외벽 곳곳에 각인된 문장의 의미도 그러한 연장선상에서 제정, 제작되었다고 보는 것이 타당할 것이다.

'국화'의 또 다른 심볼, '팔각 기쿠쿠즈시 몬'(八角菊くずし紋)

조원교 박사는 '연화문'(蓮花紋)의 문맥에서 조선총독부의 상징들을 분석하였고, 경성부청, 충남도청의 휘장(문장)까지도 그 연장선상에서 보려 하였다. 하지만 '정사각형을 엇갈려 겹쳐 놓은 팔각의 도형'만큼은 연꽃이 아니라 국화를 표현한 것으로 보인다. 왜냐하면 전국시대의 교토 '니시혼간지(西本願寺)의 상징에서 그 단서가 발견되기 때문이다.

일본에서 불교를 대중화한 신란(親鸞)의 가르침 하에서 수많은 민중이 조도신슈(浄土眞宗)에 귀의하자, 이후 렌뇨(蓮如)라는 승려가 이를 정치 세력화하였고, 사회 현실에 불만이 많던 농민들이 그의 깃발 아래 모여 반봉건을 외치기 시작했다. 하지만 이를 경계한 오다 노부나가(織田信長)는 그들을 탄압하기 시작했고, 무려 11년이나 이시야마 합전(石山合戰)을 이어갔다. 이 때, 사찰과 종단을 지키기 위해 정토진종 진영을 확실히 구분 짓기 위한 표식으로 홍백(紅白)의 깃발이 고안되었다. 이른바 조도신슈의 '혼잔기'(本山旗) 혹은 '몬기'(紋旗)가 탄생한 것이다. 하지만 이 전쟁에서 조도신슈는 노부나가에게 화해하는 방식으로 항복하였고, 이시야마혼간지(石山本願寺)를 내놓아야 했다. 내부는 온건파와 항전파로 분열되었다. 이후 도요토미 히데요시는 조도신슈를 달래기 위해 사찰 건립 부지를 온건파에게 내주었고, 그곳에 현재의 니시혼간지(西本願寺)가 세워졌다. 하지만 이후 다시 새롭게 집권한 도쿠가와 이에야스는 니신혼간지가 너무 강력해지는 것이 두려워 1602년에 현재의 히가시혼간지(東本願寺)를 육성하였고, 정토진종을 두 세력으로 분열시켜 관리해 갔다. 따라서 니시혼간지(西本願寺)가 히가시혼간지(東本願寺)보다 세력은 작지만, 일본 조

교토 니시혼간지(西本願寺) 정문 앞의 팔각 혼잔기. 빨간색과 흰색을 사용한 두 가지 종류가 게양돼 있다.

제9장: 조선의 심장에 이식된 국화, 그리고 팔굉일우   237

쇼렌인몬제키(靑蓮院門跡)의 국화 문장

도신슈의 본산이라 할 수 있다.

지금도 니시혼간지에 가면 홍백(紅白)의 '혼잔기'(本山旗) 혹은 '몬기'(紋旗)가 펄럭일 때가 있다. 그런데 그 모양이 정사각형을 엇갈려 겹쳐 놓은 모양으로 지금까지 살펴온 조선총독부, 경성부청, 충남도청에서 발견된 문장과 동일하다. 그런데 이 깃발의 문장은 '연화문'이라고 불리기보다는 '팔각 기쿠쿠즈시 몬'(八角菊くずし紋)이라고 불리고 있다. 즉, 국화를 눌러 팔각의 모양으로 단순화한 디자인이라는 말이다. 이름처럼 천황가의 국화 문양이 그 배경을 이루고 있다. 교토 시내 헤이안신궁 남쪽 아래에 위치한 쇼렌인몬제키(靑蓮院門跡)는, 천태종 총본산(天台宗總本山) 히에잔(比叡山) 엔랴쿠지(延曆寺)의 삼문적(三門跡) 가운데 하나인데, 예로부터 황실(皇室)과 깊은 관계를 지닌 문적사원(門跡寺院)이었다. 조도신슈를 개창하고 번창시킨 신란(親鸞)이나 렌뇨(蓮如)도 여기서 수행하면서 무로마치시대(室町時代) 스이비 시기(衰微期)에는 혼간지(本願寺)가 오히려 쇼렌인(靑蓮院)의 말사(末寺)로 속해 있었다. 이러한 관계로 그 당시에 국화문(菊花紋)을 사용하던 쇼렌인(靑蓮院)의 문장을 단순화하여 혼간지(本願寺)도 '팔각 기쿠쿠즈시 몬'(八角菊くずし紋)이라는 국화문(菊花紋)을 사용하기 시작한 것이다. 지금도 조도신슈의 뿌리가 되는 천태종 쇼렌인몬제키는 천황을 상징하는 국화문장을 자신들의 심볼로 사용하고 있다.

왜장 고니시 유키나가의 갑옷 문양(16세기, 小西惇子 소장, 일본 佐賀県立名護屋博物館発行『唐入り』, 1995年 9月, 그림 30번. 20)

교토의 니시혼간지는 매년 1월 9일부터 16일까지 정기보은강법요(御正忌報恩講法要)를 개최하는데, 그 때마다 불기(佛旗)와 함께 이 깃발을 정문 앞에 걸고 있다. 이 문장의 역사는 이미 전국시대에 거슬러 올라가며, 지금도 도쿄에서의 혼간지의 본산이라 할 수 있는 쓰키치혼간지(築地本願寺)의 바닥과 벽, 맨홀과 복장 등 곳곳에 연출돼 있다. 그리고 니시혼간지(西本願寺) 계통의 각종 학교, 즉 류코쿠가쿠엔(龍谷學園), 헤이안가쿠엔(平安學園) 등도 이 문장을 학교 심볼로 디자인하여 사용하고 있다.

그리고 해방 이후 새롭게 제정된 서울시 휘장과 흡사한 문양이 임진왜란 당시 조선에 직접 상륙한 왜장 고

  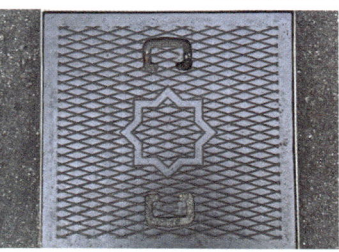

도쿄 쓰키지혼간지의 곳곳에서 발견되는 '팔각 기쿠쿠즈시 몬'(八角菊くずし紋) 문양들과 정토진종의 류코쿠 계열 학교의 휘장. 해방 이후 서울시가 제정한 심볼 마크와 동일한 도안으로 천황을 의미하는 국화에 기반한 상징이다.

제9장: 조선의 심장에 이식된 국화, 그리고 팔굉일우

니시 유키나가(小西行長)의 갑옷에서도 발견된다. 8개 꼭지점을 이룬 문양 안에 태양으로 보이는 붉은 원이 그려져 있다. 오랜 세월의 격차를 두고 있지만, 조선총독부가 도요토미 히데요시가 못 다 이룬 대륙진출의 꿈을 후세에 이뤄냈다는 점을 자부심으로 삼았던 점을 기억할 때, 단순한 우연으로 여겨지지 않는 기묘한 일치가 아닐 수 없다.

에도시대 후기에 등장한 '미소기교'(禊敎)라는 신도계 신종교의 창시자 이노우에 마사카네(井上正鐵, 1790-1849)의 존영 그림을 보아도 그의 가슴에서 '팔각 기쿠쿠즈시 몬'(八角菊くずし紋)이 발견된다. 1840년 경부터 아마테라스 오미가미(天照大神)와의 합일과 신도적 정화의식인 미소기하라에(禊祓)를 강조하며 신종교 운동을 펼쳤지만, 민중의 뜨거운 반응을 경계한 에도 막부의 탄압에 의해 희생된 인물이다. 하지만 이후 그를 따르는 사람들을 중심으로 교파신도 13파 중의 하나인 미소기교가 탄생하였다. '조선전도론'을 주창한 기독교 지도자 에비나 단조는 아마테라스 신앙을 중심으로 한 교파신도 구로즈미교(黑住敎)와 더불어 이노우에의 미소기교야말로 제국일본이 식민지를 교화하기 위한 가장 적절한 종교라면서 기독교와의 융합과 일치를 추구하였다. 일본의 신도계는 1938년에 "제사의 정신을 신인합일(神人合一)에 두고 미소기하라에 의식을 통한 진혼귀신(鎭魂歸神)을 중시한다"는 견해를 발표했는데, 이는 1935년부터 조선총독부가 주도한 '심전개발운동'의 흐름과 맞물려 한국에서도 성행하게 된다. 1938년부터 특히 일본적 기독교, 황도적 기독교로 거듭나고자 한국인 목사들 사이에서 신사참배와 더불어 미소기하라에 의식이 유행하였다.[16]

한편 나고야에 본부를 두고 있는 신도계 신종교인 '간나가라교'(神ながら敎)의 교회

미소기교 창시자 이노우에 마사카네 존영. 가슴에 '팔각 기쿠쿠즈시 몬'(八角菊くずし紋)이 그려져 있다(京都大学文学部博物館 編, 『日本肖像画図録』, 京都大学文学部博物館, 1991 수록)(좌). 집단적 미소기하라에 의식에 참여하고 있는 한국 부산의 개신교(장로교회) 목사들(1941년). "아마테라스 오미가미 이외에는 진정한 신이 없다"고 고백하면서 강이나 바다에서 신도 신관의 주례에 따라 의식을 행했다. 이 행사는 조선총독부가 주도한 연성회가 중심이 되었다(최덕성, 『한국교회 친일파전통』, 2006, 19. 수록)(우).

당 건물에서도 '팔각 기쿠쿠즈시 몬'(八角菊くずし紋)이 발견된다. 미즈노 후사(水野房, 1883-1970)라는 교조가 중국 대련에서 금광교교회(金光教教会)를 다니던 중 신의 계시를 받고 창시한 '신도금조교회'(神道金照教会)는 만주 지역을 중심으로 포교활동에 전념했는데, 패전 이후 1947년에 귀국하여 나고야에서 명맥을 이어가고 있다. 저 마크는 만주에서 사용하던 것을 본국 귀환 이후에도 재현한 것으로 보인다.

'간나가라'(神ながら)라는 개념은 "신의 본성대로", "신의 뜻대로", "신 그 자체로서"라는 뜻의 일본 고전 용어인데, 이를 이용하여 '신의 길'(神の道)이나 신도 그 자체를 가리키는 '간나가라의 길'(惟神の道) 등의 표현도 파생되었다. 일본 고전『만엽집』(万葉集)에는 惟神(かむながら)라는 말을 통해 "천황(天皇)이나 황자(皇子)의 존귀함을 찬양할 때에 사용된 말이었다. 아스카시대의 문인인 가키노모토노 히토마로(柿本人麻呂)의 시에서도 "우리 대군(천황)은 신 그 자체의 모습 그대로 거룩하게 계시리라"(我が大君 神ながら 神さびせすと)라면서 천황이야말로 보통의 인간을 초월한 신의 힘으로 존재한다는 위대함을 표현하고 있다. 에비나 단조의 제자로서 '조선전도론'을 직접 실행하였던 일본조합교회의 목사 와타제 쓰네요시는 '간나가라'라는 말을 이용하면서 일본제국만이 유일한 신국(神国, 하나님 나라)이라는 점을 아래와 같이 강조한 바 있다.

> "우리 고전에 비추어 보면 아마테라스 오미카미(天照大御神)와 그리스도(基督) 사이의 유사함에 경탄할 수밖에 없다. 그리고 그리스도의 하나님 나라(神の国) 이상은, 오직 그 자체(간나가라)로서 신의 나라인 우리 일본에 의해서만(神ながらの神の国たる我が日本に於てのみ) 실현될 것이며, 당연히 세계에 그 영향이 미치지 않을 수 없다는 확신을 갖게 된다"**(17)**

나고야 간나가라교회 지붕 위 기와와 처마에 두 개의 '팔각 기쿠쿠즈시 몬'(八角菊くずし紋)이 연출돼 있다 **(좌)**. 나고야 간나가라교회 지붕 기와의 '팔각 기쿠쿠즈시 몬'(八角菊くずし紋)**(우)**

'간나가라'(神ながら)의 개념은 도쿄제국대학 법학부에서 국체이론과 신도사상을 가르친 가케이 가쓰히코(筧克彦, 1872-1961)의 '고신도'(古神道)에 기초한 '간나가라의 길'(神ながらの道) 강조를 통해 더욱 권위를 얻고 확산되기도 했다. 내무성 신사국(內務省神社局)이 발행한 『간나가라의 길』(神ながらの道, 1925)을 직접 집필하기도 한 가케이는 호즈미 야쓰카(穗積八束), 우에스기 신키치(上杉愼吉) 등의 천황주권설(天皇主權說)을 계승하여 천황 중심의 신도적 국가주의자로서 황국정신의 고양에 힘썼다. 그는 천황의 신격을 믿고 현신인 만세일계의 천황이 다스리는 일본제국이 인류세계를 통일하고 지배하는 것이 당연함을 강조하였다. 제국의 힘이 맹위를 떨치던 만주에서 발생한 '간나가라교'와 같은 신종교도 바로 이러한 흐름 위에 있으며, 자연스럽게 그 상징 문양으로 천황을 의미하는 '팔각 기쿠쿠즈시 몬'(八角菊くずし紋)을 사용한 것이다. 그리고 그 안에 태양을 상징하는 히노마루(원)를 그리고 천황만이 참된 신이라는 의미의 '신'(神)을 적어 넣었다. 해방 직후 서울시가 제정한 상징 마크와 실로 흡사하다.

조선총독부(1926)와 경성부청(1926), 그리고 충남도청(1932) 등이 세워지던 시기, 일본에서도 '팔각 기쿠쿠즈시 몬'(八角菊くずし紋)은 건물 곳곳에서 연출되고 있다. 우선 도쿄제국대학과 더불어 제국을 이끌 인재를 양성하는 목적으로 세워진 교토제국대학의 시계탑 건물이다. 1925년에 다케다 고이치(武田五一)의 설계로 완공된 이 건물 첨탑에는 천황을 상징하는 국화문을 따른 시계와 양 옆에 타일로 '팔각 기쿠쿠즈시 몬'(八角菊くずし紋)을 두 개씩 연출하여, 4면을 모두 합치면 8개가 연출되고 있다. 제국일본의 국립대학들 중에는 시계탑 건물을 12엽 국화문으로 연출한 사례가 교토대학, 고베대학 등 더러 있는데, 천황 16엽, 황실 14엽 이외에도 12엽, 10엽, 8엽 등 경우에 따라서는 다양한 국화문양이 존재한다. 도쿄도의 도시마쿠(豊島区)의 경우도 12엽 국화문으로 구의 상징을 정하고 있다. 그러한 국화 디자인 아래에서 교토제대 법학부와 경제학부 학생들이 주로 오랜 세월 공부하였다. 설계자 다케다는 1897년에 도쿄제대를 졸업한 직후 일본 전통 건축의 대가였던 이토 추타(伊東忠太, 1867-1954)와 함께 타이완신궁(台湾神宮, 1898)을 설계하였을 만큼 제국적 가치의 팽창과 전파에 관심이 높은 인물이었다.

특히 이때 함께 호흡을 맞춘 이토는 가시하라신궁(橿原神宮, 1890), 헤이안신궁(平安神宮, 1895), 구신궁사청사(旧神宮司庁舎, 1903), 미야자키신궁(宮崎神宮, 1907), 카라후토신궁(樺太神社, 1912), 신슈신도생명보험(真宗信徒生命保険, 1912), 도쿄대학정문(東京大学正門, 1912), 메이지신궁(明治神宮, 1920), 조선신궁(朝鮮神宮, 1925), 야스쿠니신사류슈칸(靖国神社遊就館, 1930), 법화경사성교전(法華経寺聖教殿, 1931), 야스쿠니신사신문(靖国神社神門, 1933), 야스

교토대학(京都大学)의 국화문양 시계와 양쪽에 타일로 그려져 있는 '팔각 기쿠쿠즈시 몬'(八角菊くずし紋). 옛 고베고등상업학교였던 고베대학 본관의 시계도 국화문양으로 디자인되어 있다. 도쿄도 도시마구(豊島区)의 12엽 국화문 상징.

구 동본원사 목포 별원의 현재 모습. 현관 위에 히노마루가 돌출되어 희미한 흔적을 확인할 수 있다.

제9장: 조선의 심장에 이식된 국화, 그리고 팔굉일우 243

쿠니신사 석조거(靖国神社石鳥居, 1934), 쓰키치본원사(築地本願寺, 1934), 고마신사(高麗神社, 1935) 등 수많은 신도 및 불교 사원을 건설했다. 특히 앞서 소개한 '팔각 기쿠쿠즈시 몬'(八角菊くずし紋)은 그가 설계한 니시혼간지의 직할사원(直轄寺院)이기도 한 쓰키치본원사(築地本願寺)에도 곳곳에 각인돼 있다. 1920-30년대에 제국이 안정기에 접어들고, 만주사변 이후 점차 팽창 의욕이 고조되던 때에 이러한 상징이 건축물에 더욱 강조되는 것이 아닐까 싶다. 당연히 조선총독부(1926), 경성부청(1926), 충남도청(1932) 등의 건물에도 이러한 건축 장식의 경향이 영향을 미친 결과로서 생각된다.

니시혼간지는 아니지만 목포의 히가시혼간지 별원 건물(1930년대 건립)은 지금도 잘 보존돼 있다. 눈길을 끄는 것은 현관 정면에 돌출된 히노마루가 연출돼 있다는 것이다. 패전 이전까지는 빨갛게 칠하여 히노마루임을 선명히 했다고 한다. 흥미로운 일은 이 사찰 건물이 1957년부터 2007년까지 50년 동안 '한국기독교장로회 목포중앙교회' 예배당으로 사용되면서 히노마루 부분을 채색하지 않아, 지금은 돌출된 원형 부분만이 옛 모습을 상상하게 한다. 이처럼 일본 불교로서의 정체성이 강하였던 조도신슈는, 한반도에 와서도 국화문과 히노마루를 각별하게 강조하였고, 그러한 성격은 조선총독부 등의 건축 상징에도 상호 영향을 미쳤을 것으로 보인다. 러일전쟁의 기지였던 마이즈루 해군기지에도 '팔각 기쿠쿠즈시 몬'(八角菊くずし紋)과 흡사한 문장이 사용되고 있는 걸 보면, 이 문장 형식은 일본의 정부, 군부, 종교 등에서 폭넓게 수용되고 선호된 것임을 알 수 있다.

구 해군기관학교 대강당(旧海軍機関学校大講堂, 1933)의 팔각 국화문. 현재는 해상자위대 마이즈루지방총감부(海上自衛隊舞鶴地方総監部) 대강당 및 해군기념관(海軍記念館) 건물로 사용 중이다.

'팔각 기쿠쿠즈시 몬'(八角菊くずし紋)과 팔굉일우

기독교 쪽 건축도 이러한 영향을 받은 것으로 보인다. 일본 간사이 지역 최초의 프로테스탄트 교회인 '구 일본조합교회 고베교회'(현 일본기독교단 고베교회)도 1932년에 하라토카 준페이(原科準平)에 의해 신축 예배당을 완공하였다. 일설에 의하면 그 기본 설계 및 의장(意匠)이 건축사학자인 고우다 미노루(古宇田実, 1879-1965)에 의한 것이라고 전해진다. 고베교회의 역사를 개관할 수 있는 『근대일본과 고베교회』(近代日本と神戸教会, 1992)를 보면, "교회건축은 그 시대의 문화, 사상의 반영이며, 또한 교회의 소장(消長), 신앙의 표현이다"**(18)**라고 말하고 있다. 그런데 이 예배당의 2층 예배당 천장에도 '팔각 기쿠쿠즈시 몬'(八角菊くずし紋)을 연상시키는 구조물이 연출돼 있다. 건축사학자이자 일본 전통 정원 연구가이기도 했던 고우다 미노루는 1919년에는 문부성 유학생으로서 건축 장식 연구를 위해 인도, 영국, 프랑스, 이탈리아, 미국 등을 순회한 바 있다. 1922년에 귀국한 직후부터는 갓 출범한 고베고등공업학교(현 고베대학 공과대학) 교수가 되었고, 1929년에는 동교 교장으로 취임한다. 이후 1935년에는 만주국 등지에 출장을 나갔다가 1937년에 갑자기 세상을 떠난, 앞서 소개한 다케다 고이치(武田五一)의 후임으로서 호류사 국보 보존공사(法隆寺国宝保存工事) 사무소장을 겸임할 정도의 각별한 사이였다. (다케다는 앞에 소개한 교토대학 시계탑 설계자였다.) 고우다는 불교 신앙이 깊어 매일 불단에 무릎 꿇고 독경할 정도였고, 손님의 상당수도 승려였다고 전한다. 그러한 인물이 고베 지역을 대표하는 프로테스탄트 교회의 설계에 관여한 것은 특별한 의미가 있다.

일본기독교단 고베교회 천정의 팔각 국화문

1930년대 이후 일본의 전통 종교 및 신화를 기독교와 일치시키는 데 앞장선 조합교회 내부의 분위기를 생각할 때, 그 교회 천장에 연출된 '팔각 기쿠쿠즈시 몬'(八角菊くずし紋) 또한 그 시대를 반영한 하나의 결과물이 아닐까.

미국인 기독교인 건축가 윌리엄 M. 보리스의 건축도 1929년의 관세이가쿠인대학과 1933년의 고베여학원 건축에서 '팔각 기쿠쿠즈시 몬'(八角菊くずし紋)을 두드러지게 연출하고 있다. 보리스는 8년 뒤인 1941년 오미하치만의 신사에서 일본인으로 귀화하는 의식을 치르면서 '화족(華族)인 히토쓰야나기 수에노리(一柳末德) 자작(子爵)의 딸 마키코(滿喜子) 부인의 성을 따서 히토쓰야나기 메레루(一柳米来留)라는 일본 이름을 갖게 된다. 메레루(米来留)는 "미국으로부터 와서 머물다"(米国より来りて留まる)라는 의미였다. 이후 일본이 패전하고, 천황제의 존립이 기로에 섰을 때, 연합군사령관 맥아더와 고노에 후미마로(近衛文麿) 총리 사이에서 중계역을 도모하여 결국 천황제를 지켜내는 데 공헌하여 "천황을 지킨 미국인"(天皇を守ったアメリカ人)이라 불린다.

이들 건축가들의 모습을 살펴보면, 개인 윤리적 측면에서는 그 지각과 신앙 등이 모범적이었다고 볼 수 있다. 하지만 개인적 인격이 아무리 성숙한 단계에 도달해 있었다 할지라도 1931년 만주사변 전후, 더욱 고조되어 가던 제국 일본의 팽창과 번영 앞에서 그 현상을 자연스럽게 긍정하며 그 풍조에 쉬이 동류한 것은 다른 문제일 수 있다. 이번 글에서 기묘하게 관통하는 숫자가 바로 '8'이다. 사방팔방으로 제국 일본의 영역이 확대되어 가는 것을 한눈에 인식하고 확신하게 만드는 것이 바로 '슬로건'과 '상징'이다. 그런 면에서 한국의 조선총독부, 경성부청, 충남도청 등에서 발견되어 여전히 한국 사회에 논쟁을 불러일으키고 있는 팔각 마크의 정체는 '팔각 기쿠쿠즈시 몬'(八角菊くずし紋)의 식민지로의 전파가 아니었을까?

바로 앞에 소개한 고노에 총리는, 중일전쟁 발발 직후인 1937년 11월에 정부 팜플렛(パンフレット) 제목을 '팔굉일우의 정신'(八紘一宇の精神)으로 발표한 바 있으며, 이후 '황기 2600년'이라 기념하던 1940년에는 내각결정문서(閣議決定文書)로 발표한 〈기본국책요강〉(基本国策要綱, 7월 26일)에서 "황국(일본제국)의 국시는 팔굉을 일우(八紘ヲ一宇)하는 조국(肇国)의 대정신에 근거하여 세계 평화의 확립을 초래한다"라고 강조한 바 있다. 그보다 앞서 불교 니치렌슈(日蓮宗)에서 파생된 '국주회'(国柱会)를 일으킨 다나카 지가쿠(田中智學)는 1913년부터 이미 '팔굉일우'(八紘一宇)의 실현을 주창하고 있었다.

이 모든 과정은 과연 우연이기만 한 걸까? 한국과 일본에 새겨진 수많은 문장들은 여전히 우리에게 질문을 던지고 있다.

관세이가쿠인대학 시계탑(**좌**, 1929)과 고베여학원(**우**, 1933)의 팔각 국화문

제3부: 불공(不共)의 하늘인가?
해량(海諒)의 바다인가?

제10장: 오동잎, 그 쓸쓸함에 대하여

한국과 일본의 '오동잎'

오동잎 한 잎 두 잎 떨어지는 가을밤에
그 어디서 들려오나 귀뚜라미 우는 소리
고요하게 흐르는 밤의 적막을
어이해서 너만은 싫다고 울어대나
그 마음 서러우면 가을바람 따라서
너의 마음 멀리멀리 띄워 보내 주려므나

1976년에 한국에서 발표된 최헌(崔憲, 1948-2012)의 노래 오동잎(桐の葉)의 가사이다.[1] 오동잎이라는 말을 들으면 수많은 한국인들은 이 노래를 떠올리며 노랗게 물든 오동잎과 함께 가을의 쓸쓸함에 젖어들곤 한다. 하지만 일본인들에게 오동잎은 일본을 대표하는 특별한 역사적 의미를 지니며 동시에 한일의 불행한 역사를 상기시키는 상징이기도 하다.

일본에서 오동잎 상징을 가장 먼저 마주하게 되는 곳으로 복잡한 한일 관계의 원점이라할 수 있는 교토의 귀무덤(耳塚)을 들 수 있다. 임진왜란과 정유재란 때 일본군이 전적을 증명하기 위해 죽인 조선인의 코와 귀를 소금에 절여 가져와 묻은 곳이다. 원래 이름은 '코무덤'(鼻塚)이었으나 곧 '귀무덤'(耳塚)으로 바뀐다. 직접 참전하여 조선에 왔던 오카와우치 히데모토(大河内秀元, 1576-1666)의 『조선이야기』(朝鮮物語)를 보면 "(코와 귀를 베인 것은) 조선인 18만 5,738명, 중국 명나라군 2,914명 총합계 21만 4,752명이 된다. 고니시 유키나가의 군대에서는 머릿수 879명의 조선인 코를 베었다"[2]는 기록이 나오며, 『조선일기』(朝鮮日記)에서는 "판관(…)은 대장이라 목은 그대로, 그 외에는 모두 코를 잘라 소금과 석회와 함께 항아리에 넣어(…) 일본으로 진상했다"[3]라고 썼다. 조선의 유학자 류성룡이 쓴 『징비록』은 "왜놈들은 조선인을 보기만 하여도 코나 귀를 베어갔다. 전투가 극심했던 경상도 일대에는 코나 귀가 없는 조선 백성들이 많았다"고 기록했는데, 1614년에 실학자 이수광이 편찬한 백과사전인 『지봉유설』에도 같은 내용이 나온다.

이런 잔인한 행위를 명령한 인물은 도요토미 히데요시였다. 그는 가져온 코와 귀의

교토의 귀무덤에서 보이는 도요쿠니 신사의 도리이

숫자만큼 공로를 인정해 포상했다. 귀무덤 바로 위쪽에는 도요토미를 제신으로 모신 도요쿠니 신사(豊國神社)가 위치해 있다. 이토 히로부미를 초대 총리로 시작된 메이지 정부(1868)는 대륙 침략 정책을 정당화하기 위해 300년 전 조선 정벌을 찬미하며 에도시대 200년간 봉인돼 있던 도요토미 히데요시의 영웅담을 새롭게 창작하여 나라 전체에 확산시켰다. 1890년에는 옛 후쿠오카(福岡) 번주 구로다 나가시게(黑田長成) 후작(侯爵)을 회장으로 한 도요구니회(豊国会)가 결성되어 도요토미의 현창 사업이 정부의 지원 하에 대대적으로 착수되었다. 국민적 모금을 통해 교토(京都)의 히가시야마(東山) 지역을 정비하여 도요쿠니 사당(豊国廟)과 도요쿠니신사(豊国神社) 등을 화려하게 재건하였고, 도요토미 히데요시 사후 300주년을 기념한 1898년에는 교토에서 거대한 대제례(大祭礼) 행사가 거행되었다. 이 때 군중들은 「히노데신문」(日出新聞, 현 京都新聞)에서 활동하던 언론인 가네코 시즈에(金子静枝, 1851-1909)가 쓴 다음 노래를 부르며 거리를 행진하였다.[4]

元はいやしき民家に出て神に祭らる人は誰　ホーコウサンドエライ御威徳

朝鮮八道せめ立てられて唐土が怖がる人は誰　ホーコウサンドエライ御威徳

상놈들까지 모두 나와 신으로 모시는 그 분은 누구신가? 봉공님(奉公さん = 히데요시)의 그 위덕이 참으로 대단하다!

조선팔도 몰아 세워 당토(唐土=대륙)마저 두려워 한 그 분은 누구신가? 봉공님(奉公さん)의 그 위덕이 참으로 대단하다!

필자 주　이 노래의 마지막에 나오는 말, '호코우산(ホーコウサン)'은 '봉공님'(奉公さん) 즉 도요토미 히데요시를 말하며, '도에라이'(ドエライ)는 '대단하다. 훌륭하다'라는 뜻의 '에라이'(偉い)에

도요쿠니 신사의 본전 앞의 도요토미 히데요시 좌상과 그 뒤 본전 지붕 위에 새겨져 있는 고시치노기리 문장

'도'(ど)를 붙여 강조한 간사이(関西)지역 등에서 사용하는 방언이다. '온이토쿠'(御威徳)라는 말은 주로 천황(天皇)이나 귀인(貴人) 등 위엄과 덕을 모두 갖춘 인덕을 일컫는 말로서, 불교나 신도에 있어서는 신이나 부처가 가진 공덕이나 불가사의한 힘을 말한다. '고리야쿠'(御利益)라는 말로도 쓰인다. 여기서는 도요토미 히데요시의 찬양에 사용되었다.

한일강제병합을 이룩한 직후인 1912년에는 도요토미 히데요시의 대륙 침공을 찬양하는 소학교용 찬가가 만들어져 보급되는 등, 정부의 대륙 침략 정책의 강화 속에서 이런 분위기는 더욱 강화되어 갔다. 무관심 속에 방치되었던 귀무덤은, 이러한 도요토미 숭배 풍조 속에서 재건된 도요쿠니 신사를 장식하기 위한 전리품으로 그 주변이 새롭게 정비된다. 억울한 조선인 희생자에 대한 원혼을 달래기 위한 사업이었다기 보다는 가해자 도요토미의 장식품으로 마지막까지 모욕을 당하며 이용된 것이다.

그러한 도요쿠니 신사에 들어서면 곳곳에 오동잎과 꽃을 형상화 한 '기리몬'(桐紋) 혹은 '도카몬'(桐花紋)이 보인다. 일본의 500엔짜리 동전에 그려져 있는 바로 그 참오동나무의 잎과 꽃이다. 일본 육사를 나와 관동군 장교로 천황을 위해 부역했던 인물이 '메이지유신'에서 이름을 따온 '유신헌법'을 통해 폭압적 독재를 일삼던 한국의 70년대. 그 때의 서글픈 정서를 대표하던 노래가 '오동잎'이었다. 일본 교토의 도요토미 히데요시와 함께 오동잎은 단순하지 않은 한일의 복잡한 역사를 새삼 느끼게 한다.

일본의 '기리몬(桐紋) = 도카몬(桐花紋)' 그 유래와 역사

기리몬(桐紋) 혹은 도카몬(桐花紋)은 오동나무의 잎이나 꽃을 상징으로

고산노기리(五三桐)와 고시치노기리(五七桐)

제10장: 오동잎, 그 씁쓸함에 대하여

고시치노기리(五七の桐) 화문(花紋)이 그려진 가미시모(裃, 옛 무사의 예복)을 입은 오다 노부나가(織田信長) 그림. 가노 쇼슈(狩野宗秀, 1551-1601)가 그린 오다 노부나가 존영(1583년작)

도안화 한 가문(家紋)을 총칭하는 것이다. 3개의 곧게 선 꽃과 세 장의 오동잎(直立する花序と3枚の葉)이 기본 도안이다. 꽃의 수가 3-5-3의 고산노기리(五三桐)와 꽃 수가 5-7-5인 고시치노기리(五七桐)가 일반적으로 많이 사용되었다.

고대 중국의 고전 『시경』(詩経)의 '대아·권아'(大雅·卷阿)에는 "봉황명의(鳳凰鳴矣), 于彼高岡(우피고강) / 梧桐生矣(오동생의), 于彼朝陽(우피조양)"이라는 말이 나오고, 『장자』(荘子)의 추수편(秋水篇)을 보면 "봉황은 오동 나무에만 머문다"(鳳凰は梧桐の木にしかとまらない)라는 말이 나온다. 오동나무는 성천자(聖天子)의 출현을 기리며 세상에 출현한 서조(瑞鳥)인 봉황이 머무는 나무라는 뜻이다. 이러한 고전의 영향을 받아 사가 천황(嵯峨天皇, 786-842) 때부터 일본 황실에서 천황의 옷과 식기구 등을 중심으로 국화 문장과 함께 기리몬(도카몬)이 사용되었다는 설이 있다. 하지만 일본의 도카몬(桐花紋)은 중국과 달리 현삼과(玄蔘科)에 속하는 백동(白桐)을 문양화(紋様化)한 것이 특징이라 할 수 있다.

원래는 황실에서만 사용하던 기리몬(도카몬)이었지만, 무로마치 막부나 도요토미 히데요시 등 황실 이외의 전국 시대 다이묘들도 사용하기 시작했다. 그 영향으로 황실은 국화 문장만을 상징으로 활용하게 되었다. 특히 도요토미 히데요시가 사용한 기리몬(桐紋)이 유명한데, 그것은 원래 오다 노부나가(織田信長)가 무로마치 막부 제15대 쇼군 아시카가 요시아키(足利義昭)로부터 받은 하사문(下賜紋)으로 그것을 다시 노부나가가 히데요시에게 전달한 것이었다. 이처럼 도요토미가 옷과 화폐 등에 애용한 것을 계기로 기리몬(오동잎 상징)은 일본을 대표하는 상징으로 자리잡게 된다. 위에서 살펴본 도요쿠니 신사와 귀무덤에 얽힌 한

도요토미 히데요시 집안이 사용한 고시치노기리. 다이코기리(太閤桐)라고 불리었다.

일의 역사를 돌이켜 보면, 도요토미 집안의 기리몬은 분명 한일 관계의 복잡한 역사를 드러내는 상징임에 틀림없다.

다이코기리(太閤桐)라고 불리는 도요토미가 사용한 기리몬은 이후에도 큰 영향을 미쳐 에도 시대(1603-1868)에 접어들면서 기리몬은 서민부터 다이묘에 이르기까지 널리 사용되기 시작했고, 모두 473개의 가문이 이 문장을 사용하였다.

이화가 떨어진 자리에 오동꽃이 심기다

대례복(大礼服) 차림의 하라 다카시(原敬, 1856-1921) 총리대신의 모습. 대례복에는 고시치노기리(五七の桐) 문장(紋章)이 수 놓여 있다.

1869년 메이지 정부는 태정관포고(太政官布告)를 통해 국화 문장 등의 사용 규정을 명기하였지만, 기리몬에 대해서는 1884년에 특별한 제한 조건 없이 관보에 게재하였다. 그러한 이유로 더욱 사용 폭이 확대되었다. 대표적으로 1872년에는 메이지 정부가 중요 공식의례에 착용할 예복으로서 '대례복'(大礼服)을 제정(太政官布告「大礼服制」)하였는데, 칙임관(勅任官)은 그 상의에 고시치노기리(五七の桐) 문장을 사용하기 시작한다. 1875년에는 욱일장(旭日章) 훈장이 제정되면서 그 안에 도카몬이 반영되었고, 이후 비자나 여권, 서류나 동전 등에도 폭넓게 사용된다.

고치치도카몬(五七桐花紋)은 정치적 의미에서 볼 때 '십육팔중국'(十六八重菊) 문장 다음 단계를 표현하는 황실(皇室)과 조정(朝廷)의 부문(副紋)의 성격을 지니게 되어 고시치노기리(五七の桐)가 널리 사용되었다. 그런 맥락에서 황궁 경찰본부(皇宮警察本部)나 법무성(法務省)은 좀더 격이 낮은 고산노기리(五三桐) 문장을 사용하였다.

메이지 시대의 10엔 금화 뒷면의 국화 문장(菊紋)과 고시치노기리 문장(五七の桐紋)과 현재 사용 중인 500엔 동전의 앞면에 그려진 기리몬(桐紋)

이후 제국의 확대로 설치

단순화한 형태의 기리몬을 표현한 대만총독부의 문장(좌)과 전통적인 고시치노기리를 사용한 조선총독부의 문장(우). 조선총독부의 이 마크는 관보나 서류 등을 봉할 때 사용하던 봉함지(封緘紙, seal)의 문양을 재현한 것이다.

된 대만총독부(台湾総督府)와 조선총독부(朝鮮総督府)의 공식 문장으로도 기리몬이 채택되었다. 약간 변형된 모습의 대만총독부 기리몬과 달리 조선총독부는 전형적인 고치노기리 문장을 사용하고 있다. 에도 막부를 타도하고 새롭게 출범한 메이지정부는 근세 '정한론'에도 영향을 받아 과거 도요토미 히데요시가 시도하였다가 실패한 대륙진출의 역사에 다시 주목한다. 대륙의 발판인 한국의 침략과 지배는 도요토미의 유지를 받들어 그가 이루지 못한 꿈을 다시 달성하는 역사적 과제로 여겼다. 이윽고 한일강제병합이 체결되었을 때, 조선총독부의 초대 총독이 되는 데라우치 마사타케(寺内正毅)는 통감저(統監邸)에서 축하연(祝宴)을 열고 다음과 같은 단가(短歌)를 읊었다.

"고바야카와(小早川), 가토(加藤), 고니시(小西)가 지금 살아 있다면, (일본에 병합된 조선의) 이 밤 하늘에 뜬 달을 어떤 기분으로 바라 보실까?"「小早川·加藤·小西が世にあれば、今宵の月をいかにみるらむ」**(5)**

한일강제병합 조약이 체결된 1910년 8월 22일은 음력으로 7월 18일이었기 때문에 그날 밤 뜬 달은 거의 만월에 가까운 상태였을 것이다. 만월은 저녁부터 떠오르기 시작하므로 축하 연회 때는 선명한 달을 목격할 수 있었을 것이다. 고바야카와 다카게(小早川秀秋), 가토 기요마사(加藤清正), 고니시 유키나가(小西行長) 등은, 한일강제병합 300여 년 전 도요토미의 명을 받아 조선에 출병하였다가 패배를 당해 돌아온 대표적 다이묘들이다. 과거의 도요토미는 조선 정벌에 실패했지만, 데라우치 등 자신들은 그 목표를 마침내 이루었다는 성취감에 가득 차 있었음을 보여준다. 여기서 데라우치는 임진왜란 당시의 대표적 왜장 시마즈 요시히로(島津義弘)에 대해서는 언급하지 않는다. 조슈번(長州藩, 현재 야마구치현) 출신의 데라

고마쓰 미도리(小松緑)

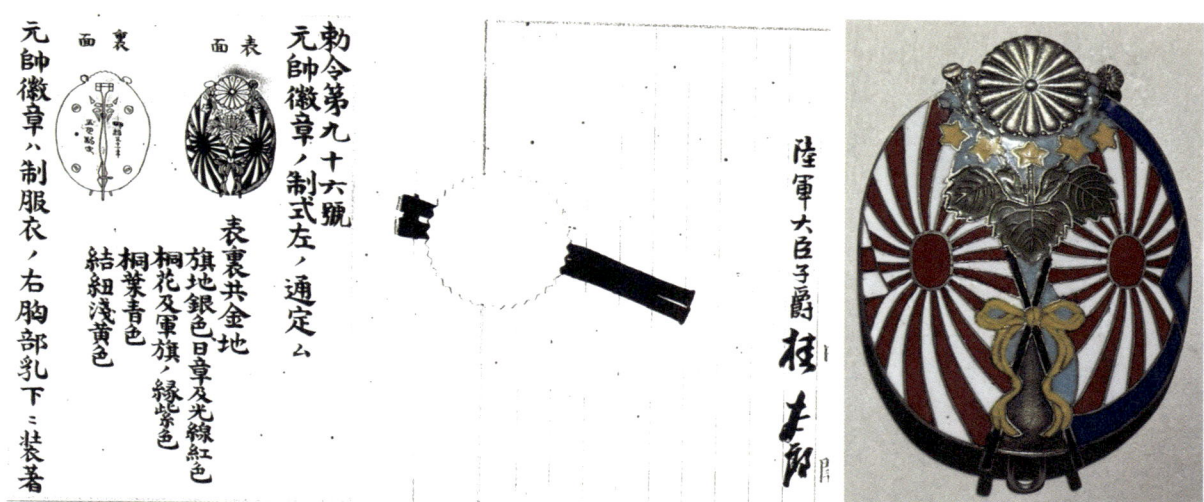

1898년 이토 히로부미 내각에서 육군대신으로 임명된 가쓰라 다로(桂太郞)가 제정할 당시의 칙령과 실제로 제작된 육해군 원수(元帥) 휘장. 국화와 욱일기 사이에 기리몬이 그려져 있다. 가쓰라는 을사늑약의 배경이 된 미국과 일본 사이의 가쓰라-테프트 밀약(1905)의 장본인이기도 하다.

우치로서는 사쓰마(薩摩)의 시마즈 벌(島津閥)에 대해서는 배제 의식이 있었기 때문으로 보인다. 시 낭송이 끝나자 외무부장 고마쓰 미도리(小松綠)는 답가로 다음과 같이 시를 읊는다.

"다이코(太閤=도요토미)를 지하로부터 불러 모시듯 고려의 산 위에 높이 솟는 히노마루(日の丸)여!"

「太閤を地下より起こし見せばやな高麗(こま)やま高くのぼる日の丸！」 **(6)**

현대 일본어로 좀 바꿔 읽어 보면, "다이코(도요토미) 전하를 부활시켜 보여 드리고 싶도다! 조선의 산 봉우리에 높이 휘날리는 히노마루(日の丸)를!"(太閤殿下を蘇らせ見せ申し上げたいものだ, 朝鮮の山々に高く翻る日の丸を！) 정도가 되겠다. 고마쓰는 데라우치의 '달'에 대한 응답으로써, 일본의 국기 상징인 '히노마루'를 대비시키고 있다. 그러자 좌중은 모두 "다이코(도요토미) 이래의 숙원이다"(太閤以来の宿願である)라며 조선 정복의 꿈이 실현된 것을 기뻐했다고 전한다.

하지만 이러한 자아도취적 연회 분위기와는 달리 부당한 일본의 한일강제병합을 한탄하고 슬퍼하는 시를 쓴 사람이 있다. 메이지 시대의 생활파(生活派) 문학가 이시카와 다쿠보쿠(石川啄木, 1886-1912)이다. 에도시대까지의 일본 단카(短歌)나 하이쿠(俳句)는 원래 산천초목(山川草木)이나 화조풍월(花鳥風月) 등 자연을 노래하는 시젠에이(自然詠)가 일반적

제10장: 오동잎, 그 쓸쓸함에 대하여　257

이시카와 다쿠보쿠(石川啄木)

이었다. 하지만 인생과 사회 현상에 대해 노래하는 샤카이에이(社会詠)라는 문학 장르가 새롭게 등장했는데, 그 중심 인물이 바로 다쿠보쿠였다. 그는 한일강제병합 소식을 듣고 다음과 같이 노래하였다.

"지도상의 조선국에 새까맣게 먹물을 바르며 가을 바람을 듣노라."
「地図の上 朝鮮国にくろぐろと 墨を塗りつゝ 秋風を聴く」[7]

"조선의 지도에 먹을 칠한다는 것"은 조선이 일본령으로 전락했다는 것이며, "가을 바람을 듣는다"는 표현은 이웃 나라의 침략에 대해 일본인으로서 느끼는 비애와 한탄의 감정이다. 그는 앞으로 닥칠 조선 민족의 고난과 동북아시아의 암운을 감지했던 것이다. 최근 곤도 노리히코(近藤典彦)가 그의 노래 여러 편이 한일강제병합에 대한 비판의 의도로 썼을 가능성을 연구한 바 있으며, 이 단가에서도 '조선'이 아니라 굳이 '조선국'이라고 '국'(國)을 과감하게 사용한 것도 같은 의도라는 것이다.[8] 도코로 유미(所由美)는 다쿠보쿠가 폴란드의 멸망에 깊은 동정을 품었던 점이나 이토 히로부미를 암살한 안중근에게 극형이 내려지지 않기를 바라며, "사명을 완수하는 자가 걷는 길을 그르치게 하는 일은 있을 수 없다"(事に当たる者の其途を誤る勿らん事を望まずんば非ず)라면서 선처를 호소한 것 등을 밝히기도 하였다.[9]

1922년(大正11)에 발행된 문부성검정중학교 제5학년(文部省検定中学校第5学年) 교과서인 『신체일본역사(新體日本歷史)』에는 한일강제병합을 고대 시기에 천황이 행하였던 조선 정벌의 역사를 계승한 새 역사라고 다음과 같이 기술하고 있다.

교과서 『신체일본역사』(新體日本歷史)에 실린 데라우치 마사타케

"메이지 43년(황기 2570년) 8월 통감 데라우치 마사타케는 한국 내각 총리대신 이완용과 협의하여 병합조약을 체결하고, 이에 근거하여 천황(天皇)은 한국 황제로부터 그 일절의 통치권을 영구히 양도받았다.(…) 덴지천황(天智天皇)의 시대에 일단 우리나라의 지배로부터 벗어났던 한반도도 다시 우리 오오기미(大君=천황의 높임말)의 미이쓰(御稜威=천황의 위세)에 순종하게 되었다."**(10)**

'시정5년 기념 조선물산공진회' 당시 발행된 데라우치 총독과 관료들의 모습을 표현한 엽서에 조선총독부의 심볼로 정해진 고시치 노기리가 함께 묘사돼 있다.

『일본서기』(日本書記)에 등장하는 진구황후(神功皇后)에 의한 임나일본부설(任那日本府說)을 한일강제병합의 역사로 연결시켜 가르치는 등, 병합의 정당성을 도요토미를 넘어서 고대사로까지 확대하려는 의도가 당시의 교과서에서도 확인된다.

어찌 됐든 도요토미의 꿈을 다시 실현한 조선총독

조선총독부 고시치노기리(五七の桐) 문장, 1911년 6월 9일자, 총독부 관보에 고시된 도판.

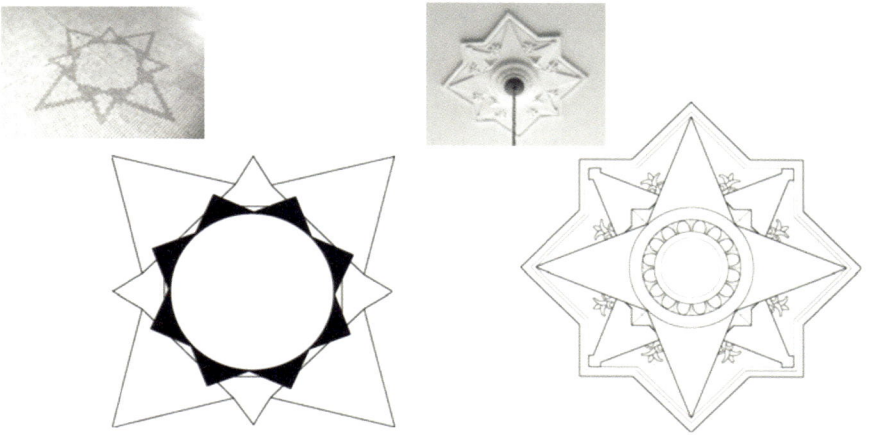

충남도청 1층 로비 바닥과 2층 천정의 기리몬. 바닥 기리몬의 안쪽 검은색 마크와 천정 기리몬의 전체 모양은 '팔각 기쿠(菊)쿠즈시몬'과도 겹친다(김민수의 논문에서 재인용).

제10장: 오동잎, 그 씁쓸함에 대하여 259

부는 도요토미 히데요시의 가문 문장으로 유명해진 '기리몬'을 공식 문장으로 정하기에 이른다. 1911년 6월 9일 「관보」에 공포한 '조선총독부 및 그 소속관서 직원의 금장에 관한 부령(제69호)'이 그 의도를 엿보게 한다. 이 훈령의 요지는 총독부 소속 관서의 모든 직원들은 제복 옷깃에 오동꽃 문양의 금장(襟章, 에리쇼)을 부착해야 한다는 것이다. 각 소속 관서에 따라 적용해야 할 문장의 도안도 명살해 놓았다. 무단통치 초기인 1911년 5월 31일에 제복 착용 후 칼도 지참하도록 직원복제에 관한 칙령을 공포하였는데, 10년 후인 3.1운동 직후 이 훈령은 엄격한 무단통치의 대표적 사례로 여겨져 칙령 제403호(1919. 8 .19. 공포)에 의해 폐지되었다. 이처럼 1919년 말에 제복 등의 직원복 규정에서 황실과 도요토미 가문을 주로 상징한 고시치노기리 문장은 폐지되었지만, 1932년에 세워진 충남도청사 건물 내부 등에서는 여전히 조선총독부 문장의 대표적 상징 요소로 건물 각 처소에 반영된다.(11) 김민수는 다음과 같이 충남도청사의 기리몬 문양을 설명하고 있다.

"도청사 내부 문양이 궁극적으로 총독부 문장의 핵심요소인 오칠동꽃(고시치노기리)을 통합시켜 완성된 것임을 말해주는 것이다. 흥미로운 것은 5장의 오동꽃 사이에 솟아오는 7장의 오동꽃을 꽃술 형태의 꼭지점이 있는 큰 삼각형으로 추상화 시킨 점이다. 한데 이 삼각형 속에는 또 다른 오칠동꽃의 씨앗이 움트고 있다. 이는 오칠동꽃의 끊임없는 발아 과정을 형상화한 것으로, 결과적으로 4방향으로 뻗어 나간 삼각형의 꼭지점을 연결해 2개의 엇겹친 4각형을 형성하고 8각의 안목각을 구축함으로써, 마침내 4방8방으로 욱일승천하는 팽창의지를 확고이 한 것이라고 할 수 있다. 즉, 샹들리에를 고정시킨 천장 지지대의 가운데 원형은 일본의 태양을 뜻하는 히노마루, 곧 천황을 표상하고, 이로부터 4방8방으로 뻗어 나가는 제국주의의 햇살 속에 4개의 오칠동 꽃이 피어나는 상징성을 집약한 것이다."(12)

쓰쿠바대학의 현재 심볼 마크

이처럼 일본 제국주의의 무한 팽창을 기원하는 또 하나의 상징으로 활용된 고시치노기리는, 재일동포들이 주된 대상이 되어 강요되었던 초기의 외국인등록증에도 지문날인을 가리는 비닐 커버로 사용되었다. 교토 도요쿠니(豊国) 신사 앞의 귀무덤의 역사가 여전히 일본 땅에서 서글픈 핍박의 역사로 이어진 것 같아 쓸쓸함을 금할 수 없다.

도쿄고등사범학교 시절 육상부 활동을 하던 시기의 김교신(2열 왼쪽에서 첫번째). 모든 학생의 가슴에 기리몬이 그려져 있다(김교신기념사업회).

김교신의 가슴을 후벼 판 기리몬과 손기정이 가린 히노마루

한편, 기리몬은 일본의 대표적인 국립대학인 쓰쿠바대학(筑波大学)의 공식 마크이기도 하다. 이 학교의 전신인 옛 도쿄고등사범학교는 메이지 천황으로부터 고산노기리(五三の桐) 기리몬을 공식적으로 하사 받아 이후 교장(校章)으로 애용하게 되었다. 과거 이 학교에 유학한 대표적인 한국인으로서는 우치무라 간조의 제자이자, 한국의 대표적인 기독교 운동가 및 교육가인 김교신과 함석헌 등을 들 수 있다. 특히 김교신은 유명한 '성서조선 사건'으로 조선총독부로부터 극심한 탄압을 겪은 민족 운동가이기도 하다.

그가 도쿄고등사범학교에 재학할 당시의 사진을 보면 육상부에서 소속돼 활동한 것을 알 수 있다. 그런데 유니폼의 가슴에는 커다란 고산노기리 문장이 선명하게 그려져 있다. 도요토미 히데요시와 일본 황실 등을 상징해 온 일본의 대표적 문장을 가슴에 붙이고 뛰면서 김교신은 어떤 생각을 했을까? 그는 '하나님의 섭리적 세계사관'[13]이라는 관념 하에서 하나님이 이스라엘을 징벌하기 위해 바빌론과 페르시아를 도구로 사용한 사실에 주목하였다. 김교신은 식민지로 전락한 "조선의 운명은 일시적인 황야의 시기"[14]이기 때문에 "일본도 하나님의 도구일 수 있다"고 믿었다.[15] 그래서 김교신은 광야를 방랑하던 이스라엘 백성과 조선인을 비교하였다.[16] 그러한 조선인이 다시 국권을 회복하기 위해서는 "조선인이 성서적 진리로 사는 백성, 즉 참 인간이 되어야 한다"고 김교신은 믿었다.[17] 즉 김교신에게 일본은 '영원한 제국'이 아니었다. 그는 "불공대천(不共戴天)의 철심(鐵心)"[18]으로 일본에 유학을 떠났다는 기록에서도 잘 나타나듯, 일본제국의 조선 지배는 반드시 종결되어야 하는 임시적 상태로 보았다. 그러한 믿음에 따라 일본에 대한 비판과 회개의 촉구를 이어간 김교신은, 엄혹한 전시체제 하에서 쓴 유명한 '조와'(弔蛙, 1942년 3월)를 발표한다. 마지막 부분이다.

> 봄비 쏟아지던 날 새벽, 이 바위틈의 빙괴도 드디어 풀리는 날이 왔다. 오래간만에 친구 와군들의 안부를 살피고자 담 속을 구부려서 찾았더니 오호라, 개구리의 시체 두세 마리 담꼬리에 부유하고 있지 않은가!
> 짐작컨대 지난 겨울의 비상한 혹한에 작은 담수의 밑바닥까지 얼어서 이 참사가 생긴 모양이다. 예년에는 얼지 않았던 데까지 얼어붙은 까닭인 듯, 동사한 개구리 시체를 모아 매장하여 주고 보니 담저(潭低)에 아직 두어 마리 기어다닌다. 아, 전멸은 면했나보다![19]

이 글과 같은 시기에 발표된 '부활의 봄'(1942년 3월)과 같은 논설은 「성서조선」의 폐간과 관련자들의 투옥으로 이어진 '성서조선사건'(聖書朝鮮事件)의 직접적인 원인이 되었다. 1년 간 투옥되며 고통을 감내하면서 김교신은 창씨개명도 마지막까지 거부하였다.[20]

도쿄고등사범학교 유학을 마친 김교신은 귀국 후에 양정고등보통학교의 지리 교사로 부임해 12년간 제자들을 양성한다. 당시 조선총독부는 조선의 학생들에게 "반도라는 지리적 위치 때문에 조선은 주체적으로 나라를 경영할 수 없으며, 일본의 식민지가 된 것은 숙명이다"라고 가르치도록 지도했다. 하지만 김교신은 "세계지도를 뒤집어 보라. 한반도는 오대양 육대주로 나아가는 항구다. 한반도는 동북아시아의 변방이 아니라 중심이자 심장이다"라고 학생들을 가르쳤다. 자신이 발행하던 잡지 「성서조선」에서는 "세계 역사에 큰 획을 그은 이탈리아와 그리스 또한 우리나라처럼 반도에 있다"[21]라는 주장도 하였다.

김교신에게 직접 배운 제자 가운데 1936년 베를린 올림픽 마라톤에서 금메달을 획득하는 손기정(孫基禎) 선수가 있었다. 유학 시절 육상부 활동을 하였던 김교신은 양정고보(養正高普)에 부임한 후 손기정의 비공식 트레이너 역할도 하였다. 손기정은 김교신 함께 도쿄에 가서 베를린 올림픽 예선전에 참가했다. 1935년 11월 3일 도쿄의 메이지진구

(明治神宮) 경기장과 로쿠고바시(六鄕橋)를 왕복하는 코스의 이 대회에서 손기정은 2시간 26분 41초라는 세계 최고 기록을 달성하며 베를린 올림픽 출전권을 땄다. 경기 직전 손기정은 동행한 스승 김교신에게 "선생님, 제가 뛸 때 일정한 거리 앞에 자동차를 타고 응원하시면서 선생님의 얼굴이 제게 보이도록 해 주십시오"라고 부탁했다. 반환점 이후 구간부터는 자동차에 탄 감독이나 동료가 응원할 수 있게 허용돼 있었다. 우승한 직후 손기정은 "다른 사람은 아무도 보이지 않고 오직 스승의 눈물만 보고 뛰어 우승할 수 있었다"고 말했다. 김교신은 당시의 감정을 이렇게 기록하고 있다.

"손 군은 우리 학교의 생도요, 우리도 일찍이 동경-하코네 간 역전 경주의 선수여서 마라톤 경주의 고(苦)와 쾌(快)를 체득한 자요, 손 군이 작년 11월 3일 동경 메이지신궁 코스에서 2시간 26분 41초로 세계 최고 기록을 작성할 때는 '선생님 얼굴이 보이도록 자동차를 일정한 거리로 앞서 모시오' 하는 요구에 '설마 선생 얼굴 보는 일이 뛰는 다리에 힘이 될까'하면서도 이때에 생도는 교사의 심장 속에 녹아 합일되어 버렸다. 육향교 절반 지점부터 종점까지 차창에 얼굴을 제시하고 응원하는 교사의 양 뺨에는 제지할 줄 모르는 열루(熱淚)가 시야를 흐리게 하니 이는 사제 합일의 화학적 변화에서 발생하는 눈물이었다."**(22)**

메이지신궁 경기에서 우승했지만 손기정에게는 결코 기쁜 일일 수만은 없었다. 시상대에서 고개를 숙인 그는 "왜 우리는 국기가 없느냐"며 눈물을 흘렸다. 그런데도 일본 신문은 "감격에 넘쳐 울었다"고

메이지신궁 경기에서 우승을 하고도 일장기 게양을 뒤로 하고 시상대에서 슬피 우는 손기정

제10장: 오동잎, 그 쓸쓸함에 대하여 263

보도했다. 이 날 시상대 뒤로는 오로지 히노마루(일장기)만이 펄럭였지만 그의 가슴에는 양정고보를 상징하는 '양'(養)자가 새겨져 있었다. 그를 양성한 이는 다름 아닌 스승 김교신이었다. 이 날의 심정을 손기정은 다음과 같이 쓰고 있다.

"보기도 싫은 일장기를 가슴에 달고 영광의 1착 테이프를 끊고 시상대에 섰을 때, 우리는 애국가가 연주되지 않고 일본 국가가 연주되는 가운데 월계관을 쓰게 되니 나도 모르는 사이에 눈물이 마구 쏟아져 앞이 보이지 않았다."**(23)**

시상식 직후 「조선일보」 김동진 기자는 "명예의 승전을 무어라고 축하해야 좋을지 모르겠소. 얼마나 기쁘십니까?"라고 묻자, 손기정은 "남형과 내가 이긴 것은 다행이요. 기쁘기도 기쁘나 실상은 웬일인지 이기고 나니 가슴에 북받쳐 오르며 울음만이 나옵니다. 남형도 역시 나와 같은 모양입니다. 우승했다고 반겨하는 축하하는 말을 들으면 들을수록 눈물만 앞섭니다"라고 대답했다.

일본 내에서는 "조선인들이 대일본제국의 대표라는 것이 말이 되느냐?"라는 불만의

베를린 올림픽 메달 시상대 위의 손과 남 두 선수의 어두운 얼굴. 손기정은 묘목으로 일장기를 가리고 있다.

목소리가 많았지만 월등한 실력 차이로 인해 결과를 뒤집을 수는 없었다. 훗날 손기정은 스승 김교신에 대하여 "그냥 바라만 보고 있어도, 아니 선생님이 계시다는 생각만 하고 있어도 저절로 배워지는 것 같은 분이셨다"[24]라고 회고했다.

다음 해(1936) 베를린 올림픽에서도 손기정

일장기가 그대로 보도된 일본 「오사카아사히신문」(좌)과 말소된 채 보도된 한국의 「동아일보」 신문 기사(우).

은 2시간 29분 19초 올림픽 신기록으로 금메달을 따냈다. 같이 출전한 남승룡은 동메달을 획득했다. 손기정은 다음 날 아돌프 히틀러와도 만났다. 최고의 영광인 올림픽 마라톤 금메달을 획득했지만, 경기 직후 그가 친우에게 보낸 엽서에는 "슬푸다"라는 세 글자가 써 있었다. 그의 이름은 일본식 발음인 'Kitei Son'(기테이 손)으로 공개되었으며 시상식의 사진은 그 당시 비애의 감정을 잘 보여준다. 가장 기뻐해야 할 순간에 1위와 3위인 손기정과 남승룡은 모두 어둡고 침울한 얼굴로 고개를 숙이고 있다. 손기정은 선물로 받은 핀오크(대왕참나무) 묘목으로 가슴의 일장기를 가리고 있다. 남승룡은 바지를 위까지 끌어 올려 어떻게 해서든 일장기를 가려 보려 애썼다. 남승룡은 훗날 "기정이가 우승해서 금메달을 땄다는 사실보다, 묘목을 받아 그것으로 일장기를 가릴 수 있다는 것이 그렇게 부러울 수가 없었다"라고 회상했다. 올림픽 역사상 가장 어두운 마라톤 시상식 풍경은, 가슴에 태극기 대신 일장기를 새겨 넣은 나라 잃은 두 청년의 슬픔에서 비롯되었다.

이 소식이 한국에 전해지자 두 조선인 청년은 곧 영웅이 되었다. 하지만 1936년 8월에 발생한 '일장기 말소사건'은 손기정을 문제의 인물로 바꿔 버린다. 「조선중앙일보」와 「동아일보」가 금메달 소식을 전하면서 손기정 선수 가슴의 일장기를 지워 신문을 인쇄한 것이다. 해당 언론사 관계자들과 기자들은 체포되었고 신문사들은 무기정간과 폐간이라는 수난을 겪었다. 이 일이 혹여 반일 시위나 독립운동으로 이어질까 봐 노심초사한 조선총독부 당국은 발칵 뒤집혔고, 1936년 10월 8일에 귀국한 손기정은 곧바로 경찰에 압송되어 환영 인파와 만날 수조차 없었다. 금메달 획득을 정치적으로 이용하기 위해 당국은 손

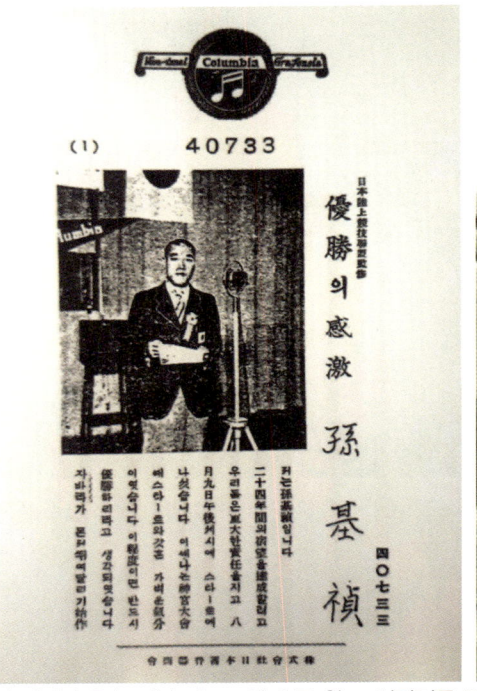 

손기정의 우승 기념 레코드의 수록 원고. 일장기를 뒤로 하고 강제로 소감을 낭독해야 했던 사진이 있다(**좌**). 양정고보 교복을 입고 귀국하자마자 경찰에 연행되는 손기정(**우**)

기정에게 소감을 낭독하여 녹음하도록 강요하였는데, 그 내용에는 일장기에 대한 언급이 두 번, 기미가요에 대한 언급도 한 번 나온다.

"저는 손기정입니다. (…) 나는 신궁대회 때 스타트와 같은 가벼운 기분이었습니다. 이 정도이면 반드시 우승하리라고 생각되었습니다. (…) 문제의 언덕에 다다르니 우리나라 일장기가 나를 응원하여 주는 것이 보이었습니다. (…) 두 번째 언덕에 도달하였을 때도 역시 이곳에 나를 응원하여 주는 우리나라 일장기가 날리고 있었습니다. (…) 나는 무의식 중에서 죽을 힘을 다 하여 더 뛰기 시작하였습니다. 그리하여 나는 이기었습니다. 기록의 시간은 2시간 29분 19초 2의 올림픽 신기록이었습니다. (…) 표창대에 올랐습니다. 장엄한 우리나라 국가가 엄숙하게 내 귀를 울려줄 뿐이었습니다. 이때의 기쁨은 내 일생을 통하야 잊지 않을 것입니다. 이 승리는 결코 내 개인의 승리가 아니라 전 우리 일본 국민의 승리라고 하겠습니다."**(25)**

레코드에는 '일본육상경기연맹 감수(監修)'라고 적혀 있으며, 음성을 들어 보면 마지막 부분에서 두 번이나 "크게!"라고 옆에서 고함치는 소리가 들린다. 이는 녹음 과정이 자발적이지 않았음을 잘 보여주는 대목이다. 베를린에서의 훈련 과정에서도 손기정은 혼자서 일장기가 없는 옷을 착용하는 등 의도적 저항을 이어가 선수단 임원들과 마찰을 빚었고, 1937년 10월 17일 귀국 당일에도 일장기가 부착된 일본 선수단복을 입지 않기 위해 모교 양정고보 교복을 입고 내렸다.

이런 과정을 거치며 요주의 인물이 된 손기정은 이후 보성전문학교(현 고려대학교)에 진학하여 다시금 체육인으로 활약을 펼치며 조선의 영웅이 되었다. 자연스럽게 전국의 민족의식이 강한 청년들이 그의 주변에 몰려들어 체육 활동 등을 전개했다. 이를 탐탁치 않게 생각한 조선총독부는 1937년 2학기부터 보성전문학교를 강제로 중퇴 시킨 뒤 도쿄의 메이지대학 전문부 법과로 편입시킨다. 1937년 2월 7일, 도일을 앞둔 손기정은 서울 정릉의 김교신 선생의 집을 방문해 작별 인사를 한다. 학교를 졸업하면 두부 장사를 하겠다고 말하자 스승 김교신은 "만일 서울서 개업하거든 우리 집에도 배달해 달라"고 부탁했다고 한다. 조선의 영웅조차도 도무지 맘껏 할 수 있는 일이 없던 통한의 세월이었다.

도쿄에서도 일본의 경찰은 손기정의 육상경기 출전을 방해했고, 매년 설날에 열리는 '도쿄-하코네 간 대학대항 역전대회'에도 출전할 수 없었다. 손기정의 편입으로 우승을 기대했던 메이지대학도 크게 실망했다. 결국 손기정은 체육활동이 통제된 채 메이지대학을 졸업하고 조선저축은행에서 1944년까지 은행원으로 일한다.

이러한 한 맺힌 세월을 보내다 맞이한 해방 직후, 1945년 10월에 조선체육회는 '자유해방경축 종합경기대회'를 개최한다. 이 행사 개막식에서 손기정은 태극기를 들고 입장하는 기수를 맡는다. 일장기를 가슴에 달고 올림픽 금메달을 받아야 했던 손기정은 그

해방 직후 '자유해방경축 종합경기대회'에서 태극기를 들고 입장한 후 눈물을 흘리고 있는 손기정

2021년 도쿄에 설치된 올림픽 박물관의 손기정 소개 판넬. 한국인이라는 설명은 없다.

날 비로소 뜨거운 눈물을 흘린다. 손기정은 해방 이후 마라톤 국가대표팀 감독으로서 1948 런던 올림픽부터 1964 도쿄 올림픽까지 가슴에 태극기를 달고 참가하였고, KOREA 국가 명칭으로 처음 참여한 런던 올림픽의 개막식에서도 태극기를 들고 입장하였다. 1988년 서울올림픽 개회식 때도 가슴에 태극기를 달고 성화 봉송 최종 주자로 경기장을 뛰었다.

그로부터 4년 뒤인 1992년 바르셀로나 올림픽 때는 한국의 황영조 선수가 일본의 1991년 세계선수권 금메달리스트 다니구치 히로미(谷口浩美)와 마지막까지 1위 다툼을 벌인 모리시타 고이치(森下広一)를 누르고 금메달을 따게 된다. 이 메달은 현재까지 아시아인이 올림픽에서 획득한 마지막 마라톤 금메달이다. 이날 태극기를 가슴에 달고 일장기를 단 일본 선수들과 경쟁하여 결국 챔피언이 된 황영조 선수의 활약상을, 손기정은 바르셀로나 메인 경기장에서 직접 관람하며 눈물을 흘렸다. 공교롭게도 황영조가 바르셀로나에서 우승한 날과 손기정이 베를린에서 우승한 날은 8월 9일로 똑같았다. 광복절을 앞둔 무더운 여름날이었다. 황영조가 결승점에 골인하는 순간, 바르셀로나 올림픽 공식 방송은 관중석에 있던 손기정을 카메라에 담았고, '손기정'(Sohn Kee-Chung)이라는 한글 발음의 이름과 함께 '1936 베를린 올림픽 마라톤 금메달리스트'라는 자막을 화면에 비추었다. 당시의 은메달은 일본의 모리시타 선수, 동메달은 독일 선수였다. 그 결과 마라톤 시상식과 함께 시작된 폐막식 행사 때는 태극기 양 옆으로 일장기와 독일 국기가 함께 올라갔다. 손기정은 "56년 전 그날, 한국인인 내가 일본 국기를 달고 독일에서 금메달을 땄는데, 그 3개의 국기가 나란히 올라갔다"고 감격하였다.

역사상 세 번째로 시도된 도쿄 올림픽은 팬데믹 사태로 인해 예정된 2020년이 아닌 2021년에 개최될 수 있었다. 도쿄(東京) 올림픽 주 경기장 근처에는 행사를 홍보하는 올림픽 박물관이 건립되었다. 그곳에는 역대 일본인 금메달리스트들을 소개하고 있었는데, 손기정 선수를 가장 위에 전시하면서 일본어 발음의 'Kitei Son'(기테이 손) '1936년 베를린대회 육상경기 남자 마라톤'이라고만 설명을 달아 놓았다. 이어서 동메달리스트 남승룡 선수도 일본인 선수처럼 소개돼 있었다. 이는 손기정과 남승룡 양 선수에 대하여 국제올림픽위원회(IOC)는 공식 홈페이지에서 "당시 한국은 일제강점기시기를 겪었다"는 역사적 설명을 포함해 "이들은 한국인"이라며 한국 이름의 발음인 'Sohn Kee-Chung' 등으로 정정하여 공개하고 있는 것과 대조되었다. 또한 IOC는 손기정 선수가 "1988년 서울 올림픽 당시 성화봉송을 하면서 한국인들에게 자부심을 줬으며 대한민국의 국가적 영웅이 됐다"는 내용도 소개하고 있다.

현재진행중인 한일의 숙제, 기리몬

고시치노기리는 패전 이후 일본국 헌법 하에서 출범한 정부(총리대신이나 내각부)의 문장으로 폭넓게 사용되기 시작한다. 처음에는 총리대신 관저에서 외국 내빈 접대를 위한 만찬 등의 초대장이나 식기, 각의실(閣議室)에 있는 대신석(大臣席)의 연상(硯箱, 벼루, 붓 등을 넣는 함)이나 대신이 수여하는 표창장 등에 고시치노기리(五七の桐)를 사용하였다. 내각부의 영빈관으로 사용 중인 '아카사카리큐'(구 황태자궁, 동궁어소)도 기리몬을 공식 마크로 사용하고 있으며 국화 심볼과 더불어 궁 곳곳에서 기리몬 장식이 발견된다. 일본 수상관저(首相官邸) 홈페이지에서는 "도카몬(오동잎 문장, 桐花紋)이 (일본) 정부에서 널리 쓰이고 있지만 언제부터 쓰이기 시작했는지, 또 그 유래에 대해서는 확실하지 않다"(桐花紋は政府において広く使われてきていますが、桐花紋がいつ頃から使われ始めたのか、また、その由来については定かではない)면서, 다만 관례에 의한 것이라고만 밝히고 있다. **(26)**

일본 총리실의 기리몬 엠블럼

그러던 것이 2003년(平成15年) 10월부터 고이즈미 준이치로(小泉純一郎) 수상의 기자회견시 '고시치노기리'를 부착한 강연대를 처음 사용하면서 일본총리실의 문장으로 공식화되었다. 이러한 강연대가 국내에서는 문제가 없겠지만 외국과의 정상회담에서는 문제가 되었다. 늘 역사적 문제로 예민한 만남을 이어가는 한일정상회담. 이듬해인 2004년 12월 일본 규슈(九州) 가고시마현 이부스키(指宿)의 하쿠스이칸(白水館)에서 노무현 대통령과 당시 고이즈미 총리의 정상회담이 개최되었다. 그 때 기리몬은 사용되지 않았고 '한일우정의 해 2005' 기념 엠블럼이 사용되었다. 마침 그 시기는 1965년에 한국과 일본의 국교 정상화 40주년을 기념하기 위한 준비 기간이기도 했으며, 2003년 6월에 이미 노무현 대통

2004년 일본에서 열린 노무현 대통령과 고이즈미 총리의 한일정상회담 당시 사용된 강연대에는 1년 전부터 공식 사용되기 시작한 총리실의 기리몬 마크 대신 한일우정의 해 2005 기념 엠블럼이 부착되었다.

2008년, 이명박 대통령과 후쿠다 총리와의 정상회담에서는 기리몬이 부착된 강연대가 사용되었고 이후 외교적으로 정착되어 갔다.

령과 고이즈미 총리 정상회담의 공동선언문을 통해 2005년을 '한일 우정의 해'로 지정한 바 있었다. 케치프레이즈도 "나가자 미래로, 다같이 세계로(進もう未来へ, 一緒に世界へ, Toward the Future, Into the World)"였다. 이러한 상황도 있었고, 아마도 외교 회담의 프로토콜 정리 과정에서 도요토미 히데요시와 조선총독부를 상징하던 문장의 사용은 한국 정부가 거부했을 가능성이 있다.

하지만 2008년 2월, 새롭게 부임한 이명박 대통령은 4월 21일 도쿄에서 열린 한일 정상회담의 공동기자회견에서 후쿠다 야스오(福田康夫) 일본 총리와 함께 연단에 섰다. 그때 고시치노기리의 일본 총리실 마크가 처음으로 한일정상회담에도 등장하게 된다. 친일적 노선을 표방하던 보수 정권이 재집권하자마자 일본 총리실의 고시치노기리 문장이 정상회담 석상에도 당당히 등장하게 된 것이다.

기리몬을 가슴에 달고 도쿄 유학시절 육상 연습을 하였던 김교신. 그는 나라 잃은 설움을 삼키며 유학을 마친 뒤, 귀국하여 손기정이라는 걸출한 선수를 길러냈다. 하지만 그 제자 또한 스승과 마찬가지로 일장기를 가슴에 단 채 올림픽 금메달을 획득하여 세상에서 가장 슬픈 금메달리스트의 얼굴을 역사 속에 남겼다. 여전히 일본에서는 손기정의 발목을 붙잡고 '제국의 메달리스트'로 역사가 기억하기를 바라고 있는지 모른다. 하지만 한국의

일장기가 그려진 손기정 선수의 옷은 당시의 말소사건을 거쳐, 최근에는 젊은이들 사이에서 태극기를 그려 넣는 모습이 발견된다.

젊은이들은 「동아일보」 기자 이길용이 지웠던 일장기 자리에 태극기를 그려 넣으며 인터넷 상에서 새롭게 공유하고 있다.

한일강제병합에 대해서도 '적법한 절차에 의한 정당한 지배'라는 일본에서의 주장과 '불법부당한 침략 행위에 의한 원천 무효의 역사'라는 한국의 주장이 대립하고 있다. 기리몬과 일장기, 그리고 태극기를 둘러싼 여전한 대립을 보며, 일본 유학시절 가슴에 기리몬을 달고 뛰어야 했던 김교신은 뭐라고 말할까? 하지만 역사 속의 인물들은 침묵할 뿐이다. 제대로 청산·정리되지 않은 역사의 숙제들은 현재를 살아가는 우리가 풀어야 한다. 어떤 길을 선택할 것인가? 우리는 지금도 질문 받고 있다.

제11장: 벚꽃이 지면 무궁화 피고…

달마 상이 넘어지니 무궁화 꽃이 피었습니다!

    2021년에 세계적 화제를 모은 넷플릭스 드라마 〈오징어게임〉에서 가장 처음 등장한 게임이 바로 '무궁화 꽃이 피었습니다!'였다. 이 장면부터 전세계인은 드라마에 몰입되기 시작했고 드라마를 다 본 후 세계인의 입에서 "무궁화 꽃"이라는 말과 함께 이 게임이 선풍적 인기를 얻었다.

    그런데 이웃한 일본에서만은 심드렁한 분위기에서 볼멘 목소리도 처음엔 들려왔다. 〈오징어게임〉은 일본의 장르물 영화·드라마의 아류에 불과하다는 냉소가 그것이었다. 〈데스게임〉류의 생존 경쟁 스토리는 일본 만화와 에니메이션을 시작으로 〈배틀로얄〉(2000), 〈라이어 게임〉(2007), 〈간쓰〉(2011), 〈인랑게임〉(2013) 등의 작품들에서도 확인되듯이 확실히 일본 영상물을 대표하는 중요 장르임엔 분명하다. 동시에 화제가 된 것이 〈오징어게임〉에 처음 등장하는 놀이인 '무궁화 꽃이 피었습니다!'가 일본 영화 〈신이 말하는 대로〉(2014)에도 등장한 바 있는 "달마 상이 넘어졌다"(だるまさんが轉んだ, 다루마 상가 코론다!)라는 놀이와 매우 유사하다는 지적이었다. 한일은 세계적 주목을 받는 드라마 한 편을 놓고서도 늘 미묘한 경쟁 심리 속에서 현해탄을 유영하는 오징어들을 놓고 신경전을 벌인다. 동해(東海)와 일본해(日本海)의 이름을 놓고서도, 그 한 가운데 떠 있는 섬 독도(일본명 다케시마)의 영유권을 놓고서도 여전히 바람 잘 날 없다.

    무궁화 무궁화 우리나라 꽃
    삼천리 강산에 우리나라 꽃
    피었네 피었네 우리나라 꽃
    삼천리 강산에 우리나라 꽃

    한국인이라면 누구가 외우고 있을 '무궁화'라는 제목의 노래다. 이 노래와 함께 어린 시절 '무궁화 꽃이 피었습니다!'라는 구호로 놀이를 즐겨보지 않은 한국인은 없을 것이다. 불교 대국인 일본에서 "달마 상이 넘어진"(だるまさんが轉んだ) 모습을 놀이에서 떠올린 것처럼, 한국인들은 피어난 지 얼마 되지도 않아 이내 땅에 떨어지는 무궁화 꽃의 모습을 떠

합격과 필승을 기원하는 '사쿠라 다루마'(桜だるま)

올렸는지도 모른다. 오랜 역사 속에서 외침과 재건을 수없이 반복해 온 한반도의 운명이 피고 지기를 반복하는 무궁화와 꼭 닮았기 때문일까?

일본의 야마가타현(山形縣)에는 천연기념물로 지정된 달마 벚꽃(お達磨の桜)이 유명하다. 나카야마초(中山町) 남부 다루마지(達磨寺) 근처에는 750년 수령의 거대한 벚나무가 살아 있다. 한 승려가 죽자 이 벚나무 아래에 묻혔는데 거기서 생달마(生き達磨)로 환생했다는 전설 등이 전해져, 그 벚나무 아래에는 뚱뚱한 달마 오뚜기 상이 모셔져 있다. 마을을 역병에서 지켜주고 풍요를 안겨주는 존재라고 한다. 특히 달마 오뚜기 상은 '합격 및 필승'을 기원하는 용도로 많이 사용되는데 중고교 및 대학 합격과 입학 시기가 주로 벚꽃이 피는 3월 말 4월초이는 때문에 벚꽃이 그려진 사쿠라 달마 오뚜기 상은 매년 큰 인기이다. 이렇게 한일 양국의 일반 시민들 사이에서 가장 친숙하게 존재하는 두 꽃, 무궁화와 사쿠라에는 어떤 인연이 있을까? 이 장에서는 '무궁화와 사쿠라'를 둘러싼 한일관계사의 이야기를 풀어볼까 한다.

한반도에 만개한 사쿠라, 일본 헌병과 경찰

1905년 을사늑약을 통해 일본제국은 대한제국의 외교권을 강탈하였다. 이를 미화하기 위해 대한제국이 일본제국의 '보호국'이 되었다는 말을 사용했다. 대한제국 황실의 꽃 '이화'는 일본제국 황실의 꽃 '국화'에 둘러 싸인 모습이었지만 통감부 치하의 현실은 국화에 의해 이화가 삼켜져 국화만 남게 되는 형국이 되었다. 그 일을 효과적으로 도모하기 위해 일본제국은 한반도에 사실상의 '경찰국가'를 건설했고 '경찰정치'를 통해 식민지 조선을 치밀하게 통치해 갔다. 처음에는 대한제국의 '경무청(警務廳) 제도'를 그대로 둔 채 일본의 헌병경찰이 영사경찰, 고문경찰과 함께 하는 이른바 '삼자정립(三者鼎立) 경찰제도'로 실질적인 통치를 하면서 고종 황제의 권력을 약화시켜 갔다. 2년 뒤인 1907년에는 대한제국의 군대가 강제 해산되었고, 1909년 7월 12일 총리 대신 이완용(李完用)과 제2대 통감 소네 아라스케(曾禰荒助) 사이에 교환된 각서를 통해 사법권(재판 및 감옥 사무)과 경찰권마저 완전히 통감부에 넘어갔다. 이 조치 직후인 1909년 10월 26일 이토 히로부미 통감은 하

대한제국의 경무청이 창설(1894년 7월 14일) 되고 9개월이 지난 1895년 4월 19일 칙령 제81호 '경무사이하 복제(警務使以下 服制)'가 제정되면서 한국 최초의 서구식 경찰 제복이 시작되며 그 상징 마크로 조선 왕실의 오얏꽃, 즉 이화(李花)가 사용된다. 1895년 경무사(現, 치안감)가 입던 예복의 모자와 가슴에 이화문 장식이 달려 있다(경찰박물관).

얼빈에서 안중근에 의해 저격돼 사망한다.

이러한 격변을 거치며 1910년 6월 29일에는 '통감부 경찰관서 관제'(칙령 제296호)가

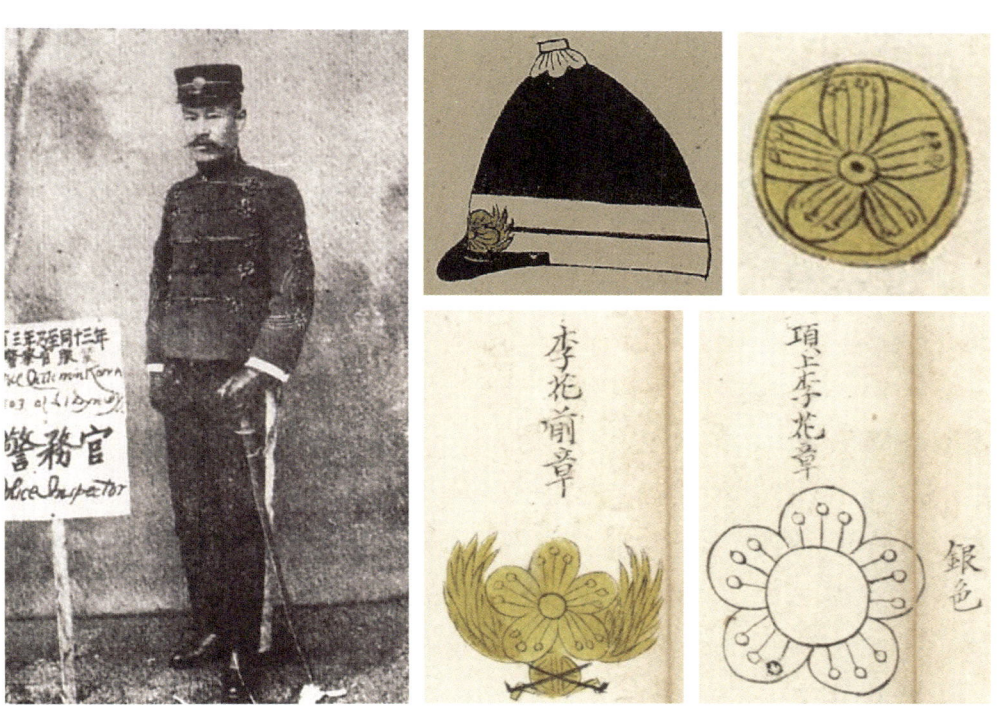

1895년 4월 19일 제정되어 4월 21일 반포된 최초의 대한제국 경무관의 상모(常帽) 정면과 위에 이화문이 디자인되었다(議政府(朝鮮) 編, 『奏本』奎 17703. v.28, 1899년, 165冊, 서울대학교 규장각 소장).

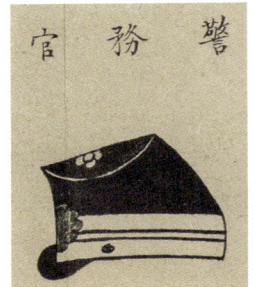

1899년 3월 26일에 제정된 칙령 제9호에 의한 케피(képi) 형태의 경무관 상모(常帽)와 당시 경찰의 모습(議政府(朝鮮) 編, 『奏本』(奎 17703. v.28, 1899년, 165冊, 서울대학교 규장각 소장)

제정되어 헌병 경찰 제도의 근간이 완성되었다. 1910년 8월, 강제병합이 체결되자 조선총독부 산하에는 경무총감부(警務總監部)가 설치되어 국내외 사찰은 물론 집회·결사와 대중운동에 대한 통제 및 출판·저작물에 대한 사무를 취급하는 등 항일운동과 배일사상을 탄압해 갔다. 이 때 총독부 경찰국이 사용한 상징 마크는 사쿠라 꽃과 가지에 둘러싸인 8방사의 '욱일장'(旭日章)인 이른바 '정장'(正章)과 그것을 사쿠라 꽃 잎의 수로 간략화 한 5방사의 '경찰장'(警察章) 곧 사쿠라 다이몬(桜の代紋)이었다. 대한제국의 경찰 내부로 침투하기 시작한 일본인 경찰들은 이화(李花)와 태극 문양 등을 사용하던 대한제국의 복식을 무시하고 일본에서의 헌병과 경찰 복제를 그대로 착용했다. 1907년 경시청 설치 후에는 한국 경찰의 고위관 복제조차 일본식으로 바꾸어 버렸다. 1910년 조선총독부 설치 후 순사를 제외하고 경찰관 복제는 1918년까지 제정되지 않았는데 경찰보다 강력한 육군의 헌병이 사실상 무단통치를 실시하고 있었기 때문에 오각성 마크를 사용하는 군복과 경찰복의 사쿠라 다이몬(桜の代紋)이 혼재한 상황이 이어졌다.

하지만 10년 동안의 무단통치 결과로 3.1운동이 일어나자 1919년 8월에 헌병 경찰제도를 폐지하면서 경무국을 신설해 군인이 아닌 각 도지사가 경찰권을 행사하는 쪽으로 바뀐다. 사실 그 직전인 1918년에 이미 헌병경찰제도에서 보통경찰제도로 전환을 앞두고 제정된 '조선총독부 경찰관 복제'는 모자와 상의, 바지, 검, 외투로 구성되었고, 이 때부터 8방사의 '욱일장'(旭日章=正章)과 5방사의 '경찰장'(警察章=사쿠라노 다이몬), 벚꽃무늬의 계급장 등이 표준화되어 사용되었다.

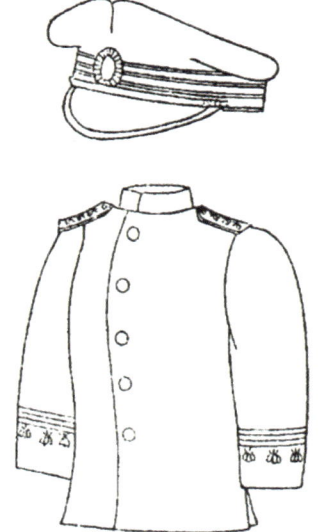

이토 히로부미 초대 통감이 암살되기 전인 1907년 9월 21일 제2대 한국통감에 취임해 한일강제병합을 추진했던 소네 아라스케(曾禰荒助, 1849-1910)의 제복 착용 모습. 목둘레의 칼라와 팔목 쪽에 기리몬(桐紋, 오동잎 문장)이 있고 상의 단추에는 사쿠라(벚꽃)가 새겨져 있다.

한일강제병합 직후 조선총독부는 1911년의 경찰 복제에서 팔목 등에 기리몬(桐紋, 오동잎)을 공식 도입했다(**좌**). 조선총독부 경무총감부 보안과장(경무관)의 기리몬(桐紋)이 칼라에 있다. 가슴에는 해방 이후 서울특별시 마크가 되는 '팔각 기쿠즈시몬'(八角菊くずし紋)'과 동일한 모양의 훈장도 걸려 있다(**우**).

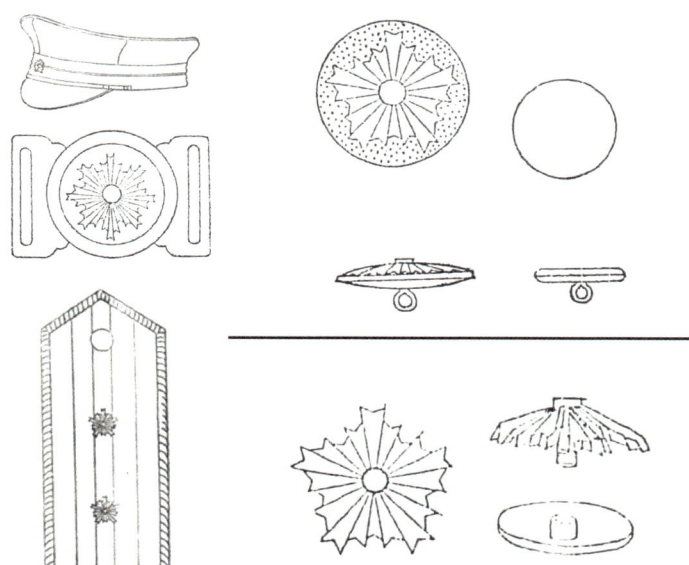

1918년 조선총독부경찰관복제(朝鮮総督府警察官服制)에 따른 한반도의 일본 경찰복. 모자의 배지, 상의 에포렛, 바지, 대검, 외투 등으로 구성되어 8방사형의 '욱일장'(旭日章=正章)과 그것을 벚꽃 잎 수로 간략화한 5방사형의 '경찰장'(警察章), 즉 '사쿠라노 다이몬'(桜の代紋)이 표준화되었다(『朝鮮總督府官報』, 1911, 168-169; 『官報』(Official Gazette of Japan), 1918, 513-518; 노무라 미치요·이경미, "조선총독부 경찰복제도 연구"에서 재인용).

조선총독부 경찰모에는 사쿠라에 둘러 싸인 욱일장(정장)이 장식돼 있다.

제11장: 벚꽃이 지면 무궁화 피고… 277

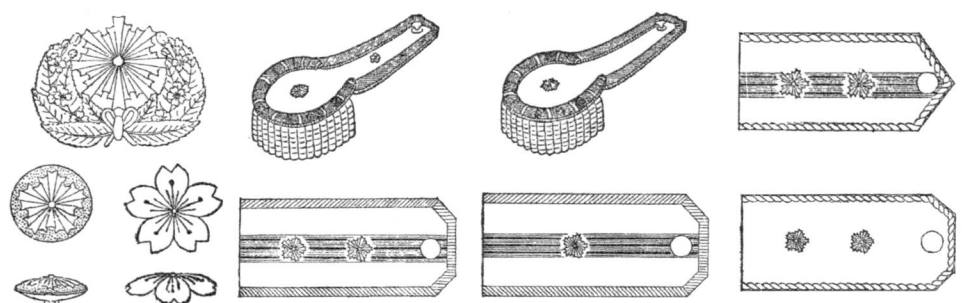

1932년에도 한 차례 더 조선총독부 경찰관 복제가 정해졌고 '욱일장=정장'과 '경찰장=사쿠라노 다이몬'이 다소 개량된 디자인으로 표준화됐다(『朝鮮總督府官報』, 1932, 80-85; 노무라 미치요·이경미, "조선총독부 경찰복제도 연구"에서 재인용).

이 과정에서 한반도 전역에 설치된 일본 경찰의 주재소(駐在所)와 함께 그들이 상징으로 표방한 사쿠라(벚꽃) 문장이 한반도 전역에 만개하게 된다. 1945년 8.15 광복과 함께 새롭게 창설된 대한민국 경찰이 주재소를 지서(支署)로 바꾸면서 그 간판에 '무궁화'가 대신 내걸릴 때까지 이른바 '사쿠라 경찰의 시대'는 한반도에서 계속되었다.

천황과 황실을 보위하는 신민들의 꽃, 사쿠라

매년 4월 초가 되면 벚꽃이 만개한 숲 아래에서 하나미(花見)를 즐기는 일본인들이다. 일본인은 왜 그토록 벚꽃을 좋아하며 국가의 상징으로까지 삼았을까? 나아가 그 상징을 식민지 조선에까지 이식하려 했을까?

벚꽃의 일본어 발음인 '사쿠라'의 유래에 대해서는 우선 『고사기』에 나오는 꽃의 여신 가무아타쓰히메(神阿多都比売)의 별명인 고노하나노사쿠야비메(木花之佐久夜毘売)에서 비롯된 것이라는 설이 대표적이다. 여기서 '사쿠'(佐久)는 "꽃이 피다"라는 동사 "사쿠"(咲く)와도 연결되며 이후 벚꽃은 신목(神木)으로 여겨져 그 꽃의 생태를 보며 풍작과 흉작을 예상했다고 한다. 또 하나의 설은 사쿠라의 사(さ)가 일본 민간신앙에서 발생한 '논의 신'(田の神, 타노가미) 혹은 '벼의 정령'(稲の精霊)을 의미하고 '쿠라'(くら)는 '그 정령(신들)의 강림을 위해 마련된 자리'라고 여겼다는 설명이다. 즉 벼논의 수많은 정령이 벚꽃의 모습으로 만개한다고 본 것이다. 그 밖에도 '꽃이 피다'라는 동사 '사쿠'(さく)에 '그들, 그녀들'의 복수형 접미사로서 '라'(ら)를 붙인 '피는 것들'이란 말로 정착됐다는 설 등 여러 이야기가 있다. 『만요슈』(万葉集)에서도 "봄을 상징하는 꽃"으로 사쿠라가 자주 등장하여 나라시대에도

이미 일본인의 마음에는 사쿠라에 대한 특별한 감정이 존재했음을 알 수 있다. 원래는 중국의 영향으로 봄맞이 꽃놀이의 주인공은 매화였지만 헤이안 시대 이후 벚꽃이 인기를 얻기 시작했으며, 1598년에 도요토미 히데요시가 개최한 벚꽃 놀이에도 많은 사람이 몰려들었다고 한다. 지금도 매년 봄이 되면 벚꽃이 피기 전 매화 숲(梅林) 행사가 성대히 이어지고 있다.

이처럼 벚꽃이 일본에서 가장 대중적인 사랑을 받게 된 중요한 이유는 꽃과 나무 모두 수명이 짧은 벚이 '덧없는 인생'의 실체를 잘 보여주기 때문일 것이다. 벚꽃은 모순적 개념을 모두 내포한다. 삶과 죽음, 아름다움과 폭력성이 그 안에 다 담겨 있다. 대자연의 생명이 약동하는 새 봄의 도래를 알리지만 순식간에 만개는 끝나 버려 허무함을 절감케 한다. 언제 죽음이 닥칠지 모르는 긴장감 속에서 짧지만 화려한 삶을 영위하던 무사들의 세계가 일본이었다. 니토베 이나조(新渡戶稲造)가 존경과 명예, 엄격한 도덕적 명예를 강조하며 소개했던 『무사도』(bushido)라는 가치는 벚꽃과 자주 비교되었다. 야스쿠니 신사로 돌아가리라 믿으며 목숨을 내던졌던 태평양전쟁 당시의 가미카제 특공대 청년들의 덧없는 삶도 순식간에 땅에 떨어져 흩날리는 벚꽃처럼 여긴 이들도 있었다. 천황을 위해 스러져가는 그들의 죽음보다 더 아름다운 죽음은 없다면서 미화 하던 시대로부터 아직 100년도 지나지 않았다.

일본인들과 가장 밀접하게 접촉하는 국가 권력들은 이러한 벚꽃을 욱일과 결합시킨 상징 문장인 욱일장을 만들어 사용하기 시작한다. "동천에 떠오른다, 어둠을 내모는 청아한 빛"(東天に昇る, かげりのない, 朝日の清らかな光)이라는 뜻을 지닌 '욱일장'(旭日章) 혹은 '경찰장'(警察章)이 그것이다. 일반적으로는 아사히카게(朝日影), 사쿠라 다이몬(桜の代紋), 닛쇼(日章, 일장) 등으로 부르며, 가문의 문장으로서 사용할 경우에는 콧코우(旭光, 욱광)라고 부르는 문장(紋章)이다. 처음에는 1875년(메이지 8)에 '엔케이만스지호리코미'(円形万筋彫込, 원형만근조입)라 불리는 문장으로 제국일본 육군의 모장(帽章, 모자 장식)과 경찰의 휘장으로 채용되었다. 하지만 이후 육군이 오각성(五角星)을 널리 사용하게 되자 1882년(메이지 15)에는 헌병과 경찰이 6각형으로 '일장'을 제정해 사용하면서 '아사히카게'(朝日影)라 불리기 시작했다. 이 문장은 제2차 세계대전 후 폐지되었다가 1948년에 현재의 오각형 닛쇼(日章, 일장)로 다시 정해졌고, 1956년에 '경찰관의 복제에 관한 규칙'(국가공안위원회규칙 제4호) 등의 법령이 제정되어 오늘에 이르고 있다.

현재는 경찰을 비롯해 국회 경위, 형무소 교도관 등이 오각형 욱일장을 사용하고 있으며, 옛 육군 헌병은 육각형을, 옛 우정감찰관은 십각형 등을 사용해 다양한 형태가 역사

전후 일본 경찰의 공식 심볼이 된 5방사형의 사쿠라노 다이몬(桜の代紋)

속에 존재했다. 경찰은 오각형을 '약장'(略章)이라고 부르고 팔각형을 '정장'(正章)으로 부르는데, 천황을 경호하는 황궁 경찰, 경시청 본부, 치바현 경찰 등에는 예복용으로서 팔각형의 휘장을 붙인 모자를 쓰고 있으며, 경찰서장이 발행하는 감사장(感謝狀) 등의 문서에도 경우에 따라서는 팔각형의 욱일장이 그려지는 경우가 있다. 이는 8방사와 16방사가 욱일기의 기본형이며 천황을 상징하는 국화 문양과 일치하기 때문으로 보인다.

흥미로운 것은 가쿠슈인대학(学習院大学)이 바로 옆에 위치한 경시청 관할의 메지로경찰서(目白警察署)는 일본 경찰서 가운데 유일하게 벚꽃에 둘러싸인 경찰장(사쿠라 다이몬)을 현관에 걸어 사용하고 있다는 점이다. 이 경찰서의 전신은 스가모경찰서(巣鴨警察署)가 간토대지진이 발생한 1923년에 세운 다카다 분서(高田分署)이며, 1925년에 다카다 경찰서(高田警察署)로 승격되었다. 대지진의 참화와 대혼란 속에서 황실 관련 교육기관에 대한 경비와 보호를 특별히 더 강화하려는 목적으로 설치되었을 것이다. 그 때 황족들이 많이 다니고 있던 가쿠슈인대학을 경비하던 근위사단(近衛師團)의 모장(帽章, 모자 장식)이 벚꽃에 둘러싸인 오각성이었기에 그 휘장을 다카다 경찰서가 사용하는 것이 특별히 허가되어 청사 입구에 내걸게 되었다는 것이다. 1933년에 메지로경찰서(目白警察署)로 이름을 바꾼 뒤에도 그 전통은 유지가 되어 오늘에 이르고 있다.[1] 이처럼 일본 경찰의 욱일장 혹은 사쿠라 다이몬은 일본의 시민을 보호한다는 본질적 존재 이유보다는 천황과 황실의 보위라는 목표가 뿌리 깊이 베어 있었는지도 모른다.

이러한 역사의 배경이 된 가쿠슈인대학(学習院大学)은 닌코 천황(仁孝天皇, 1800-1846) 시대인 1847년에 황족이나 화족을 위한

메지로경찰서(目白警察署) 건물 정면에 걸려 있는 사쿠라에 둘러 싸인 사쿠라노다이몬(桜の代紋) 심볼

엘리트 교육기관으로 교토(京都)에 학습소(学習所)라는 이름으로 처음 설치되었지만 전근대적 형태였다. 메이지유신 이후 도쿄로 옮겨 1877년 정식 개교한 이래부터 사쿠라(벚꽃) 문양을 교장(校章)으로 사용해 오고 있다. 모토오리 노리나가(本居宣長)의 와가(和歌) 가운데 "시키시마(=大和国)의 야마토고코로(大和心)란 무엇이냐라고 사람들이 묻는다면 아침에 빛나는 야마자쿠라(산벚꽃)의 아름다움, 화려함에 감동하는 그런 마음이라 답하리라"(2)의 문장을 기념한 것이라고 한다. 1889년에는 그 모양이

가쿠슈인대학(学習院大学) 정문의 사쿠라 교표

조금 수정되었고, 1991년에는 현재의 모습이 되었다. 한편 1885년에 창립된 화족여학교(華族女学校)는 야에사쿠라 문장(八重桜の紋章)을 사용해 오늘 날의 여중고에서 계속 사용 중이다.

　　이 학교의 역대 원장 중에는, 조슈의 지번인 조후번사(長府藩士) 출신으로 청일·러일 전쟁 참전 뒤 타이완 총독을 지냈으며 1912년 메이지 천황이 사망하자 아내와 함께 할복 자살한 것으로 유명한 노기 마레스케(乃木希典, 1849-1912)를 들 수 있다. "해군의 도고, 육군의 노기"라 불릴만큼 제국 일본에 충성을 바친 인물로서 당시 가쿠슈인에 다니던 히로히토 황태자(이후 쇼와천황)에게도 엄격한 교육을 실시하여 그의 인격과 사상에 큰 영향을 미쳤다. 도쿄와 교토, 심지어 경성(서울)에까지도 그를 제신으로 모신 노기신사(乃木神社)가 세워졌으니 그의 존재는 한일관계사에서도 빼놓을 수 없는 인물일 것이다. 또 한 명의 역대 원장 중에는 1895년 민왕후 살해 사건 당시 주한 공사로서 배후 교사한 미우라 고로(三浦梧楼, 1847-1926)도 빼놓을 수 없다. 이 학교를 나온 대표적 정치인 가운데 제92대 총리를 지낸 아소 다로(麻生太郎, 1940-)를 들 수 있는데, 그는 다수의 조선인을 징용하여 강제노동에 동원했던 후쿠오카에서 아소 탄광 경영자 아소 다키치의 증손자이며, 전후 일본을 이끈 정치인 요시다 시게루(吉田茂, 1878-1967)의 외손자이기도 하다. 그는 2017년 9월 23일 강연회에서 "한반도에서 대량 난민이 일본으로 몰려올 수 있다. (…) 그들이 오면 경찰이 대응할 것인가, 자위대가 방위 출동할 것인가, 사살할 것인가를 진지하게 생각해야 한다"고 말하는 등, 한국을 자극하는 망언을 여러 번 발설하였고, 2022년에는 서울 이태원 참사 직후 윤석열 대통령을 방문해 막후에서 상하 종속적 한일 관계에 관한 막후 조율을 시도했다. 얼마 후 직면한 윤석열 전 대통령의 3.1절 기념사 및 기시다 총리와의 굴욕적

정상회담 등에 영향을 미쳐, 역사적 퇴행을 주도했다는 비판이 많았다. 한국에서는 그를 한일 관계에서 늘 빌런(villain)과 같은 이미지가 강하다.

사쿠라와 조선의 악연, 그리고 흑역사
: '내선일체 · 간토대지진 제노사이드'의 모순과 과제

가쿠슈인은 일본제국에 병합된 대한제국의 황족들이 다닌 학교이기도 하다. 영친왕(英親王)이라고도 불리는 의민태자(懿愍太子) 이은(李垠, 1897-1970), 그 부인 이방자(李方子, 1901-1989), 덕혜옹주(德惠翁主, 1912-1989) 그리고 영친왕과 이방자 사이에서 태어난 한국계 일본인 황족 이구(李玖, 1931-2005)도 1950년에 가쿠슈인 고등과를 졸업했다. 고종의 다섯째 아들인 의친왕(義親王) 이강(李堈, 1877-1955)의 장남 이건(李鍵, 1909-1990)도 1921년에 유학 명분으로 일본으로 보내져 가쿠슈인 초등과에 편입한 뒤 1923년에 졸업하였고, 이후 1926년에 일본 육군사관학교 제42기생으로 입학해 1930년에 졸업한 뒤 일본 육군 기병 소위로 임관했다. 이건의 동생 이우(李鍝, 1912-1945년 8월 7일)도 형을 따라 1년 뒤인 1922년에 가쿠슈인 초등과에 편입해 같은 육군사관학교 졸업 후 육군에 복무했으나, 1945년 8월 7일 히로시마 원폭으로 사망하여 불운한 대한제국 황실의 최후를 상징하는 인물이 되었다. 삼성가의 이병철 회장 차남인 이창희(李昌熙, 1933-1991) 씨도 이 학교 화학과를 졸업했다. 이 학교에서 공부한 한국인들의 면모를 살펴보면, 영친왕의 나라였던 대한제국(1897-1910)도, 이창희 씨가 설립한 새한그룹(1973-1997)도 모두 30년을 채 넘기지 못한 채 역사 속에서 허무하게 사라졌다는 사실을 목도하며 역사의 냉엄한 현실을 느끼게 한다.

영친왕과 이방자 부부는 그 자체로서 한일강제병합 혹은 일본이 말하는 '내선일체'의 상징과 같은 존재가 되었다. 이방자는 메이지 천황(明治天皇)의 조카이자 황족인 나시모토노미야 모리마사 왕(梨本宮守正王)과 왕비 나시모토 이쓰코(梨本伊都子) 사이의 장녀로 도쿄에서 태어나 자랐고 정식 이름도 나시모토노미야 마사코 여왕(梨本宮方子女王)이었다. 황기 2600년이던 1940년 전후의 시기는 그 어느 때보다도 '내선일체'를 강조하던 시기였다. 그 준비를 위해 조선총독부는 사이타마현에 옛 고구려인들이 세웠다고 전해지는 '고마신사'(高麗神社)를 중창하기 위해 1936년부터 대대적인 모금 사업을 전개해 12만 5000엔(현재의 25억 원 상당)이라는 거금을 모았고 공사를 진행했다. 황기 2600년을 맞이한 1940년 4

월 5일에는 경성의 조선신궁과 고마신사가 '신목(神木) 교환' 행사를 열어 내선일체의 선전 효과를 극대화 하려 했다. '고마신사'(고려신사)는 조선신궁에 신앵(神櫻·벚꽃나무)을 보냈고 조선신궁은 고려신사에 오엽송(五葉松)과 개나리를 보냈다. 조선총독부 기관지인 「매일신보」는 이것을 '내선일체의 신목(神木) 교환'이라는 제목으로 보도했다. 이때 조선신궁의 궁사 아치와(阿知和)는 고려신사 봉찬회장인 다케이와 이런 대화를 주고 받는다.

> "내선일체를 부르짖는 오늘날 내선인(內鮮人)이 같이 이런 역사상에서 결합하여 서로 손잡고 가야 합니다."(아치와)
> "황국(일본)의 은혜에 접하여 무사시노(武藏野, 고구려인이 정착한 땅)에서 신이 되어 주무시는 고마왕(고려약광)의 영혼도 지하에서 기뻐하실 겁니다."(다케이)**(3)**

고마신사(高麗神社)와 조선신궁(朝鮮神宮) 사이의 신목(神木) 교환에 관한 「每日新報」의 기사

고려신사를 향한 일본의 관심과 현창은 날로 고조되어 조선총독부의 관료들은 고려신사에 석등을 헌납하였고, 정신총동원조선연맹과 국민총력조선연맹 등 친일단체는 야등을 봉납했다. 황기 2600년을 맞이한 1940년 6월에는 1925년의 사이토 총독에 이어 미나미 지로 총독도 다시 고려신사를 참배하였다. 미나미는 직접 신사 이름을 새긴 석주를 세웠는데 지금도 그대로 남아 있다. 1942년 11월 22일에는 영친왕 이은과 왕비 이방자 여사, 왕세자 이구 등 3명이 고려신사를 찾았는데, 이 때도 신문 기사는 "이왕(영친왕) 전하 부부가 '내선일체의 유서 깊은' 고려신사를 찾았다"고 보도하고 있으며, 당시 영친왕이 심은 기념식수도 여전히 남아 있다. 그 직후인 1942년 11월 27일에는 준공식을 거행하게 된다. 「매일신보」의 기사 제목은 '내선일체의 성지(聖地)에 고려신사를 중수했다'는 것이었다. 1943년 5월에는 중앙조선협회 회원 40명이 고려신사를 찾아 태평양전쟁의 승리를 기원하는 '전승기원제'를 올렸는데, 이러한 내선일체 분위기 고양의 이벤트에 사용된 핵심

매개체 역시 사쿠라 신목이었다.[4]

사쿠라 다이몬 문장은, 그 밖에도 전국의 소방단(消防団), 법무성의 입국경비관, 근로기준감독관, 마약단속관, 해상보안청 등도 변형된 욱일장을 사용하고 있다. 하지만 가장 일반적으로 사용되는 5각형 욱일장은 그 잎의 개수 때문에 벚꽃을 형상화한 것으로 여겨져 사쿠라 다이몬(桜の代紋)이라고 불리는 것이다. 그만큼 일본 국민들은 경찰, 소방단원 등 가장 가깝게 접하는 국가 조직들을 통해 일상적으로 '사쿠라' 상징과 더불어 산다고 말할 수 있다.

2023년은 간토대지진으로부터 100년을 맞은 해였다. 도쿄, 치바, 가나가와, 사이타마 등지에서 수많은 이들이 희생되었다. 하지만 재해로 인한 희생자만 있었던 것은 아니었다. 그 당시의 경찰과 각 지역에서 급조된 자경단은 군경과 더불어 조선인이 우물에 독을 뿌리고 일본인을 습격한다는 등의 유언비어를 퍼트려 6,000명 이상의 조선인을 학살했다. 중국인이나 일본인 사회주의자, 아나키스트 등도 희생되었지만 조선인은 주된 박멸의 표적이 되었기 때문에 가장 많은 죽임을 당했다. 그러한 일본 자경단의 역사는 1939년 공습에 대비한 경방단(警防団) 조직으로, 전후에는 각 지역의 소방단(消防団)으로 이어지고 있다. 자연재해와 전쟁 등으로부터 모든 생명을 지키고 보호해야 할 목적으로 설립한 조직들이 오히려 수많은 무고한 생명을 앗아간 역사가 다시 반복하지 않기 위해서라도 간토대지진의 불행한 역사는 반드시 기억하고 성찰 되어야 한다.

도쿄 도지사인 고이케 유리코(小池百合子) 씨는 간토대지진 당시 학살된 조선인 희생자에 대한 추도문 전달을 9년 연속 거부(2025)하면서 학살 사건 자체를 부정하는 발언까지 서슴지 않고 있다. 조선인 희생자 추도식은 간토대지진 50년이 되던 1973년 도쿄도 의회의 찬성으로 '위령공원'으로 불리는 스미다구(墨田区) 요코아미초 공원(横網町公園)의 '조선인 학살 희생자 추도비' 앞에서 1974년 9월 1일부터 공식적으로 열리기 시작했으며, 역대 도지사는 매년 추도문을 보내왔다. 하지만 고이케 지사는 "도위령협회가 하는 대법회에서 모든 지진 재해 희생자를 추도하고 있다"면서 취임 이듬해인 2017년부터 추도문을 보내지 않아 왔다. 마치 서로 짠 듯 일본 정부도 2017년 5월 각의에서 간토대지진 후 일어난 조선인 학살사건과 관련해 "유감의 뜻을 표명"할 계획이 없다는 답변서를 확정했다. 도쿄도의 이러한 태

1939년에 조직된 대일본경방협회(大日本警防協会)의 경방단원(警防団員)이 착용한 모자의 사쿠라 심볼 마크

도는 매년 열리는 추도식 행사 당일 우익 단체들이 더욱 노골적으로 방해 집회를 열도록 조장하고 있다.

요코하마(橫浜)에도 간토대지진 이후 부흥과 재건의 상징으로 1930년에 세워진 '야마시타 공원'(山下公園)이 있다. 이 공원의 부지는 간토대지진 때 시내에서 발생한 기와, 벽돌 등의 잔해를 매립해 생겨났기 때문에 요코하마 부흥의 증거라는 것이다. 공원의 안내판을 보면 '지진 재해 부흥 사업의 하나'(震災復興事業の一つ), '일본 최초의 임해 공원'(日本初の臨海公園) 등의 말이 적혀 있지만, 요코하마에서도 참혹하게 자행된 조선인 학살에 관한 내용은 전혀 찾아볼 수 없다.

전후에 조직된 '소방단'의 사쿠라 심볼 마크

더 나아가 요코하마시는 1935년에 이곳 야마시타 공원에 '부흥기념 요코하마 대박람회'(復興記念横浜大博覽會)를 개최했다. 그 5년 뒤인 1940년에는 '황기 2600년'을 기념함과 동시에 전 세계에 일본 제국의 위용을 과시하기 위해 도쿄 올림픽을 유치하였다. 제2차 세계대전의 발발과 경제적 침체로 인해 1940년의 첫 번째 도쿄 올림픽 시도는 무산되고 말았지만, 그 때 작성된 홍보 포스터 등을 보면 진무 천황과 더불어 올림픽의 엠블럼 마크로 사쿠라가 사용되고 있다. 패전 이후 다시금 국제 무대 복귀를 알린 1964년 도쿄 올림픽 때의 1000엔짜리 기념주화에도 후지산과 함께 사

1940, 1964, 2020년 도쿄 올림픽에 사용된 사쿠라 심볼. 1940년의 올림픽 포스터에 그려진 사쿠라에는 16엽의 국화 및 16방사의 욱일기에 맞추어서 16개의 꽃술을 표현하고 있다.

제11장: 벚꽃이 지면 무궁화 피고… 285

쿠라가 일본의 상징으로 앞 뒷면 모두에 등장했으며, 2020년 도쿄 올림픽의 두 종류의 엠블럼도 모두 사쿠라를 디자인하였다. 하지만 전 세계인이 한 데 모여 평화와 화합을 기원하는 행사였음에도 불구하고 도쿄와 요코하마는 여전히 100년 전의 조선인 학살 사건은 은폐하고 넘어 가려 했으며, 결국 코로나 팬데믹 여파로 인해 올림픽도 1년 연기된 2021년에 무관객으로 치러내 결코 성공적이었다고 말할 수 없게 되었다. 도쿄의 요코아미초공원(橫網町公園)과 요코하마의 '야마시타 공원'(山下公園)에는 매년 봄 벚꽃이 만개한다. 하지만 흩날리는 그 한 송이 한 송이는 100년 전 스러져간 수많은 희생자들의 영령과 그들의 눈물처럼 느껴지는 것은 나 뿐인 걸까?

사쿠라(벚꽃)는 메이지 시대부터 "조국 일본과 천황을 위해 깨끗이 스러져 가는 것"이라며 병사들을 죽음으로 몰아넣는 상징적 꽃이 되어 갔다. 특히 태평양전쟁 패전 직전에는 가미카제 자살특공대의 상징이 되었고 출격하는 순간에는 특공대원들이 서로의 가슴에 벚꽃가지를 꽂았다. 소녀들은 벚꽃을 흔들며 죽음만이 기다리고 있는 전쟁터로 이들을 내보냈다. 오누키 에미코(大貫惠美子)는 저서『사쿠라가 지다, 젊음도 지다: 미의식과 군국주의』(5)에서 벚꽃의 미적 가치와 상징성을 오해해 간 결과 '해석의 오류'가 발생한 역사적 경위를 밝힘으로써 평화의 본질적 의미에 대해 다시 묻고 있다.

사회학자 사토 다쿠미(佐藤卓己)는 "일본의 장래를 담당해야 할 다수의 젊은이가 특공대에 탑승해 바다의 해조 부스러기로 사라져 갔다. 벚꽃이 지듯이… 위정자는 벚꽃의 아름다움을, 내셔널리즘 고양과 전쟁 수행에 이용한 것"(6)이라고 설명한다. 당시 특공대원으로 허망한 희생자 중에는 탁경현(卓庚鉉, 1920-1945.5.11) 박동훈(朴東薰) 등 식민지 조선 출신이 17명이나 포함돼 있었다. 흩어지는 벚꽃이 되어버린 이들은 사후에 모두 야스쿠니 신사에 합사 되어 지금도 전쟁 미화에 이용되고 있다. 본인이나 유족의 의도와는 관계없이 야스쿠니 신사에 일방적으로 합사되어 있는 조선인 전사자는 21,181명에 이른다.(대만인은 27,863명) 총리대신을 포함한 일본 정부

자살특공대인 가미카제 부대 출격 직전 특공대원들이 서로의 가슴에 벚꽃을 꽂아준 모습

아이치현(愛知県) 도요타시(愛知県豊田市)에 있는 '아이치 소년원' 부지는 현재도 벚꽃 명소이다. 전쟁 중에는 해군 비행장이 있어 가미카제 특공대의 훈련장이었다. 벚나무 잔가지를 꽂고 기념 촬영하는 초벌대 대원들(도요타시 향토자료관 소장, 『草薙隊の栞』 수록). 구사나기타이(草薙隊)는 태평양전쟁 당시 일본(아이치현)에서 폭탄 장착 항공기(爆裝航空機)에 의한 육탄 공격을 목적으로 편성된 민병대다. 특별 공격대의 일환으로서 '나고야 해군 항공대'(名古屋海軍航空隊)라고도 부른다.

1945년 4월 12일, 지란 육군 비행장에서 출격하는 육군 특별 공격대 제20 진무대(振武隊)의 일식 전투기(一式戰鬪機) '하야부사'(隼)의 모습이다. 탑승자는 아나자와 도시오(穴澤利夫, 1922-1945년 4월 12일) 소위였는데 그 날 곧바로 전사했다. 태평양전쟁 시기 나데시코 부대(なでしこ隊)라 불리던 지란고등여학교(知覽高等女學校, 현 가고시마현립 사쓰난공업고등학교)의 학생들이 출격을 배웅하는 모습. 출격 날 이들은 벚꽃 가지를 비행기 조종석을 장식하거나 손에 쥐고 흔들고 있다.

제11장: 벚꽃이 지면 무궁화 피고… 287

관계자들의 야스쿠니 신사 참배 문제와 함께 이러한 조선인(한국인) 합사 문제는 여전히 한일관계에서 중요 과제로 남아 있다.

무궁화가 한반도 백성의 꽃이 되기까지…

무궁화는 고대로부터 한반도를 상징하는 꽃으로 존재해 왔다. 중국 춘추전국시대의 지리서 『산해경』(山海經) 제9권 '해외동경'(海外東經)의 표현을 이수광이 『지봉유설』에서 인용한 문장을 보면 대륙에서 한반도와 함께 무궁화를 떠올렸음을 알 수 있다.

전사한 군인들을 상징하는 사쿠라. 가나자와시 호국신사 앞에 세워진 '이시카와현 해군전몰자의 비'(石川県海軍戰没者之碑)

"군자의 나라(=古朝鮮)가 북방에 있는데, 그들은 의관을 정제하고 칼을 차며 짐승을 먹고 호랑이를 곁에 두고 부리며, 사양하기를 좋아하고 다투기를 싫어하는 겸허한 덕성이 있다. 그 땅에는 **훈화초(薰華草=무궁화)**가 있는데 아침에 피었다가 저녁에 진다."(君子國在其北 衣冠帶劍 食獸 使二大虎在旁其人 好讓不爭 有**薰華草**朝生夕死)

무궁화의 학명은 히비스쿠스 시리아쿠스(Hibiscus syriacus)로 시리아와 관련이 있을 것 같지만 시리아에는 존재하지 않는 꽃이다. 동아시아 지역이 원산이라 중국어로는 '무친'(木槿), 한국어로는 무궁화(無窮花) 혹은 목근(木槿)이라 부르며, 일본에서는 『만요슈』(万葉集)에서 가을의 대표적인 일곱 화초 가운데 하나로 '아사가오'(朝貌, 아침 얼굴)라는 이름으로 등장했다는 설이 있으며, 에도 시대의 차인(茶人) 센소탄(千宗旦)이 좋아했던 꽃이라 '소탄 무쿠게'(宗丹木槿, そうたんむくげ)라고 불린 뒤 이후 '무쿠게'라는 명칭이 널리 정착되었다. 여름에는 꽃이 피는 식물이 드문데, 무궁화는 7월 초부터 9월 말까지 100일 넘게 꽃이 핀다. 그런 꽃이 한반도 전역에서 피고 지다 보니 고대 지리서인 『원중기』(元中記)에서도 "군자의 나라에는 지역이 천리인데 무궁화가 많다"라고 쓰고 있어, 한반도는 '근역'(槿域)이라 불릴 정도였다. 생각해 보니 필자의 고등학교 모교 교가도 "근역을 굽어보는 태백산록에 아득한 서라벌의 영기 감도는"이라는 가사로 시작하고 있으며, 교과서에서도 조지

훈의 글 '나라꽃 무궁화'에서 그 의미를 배운 적이 있다.

"무궁화는 한 송이 한 송이로는 아침에 피었다 저녁에 떨어지는 꽃입니다. 그러나 새로 뒤따라 피고 이어 피기 때문에, 언제나 예대로 조금도 줄지 않고 새로운 꽃이 가득히 피어 있는 것입니다. 이리하여 이 꽃은 늦은 봄철에서부터 여름을 거쳐, 서릿발이 높아 가는 가을까지 피기 때문에 무궁화란 이름이 생기게 된 것입니다."[7]

목근화(木槿花)라고도 불린 무궁화는 근역이란 말처럼 한반도에서 가장 흔한 꽃이었기에 신라(新羅)가 당에 보낸 국서에서도 자국을 근화향(槿花鄕) 곧 '무궁화의 나라'라고 표현하고 있다.

"황제 폐하께서 발해의 요청을 허락 않는 신필을 내리지 않으셨다면 근화향(槿花鄕=신라)의 염치와 예의가 절로 침몰하고 호시국(楛矢國=화살을 만드는 나라, 발해를 일컬음)의 강폭함이 더욱 성할 뻔 하였나이다."[8]

고려의 문신 이규보(李奎報, 1169-1168)가 쓴『동국이상국집』(東國李相國集)에도 무궁화의 뜻이 "끝없이 피고 진다는 무궁(無窮)"이라고 말하며 몽골의 침입을 겪으며 민족 의식을 각성 시키기 위해 무궁화의 존재를 강조했다. 조선 초기에 강희안(姜希顔, 1419-1464)이 쓴『양화소록』(養花小錄)에도 "우리나라에는 단군(檀君)이 개국할 때 무궁화(木槿花)가 비로소 나왔기 때문에 중국에서 우리나라를 일컫되 반드시 '무궁화의 나라(槿域)'라 말했으니 무궁화는 예로부터 우리나라의 봄을 장식했음이 분명함을 알 수 있다"는 표현이 나오며, 민중들이 남긴 각종 민화에도 무궁화는 빈번하게 등장하고 있다. 심지어 과거 시험에 급제한 사람들에게 임금이 하사하던 어사화(御賜花)에도 무궁화가 사용되었고, 궁중연회 때 신하들은 나라의 번영을 기원하며 진찬화(進饌花)로서 사모(紗帽)에 무궁화를 꽂았을 만큼 조선시대의 정치와 문화 속에도 무궁화는 깊이 침투해 있었다. 청일전쟁과 민왕후 살해 사건 직후인 1897년 독립문의 제막식 등, 독립협회 주최 행사에서 배재학당의 학도들은 "무궁화 삼천리 화려 강산"이 담긴 애국가를 제창하는 등, 무궁화는 노래 가사를 통해서도 한반도에 용기를 주는 확실한 매개체로 자리잡아 갔다. 이러한 배경 하에서 1897년 새롭게 출범한 대한제국은, 무궁화가 공식적인 국가 상징으로 제정된 적이 없음에도 불구하고 훈장이나 문관의 대례복 등에 장식 문양으로 활용되기 시작한다.

목수현은 『태극기 오얏꽃 무궁화: 한국의 국가 상징 이미지』(2021)에서 1900년 12월 12일에 반포된 문관대례복의 규칙에서 금수를 놓은 무궁화 문양이 법제화 된 것이나 훈장 및 증서 등에도 이화와 함께 무궁화가 그려진 사실 등을 소개하고 있다.[9] 서구식 문관대례복 가운데 주임관 대례복을 입고 있는 외교관 이한응(李漢応, 1874-1905.5.12.) 열사의 사진을 보면 상의에 금색 무궁화 문양 네 개(좌우 2개씩, 주임관)가 선명하게 수 놓아 있다. 이한응은 1905년 을사늑약 직후 가장 먼저 자결한 외교관이었다. 그로부터 5년 뒤인 1910년에 한일강제병합이 체결되자 러시아에서 자결한 이범진(李範晋, 1852-1911, 칙임관) 외교관의 대례복도 금색 무궁화 문양 12개(좌우 6개씩, 칙임관)로 마찬가지다. 또한 대한제국 법부대신을 지낸 김가진(金嘉鎭)의 대례복에도 동일한 무궁화 문양이 선명하다. 뛰어난 개혁 관료이자 외교관이었던 김가진은 대한제국의 대신 출신 가운데 유일하게 해외 독립운동에 투신한 인물이다. 그가 없었다면 대한제국의 망국사는 더욱 부끄러운 것이 될 뻔하였다. 칙임관(勅任官)과 주임관(奏任官)에 따라서 무궁화의 개수와 자리에 차이가 있지만 무궁화 문양이 대한제국 관료의 복식에까지 반영되었다는 것은 주목할 만 한 일이다.

일본이 황실 꽃으로서의 국화와 나라 꽃으로서의 기리몬과 사쿠라를 구분해 훈장과 대례복 등에 사용하는 것처럼 그에 대응한 조치로서 대한제국도 황실 꽃은 이화로 나라의 꽃은 무궁화로 인식하였음을 확인하게 된다. 일본제국이 천황(天皇)과 신민(臣民)이라는 위계 질서를 국화(군)와 기리몬(신) 및 사쿠라(민)로 명확히 표현하려 했던 것을 대한제국도 이화(황제=군)와 무궁화(관민)라는 도식 관계로 모방해 보려 한 것이다. 하지만 그러한 시도도 을사늑약으로 좌절되었고, 그 직후인 1906년 12월의 규칙 개정에서 대례복 전

왼쪽부터 대례복을 착용한 이한응, 이범진, 김가진. 대례복에는 무궁화가 묘사돼 있다.

면의 무궁화는 완전히 사라지게 되며, 이듬해 1907년에는 대한제국 육군 복장에서도 무궁화가 사라진다.[10] 이는 이토 히로부미의 통감부가 황실 상징인 이화만 남기고 조선의 영토와 백성의 상징인 무궁화를 가려 한 시도와 관계가 있다.

목수현은 무궁화에 대해서 "국토의 상징에서 나라꽃으로"라는 소제목을 통해 다음 같이 무궁화가 거쳐간 국가 상징화 과정의 특징을 설명한다.

"무궁화 문양은 근대 전환기에 태극이나 오얏꽃처럼 초기부터 채택되어 활용되지 않았다. 이화문이 국내 외적으로 공식적인 자리에서 나라의 상징인 '국문'(國紋)으로서의 역할을 담당했던 반면 무궁화는 꽃도 아닌 꽃가지가 (화폐 등에) 부수적으로 쓰이는 것이 대부분이었다. 왜 대한제국기에 '국화'(國花)로 제정되지 않은 무궁화가 국가와 민족의 상징으로 생각되었으며, 왜 오얏꽃은 일제강점기에 나라꽃으로 받아들여지지 않게 되었을까? (…) 이처럼 부수적인 문양으로 쓰인 무궁화가 (…) 전면적으로 등장한 것은 1900년 문관 대례복을 서구식으로 바꾸면서 가슴에 무궁화를 수놓은 것이다. (…) 이처럼 정식 국문도 아니고 국화도 아닌 무궁화가 훈장, 복식을 비롯하여 국가를 대표하는 상징물로 사용된 까닭은 무엇일까? 이에 대한 표면적인 이유로 들 수 있는 것은 훈장이나 훈장 증서, 복식제도의 도입 과정에서 참조한 일본이 (…) 국화와 오동이 나타나는 바, 이 두 식물을 대치할 만한 두 가지의 꽃이 필요했다는 것이다. 국화의 경우는 오얏꽃이 대응이 되었으나, 오동에 해당하는 꽃이 문제였을 것이다. 여기에 등장하게 된 것이 무궁화이다. (…) 흔히들 무궁화는 '삼천리'라는 말과 함께 사용한다. 이를 통해서 대중들은 바로 삼천리 우리 강산에 무궁화가 자생하며 우리의 국토를, 우리의 영역을 표살해주는 꽃으로 생각했음을 알 수 있다. 흥미로운 것은 1890년대 중반부터 '무궁화 노래'가 퍼져 나가고 있어 1900년에 훈장이나 문관 대례복에 문양이 시각적으로 정착되기 이전에 이미 무궁화에 관한 인식이 존재하고 있었음이 확인된다. (…) 현재 애국가의 후렴이기도 한 '무궁화 삼천리 화려강산 대한사람 대한으로 길이 보전하게'의 가사가 처음 나타나는 것은 1899년 6월 배재학당의 방학 예식에서 학생들이 부른 '무궁화 노래'에서부터였다. (…) '무궁화가'가 국가(國歌)는 아니지만 국가에 버금가는 노래로 불렸던 것을 알 수 있다."[11]

이어서 목수현은 "국민이 인정한 국화(國花)"라고 표현하면서, 국가권력에 의해 '하향식'(top-down)의 일방적인 공표로 정착된 상징이 아니라 국민들 스스로가 아래로부터 애정을 갖게 되어 국화처럼 폭넓은 공감대 속에서 서서히 마음 속에 스며든 '상향식'(bottom-up)으로 정착된 상징물이라는 점이다.

"무궁화는 (…) 어떠한 국가 공식 문서에서도 국가의 상징인 국화(國花)로 규정 혹은 지정된 바가 없었다. 그러나 국가라는 외피를 빼앗겨 버리자 국기인 태극기가 더욱 내면화 되었던 것과 마찬가지로 무궁화는 오히려 일제강점기를 거쳐 오늘에 이르기까지 국화로서 내면화의 길을 걸었던 것으로 여겨진다. (…) 그것은 주로 일제강점기의 남궁억을 중심으로 진행된 무궁화 운동과 그 맥이 닿아 있다. (…) 국가라는 개념적 외연을 상실한 상태에서, 국토라는 물질적 기반을 대신하고 국토의 상징으로 무궁화를 대입시키고자 하는 인식을 보여주고 있기 때문이다. 이때 무궁화는 '나라꽃'이기도 하지만 현실적으로 존재하지 않는 국가 대신 민족을 투영하여 '겨레의 꽃'으로 인식되기도 했다. 이러한 과정을 겪었기 때문에 해방 이후 남북한 모두 국화로서 무궁화를 채택하게 된 것이다. (…) 태극기와 무궁화가 국기와 국화로 사용되었던 예는 해방 1주년 기념으로 북한에서 발행한 우표에서도 나타나고 있다. (…) 이처럼 국가의 시각적 상징은 상황의 변화에 따라 수용되거나 폐기되고, 또 자발적인 욕구에 따라 그 의미가 생성되기도 했다. 이러한 의미 변화가 위로부터의 제정에서 비롯된 것이 아니라 아래로부터의 선택과 수용이라는 점은 의미심장하다."**(12)**

이처럼 무궁화는 구한말부터 황실 꽃인 이화와 달리 백성들 사이에서는 물론 국가 지도층에서도 수긍하는 한반도의 국화로 인식되고 있었다. 이는 정부나 개인이 정한 것이 아니라 국민 대다수에 의해서 자연 발생적으로 이루어져 간 과정이었다. 따라서 일제에 굴복한 황실의 꽃 이화와 달리 격렬히 저항하는 한반도 백성(민중)의 꽃인 무궁화는, 일제 당국의 입장에서는 처음부터 제거해 가야 할 대상으로 인식한 것이다.

훗날 일본의 패전, 한국의 해방을 맞아 황제의 나라 대한제국(大韓帝國)은 백성의 나라 '대한민국'(大韓民國)으로 그 이름을 바꾸어 새로운 나라로 탄생했다. 그 과정에서 황제의 꽃 이화(李花)는 역사 속으로 사라졌지만, 끝까지 살아 남은 민중의 꽃 무궁화(無窮花)는 누구도 부정하기 힘든 나라의 상징화가 되었다. 그에 비해 일본제국(日本帝国)은 일본민국(日本民國)이 아닌 일본국(日本國)으로 재탄생했다. 절대 군주 혹은 아라히토가미(現人神)로서의 천황은 퇴장한 듯하지만 상징천황제(헌법 제1-8조)를 통해 사라지지 않은 채 현대 일본은 온전한 민(民)의 나라로 거듭나지 못했다. 그래서 제국(帝國)도 민국(民國)도 아닌 오에 겐자부로의 말처럼 '애매모호한 나라' 일본국(日本國)이 되었다. 그 과정에서 천황과 신민(民)의 상징 국화, 오동잎, 사쿠라는 그대로 남아 있다. 일본의 사쿠라가 민주주의에 부합하는 현대 시민의 상징인지 여부는 여전히 질문에 봉착한 과제이다.

구국의 상징이 된 무궁화

1905년 을사늑약 이후 다수의 독립지사들이 기독교회에 모여 들었다. 서양 제국주의 침략국과 기독교 선교국가가 일치하였던 식민지들과 달리 한반도는 이웃한 일본제국의 식민지가 되면서 오히려 기독교가 구국 운동의 구심점이 되었다. 기독교 수용이 곧 민족과 국가의 배신을 의미하던 다른 아시아, 아프리카 지역과 달리 한국에서는 기독교회가 독립의 희망을 걸 수 있는 마지막 보루처럼 인식된 것이다. 그 과정에서 무궁화는 이러한 기독교적 의미까지 합해져 구국의 꽃이라는 새로운 의미가 부여되어 간다.

구약성서 아가서 2장 1절의 "나는 샤론의 수선화, 골짜기에 핀 나리꽃이라오"(새번역성서)에 나오는 '샤론의 수선화'는 영어로 '로즈 오브 샤론'(rose of Sharon)이고 이 말이 바로 무궁화의 영어 명칭이다. 이 구절에서 비롯된 찬송가 '샤론의 꽃 예수'(새찬송가89장) 또한 자연스럽게 '무궁화'를 떠올리게 한다. 안 그래도 이미 대한제국 시절부터 무궁화가 대례복에 사용되는 등 황실 꽃 이화와 더불어 나라(백성)의 상징으로 사용된 바 있기 때문에, 다수의 기독교인이 포함된 초기의 독립운동가들은 무궁화에 더욱 주목하여 구국 운동의 상징으로 삼아 갔다. 대표적으로 기독교인(감리교)이면서 훗날 독립협회를 설립하는 서재필과 그를 도운 윤치호, 남궁억 등을 들 수 있다.

서재필이 편찬한 「독립신문」은 1897년 8월 조선개국 505주년을 '기원절'로 기념하면서 '무궁화노래'라는 표현을 처음으로 사용한다. 그 당시의 「독립신문」 8월 17일 자의 한글판과 영문판(The Independent)에는 편집인이었던 서재필의 주(註-editorial note)가 다음과 같이 게재돼 있다.

독립신문-배재학당 학원들이 무궁화 노래를 부르난대,
"우리 나라 우리 님군 황텬(皇天)이 도으샤, 님군과 백셩이 한가지로
만만셰를 길거하 태평 독립 하여보세"하니,
외국 부인이 또 악기로 률에 맛초아 병창하더라.
(독립신문-배재학당의 학생들이 무궁화 노래를 부르면서 "우리 나라 우리 임금님, 황천이 도우셔서 임

금과 백성이 하나가 되어 만만세를 부르며 태평 독립 이루자"고 하니, 외국 부인이 악기 선율에 맞추어 병창하였다.)

The Independent-The Paichai boys sang a song 'National Flower' which was composed by the poet laureate of Korea, Mr. T. H. Yun, for the occasion.

They sang it to the tune of 'Auld Lang Syne' accompanied by Mrs. M. F. Scranton on the organ.

(배재학당 학생들이 조선의 계관시인 윤치호 씨가 이번 행사를 위해 작사한 '국화(國花) 노래'를 부른 바, 곡조는 '올드 랭 사인'이었고, 스크랜턴 여사가 오르간으로 반주를 맞춰주었다.)

「독립신문」(제143호, 1900년 10월 20일)에 실린 작가미상의 군가인 '독립군'의 4절 가사에도 "무궁화가 봄 맞나 다시 필 때에 우리 즐겁다 어서 무궁하리라"라는 가사가 등장한다. 이는 청일전쟁을 경험한 이후 무궁화가 외세로부터의 독립을 상징하는 꽃으로 일반에도 널리 인식되고 있었음을 말해준다. 남감리회의 지도자로서 독립협회에서 활동한 윤치호는 정부의 외무아문(外務衙門) 협판(協辦)등으로 재직 중이던 1895년부터 1900년 사이에 남궁억과 함께 무궁화를 국화를 제정하려고 시도하였다. 황실 꽃 이화와 구별되는 국가의 공식 국화로 무궁화가 적합하다고 생각한 것이다. 이런 배경 하에서 「독립신문」(제146호, 1899년 6월 29일)과 「대한매일신보」(1907년 10월 30일)에는 작자 미상의 '애국가'가 실리는데 모두 그 가사 후렴에 무궁화가 나온다. (윤치호 작사설과 더불어 안창호과 최병헌 목사가 작사했다는 주장도 있다.)

"무궁화 삼천리 화려강산 대한 사람 대한으로 길이 보전하세"

앞서 배재학당 학생들이 스크랜턴 부인의 반주로 '무궁화 노래'를 불렀다는 기사처럼, 처음에는 '올드 랭 사인'(Auld Lang Syne, 蛍の光)이라는 스코틀랜드 민요 및 찬송가의 멜로디로 애국가를 불렀다. 1907년 조선감리교회가 펴낸 『찬미가』에도 '애국가'가 14장에 게재되었고, 무궁화가 등장하는 '애국가'의 후렴구는 그대로 오늘 날 대한민국 국가인 '애국가'의 가사로 사용되고 있다.

또 한 명의 독립운동가이자 남감리회 교회의 지도자였던 남궁억(南宮檍, 1863-1939)은 고난의 민족사와 늘 함께 해온 무궁화에 그 누구보다 주목하였다. 대한제국의 영어통역관 등을 거친 관료로서 종로 탑골공원의 완공을 주도하기도 했던 그는 독립협회의 총무로 참여하면서 서재필의 「독립신문」에 감동받아 1898년에 「황성신문」을 창간, 초대 사장이 된다. 러일전쟁을 비판하다가 여러 번 투옥되었고, 1905년 을사늑약 직후에는 장지연의 사설 '시일야방성대곡'(是日也放聲大哭, 이 날에 목놓아 우노라)을 게재해 이토 히로부미와 을사오적을 규탄했고 훗날 무궁화 보급 운동에 삶을 바친다.

『찬미가』에 수록된 애국가

독립운동의 정신적 구심점, 무궁화

5년 뒤인 1910년에 한일강제병합이 끝내 단행되었다는 소식이 전해지자 『매천야록』을 쓴 우국지사 황현(黃玹, 1855-1910)은 스스로 목숨을 끊는데, 그 때 쓴 절명시(絶命詩)에서도 "무궁화 우리 강산이 망하였구나!"라는 한탄이 등장한다.

> 새와 짐승도 울고, 산천도 찡그린다. (鳥獸哀鳴海岳嚬 조수애명해악빈)
> 무궁화 우리 강산이 망하였구나. (槿花世界已沈淪 근화세계이침륜)
> 가을밤 등불 아래 책을 덮고서 옛일 생각해 보니 (秋燈掩卷懷千古 추등엄권회천고)
> 이승에서의 식자 노릇이 이토록 힘겨울 수 있으랴 (難作人間識字人 난작인간식자인)

10년간 이어진 무단통치 끝에 3.1독립운동이 일어난다. 불교계를 대표하여 민족대표 33인에 합류했던 승려인 한용운(韓龍雲, 1879-1944) 시인도 옥중에서 '무궁화를 심으과저'라는 시를 썼다. 이처럼 무궁화는 기독교와 불교 같은 종교적 격차도 상관없이 나라 잃은 민족 전체의 구심점 역할을 하는 꽃으로 널리 인식되고 있었다.

> 달아 달아 밝은 달아 옛나라에 비춘 달아
> 쇠창을 넘어 와서 나의 마음 비춘 달아

계수(桂樹) 나무 버혀내고 무궁화(無窮花)를 심으과저

남궁억은 자신이 완성한 탑골공원에서 기미독립선언서가 낭독되는 모습을 목격한 뒤, 1919년 9월에 강원도 홍천으로 내려가 모곡학교(牟谷學校)를 설립한다. 그곳에서 무궁화 묘목을 배양하여 전국의 학교와 교회에 널리 퍼트리는 사업을 시작한다. 이후 10년 동안 무려 30만 그루를 전국 각지에 보냈고, 무궁화 13송이로 한반도를 표현하는 자수 작품을 제작해 보급했다. 아울러 조선소년군 보이스카우트의 항건에도 무궁화를 그려 넣는 등 무궁화 운동을 적극적으로 전개했다.

1922년 조철호(趙喆鎬)에 의해 창설된 보이스카우트의 단가 후럼에도 "근역(槿域)의 동무야 사회 봉공 해보세!"라는 가사가 나온다. 서울 YMCA 회가인 '청년의 노래'의 2절에도 "영원한 광명의 땅 무궁화 반도, 화랑의 옛날부터 청년의 나라"라는 표현이 나오는데, 이 모두가 무궁화 운동을 전개하던 남궁억에게 영향을 받은 결과였다.

남궁억이 무궁화와 대립시키며 의식한 꽃은 역시 일본의 국가 상징으로 널리 사용되던 사쿠라였다. 1923년에 쓴 '무궁화 예찬'이라는 시는 일본 꽃 사쿠라의 한계를 지적하며

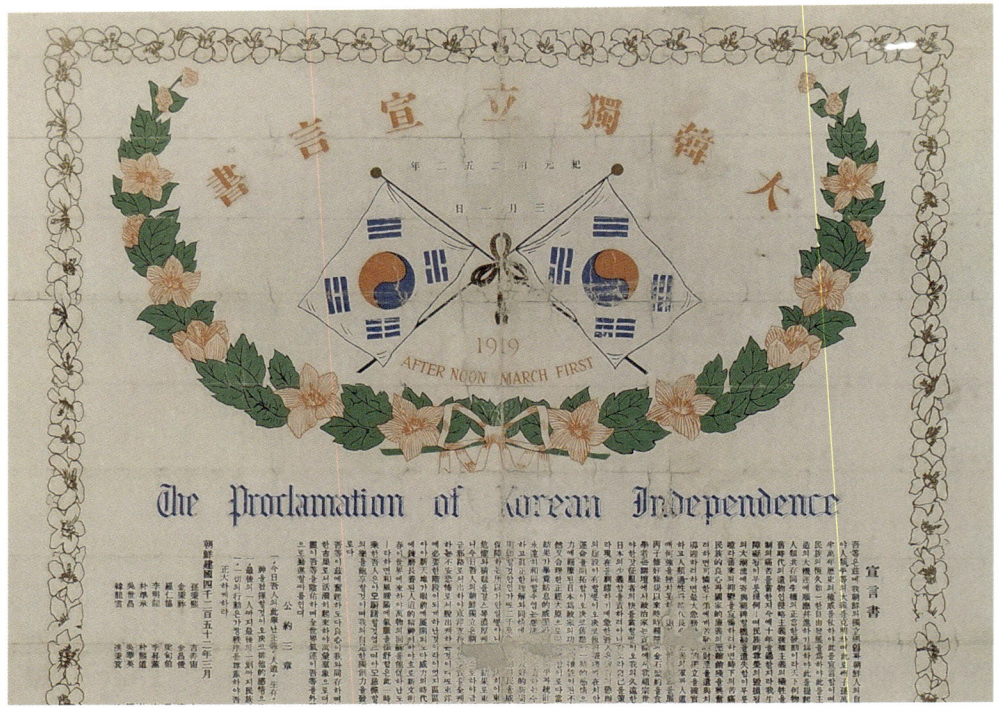

3.1운동 직후에 하와이 대한부인구제회가 제작한 '대한독립선언서'. 상단과 주변부가 모두 무궁화로 장식되어 있다(1919년 4월).

강원도 홍천에 세워진 남궁억기념관. 경내에 무궁화가 만발해 있다(좌). 무궁화 13송이로 한반도를 표현한 자수 작품. 1910년 식민지화 되던 당시의 13개 도를 의미한다. 해방 기념으로 숙명여학교 학생들이 제작한 무궁화 한반도 자수에 '조선해방 독립기념'이라고 적혀 있다(숙명여자대학교박물관)(우).

그에 비해 무궁화가 지닌 깊은 의미를 강조하고 있다.

무궁화 예찬

(…)

더군다나 버치(벚)꽃은 산과 들에 번화해도 / 열흘 안에 다 지고서 열매조차 희소하다.

울밑 황국 자랑소리 서리 속에 꽃핀다고 / 그러하나 열매 있나 뿌리로만 싹이 난다.

조선 보이스카우트 항건(머플러)의 상징마크의 중심에는 태극문양이, 주변에는 무궁화가 그려져 있다.

특별하다 무궁화는 자랑할 말 하도 많다 / 여름 가을 지나도록 무궁 무진 꽃이 핀다.

그 씨 번식하는 것 씨 심어서 될 뿐더러 / 접부쳐도 살 수 있고 꺾꽂이도 성하도다.

오늘 한국 삼천리에 이 꽃 희소 탄식말세 / 영원 번창 우리 꽃은 삼천리에 무궁화라.

1932년 2월, 남궁억은 연희전문학교 졸업식에 초청을 받았는데, 일본이 만든 자동차와 전차를 타지 않기 위해 홍천에서 서울까지 120km를 걸어서 간 일화는 유명하다. 서울의 졸업식에 도착한 남궁억은 학생들에게 이렇게 역설했다.

"여러분, 내가 우리 집에서 여러분을 보려고 널미재라는 높은 고개를 넘을 때 무릎이 묻히는 눈길을 걸어오면서 앞서간 사람의 발자국만 따라 왔습니다. 개울 길에 들어서니 아무리 생각해 보아도 길이 아닌 곳으로 발자국이 났으므로 나는 그 자국을 따라가지 않았습니다. 내가 잘 아는 산길이기 때문에 원래의 길을 찾아서 생눈을 뚫고 발자국을 내어 내 뒤에 오는 사람은 내 자국을 따라오도록 하였습니다. 변변치 않은 이야기입니다만, 우리나라에서 여러분만치 고등교육을 받은 사람은 한 면에 하나 있을까 말까 한 정도입니다. 여러분은 국보급 존재입니다. 그러면, 교문을 나서는 여러분들이 옮겨야 할 발길의 방향은 어디입니까? 목자 없이 방황하는 어린 양들을 구하려고 내 고장인 농촌으로 가지 않으시렵니까? 강자를 도와 부스러기 권세에 만족해 할 것이 아니라, 약자를 살려주고 같이 강한 것이 우리의 할 일이라고 생각됩니다. 내가 산속의 눈길을 걸을 때 생눈을 뚫고 원 길을 찾아 걸은 것처럼, 여러분이 바로 걸어야 뒤에 따르는 사람도 바른길을 걸을 것이니 본래의 갈 길을 갈 수 있는 사람이 되기 바랍니다."

이러한 남궁억의 뜻에 동참한 연희전문학교도 무궁화를 교화(校花)로 지정해 교정 곳곳에 무궁화를 심어가며 애민애족의 정신을 함양코자 했다. 남궁억이 소속된 감리교회의 목사를 양성하던 감리교협성신학교도 1934년에 저널 「신학세계」를 통해 심볼 마크를 발표하였는데, 원 안에 무궁화 도안을 반영하고 있다. 이화여자고등학교의 교가도 1930년에 여고 교사 서광진(徐光鎭)의 작사, 이화여전 음악과 교수 안기영(安基永)의 작곡으로 만들어졌는데, 학교 교명은 '이화'(梨花)임에도 불구하고 교가의 1절에 처음 등장하는 꽃은 다름 아닌 무궁화였다.

1. 한줄기 새 빛이 동방에 비치니 무궁화 동산에 첫봄이 왔도다
고목에 싹 돋아 꽃이 피오니 성인이 이름해 이화라 하셨네

이처럼 무궁화를 전국에 보급하며 독립의식을 고취하는 남궁억의 활동과 그에 부응한 교육계, 종교계, 문화계 등의 적극적인 호응은 당연히 일제 당국의 눈엣가시가 아닐 수 없었다.

고려대학교의 전신인 보성전문학교는 대한제국 군부대신이었던 이용익이 1905년에 설립한 근대학교였다. 국운이 쇠퇴하던 시기에 고종 황제는 인재 양성을 당부하면서 보성(普成)이라는 학교명을 하사했고, 그로 인해 학교의 상징 마크도 처음에는 대한제국 황실

연희전문학교(현, 연세대) 캠퍼스 전체에는 지금도 곳곳에 무궁화가 산재해 있으며 윤동주(오른쪽에서 두 번째)가 졸업 사진을 찍었던 중앙계단 좌우에는 최근 무궁화 밭이 조성되었다. 그 주변에 벚나무들도 함께 식재돼 있다.

제11장: 벚꽃이 지면 무궁화 피고…

감리교협성신학교(현, 감신대) 교장(校章)의 가운데 십자가 좌우 외곽으로 두 개의 무궁화가 그려져 있다. 1934년에 발표된 새로운 감리교협성신학교의 심볼 마크의 원 안에 무궁화 도안이 그려졌다. 1933년에는 감리교회의 남궁억 등이 십자가당 사건으로 일제당국의 박해를 받았으므로, 감신대는 탄압을 피하기 위해 '프로테스탄트'(저항)를 상징하는 종교개혁자 마틴 루터가 스스로 고안한 '루터의 장미'(The Luther Rose) 도안을 활용해 우회적으로 무궁화를 표현한 것으로 보인다.

을 상징하는 이화장(李花章)을 사용했다. 하지만 이후 천도교 손병희의 인수를 거쳐, 결국 대공황 상황이던 1929년에 동아일보의 창간 대표였던 김성주가 인수하여 고려대학교로 성장시켜 간다. 그 때 김성수는 외국인 혹은 일본인이 아닌 대표적인 1세대 한국인 건축가인 박동진에게 새로운 캠퍼스 설계를 맡긴다. 민족 자본에 의해 민족적 기풍이 깃든 교사를 짓고자 한 것이다. 박동진은 해방 이후 영락교회와 남대문교회 등도 설계하는 등, 석조 건축물 전문가였으며 보성전문의 새 건물에 사용된 화강암은 모두 근처의 종암동 채석장에서 조달하여 모든 것이 민족 스스로의 힘으로 완성된 첫 근대 건축물이었다. 영국과 미국을 시찰하며 옥스포드대학, 캠브리지대학, 듀크대학 등을 모델로 하되 민족의 상징을 반영해 달라는 김성수의 주문이 있었던 것으로 보인다. 이에 박동진은 보성전문학교 신 캠퍼스 본관을 1934년에 완공하면서 정문 양쪽 기둥에는 호랑이 조각을, 후문 양쪽 기둥에는 무궁화 조각을 설치하였다. 이는 일본에 의해 멸종되어 가던 한국의 상징 동물 호랑이와 벌채되어 불살라지던 백성의 꽃 무궁화 두 상징을 학교 중심부에 반영하여 민족의식을 일깨우려는 시도이기도 했다. 이 또한 남궁억 선생의 무궁화 운동의 영향을 받은 결과였다. 해방 이후 보성전문학교가 고려대학으로 이름을 바꾸고 종합대학이 되면서 1958년에 호랑이를 상징으로 한 새로운 마크를 제정하면서 이화장은 역사 속으로 사라졌다.

'무궁화'에 부여되어 간 구국의 꽃이라는 새로운 의미와 독립정신은 해외의 독립 운동가들에게도 큰 영향을 미쳤다. 일본군과 격전을 벌인 청산리(青山里) 전투로 유명한 김좌진(金佐鎭, 1889-1930) 장군은 '창자가 찢어지는

초기의 보성전문학교 심볼 마크 '이화장'

1933년 「동아일보」에 실린 보성전문학교(현, 고려대학교) 본관 스케치**(상)**. 본관 전면 현관의 양 옆 기둥에는 호랑이가, 후면의 양 옆 기둥에는 무궁화 조각이 장식되어 있다**(하)**.

고통'을 의미하는 '단장지통'(斷腸之痛)이라는 시를 남기며 다음과 같이 무궁화 삼천리를 노래하고 있다.

> 적막한 달밤에 칼머리의 바람은 세찬데 (刀頭風動關山月 도두풍동관산월)
> 칼끝에 찬 서리가 고국 생각을 돋구누나 (劍末霜寒故國心 검말상한고국심)
> 근역(무궁화) 삼천리 강산에 왜놈이 웬말인가 (三千槿域倭何事 삼천근역왜하사)
> 단장의 아픈 마음 쓰러 버릴 길 없구나! (不斷腥塵一掃尋 부단성진일소심)

1920년대에 상하이와 만주에서 애창된 '애국지사의 노래' 3절에도 "자유와 독립의 힘찬 종소리 / 무궁화 삼천리에 울려 퍼지리"라는 후렴이 나오고, 같은 시기 독립군이 부른 '항일전선가' 4절에도 "독립문에 자유종을 크게 울리고 / 한양에 태극기 펄펄 날릴제 /

수십 년을 짓밟히던 무궁화 동산 / 우리 조국 낙원으로 만들어 보자"라고 다짐하고 있다. 1940년대에 광복군이 부른 군가 '광복군 돌진가'의 2절에도 "대한 남아가 무궁화 되어 / 아름답게 만발할 날 돌아 왔도다 / 무궁화 만발했네 삼천리 강산 / 대한 우리나라 만세곡곡에"라며 남궁억이 강조한 '무궁화 삼천리'가 강조되고 있다.

독립운동가이자 국사학자였던 신채호(申采浩, 1880-1936)도 『꿈하늘』(夢天)이라는 미완성 단편소설(『단재 신채호 전집』 수록) 안에서 "허허, 무궁화가 피었구나"라는 시를 통해 자신의 독립 의지와 무궁화를 동일시하고 있다. 이 시는 나라가 일본에 빼앗겨가던 1907년 어느 날 주인공 '한놈'이 꿈속 영계에 올라가서 수나라와의 전쟁을 승리로 이끈 고구려의 을지문덕과 만나는 장면에 등장한다. '한놈'은 을지문덕이 침략군 내쫓는 살수대첩(薩水大捷)을 목격한 뒤 그와 만나 가르침을 받던 중 이 시를 듣게 된다.

> 그(을지문덕)가 '한놈'이 앉은 무궁화 나무로 향하여 오더니 문득 꽃을 보고 눈물을 흘리며, 「허허, 무궁화가 피었구나」하더니 장렬한 음조로 노래를 한 장(章) 한다.
>
> 이 꽃이 무슨 꽃이냐
> 희어스름한 머리(白頭山)의 얼이요
> 불그스름한 고운 아침(朝鮮)의 빛이로다.
>
> 이 꽃을 북돋우려면
> 비도 맞고 바람도 맞고 핏물만 뿌려 주면
>
> 그 꽃이 잘 자라리
> 옛날 우리 전성한 때에
> 이 꽃을 구경하니 꽃송이 크기도 하더라
>
> 한 잎은 황해 발해를 건너 대륙을 덮고
> 또 한 잎은 만주를 지나 우쓸리(우수리강)에 늘어졌더니
>
> 어이해 오늘날은
> 이 꽃이 이다지 야위었느냐

이 몸도 일찍 당시의 살수 평양 모든 싸움에

팔뚝으로 비짱삼고 가슴이 방패 되어
꽃밭에 울타리 노릇 해
서방의 더러운 물이
조선의 봄빛에 물들지 못 하도록

젖 먹은 힘까지 들였도다
이 꽃이 어이해
오늘은 이 꼴이 되었느냐

한 장 노래를 다 마치지 못한 모양이나 목이 메어 더 하지 못하고 눈물에 젖으니 무궁화 송이도 그 노래에 무슨 느낌이 있었던지 같이 눈물을 흘리며 맑은 노래로 화답하는데,

봄비슴의 고운 치마 / 임이 내게 주시도다.
임의 은덕 갚으려 하여 / 내 얼굴을 쓰다듬고 / 비바람과 싸우면서
조선의 아름다움 / 쉬임 없이 자랑하려고 / 나도 이리 파리하다
영웅의 시원한 눈물 / 열사의 매운 핏물 /
사발로 바가지로 / 동이로 가져오너라 / 내 너무 목마르다

신채호는 무궁화 한 송이를 의인화하여 일본에 나라를 빼앗긴 현재 조선의 처지를 "내 너무 목마르다!"라는 말로 한탄스럽게 표현하고 있다. 신채호는 한반도의 백성 한 사람 한 사람을 무궁화 꽃 한 송이 한 송이라고 여겼던 게 분명하다.

일제 치하의 이역만리 미국에서도 무궁화는 퍼져 나간다. 여성 독립운동가 김마리아(金瑪利亞, 1891-1944)가 바로 그 주인공이다. 1919년, 그녀는 장로교가 세운 정신여학교를 마친 뒤 같은 교파의 일본 조시가쿠인(女子学院)에서 유학 중이었는데 마침 도쿄2.8독립선언서가 발표되자 그 활동에 동참하였고, 은밀히 그 선언서를 갖고 한국에 돌아와 전달하여 3.1운동의 기폭제가 되는데 일익을 담당했다. 고향인 황해도 장연 지역의 3.1운동도 주도하였고, 그해 겨울 대한민국애국부인회 사건(大韓民國愛國婦人會事件, 일명 김마리아 사건)으로 인해 체포되어 징역 3년형을 받아 평생 동안 심각한 고문 후유증을 겪게 된다. 1920

년에 선교사의 도움으로 극적인 탈출에 성공하여 중국 난징의 진링(金陵)대학에서 공부한 뒤, 1923년에 미국 파크대학교 문학부와 시카고대학 대학원 사회학과에서 공부한 뒤 뉴욕의 컬럼비아대학과 뉴욕신학교로 다시 진학한다. 그 때 2.8운동과 애국부인회 사건에도 함께했던 황애덕(黃愛德), 박인덕(朴仁德) 등과 재회하였고, 1928년 1월 1일에 뉴욕 한인교회 안에 '재미 대한민국애국부인회'를 결성하게 되는데 그 이름을 '근화회'(槿花會, 무궁화회)로 정하면서 회장에 취임한다. 다음 달인 2월 12일에는 태극기와 무궁화 깃발을 내걸고 발대식을 개최했다. 교회의 벽면 전체도 무궁화 꽃송이로 장식했다. 김마리아는 개회사를 통해 근화회 목적을 "1. 민족정신 고취와 대동단결, 2. 교육과 실업 장려, 3. 본국 사정 외국인에게 전파, 4. 건국대업 원조" 등의 네 가지를 강조했다. 또한 근화회는 뉴욕한인 교회에 위치한 동지회 뉴욕지부, 뉴욕 교민단, 국민회 뉴욕지방회 등과 연합하여 뉴욕재만동포옹호회를 조직하여 만주의 독립운동도 지원하였다. 이러한 미주 지역의 독립운동 역사에서도 '무궁화'는 동포들의 독립 의지를 고양시키는 가장 중요한 상징으로 자리매김해 있었다.

한국 성공회에서 20년 이상 활동한 영국인 신부 리처드 러트(Richard Rutt, 盧大榮)는 자신의 책 『풍류한국』에서 "세계의 모든 나라꽃이 그들의 황실이나 귀족의 상징이 전체 국민의 꽃으로 만들어졌으나, 한국은 유일하게도 황실의 꽃인 배꽃이 아닌 백성의 꽃 무궁화가 국화로 정해졌고, 이는 민주 전통의 부문이다"라고 말했다. (필자 주: 리처드 신부는 자두꽃을 배꽃으로 잘못 알고 쓰심)

물론 한국이 태극기를 법률에 근거한 국기(國旗)로 제정한 것과 달리 애국가나 무궁화는 아직 공식적인 국가(國歌)나 국화(國花)가 아니다. 하지만 나라를 잃었던 한반도의 백성들이 스스로 다시 일어 서기 위한 아이콘으로서 무궁화에 새로운 생명력을 불어 넣었으며, 마침내 아무도 부정하기 어려운 국가와 민족의 상징으로 역사화(歷史化)되어 갔다.

뽑히고 불살라진 무궁화, 확산된 벚꽃놀이 문화

일제강점기에 무궁화가 민족의 꽃으로 확고하게 자리잡아 가자 일제 당국은 무궁화의 영향력을 차단하기 위해 골몰하게 된다. 우선 "무궁화는 더러운 꽃"이므로 화장실 옆에 주로 심고, 전국의 번화한 중심가에는 일본의 꽃 사쿠라를 이식하는 정책을 시행한다. 대표적으로 고종의 강제 퇴위와 순종 즉위 직후인 1909년에는 서울의 5대 궁궐 중 하나인 창경궁을 동물원으로 훼손하면서 그 이름도 창경원으로 격하시켰다. 그 명목은 순종 황제의 마음을 달랜다는 것이었지만, 조선 궁궐을 일본식으로 바꾸며 일본식 근대 건축물을 세우려는 속셈이었다. 1922년부터는 수 천 그루의 벚나무를 심어 숲을 조성하였고, 1924년부터는 야간 벚꽃놀이, 즉 야앵(夜櫻) 문화를 전국에 퍼트려 갔다. 순종실록의 1924년 기록을 을 보면 다음과 같이 총독부 관료들과 순종이 함께 창경궁에서 열린 관앵회 행사에 참석한 기사가 나온다.

"박물관(博物館)에서 관앵회(觀櫻會)를 열었다. 총독(總督) 남작(男爵) 사이토. 마코토〔齋藤實〕, 정무 총감(政務總監) 아리요시 추이치〔有吉忠一〕, 군 사령관(軍司令官) 기쿠치 신노스케〔菊池慎之助〕 이 외의 문무 제원(文武諸員)에게 오찬(午餐)을 내려주고 종척(宗戚), 귀족(貴族) 및 본직 장관(本職長官) 이하 고등관(高等官)이 함께 식사하였다."**(13)**

이런 과정을 거치면서 창경궁의 기존 건물 대부분이 철거, 훼손되어 갔다. 김해경은 "벚꽃을 통해 본 근대 행락문화의 해석"에서 "벚나무의 경우 현재는 보편화된 수종이지만, 일제강점기라는 도입 배경으로만 설명될 수 있다"면서 다음과 같이 한국에 벚꽃 놀이 문화의 유입이 일제 강점기 때 가속화 된 사실을 설명하고 있다.

첫째, 왕벚나무는 1907년 도쿄와 오사카에서 3년생 묘목 1,500본을 최초로 수입하여 남산 왜성대 공원에 식재하였다. 이후 조선의 전통공간, 근대공원, 신작로에 식재하였는데, 식재의 증가 배경에는 총독부의 적극적인 지원 하에 묘목을 양육하여 판매한 것에도 기인한다. 벚나무 확산으로 말미암아 왕벚나무는 제주도가 원산지라는 것에 대한 논쟁이 발생했다. 둘째, 벚나무가 대규모로 식재된 공간은 벚꽃 명소가 되었고, 당시 매체의 적극적인 홍보로 관앵(觀櫻)과 야앵(夜櫻)이 경성의 상춘문화로 정착하는 계기가 되었다. 셋째, 관앵과 야앵이 보편화된 행락문화가 되었지만, 벚나무에 대한 이중적 시선과 태도는 구분된 명칭 사용으로 표출되었다. 벚꽃·앵·사쿠라가 혼재되었고, 밤 벚꽃놀이도 요자쿠라 아닌 야앵·밤 벚꽃놀이를 사용하였다. (…) 넷째, 벚꽃이 식재된 조선의 상징공간은 위락공간화 되어 소비되는 공간으로 변모했다. (…) 기존 전통적인 행락문화의 계급성은 벚꽃놀이 공간에서 와해되어 무질서한 모습이 문제시 되기도 하였다. 이처럼 벚꽃(벚나무)는 일제강점기라는 역사적 시기를 거치면서 전통적인 행락문화를 변화시키는 변이점이 되었고, 더불어 현재의 일상적인 상춘문화(賞春文化)로 정착되었다.**(14)**

경복궁에 만개한 사쿠라. 총독부 건설 이후 경복궁 동측으로 이전된 광화문이 보인다. 장충단에 조성된 사쿠라(일제강점기 관광엽서)**(상)**. 장충단은 민왕후 살해 사건 당시 전사한 군인들을 추모하는 시설로 고종 황제가 1900년 9월에 조성한 시설이었지만, 조선총독부는 그 위에 이토 히로부미(伊藤博文)를 기념하는 박문사(博文寺)라는 사찰을 건설하고 장충단은 사쿠라 공원으로 전락시켰다(萩森茂 編, 『朝鮮の都市: 京城と仁川』, 大陸情報社, 1931)**(하)**.

창경궁 야앵에 몰린 사람들(『每日申報』1933년 4월 26일) 행사장 간판에 사쿠라 문양이 보인다(상). 해방된 지 10년이 지난 1955년의 창경궁에도 사쿠라가 만개하고 있다. 현재는 사쿠라가 대부분 제거된 상태이다(하).

이처럼 일제는 한반도를 사쿠라로 덮어 가려 했지만, 3.1운동 이후에 전개된 남궁억의 무궁화 운동이 점점 더 확산돼 가자 일제 당국은 본격적인 탄압에 나선다. 1933년에 남궁억은 강원도 춘천(春川)에서 유자훈(劉子勳), 남천우(南天祐), 김복동(金福童) 목사 등과 함께 이상적 농촌 건설을 목표로 한하 비밀결사 '십자가당' 조직했다. 이 단체의 주요 사업 중 하나가 무궁화 보급 운동이었다. 하지만 이 사실은 이내 발각되었고, 무궁화 운동을 억압할 좋은 기회로 여긴 일제 경찰은 고령의 남궁억을 포함한 회원들을 체포하여 모진 고문을 가했다. 남궁억은 1934년 3월에 72세 나이로 징역 1년을 선고 받고 서울 서대문 형무소에 투옥되었다.[15]

'십자가당 사건'으로 결국 홍천의 모곡학교도 폐교되었고 무궁화 묘목들도 모두 불살라졌다. 일제 당국은 '무궁화'라는 말도 사용 금지했고 '근화'로만 부르도록 강요하면서 사쿠라 보급을 확대했다. 재판 과정(1933-34)에서 남궁억은 자신의 무궁화 운동의 이유를 다음과 같이 설명했다.

문 『조선역사』를 발행한 일과 무궁화를 재배하여 배포하는 일은 어떤가?
답 조선민족은 지금 모두가 깊은 잠이 들어 꿈속에 있는 것과 같은 것인데, (…) 조선민족의 정신과 사상을 환기시킨다는 의미에서 『조선역사』를 발행하여 일반 유지에게 읽게 하고, 무궁화를 재배하여 배포하기도 했다. (…) 무궁화는 조선민족을 표징하는 국화이므로, 자국의 국화를 장려하여 민족사상을 일으키는 것이 무엇이 나쁜가, 나는 그 이유를 모르겠다.[16]

문 "무궁화 삼천리"는 어떤가?
답 "무궁화 삼천리"는 조선민족과 조선의 산야(山野)를 찬미하고 그것을 자랑으로 한 노래이다.[17]

남궁억은 고문의 여파로 1939년 4월 5일에 결국 숨을 거둔다. 그가 '무궁화 삼천리'를 떠올리며 가사를 쓴 찬송가 '삼천리 반도 금수강산'도 당국에 의해 제창 금지 및 삭제 처분을 당했다. 하지만 이 찬송가는 해방 이후 지금까지 한국에서 가장 널리 애창되는 찬송가 곡으로 자리 잡았다.

삼천리 반도 금수강산 하나님 주신 동산

이 동산에 할 일 많아 사방에 일꾼을 부르네

곧 이 날에 일 가려고 누구가 대답을 할까

일하러 가세 일하러 가 삼천리 강산 위해

하나님 명령 받았으니 반도 강산에 일하러 가세 (『새찬송가』580장)

이러한 탄압 과정에서 당국이 생각해 낸 것이 "무궁화는 바라 보기만 해도 눈에서 피가 나니 가까이 가지 마라!", "무궁화는 꽃가루가 닿기만 해도 손과 피부에 부스럼이 생기니 절대로 만지지 마라!" 등의 거짓 선전이었다. 전국적으로 무궁화 나무를 뿌리 채 뽑아 불태우고, 벌채한 학생들에게는 상을 주기도 했으며, 뽑아낸 자리에는 벚꽃 나무를 심도록 지도했다.

연희전문학교도 무궁화를 교화(校花)로 지정하여 남궁억으로부터 기증받은 홍천산 무궁화를 캠퍼스 곳곳에 심어 놓았다. 하지만 황기 2600년과 사쿠라를 심볼로 한 도쿄 올림픽 준비, 태평양전쟁의 준비에 몰두하고 있던 1940년에 조선총독부는 원두우 동상의 철거와 함께 교내의 무궁화를 모두 벌채한다. 『연세대학교사』(1969)의 내용이다.

"교정 중앙부에는 원두우(언더우드) 동상이 있었고, 이를 중심으로 팔방에 정원이 있었다. 오늘 교정의 모습이다. 교정에는 과거 남궁억이 기증한 무궁화도 있었다. 그런데 1942년부터 원두우 동상과 천문대, 망원경, 건물부속 철제품은 일제 군수품 제조용으로 징발되었고 교정은 연병장이 되었다. (…) 원두우 동상을 철거한 석기단 위에는 동상 대신, 각추석의 흥아유신기념탑(興亞維新記念塔)이 세워졌다. (…) 교화(무궁화)는 이보다 훨씬 앞서 학교로서는 동편인 노천강당 뒤에 이식했다. 소위 궁성요배를 위해서 동방을 향해 요배할 때, 역시 이식한 무궁화를 요배 한다는 구실로 일경의 말썽을 받아, 다른 곳으로 다시 이식하는 소동이 일어나기도 했었다. 모두 어처구니없는 일이었다. (…) 일제의 이와 같은 모든 처사들은 기독교적인 것, 민족적인 것, 구미적인 것을 완전히 말살하려는 수단과 방법에서 나온 것이었다."**(18)**

한국인이 가장 사랑하는 시인 윤동주의 친구 장덕순 교수(서울대 국문과)는, 윤동주가 당시의 연희전문학교에 대해서 "당시 만주 땅에서는 볼 수 없는 무궁화가 캠퍼스에 만발했고, 도처에 우리 국기의 상징인 태극 마크가 새겨져 있고, 일본말을 쓰지 않고, 강의도 우리 말로 하는 '조선문학'도 있다"면서 이 학교야말로 민족적 정서를 살리기에 가장 알맞

윤동주 생가 기와의 태극문양과 십자가, 그리고 무궁화(연세대 윤동주기념관 소장)

해방 직후, 문익환 목사 가족 사진 뒤에 걸린 태극기와 무궁화 한반도 자수(1947년, 늦봄문익환기념사업회)

은 배움터라고 말했음을 증언했다.[19] 실제로 윤동주가 자라난 간도 고향 집 지붕 기와에는 태극 문양과 십자가, 그리고 무궁화 꽃이 함께 그려져 있었다. 이처럼 당시의 민족 시인 윤동주는 이 세 가지 상징(태극, 무궁화, 십자가)을 조화시키는 것이야 말로 나라와 민족이 살 길이라고 느꼈을 것이다. 윤동주의 친우 문익환 목사도 가족들과 함께 찍은 사진에서 남궁억 선생이 보급한 무궁화 한반도 자수를 뒤에 걸어 놓고 있어 그 당시 공유되던 믿음을 당당히 보여준다.

연희전문에서 윤동주를 직접 가르친 국학자 정인보(鄭寅普, 1893-1950) 선생은 이미 1927년에 무궁화에 관한 '근화사 삼첩(槿花詞 三疊)'이란 시를 쓰고 있다. 무궁화와 함께 시작된 이 민족이 앞으로의 먼 미래도 무궁화와 함께 할 것이라는 내용이다. '옛 향기'라는 표현은 일본의 침략으로 인해 잠시 사라져 버린 무궁화의 향기가 언젠가 반드시 식민지 이전으로 돌아가 그 자유로운 향기를 다시 발하게 될 것임을 기원하고 있다. 시인 윤동주는 스승의 이 시를 읽고 어떤 감흥을 느꼈을까?

근화사 삼첩(槿花詞 三疊)

신시(神市, 신화 속 첫 도시)로 내린 우로(雨露) 꽃점진들 없을쏘냐?
왕검성(王儉城) 첫 봄빛에 피라시니 무궁화를
지금도 너 곧 대하면 그제런 듯 하여라.

저 메는 높고 높고 저 가람은 예고 예고,
피고 또 피오시니 번으로써 세오리까?
천만 년 무궁한 빛을 길이 뵐까 하노라.

담수욱 유한(幽閑)코나, 모여 핀 양 의초롭다.
태평연월(太平烟月)이 둥두렷이 돋아올 제,
옛 향기 일시에 도니 강산(江山) 화려(華麗)하여라.[20]

또 한 사람의 연희전문 영문과의 스승이었던 이양하(李敭河, 1904-1963) 교수도 '무궁화'(1947)라는 제목의 수필을 썼다. 하지만 안타깝게도 이 수필은 윤동주가 숨을 거둔 지 2년 뒤인 1947년에 발표되었다. 이양하는 이 글을 쓰면서 무궁화를 사랑한 먼저 떠난 제자 윤동주를 떠올리지 않았을까?

우리 고향(평남 강서(江西))은 각박한 곳이 되어 전체 화초가 적지만 무궁화도 없다. 어려서부터 말은 들었으나 실지로 본 것은 10여 년 전, 처음 서울에 살기 시작한 때다. 서울 어디에서 첫 무궁화를 보았는가? 역시 연전(延專) 교정이 아니었던가 한다. 기억이 어렴풋하나 그때 맛본 환멸(幻滅)은 아직도 소상(昭詳)하다. (…) '샤론의 장미'(Rose of Sharon)라 한다 해서 여기 어떤 신비로운 동경(憧憬)을 가졌던 것은 아니나, 우리의 소위 '국

이양하 교수와 언더우드 동상 앞에서 함께 한 연희전문학교 문과 학생들(두 번째 줄 왼쪽에서 두 번째가 윤동주, 1938년)

화'(國花)라는 것이 이렇게 평범하고 초라한 것이라고는 생각지 못하였다. 무궁화가 어째서 우리의 국화가 되었을까 하고 안타깝게 생각하는 것은 아마 이때의 나 하나 뿐이 아니겠다. 요염(妖艶)한 영국의 장미, 고아하고 청초한 프랑스의 백합, 소담한 독일의 보리(菩提), 선연(嬋姸)한 스코틀랜드의 엉겅퀴, 또는 가련한 그리스의 앉은뱅이, 또는 찬란하고도 담백한 일본의 사쿠라를 생각하고, 우리의 무궁화를 생각할 때에 우리는 아무리 하여도 우리 선인(先人)의 선택이 셈에 맞지 않는 것이었다고 하지 않을 수 없다. 그래 상허(尙虛=이태준 李泰俊)는 (…) 진달래를 국화로 하였으면 하는 의견을 말하였다. (…) 그러나 연희에 있는 10년 동안 여름마다 많은 무궁화를 보아오고, 또 4~5년 동안 두서너 그루의 무궁화가 자라는 집에 살게 되어, 아침 저녁으로 이 꽃의 이모저모를 보아 온 이래, 무궁화에 대한 나의 생각은 많이 달라졌다. (…) 우리 선인들이 무궁화를 소중하게 여긴 뜻과 연유는 충분히 알 수 있을 것 같고, 또 꽃 자체도 여러 가지 미덕을 가져, 결코 버릴 수 없는 아름다운 꽃의 하나라고 생각된다. 앵두꽃이 피고, 살구, 복숭아가 피고 져도 무궁화는 메마른 가지에 잎새를 장식할 줄도 모른다. (…) 라일락이 피고, 황매(黃梅)가 피고 나서야 비로소 잎새를 갖춘다. (…) 꽃 피는 것도 무척 더디다. (…) 오래 기다리던 나머지요, 또 대개의 꽃이 한 봄의 영화(英華)를 누리고 간 뒤의 뜰이 적이 쓸쓸한 탓도 있을 터이지만, 하루 아침 문득 푸른 잎새 사이로 보이는 한 송이 흰 무궁화는 감탄 없이는 바라볼 수 없는 것이다. 꽃은 수줍고, 은근하고, 겸손하다. 그러나 자신이 없지는 아니하다. (…) 10월에 들어서도 (…) 끊임없이 핀다. 그 동안에 피고 지는 송이를 센다면 대체 몇 천 송이 몇 만 송이가 될 것일까? (…) 백대 천대 이어가는 것을 무엇보다도 큰 덕으로 생각하던 우리의 선인들은 첫째 이러한 의미에서 아마 무궁화를 사랑하였을 것이다. (…) 무궁화는 (…) 무엇보다도 은자(隱者)의 꽃이라 할 수 있겠다. 무궁화는 따라서 우리 나라를 잘 상징한 꽃이 되겠다. (…) 은자로서의 우리 선인의 풍모를 잠깐 상상한다면 수수한 베옷이나 무명옷을 입고, 살부채를 들고 조그만 초당 뜰을 거니는 모습이 나타나는데, 이 모습에 잘 어울리는 꽃으로 무궁화 이외의 꽃을 쉬이 상상해 볼 수가 없을 것 같다. (…) 나는 어떤 꽃보다도 무궁화가 겸허를 표현하고 있지 아니한 가 하는데, 과연 그렇다면 무궁화는 최고의 덕을 가진 탁월한 꽃이라고 찬양할 수 있겠다. (…) 이렇게 생각하면, 무궁화는 (…) 한국 사람의 성실을 말하고, (…) 국화로서 삼아 의당할 뿐 아니라, 무궁화가 가진 덕을 몸소 배워 구현하는 데 힘쓴다면, 우리는 세계 어느 나라 사람보다도 훌륭하고 위대한 사람이 될 수 있겠다. (…) 때는 마침 (1947년) 8월, 무궁화가 가장 아름답고 무성할 무렵, 마침 새 나라의 기초가 서게 되니 상스러운 일이라 아니할 수 없다. 원컨대 우리의 새 나라, 새 백성, 무궁화처럼 천대 만대 길이 남아 훌륭한 나라, 훌륭한 백성이 되길…**(21)**

윤동주 시인이 서울 연희전문으로 진학한 뒤, 이처럼 멋진 스승들과 만나게 되고, 교정의 무궁화에 둘러싸이게 되자, 숭실학교 폐교 때 받았던 충격으로 인한 절필을 철회하고 다시 시를 쓰기 시작했다. 그 때 처음으로 발표한 작품이 바로 '새로운 길'이다.

새로운 길

내를 건너서 숲으로
고개를 넘어서 마을로
어제도 가고 오늘도 갈
나의 길 새로운 길
민들레가 피고 까치가 날고
아가씨가 지나고 바람이 일고

우지 강변에 세워진 윤동주 시비 앞의 훼손된 무궁화(교토신문)

나의 길은 언제나 새로운 길
오늘도…… 내일도……
내를 건너서 숲으로
고개를 넘어서 마을로.
윤동주(1938년작, 1941년 「문우」 발표)

이 시는 윤동주가 체포되기 직전 마지막으로 소풍을 떠났던 일본 교토부의 우지 강변에 윤동주 탄생 100주년을 맞아 2017년 10월에 세워진 '시인 윤동주 기억과 화해의 비'에 새겨져 있다. 이 시는 연전 문과가 발간하던 「문우」(文友)가 점점 일본어 전용을 강요당하던 시기인 1941년에 한글로 당당히 게재되었기에 우지의 시민들이 고심해 선택한 작품이다. 시비의 돌은 한국에서 가져온 것과 일본의 돌을 양쪽에 세워 한일의 새로운 길이 이 시를 통해 시작되기를 기원하고 있다. 이 시비의 주변에는 2019년에 대한민국 민단에서 윤동주가 사랑했던 꽃 무궁화를 우호의 상징으로 심어 놓았다. 그런데 2020년 봄에 우익 단체들이 무궁화 가지를 수차례 꺾어 훼손한 것이 발견되었다.[22] 윤동주 시인과 무궁화를 둘러싼 한일의 우호는 여전히 많은 과제를 남기고 있다.

해방 이후, 나라 꽃으로 거듭난 무궁화

1945년 8월 15일, 일본의 패전과 함께 한반도는 해방되었다. 1948년 대한민국 정부가 수립되면서 무궁화는 당연한듯이 '나라 꽃' 즉 국화(國花)로 여겨졌다. 해방 직후인 1945년 11월 4일에 언론인 문일평(文一平)이 쓴 '국화, 무궁화의 유래, 조선은 근화향'이라는 글은 새로운 시대의 상징이 곧 '무궁화'임을 천명하고 있다.

무궁화의 바른 이름은 목근화(木槿花)이며 또 일명은 '순'(舜)이니, 시경(詩経)에 '안여순화(顔如舜花, 顔如瞬花)라 하여 여자의 용모미를 이곳에 비하엿는데 동방을 대표하는 이상적 명화(名花)이다. 이 꽃이 고래로 우리 조선인에게 최고의 예찬을 바드왓기 때문에 근세 조선이 이 꽃을 국화(國花)로 삼은 것인데, 사적(史的)으로 볼 때 다음과 갓흔 유래가 잇다. 산해경(山海經)에 "군자국재기북(君子國在其北) 유훈화초(有薰花草) 조생석사(朝生夕死)"(군자국이 북쪽에 있다. 그곳에 훈화초가 있는데 아침에 피었다가 저녁에 진다)"라 하엿다. 훈화초(薰華草)는 무궁화(無窮花)라 하거니와 지봉유설(芝峰類說)에 인용한 고금시(古今詩)에도 "군자지국 지방천리 다목근화(君子之國 地方千里 多木槿花). (군자지국(우리나라)에는 지방이 천리인데 무궁화나무가 많다)"라 하엿다. 조선을 근역이라 일커름을 여기서 유래한 것이니 고려 이전은 문헌이 결핍함으로 알 수 업고 고려 예종(睿宗) 때 근화향(槿花鄕)이라고 보임이 현존한 사료로는 최초인 듯 하며, 이로부터 백 년 쯤 지내서 신종(神宗)강종(康宗) 년간의 천재시인인 이상국규보(李相國奎報, 1167-1241)가 근화(槿花)를 논한 것이 잇스니 그것을 규보의 친우 중에 문(文)과 박(朴)이란 2인이 잇서 한 사람은 무궁(無窮)이 올타 주장하고 한 사람은 무궁(無宮)이 올타 고집하여 서로 결정을 짓지 못하고 마침내에 백낙천(白樂天)의 시(詩)구를 취하여 문박 2인이 제각기 근화시 일편을 짓고 또 하나(이규보)에게 권하여 화답하게 하엿다 하는 것이다. 이것만 보드래도 무궁화(無窮花)의 명칭의 유래도 퍽 오랜 것을 알 수 잇다.⁽²³⁾

해방이 되자 당분간 미군정 시기를 거친 뒤 대한민국 정부 수립과 동시에 기존의 관공서 및 경찰 등이 사용하던 사쿠라 문양은 일제히 '무궁화' 문양으로 바뀐다. 이른바 '사쿠라의 시대'에서 '무궁화의 시대'로 전환된 것이다.

1948년에 수립된 대한민국 정부는 '무궁화 삼천리'가 등장하는 애국가를 각종 국가 의식에서 부르게 된다. 그 결과, 무궁화는 자연스럽게 국화로서 공인되었다는 인식이 확고히 정착해 갔다. 이후 우표나 지폐 등에도 널리 사용되기 시작했고 1949년에는 정부의 '국기제작법고시'에 따라 태극 문양과 사괘가 배치된 태극기가 국기(國旗)로 제정되었는데, 1950년 1월에는 국기봉 끝부분의 장식을 무궁화 꽃봉오리로 공식 표준화 하면서 태극과 무궁화는 늘 함께 하기 시작한다.

1963년에는 공식 국장(國章)이 태극 문양을 무

1946년 경기도 경찰청장 직을 수행하던 장택상의 어깨 계급장이 무궁화로 바뀌어 있다.

왼쪽부터 무궁화 도안에 기초한 대한민국 국장, 국회, 정부, 법원, 대통령문장

궁화 꽃잎 다섯 개가 감싸고 있는 모양으로 제정되어 국회, 정부(행정안전부, 경찰 등), 법원, 헌법재판소 등 입법, 행정, 사법 3부(府)의 모든 상징 문양이 무궁화 도안을 채택하게 된다. 그리고 이 국장은 정부의 외교 문서, 훈장 및 대통령 표창장, 여권 등에도 널리 사용되어 간다. 청와대 정문이나 대통령 집무실에도 두 마리의 봉황 가운데에 황금색 무궁화 문양이 자리한다.

하지만 태극기가 '대한민국국기법 제4조'의 "대한민국의 국기는 태극기로 한다"는 규정에 공식 근거한 반면, 국가(國歌)와 국화(國花)에 대한 법규정은 없다. 여러 논란이 일자 2004년 헌법재판소는 무궁화에 대한 관습헌법을 지정하여 성문헌법에 없는 법적 권위를 부여했다. 그럼에도 불구하고 국회는 성문법화를 위해 2002년부터 2016년까지 무궁화를 정식 국화로 인정하기 위해 '대한민국 국화에 관한 법률안'을 9~10차례 발의했지만 매번 무산되었고 2020년에 또 다시 발의되었지만 여전히 제정되지 못하고 있다.

히노마루 스테인드글래스가 설치돼 있던 서울역 본관의 천정은 한국전쟁 당시의 파

헌법재판소의 깃발과 건물 외벽에 조각돼 있는 무궁화 문양

경찰청, 소방청, 한국은행 등의 정부기관도 다수가 무궁화 도안을 사용하고 있다.

괴 직후 태극 문양과 함께 네 송이의 무궁화로 교체되었다. 하지만 공교롭게도 그 위의 돔은 여전히 국화형 창틀이 그대로 유지되고 있다. 천정의 스테인드글래스도 2011년에 새로운 디자인으로 바뀌어 현재는 중앙의 삼태극 문양으로 바뀌어 무궁화는 사라졌다. 대한제국의 상징인 이화문(李花紋)이 새겨져 있는 독립문 옆에 복원된 독립협회의 '독립관'(獨立館, 옛 모화관) 건물의 외벽에도 대한민국의 상징인 무궁화가 장식으로 반영되어 '제국'으로서의 독립이 아닌 '민국'으로의 독립을 확실히 하였다.

무궁화가 모두 뽑혀 버리었던 연세대학교의

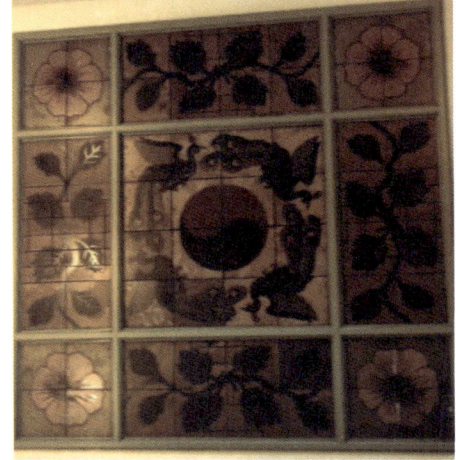

서울역 천정에 그려져 있던 태극(중)과 주변의 무궁화 문양

1997년에 복원된 독립관 벽면과 지붕 기와의 무궁화와 주변에 심어 놓은 무궁화가 만개한 모습

제11장: 벚꽃이 지면 무궁화 피고… 317

연세대 성암관 건물의 방패와 무궁화(상), 유억겸기념관의 진리의 책(성서)과 무궁화 문양 조각(하)

캠퍼스에도 몇몇 새로운 건물이 세워지면서 무궁화 문양이 석각된다. 먼저 해방 이후 종합대학 승격에 기여한 실업자 하원준 씨의 성암재단을 기념해 1960년에 세워진 성암관(聖岩館) 건물 중앙 상단에는 진리를 수호하는 의미의 방패와 함께 네 모서리에 무궁화가 석각되었다. 3년 뒤(1963)에 맞은 편에 세워진 교육관(현, 유억겸 기념관)의 상단에는 진리를 상징하는 '성서'(책)와 함께 마찬가지로 네 모서리에 무궁화가 연출되어 이곳에서 진리가 영구 무궁토록 수호되길 염원하고 있다. 유억겸기념관 좌측에는 남궁억이 기증했던 80년 이상 된 무궁화가 지금도 자라고 있으며, 언더우드 동상 주변, 언더우드가기념관, 해방 직후 일본경찰에 희생당한 안기창·이이제 순국학도 묘소 주변 등 연세대 캠퍼스의 곳곳에는 지금도 무궁화가 산재해 있다.

　북한도 해방 직후 잠시 동안은 태극기를 국기로 사용했지만 이내 인공기로 바꾸었다. 하지만 나라 꽃에 대해서는 북한에서도 1960년대 초반까지 무궁화를 국화로 인식했다. 하지만 한국에서 무궁화를 강조하는 것을 의식한 것이었을까? 김일성 주석이 1964년 5월 황해북도의 휴양소에 방문했을 때 그곳에 핀 함박꽃나무를 보며 목란(木蘭)을 칭하며 "향기롭고 생활력이 강해 꽃 중의 왕"이라고 말한 것이 계기가 되어 목란 꽃이 새롭게 북한의 국화로 인식되기 시작했고, 1991년에는 국화로서 공식 지정 발표했다. 지금은 분단의 역사로 한반도에 두 개의 나라 꽃이 존재하게 되었지만, 그래도 통일 시대에는 목란 꽃보다는 한 동안 북한에서도 공유했던 무궁화가 남북을 이어주는 매개체가 되지 않을까?

무궁화 문양은 한국인의 일상 속으로 넓고 깊게 침투해 간다. 한국의 전통 건물을 지을 때 사용되는 각종 기와나 장묘 시설의 석물 등에는 대부분 무궁화 문양이 기본 장식으로 묘사된다. 망우리묘지에 묻혀 있는 일본인 크리스찬 아사카와 다쿠미(淺川巧)의 묘소도 무궁화 문양으로 장식되어 있다. 한국의 백자와 소반 등, 사라져가는 조선민중의 예술을 누구보다 소중히 여기며 지켜내려 한 그는 무궁화 또한 소중히 가꾸고 아꼈을 것이다.

또 한 사람은 일본의 여성 아나키스트 가네코 후미코(金子文子)이다. 그녀는 조선인 독립지사 박열의 아내로서 1923년 간토대지진 직후 부당한 당국의 대응과 조선인 학살에 대한 천황의 책임을 추궁하였고, 다

대한민국 정부수립 기념 우표의 무궁화. 이후에도 한국의 우표 등에는 무궁화가 자주 등장하였다.

북한도 해방 직후 우표에 태극기 배경과 함께 무궁화를 도안으로 사용한 적이 있다. 1946년에 발행된 해방 1주년 기념 우표와 보통 우표

이쇼 천황과 히로히토 황태자의 암살을 모의했다는 혐의로 사형 선고를 받고 수감돼 있다가 감옥 안에서 의문사 하였다. 그녀는 후세 다쓰지(布施辰治) 변호사에 이어 대한민국 정부로부터 두 번째로 추서된 일본인 독립유공자이다. 박열의 형이 유골을 인수하여 고향인 문경에 안장하였는데, 일제 경찰이 집요하게 감시하여 폐허로 방치되어 갔다. 그러다가

김일성에 의해 북한의 국화는 목란으로 바뀌었다. 목란을 기념하는 우표와 지폐

제11장: 벚꽃이 지면 무궁화 피고… 319

강원도 태백산 정상의 망경사 건물의 무궁화 장식(좌)과 충남 강경 북옥교회(옛 강경성결교회)의 무궁화 기와와 십자가. 이처럼 무궁화는 종교와 관계 없이 한국 사회 일상 속에 널리 침투해 일반화되었다.

망우리 묘지의 아사카와 다쿠미 묘에 새겨진 무궁화(좌). 경북 문경에 홀로 묻혀 있는 가네코 후미코의 묘소에 새겨진 무궁화(박열의사기념관)(우)

1973년에 아나키스트 독립지사들이 합심하여 묘소를 새롭게 단장하고 기념비를 세웠는데, 그녀의 묘소 정면에도 아사카와 다쿠미의 묘처럼 다름 아닌 무궁화가 석각되어 있다. 지하의 두 일본인은 자신의 묘를 장식한 무궁화를 보며 어떤 생각을 하고 있을까?

일본에서 만난 무궁화, 한국에서 만난 사쿠라

일본에 민요와 동요, 시 등의 한국 문학을 번역하여 소개하는 일에 크게 공헌한 문학가 김소운(金素雲,1907-1981)은 이승만을 비판해 입국이 거부되자 1965년까지 일본에 체류해야만 했다. 그는 한국전쟁이 한창이던 1951-52년에 「중앙공론」을 통해 '목근통신'(木槿通信)이라는 수필을 연재했고 일본에서 반향을 일으켰다. 김소운도 일본인들에게 한국인을 인식시킬 대표적 상징으로 무궁화를 떠올린 것이다. 그가 쓴 '목근통신'의 마지막 글은 복잡한 한일관계의 숙명과 더불어 자신이 왜 '무궁화'(목근)를 한국인의 표상으로 삼았는지 잘 느끼게 해준다.

목근통신(木槿通信) ─ 친애하는 일본 국민 여러분! (…) 긴 세월을 나는 귀국(貴國)의 우로(雨露)에서 살았습니다. 내가 가진 변변치 못한 지식이나 교양이라는 것도 따지고 보면 그 태반(太半)은 일본에서 얻어 온 것입니다. (…) 나는 3, 4일 전에 어느 친구 집에서 30여 년이 지난 헌 기록사진 몇 장을 보았습니다. 우리가 기미운동이라고 부르는 이른바 다이쇼 8년의 독립소요사건 때 당신네들 손에 학살 당한 그 처참한 송장들의 사진을 내가 그 날 처음 본 것은 아닙니다. (…) 그러나 나무에다 주렁주렁 목을 달아 매어 죽인 그 사진을 그날 다시 대했을 때 내 감정은 새로 한 번 설레었습니다. (…) 이제는 이 장황한 편지에 결말을 지어야 하겠습니다. (…) 한국과 일본이 지닌 이 구원(久遠)의 숙명(宿命)에 대해서, 좀 더 활달하게 좀 더 솔직하게 흉금(胸襟)을 토로(吐露)하고 싶습니다. 구원(久遠)의 숙명(宿命), 진실로 그렇습니다. 미우나 고우나 이것은 숙명적인 인연입니다. 과거의 수천 년이 그러했고, 다가올 수 만 년이 또 그러할 것입니다. 개인의 이웃은 떠나 버리면 그만입니다. 그러나 민족의 이웃, 국가의 이웃은 떠나 버릴 수 없고 땅 덩이를 실어서 이사할 수도 없습니다. 한국이 오늘 날(집필 당시 1951년) 당면하고 있는 고난과 비통을 이미 여러분은 아실 것입니다. 인간이 상상할 수 있는 최대한의 쓰라림과 불행을 우리는 이미 겪어온 것 같습니다. 여기에 대해서는 아름다운 말, 씩씩한 장담(壯談)으로 외면(外面)을 호도(糊塗)하려고 하지 않습니다. 그러나 최후로 한 마디 말을 더하겠습니다. 우리는 역경에 있어서 강한 민족이었습니다. 신라(新羅)의 옛날은 모르거니와 고려(高麗)의 문화, 이조(李朝)의 학예가 한 가지로 고난의 어둠 속에서 더 빛났다는 것이 우리들의 자랑입니다. 우리의 과오(過誤), 나날이 우리 스스로가 불행을 자기(自棄)해 가고 있는 이 현실을 부정치 않습니다. 그러나 우리는 또 하나의 섭리를 믿는 자입니다. 사나운 바람 매운 서리(霜)를 견디고, 땅 속에 잠겼던 한 알의 보리싹이 움을 틉니다. 이것이 민족의 지열(地熱)입니다. 만일 이 지열이 없었던들 우리는 몇 세기 전의 어느 국난(國難)에서 벌써 멸해 버렸을 민족입니다. (…)
〈후진고론〉(婦人公論)에 '보오노하나'(박꽃)란 수필 하나가 실려 있습니다. "향토(鄕土)는 내 종교였다" 거기 쓴 이 한 마디 말을 목숨이 다할 날까지 내 가슴에 지닐 괴로우나 그러나 모면치 못할 십자가(十字架)입니다.

문둥이의 조국! 그러나 내게 있어서는 어느 극락정토(極樂淨土) 보다도 더 그리운 어머니의 품입니다. 가마쿠라(鎌倉) 하세(長谷)에 있는 내 살던 집에 무궁화(無窮花) 한 그루가 있었습니다. 수필집 이름은 〈목근(木槿)의 뜰〉이라 지었다가 그 책은 마침내 나오지 못한 채 종전(終戰)되던 해 2월 손가방 하나를 들고 고국으로 돌아왔습니다. 그리고 6년이 지났습니다. 육군의 비밀공장기지(秘密工場基地)로 들어가 그 집이 헐리었다는 소식을 내가 떠난 월여 후(月餘後)에 들었습니다. 내 살던 집은 없어지고, 뜰에 섰던 무궁화도 지금은 아마 피지 않을 것입니다. 그러나 그 흰 꽃 모습은 언제나 눈만 감으면 내 앞에 있었습니다. 여러분에게 보내는 이 편지(片紙)에 목근통신(木槿通信)이라고 제목 지은 쑥스러운 애상(哀傷)을 웃어 줍시사 하고 이 글을 끝맺습니다.**(24)**

김소운의 수필 마지막 대목에는 가마쿠라 일본 집에 심겨져 있던 무궁화 한 그루의 이야기가 나온다. 사실 무궁화는 일본에서도 널리 사랑 받는 꽃이다. 일본 어느 곳을 가더라도 무궁화가 안 보이는 곳이 없을 정도다. 문학을 통한 한일의 가교 역할을 한 김소운에게 있어서, 그처럼 일본인들의 일상 속에도 깊이 스며들어 있는 무궁화라는 존재는 쉬이 지나칠 수 없었던 것이 분명하다.

용서와 화해의 꽃, 무궁화와 사쿠라가 만난 장소들

(1) 일본 첫 부임지에서 만난 무궁화(고요엔교회, 슈쿠가와 가톨릭교회)

필자가 2008년에 도일하여 처음으로 일하게 된 일본기독교단 고요엔교회(甲陽園教会)의 정문에 처음 들어선 순간을 지금도 잊을 수 없다. 한국인 선교사의 부임을 미리 맞이하기 위해 준비라도 한 듯 십자가 아래에 무궁화가 만개해 있었다. 근처에는 미우라 아야코와 더불어 한국인이 가장 좋아하는 일본의 기독교 문호 엔도 슈사쿠가 성장하고 세례를 받은 가톨릭 슈쿠가와 성당이 있는데, 후문 옆에 무궁화 한 그루가 조용히 꽃을 피우고 있다. 엔도의 대표작 『침묵』(1966)은, 한국의 소설가 김은국(金恩國)의 작품 『순교자』(殉教者, Martyr, 1964)와 더불어 참혹한 박해를 받는 모든 이들에게 신앙의 의미는 무엇인지, 신은 왜 침묵할 뿐인지 질문하며 한일의 문학을 이어주고 있다. 엔도도 김은국도 극단의 고통 속에서도 신앙을 버리지 않는 이름 없는 민중의 힘, 신과 함께 하는 약자들의 마지막 몸부림에 주목했을 것이다. 작가 야마구치 히토미(山口瞳, 1926-1995)가 수필집 『무궁화』(木槿の

花, 新潮社, 1994)에서 "너무 더워서 견딜 수 없는 8월의 어느 날, 나는 문득 정원에 핀 무궁화 꽃에 눈을 빼앗겼다"라고 쓴 것도 그러한 무궁화의 처연함 때문이 아니었을까? 그래서 슈쿠가와 가톨릭성당 담벼락에 핀 무궁화를 보면 엔도가 나가사키 '침묵의 비'(沈默の碑)에 써 놓은 "인간은 이렇게 슬픈데, 바다는 푸르기만 합니다"(人間がこんなに哀しいのに主よ海があまりに碧いのです)라는 표현이 절로 떠오른다.

교회만이 아니라 일본의 이웃 집 정원들을 보아도 무궁화는 곳곳에서 발견되었다. 오히려 한국보다 더 많이 심겨져 있는 곳이 일본 아닌가 싶을 정도다. 고베에서 교토로 향하는 메이신(名神) 고속도로 양쪽에도 무궁화가 끝도 없이 흐드러지게 피었던 풍경 또한 잊을 수 없다.

한 여름에도 꽃을 피워내는 무궁화를 일본인들도 그저 하나의 나무, 꽃으로 좋아할 뿐이다. 어디에 심어도 잘 자라고 수도 없이 꽃이 피고 지는 무궁화인지라, 정원수로서는 무궁화만한 꽃이 없기 때문이다. 따라서 무궁화는 세계 50여개국에서 널리 사랑받고 있다. 반드시 한국만의 수목, 꽃이라 말할 수는 없다. 한국 곳곳에 벚꽃이 만개하면 버스커버스커의 '벚꽃엔딩'이나 자우림의 '스물다섯, 스물하나', '봄날은 간다'를 부르며 모두가 가슴 설레듯, 초여름에도 만개한 무궁화의 청조함을 누구에게나 감동을 주기 마련이다.

고요엔교회 현관의 무궁화와 십자가(**좌**). 슈쿠가와 가톨릭교회 후문의 무궁화와 성당 건물(**우**)

(2) 고베의 '무궁화회'(ムクゲの会)

일본에서는 또 다른 형태의 무궁화와도 만나게 된다. 효고현의 고베학생청년센터 안에는 '무궁화회'(ムクゲの会)라는 모임이 존재한다. 이 모임은 홈페이지에서 다음과 같이 스스로를 소개하고 있다.

> 무궁화회(むくげの会, 無窮花会)는 1971년 1월에 만들어진 조선의 문화, 역사, 풍속, 언어를 공부하는 일본인들을 중심으로 한 동아리입니다. 매달 2회 고베학생청년센터에서 모임을 갖고 있습니다. 기관지로서 「무궁화 통신」(むくげ通信)을 격월간으로 발행하고 있으며, 또한 무궁화 총서, 『중국의 조선족』(中国の朝鮮族), 『조세희 소품집』(趙世熙小品集), 『무궁화 애창가집』(むくげ愛唱歌集) 등의 출간도 하고 있습니다. 관심 있는 분들의 참여를 대환영합니다.(25)

무궁화로 표상되는 한반도(남북한)의 모든 것에 깊은 애정을 지니고 교류하는 일본인들의 모습은 한 사람 한 사람이 활짝 핀 무궁화 꽃처럼 보인다. 이 모임의 리더이신 고베학생청년센터 이사장(전 관장)이신 히다 유이치(飛田雄一) 씨는, 이 모임을 기반으로 다양한 학습과 인적 관계를 확대해 '강제동원진상규명네트워크'라는 조직의 공동대표를 맡아 활약해 왔다. 한편 고베항에서의 조선인 및 중국인 강제연행을 조사하는 모임의 총간사 등을 역임하여 『조선인 중국인 강제연행 강제동원 자료집』 등을 펴내어 그 성과를 인정한 민족문제연구소로부터 2014년에 '임종국상'을 수상하였다.

히다 선생이 고베학생청년센터를 거점으로 한국(조선)에 관심이 많은 분들과 조직한 연구회 및 친목회의 이름이 다름 아닌 '무궁화회'인 것이다. 이 안에는 남북한의 양국 노래에 정통한 분, 식민지 시기에 한반도에서 옮겨온 석인상의 분포를 조사하는 분, 한반도에 세워진 왜성을 연구하는 분, 동학농민운동 관련 자료를 평생 번역 소개하시는 분 등 교사, 공무원, 회사원 등 다양한 직종에서 일하면서도 한국에 대해 애정을 갖고 이해하려는 사람들이 모여 있다. 필자는 도일 직후 무궁화모임의 하나미(花見, 봄 꽃놀이 소풍) 행사에 초대 받은 적이 있다. 간사이의 벚꽃 명소인 슈쿠가와(夙川) 천변이었다. 만개한 사쿠라 나무 아래에서 무궁화회 회원들과 함께 영화 〈박치기〉에 나오는 한 장면처럼 북한의 노래 '임진강', '반갑습니다'를, 남한 노래 '돌아와요 부산항에', '라구요' 등을 다같이 불렀다. 이 날만큼은 무궁화와 사쿠라가 그야말로 하나가 되어 만개한 날이었다.

간토대지진 및 조선인 학살사건 100년을 맞이한 2023년에는 사이타마(埼玉)에서도

과거의 역사를 후세에 전하려는 목적으로 지역민들이 '무궁화 회'(むくげの会)를 발족하였다. 지진 재해의 직후 사이타마현 요리이초에(寄居町)서 폭도로 변한 이들에 의해 참살 된 조선인 청년 구학영(具学永) 씨 등을 위령하고, 필드 워크나 학습 활동 등을 실시하고 있다. 이처럼 '무궁화 회'는 간사이뿐 아니라 간토에서도 새롭게 탄생하였다.

(3) 사쿠라모토(桜本)의 가와사키교회와 시미즈가오카교회의 무궁화

또 하나의 장소를 소개해 보고 싶다. 간사이에 재일조선인이 가장 많이 거주하는 오사카 쓰루하시(鶴橋)가 있다면 간토 지역에는 가와사키시(川崎市)의 사쿠라모토(桜本) 지역이 있겠다. 공교롭게도 재일조선인이 가장 많이 모여 살았던 동네

무궁화회 동인지「ムクゲ通信」표지에 그려진 무궁화(2011년 5월호)

의 이름이 '사쿠라모토'(桜本)였으며 일본인 아동과 조선인 아동이 함께 운동장을 뛰어 노는 사쿠라모토 소학교(櫻本小学校)에는 이름 그대로 벚나무가 가득하다. 이곳에 위치한 재일대한기독교회 가와사키교회의 이인하(李仁夏) 목사는 근처 일본기독교단 사쿠라모토교회의 세키타 히로오(関田寛雄) 목사 등과 연대하여 재일 조선인 차별 철폐를 위해 누구보다 애쓴 바 있다. 일본 사회의 차별을 노골적으로 드러낸 히타치(日立) 사건이나, 지문날인 강요를 거부하는 모임 등을 주도하며 재일코리안 인권을 지키기 위한 거점 역할을 수행한 곳이 바로 '사쿠라모토'였다. 그 과정에서 관의 협력과 지원까지 이끌어 내어 설치된 사회복지법인 세이쿠샤(青丘社)의 후레아이칸(ふれあい館)에는 지금도 무궁화가 심어져 있고, 건물 중앙에 치마저고리를 입은 조선 여성들의 이미지가 조각되어 한일 시민의 연대를 잘 보여주고 있다.

이곳 사쿠라모토와도 관련이 있는 또 하나의 교회가 요코하마 시미즈가오카교회(清水ヶ丘教会)이다. 이 교회의 창립자인 구라모치 요시오(倉持芳雄, 1915-1990) 목사는 1937년

시미즈가오카교회 유치원 경내의 벚꽃(좌). 시미즈가오카교회(清水ヶ丘教会) 유치원 현관의 만개한 무궁화와 십자가(우)

에 신학교를 졸업한 후 사쿠라모토초 바로 옆의 일본전도기독교단(日本伝道基督教団) 가와사키하마초전도소(川崎浜町伝道所)에서 사역하면서 그 지역에 밀집해 살고 있던 조선인 전도와 돌봄에 힘썼다. 이후 이 교회는 전시체제하의 조치로 1941년에 일본기독교단 가와사키교회(川崎教会)에 합동되었다.

하지만 패전 직후인 1946년 3월에 구라모치 목사는 에른스트 랭(Ernst Lang, 1897-1967) 선교사와 함께 '요코하마 복음의료선교단'(橫浜福音医療宣教団) 활동을 시작했고, 이 단체를 기반으로 1947년 9월 28일에 '요코하마 미션교회'(橫浜ミッション教会)를 세운다. 이 교회가 1950년에 원래 군부대 부지였던 현재의 땅을 제공받아 일본기독교단 시미즈가오카교회로 재탄생한다.

구라모치 목사는 사쿠라모토에서의 조선인과의 인연을 소중히 간직해 한국교회와의 화해 교류에 관심을 기울인다. 그 결과 한국 수원에 있는 매산감리교회(梅山教会, 현 수원성교회)와 1981년 3월에 자매결연을 맺고 오랜 신뢰와 우정을 쌓아오고 있다. 이러

시미즈가오카교회(清水ヶ丘教会)와 교류하던 한국 측 '한일아가페교류회'(日韓アガペ交流会)는 1998년 4월 12일에 종을 기증했다. 1998년은 김대중 대통령과 오부치 게이조 수상이 '21세기의 새로운 한일 파트너십 공동선언'을 발표한 해이기도 하다. 종에는 "한일 화해의 복음사(福音使), 구라모치 요시오(倉持芳雄) 목사를 기념하여"라고 적혀 있다.

한 역사를 들으며 옛 군부대 터였던 교회 언덕 위의 부속 유치원에 이르렀다. 온 숲이 아름드리 야마자쿠라(山桜. 산벚꽃)로 가득한 경내에 들어서자 유치원 현관 앞에 만개한 무궁화 나무가 우리를 반긴다. 그렇게 한일의 화해와 우정이 새롭게 싹트는 곳에 무궁화와 사쿠라는 보기 좋게 함께 하고 있는 게 아닌가?

(4) 미야즈의 사쿠라와 마이즈루의 무궁화

필자가 주임목사로 활동한 교토 북부의 단고미야즈교회(丹後宮津教会)에서의 일화도 소개하지 않을 수 없다. 1920년대부터 30년 넘게 그 교회를 지킨 다쓰 쓰네토요(達常豊) 목사의 손자 부부는 지금도 교회를 지키고 있다. 어느 날 그들은 한국인 목사인 나에게 조부 다쓰 목사가 남긴 자서전 『나의 전도의 생애』를 내밀며 이렇게 말한다.

> "할아버지의 회고록을 보니, 한국인 목사님께서 우리 교회에 오신 게 결코 우연이 아닌 것 같아요. 이 교회가 조선 사람들과 특별한 인연을 맺었더라고요."

손자 다쓰 마사시(達正志) 상은 시골 가리방(がり版, 등사판)으로 인쇄한 70년대 갱지(更紙)의 투박한 책 안에서 제9장 '반도의 사람들'(半島の人々)을 펼쳐 보인다.

> 태평양전쟁 중에는 점점 교회에 오는 사람이 줄어들었습니다. 신도들조차 세간의 풍조에 두려워하여 교회로부터 멀어져 버렸고, 신앙을 버린 것은 아니었습니다만, 자신의 이름은 당분간 교회 명부에서 삭제해 달라고 신청해 오는 사람들도 있었습니다. 하지만 특별히 그럴 필요가 없는 경우에는 그대로 두었습니다.
> 어느 주일에는 목사 가족만으로 예배를 드린 적도 있습니다. 그런데 그 당시 조선(朝鮮)에서 온 형제들의 여러 가족이 예배에 출석하고 있었습니다. 그 가운데에는 두 명의 노파가 있었는데 일본어를 알아듣지 못했습니다. 내가 젊은 부인에게 "훌륭한 노인들이네요!"라고 하자,
> "일본어 찬송가나 설교를 못 알아들어도, 주일예배를 지키는 것은 신자의 당연한 의무입니다."
> 라고 말했습니다. 저는 그 아름다운 신앙을 보고 재차 가슴을 한 대 얻어맞은 듯 했습니다. 동시에 그에 비하면 일본인 신자들의 패기 없음에 대해 한심하다는 생각이 들었고, 예배 중에 어떤 부인은 이렇게 말했습니다.

"저희들이 예배에 출석하기 때문에, 일본 분들이 싫어해서 그분들이 출석하지 않는 것은 아닐까요? 만약 그러면 우리가 예배 참석을 사양하도록 하겠습니다."

그에 대해 나는

"기독교의 가르침에 있어서는, 나라나 인종의 구별이 없습니다. 모두가 주 안에서 어떤 사람이든 형제 자매이기 때문에 예배 참석을 주저할 필요는 없습니다. 만약 여러분을 싫어하는 잘못된 신자가 있었다면 그 심판은 주께서 하실 것입니다."

이렇게 말씀드리자 그 여성은, "그러면, 지금부터 사양 않고 기꺼이 출석하겠습니다"라며 매우 기뻐하며 대답했다. 어느 한 형제는, "솔직하게 말씀드려서 진심으로 신뢰할 수 있는 분은 센세(목사님)뿐입니다"라고 말해 주어서 참 기쁘게 생각했습니다.**(26)**

진무천황(神武天皇)이 일본을 세운 지 2600년이 되었다고 주장된 1940년은, 중일전쟁 이후 군국주의가 맹위를 떨치던 시기였다. 살벌한 공포정치 하에서 영국과 미국, 프랑스 등은 적국으로 몰렸고, 기독교인은 비국민(非國民) 취급을 당했다. 불이익과 배제가 두려웠던 일본인 교인들은 대부분 단고미야즈교회를 떠났다. 그런 상황에서 미야즈 지역에서 노동자로 일하고 있던 조선인 가족들 일부만 출석하며 교회를 지킨 것이다.

나라마저 잃고, 먹고 살길을 찾아 교토 최북단까지 밀려 온 조선인들이 낯선 땅 일본에서 '신앙의 자유'라는 이름의 기본권인 주일 예배마저 눈치 보며 애타는 마음으로 지켜내야 했다. 그때 다쓰 목사는 "기독교의 가르침에 있어서는, 나라나 인종의 구별이 없습니다. 모두가 주 안에서 어떤 사람이든 형제 자매이기 때문입니다"라고 단언하고 있다. '나라'(국적)와 '인종'(민족)의 구별을 내세우며 사람을 배척하고 차별하는 것이야말로 반기독교적이요, 반신앙적이라는 말이다. 여기서 사쿠라와 관련된 또 하나의 일화가 있어 소개한다.

어느 해 봄, 벚꽃놀이 모임을 겸하여서 수원지(水源地)의 유원지에서 친목회를 하려 하니, 나도 출석해 주면 좋겠다는 조선 형제들의 초대를 받았습니다. 기꺼이 참석하여서 벚꽃 아래에서 짚방석을 깔아 놓고 앉아 회식을 했습니다. 그곳을 인근의 상업학교 교사가 클래스의 학생들을 인솔하여 지나가고 있었습니다. 다음 날 그 교사가 나에게 말했습니다.

"어제 목사님은 조선 사람들과 단란하게 회식을 하시고 계셨습니다만, 정말. 감복하여서 머리가 숙여졌습니다. 저 같으면 그런 일을 도저히 할 수 없을 겁니다."

"아니, 그리스도인이라면, 나뿐만이 아니라 누구든지 똑같이 할 것입니다. 그리스도를 따르는 사람은 모두가 한 형제 자매이기 때문입니다.".

이렇게 말하자, 그 교사는 한층 더 놀란 표정이었습니다. 미야즈교회(宮津教会)를 향해 사람들이, "조선인 교회다"(朝鮮人教会だ)라고 뒤에서 깔보고 있다는 소문도 들렸습니다.**(27)**

심지어 다쓰 목사는 봄이 되면 많은 사람들이 벚꽃 놀이를 즐기는 명소에서 조선인 교우들과 즐거운 친교 시간을 보냈다. 치마저고리를 입고 어눌한 일본 말을 쓰는 이방인들과의 코이노니아였다. 그 모습을 바라본 지역민들에게는 편견과 오해가 가득했던 것 같다. 그 지역에서는 소위 지식인 혹은 교양인에 속했던 당시의 고등학교 교사는 다쓰 목사의 용기에 감탄했다고 전한다.

사쿠라가 만개한 어느 봄날, 그 그늘 아래서 일본인 목사와 조선인 신자들은 하나가 되어 있었다. 이런 보물 같은 역사가 숨겨진 교회에 부임한 것은 놀라운 신의 섭리처럼 느껴졌다. 몇 달 뒤에는 교회의 역사를 정리하기 위해 교인들의 집을 방문해 사진 앨범을 열람했다. 다쓰 교우의 집에 가서 낡은 할아버지 목사님의 앨범을 펼쳐 보았다. 수많은 사진을 보다가 필자는 다시 놀라지 않을 수 없었다. 회고록에 나온 수원지 벚꽃 놀이 때의 장면이 한 장의 사진으로 남아 있던 것이다. 흐드러진 벚꽃 가지 아래 하얀 저고리에 검은색 치마를 입은 조선의 아낙과 소녀들이 지친 일상에서 잠시 휴식과 위안을 얻는다. 식솔을 거느린 조선 남정네들의 표정에선 천금 같은 삶의 무게가 느껴진다. 그들 속에 다쓰 목사가 서 있다.

조선인 교우들과의 벚꽃 놀이 사진. 오른쪽에서 두 번째가 다쓰 목사

그리고 그 사진 옆에는 한복을 차려 입은 성도들이 운집한 한 예배당 사진이 있다. '진지동성서교회'(眞池洞聖書敎會)라는 간판이다. 아마도 평남 용강군 지운면(池雲面) 진지동(眞池洞)에 있던 교회가 아닐까 싶다. 단고미야즈교회에 출석한 교인들 중 이 교회 출신이 다쓰 목사에게 전달한 것으로 보인다. 그 교회 주변에는 분명히 무궁화꽃이 늘 만개해 있었을 것이다.

다쓰 목사는 원래 일본제국을 위해 일하던 경찰이었다. 하지만 기독교 신앙을 받아들인 뒤, "두 주인을 섬길 수 없다"(마 6: 24; 눅 16: 13)는 마음으로 경찰직을 버리고 전도자가 되었다. 그런 그에게 '일본인'만을 위한 하나님은 존재하지 않았다. 아무도 전도하지 않던 땅, 미야즈로 들어간 그는, 그곳에서 조선의 '난민'들을 만났고 그들을 돌보았다. 훗날 그는 장례식조차 거행할 수 없는 조선인들의 마지막을 지켜 주었다. 그의 묘소 주변에는 그가 거두었던 무명의 조선인 여러 명도 함께 묻혀 있다.

모두가 떠났지만 '조선에서 온 난민'들만 덩그러니 남아 주일을 지켰던 이 교회에, 지금도 필자에 이어 한국인 목사가 와서 교우들과 다시 함께하고 있다. 우리는 결국 저 본향을 떠나와 잠시 이 세상에 '난민'으로 온 존재들임을 깨닫기 위해 신은 이 질긴 인연을 다시 이어 붙이신 건 아닐까. 거기엔 무궁화와 사쿠라가 함께 피어 있는 듯하다.

조선인 교우가 전달한 것으로 보이는 북한의 모교회 '진지동성서교회'의 사진

"너는 이방 나그네를 압제하지 말라. 너희가 애굽 땅에서 나그네 되었었은즉 나그네의 사정을 아느니라."(출 23: 9); "너희는 나그네를 사랑하라 전에 너희도 애굽 땅에서 나그네 되었음이니라."(신 10: 19)

한국인에게는 낯선 '기류자'라는 말은, 식민지 시대에 일본 땅으로 오게 된 '재일 한국-조선인'(재일 코리안)들이 스스로를 표현할 때 쓰는 말이기도 하다. 평생을 가와사키 사쿠라모토(桜本) 지역에서 재일 한국인들을 위해 활동하다 2008년에 소천하신 재일대한기독교회의 이인하(李仁夏) 목사님은, 재일 동포들이 일본에서 차별 받는 삶이 지속되더라도 하나님과의 만남을 통해 조선인과 일본인이 대등하고 평등한 관계임을 강조하려 했다. 그러한 재일 동포의 삶과 신학을 성경에 나오는 출애굽 사건과 비교하며 논한 것이, 1979년에 신교출판사(新教出版社)에서 간행한 『기류민의 외침』(寄留の民の叫び)이라는 책이다. 이 책은 10년 뒤인 1998년에 대한기독교서회에서 『기류민의 신학: 일본인들이 말하는 '재일 조선인'의 사회와 역사적 맥락에서』(양현혜 옮김)으로 소개된 바 있다. 사쿠라든 무궁화든 바람에 흩날리는 씨와 꽃잎은 모두가 나그네, 기류민의 신세와 다르지 않다.

미야즈에서 약 30분 자동차로 이동하면 대표적 군항이 위치한 마이즈루 만(灣)에 도착한다. 이곳에는 1945년 8월 24일, 아오모리탄광에서 강제 노동에 시달리던 조선 동포 5,000여 명(일본 정부 발표는 3,725명)이 구 일본 해군 수송선 우키시마마루(浮島丸)를 타고 부산으로 돌아가던 중, 의문의 폭침을 당해 배는 침몰했고 수많은 조선인이 목숨을 잃은 현장이다. 시신 수습과 함께 발표된 사망자 최종 인원은 549명(일본인 25명)이다.

고요한 마이즈루만의 물속에는 9년 동안이나 우키시마마루가 그대로 잠겨 있었다. 수면 위에는 선체 꼭대기의 안테나와 대공 소총 등이 노출돼 있었다. 그 앞으로 만주와 시베리아에서 인양(引揚)돼 돌아오던 일본인 귀환자들의 배가 10년 동안 그 앞을 오갔다. 전쟁 이후의 '인양'(히키아게) 과정에서조차 차별과 배제의 역사는 이처럼 극명한 대비를 이룬다. 1954년 일본 정부는 침몰선을 인양해 고철로 매각하였고, 이후 진상 조사도 회피로 일관해 왔다.

번듯하게 세워진 '히키아게기념관' 건너편 해안에는 '우키시마마루 순난의 비'(浮島丸殉難の碑)가 세워져 있다. 1970년대에 양심 있는 마이즈루 시민들과 일본기독교단의 야나기 고자부로(柳幸三郎) 목사 등의 종교인, 그리고 조총련 등이 연합하여 '우키시마마루 폭침 사건 진상 규명 운동'을 전개했다. 결국 8년 뒤인 1978년 8월 24일에, 침몰 현장에서 가장 가까운 시모사바카(下佐波賀)의 언덕에 희생자들을 위로하는 기념물이 세워진 것이다.

구소련의 귀환(인양) 선박 고우안마루(興安丸)가 1954년에 마이즈루만으로 들어오는 모습. 물에 잠긴 우키시마마루의 상층부가 해수면 위로 노출돼 있다. 우키시마마루 순난자를 추도하는 모임 소장. 미우라 히데오(三浦日出夫) 촬영

매년 8월 24일이 되면, 우키시마마루 순난비 앞에서 마이즈루시민과 조총련 관계자들이 위령제를 개최하는데, 15년 전부터 대한민국민단 마이즈루 지부도 함께 참여하며 돕고 있다. 양국 정부가 진상 규명과 추모 활동에 무관심한 그 긴 세월 동안, 일본의 양심적 시민들이 허망한 죽음들을 다시 알리기 위해 분투해 왔다. 2017년 8월 24일에 거행된 추도 행사에서 '우키시마마루순난자를추도하는모임'(浮島丸殉難者を追悼する会)의 요에 가쓰히코(余江勝彦) 회장은 다음과 같이 추도문을 낭독했고, 그 2년 뒤에 인터뷰한 내용도 다음과 같다.

"꿈에서도 잊지 못한 고향 땅과 혈육을 다시 만날 날만 기다리다, 뜻하지 않은 대참사와 조우해 고귀한 생명을 잃었습니다. 우카시마마루 사건으로부터 우리는 평화의 확립을 향해 나아가야 함을 배웁니다. 앞으로도 일본인의 책임으로 이 추도식을 계속해 나갈 것

우키시마마루 순난의 비 동상과 그 앞에 만개한 무궁화

입니다."(28)

"전쟁을 위해 조선인을 강제로 데려온 일본 정부가 전쟁이 끝났는데도 무사히 귀국시키지 못하고 있다는 것은 매우 잘못된 일이다. 이곳 주민들은 그런 실수를 되풀이하지 않기 위해 우키시마마루 참사를 마이즈루 역사에 남기려 애쓰고 있다."(29)

매년 추모식마다 교토(京都)조선중고급학교 여학생들이 치마저고리를 입고 추모의 노래 '해당화 필 언덕에'(はまなすの花さきそめて)를 부른다. 순난비 주변에는 해당화 대신 '무궁화'가 심겨져 있어, 남과 북은 물론 일본의 시민들까지 하나가 되어 평화 세상을 꿈꾸었던 남궁억 선생의 정신을 되새긴다. 이처럼 단고미야즈와 마이즈루, 필자가 목회하였던 곳에도 무궁화와 사쿠라는 일본인과 조선인, 그리고 남과 북을 이어주고 있다.

(5) 도시샤대학 윤동주, 정지용 시비의 무궁화와 진달래, 그리고 벚꽃

교토의 도시샤대학 이마데가와 캠퍼스에는 1995년에 도시샤 출신의 재일동포 동문들의 노력과 도시샤 학교 당국의 협력 속에서 윤동주 시비가 건립된다. 그 과정에서 시비 뒷면의 시인 소개 문구를 둘러싼 논쟁이 일어났다. '조선의 시인 윤동주'로 할 것인가, '한국의 시인 윤동주'로 할 것인가를 놓고 총련계 동문과 민단계 동문의 의견이 충돌한 것이다. 결국 통일이 되는 그날까지 임시적으로 'KOREA의 시인 윤동주'로 표기하기로 하여 극적으로 건립이 성사될 수 있었다. 이처럼 윤동주 시비는 서글픈 남북 분단의 현실과 통일이라는 민족의 과제를 재확인시키는 상징물이기도 했다.

2005년에 바로 옆 자리에 시비가 세워진 정지용 시인도 한국전쟁 당시 납북당하여 불행하게 삶을 마감했던 걸 생각하면서, 두 시비 옆에는 대한민국의 국화이자 윤동주 시인도 사랑했던 꽃 무궁화가 심어졌다. 하지만 그것만으로는 다시 반쪽의 의미만 지니기 때문에 북조선 인민들이 사랑하는 꽃 진달래를 함께 심어, 남북한의 화합을 바라고 있을 윤동주 시인의 마음을 표현하고 있다. 또 하나 주목할 만 일은 시비 공원 입구의 연못에는 벚나무가 심겨져 있어 벚꽃과 무궁화, 진달래를 한꺼번에 감상할 수 있다는 점이다. 다시 말해 세 꽃을 바라 보며 남북은 물론 한일의 화해와 용서, 미래를 함께 생각할 수 있는 공간이라는 바로 윤동주, 정지용 시비 공원인 것이다.

(6) 후미코와 함께 후지산을 응시하는 동백꽃과 무궁화

이처럼 이름도 없이 스러져간 수많은 한일의 민중과 함께 하고자 결단했던 대표적인 여성 아나키스트 가네코 후미코(金子文子)를 다시 기억하지 않을 수 없다. 수년 간 필자가

윤동주 시비 옆의 무궁화

일했던 야마나시현의 후지산이 보이는 마키오카초(牧丘町, 현 야마나시시)의 생가 터에는 추모비가 세워져 있다. 비석 뒤에는 불령사(不逞社) 동지 구리하라 가즈오(栗原一男)가 직접 쓴 추도문이 아래와 같이 새겨져 있다.

"가네코 후미코, 1904년 1월 25일 이곳에서 태어났다. 어린 나이에 연척(緣戚=친척일가)의 부탁을 받고 조선으로 건너가 세상의 신산(고통과 쓰라림)을 맛보았다. 7년여 만에 (일본에) 귀국. 상경(上京, 도쿄로 이주)하여 향학의 뜻을 불태우며 세이소영어학교(正則英語学校), 겐수우각칸(研数学館) 등을 거쳐 면학에 열중하는 한편, 자유, 사회적 정의, 반권력주의 사상에 경도되어 동지들과 연을 맺는다. 1923년 9월 간토대지진(関東大震災)을 계기로 동지 박열(朴烈) 등과 함께 체포된다. 1926년 3월 25일 형법 제73조에 따라 사형을 선고 받는다. 이후 4월 5일 감형, 무기징역이 되어 하옥되고 도치기 교도소(栃木刑務所) 재소 중 7월 23일 자사(自死, 스스로 죽음)한다. 향년 23세. 인간성의 존엄에 철저하였고, 자유를 존중하며 권력주의를 부정하며 새 시대의 선구자가 되었다. 1976년 3월 20일 구리하라 가즈오(栗原一男) 씀"

가네코 후미코 추도비 옆에 핀 동백꽃. 뒤로 엔코지 사찰이 보인다(상). 제주4.3사건 70주년(2019)에는 대통령이 직접 '4.3.희생자 추념식'에 참석하였고, 제주4.3기념재단과 제주특별자치도가 동백꽃 배지를 제작해 배포하였다(중). 가네코 후미코 추도비 아래 쪽 노변에 활짝 핀 무궁화. 뒤로 엔코지와 추도비가 보인다(하).

후미코의 자서전에는 이상하게도 후지산은 단 한 번도 언급되지 않는다고 한다. 다만 야마나시의 고향 산과 조선에서 보았던 산들은 등장한다고… 거대한 제국 일본의 권력을 상징하는 듯한 후지산 보다도 후미코는 이름 없는 고향 동네의 작은 산들을 무명의 백성들처럼 더욱 소중히 여겼기 때문은 아닐까? 후미코의 어린 시절 놀이터였던 엔코우지(円光寺)라는 작은 사찰이 지금도 그 자리를 지키며 후지산을 마주하고 있듯이 말이다.

비석 바로 옆에는 제주 4.3 사건 당시 희생된 수 만 명의 민중을 상징하는 꽃이 된 동백꽃이 피어 있다. 남한의 무궁화, 북한의 목란(木蘭), 그 어느 꽃으로 부터도 환영 받지 못하며 냉전의 비극 속에서 사라져간 제주 민중의 한을 상징하는 듯 느껴진다. 앞 장에서 무궁화 견장을 어깨에 찬 수도경찰청장 장택상을 소개한 바 있다. 그는 제주 4.3에서 직접 민중봉기를 진압한 조병옥과 함께 제주 민중 학살의 행동대원 역할을 한 서북청년단의 대표적 후원자였다. 이처럼 신생 독립국 대한민국, 그리고 그 휘하에서 무고한 제주 민중을 학살한 경찰과 군대는 무궁화를 자신들의 상징으로 앞세웠다. 조선 백성의 꽃 무궁화는 그렇게 수많은 양민 학살이 자행된 비극적 현대사 속에서 가해의 상징으로 둔갑하고 있었다.

하지만 후미코의 비석 아래로 조금 걸어 내려가다 보면 길가에 가득 핀 무궁화 군락을 발견하게 된다. 가네코와 박열의 곁에서 동백으로 다시 태어난 슬픔 가득한 민중의 넋은 결코 무궁화를 내치지는 않은 듯 하다. 그렇게 곁에 두며 함께 꽃망울을 피우고 있으니 말이다. 그리고 그 힘없는 꽃들은 함께 거대한 후지산을 응시하며 아프고 슬픈 역사를 묵묵히 증언하고 있다.

(7) 조선인 여공의 무덤에 놓인 무궁화

간사이국제공항 근처의 오사카부 기시와다(岸和田)에는 1920년대 이후 조선인 여공들의 집단 이주와 노동착취로 인한 애환과 쓰라린 삶의 역사가 깃들어 있다. 기시와다방적 공장에는 조선인 노동자 수가 워낙 많아 '조선방적'이라고 까지 불리었는데, 특히 3만 명에 이르는 10대 소녀들이 '조선돼지'(朝鮮豚)로 불리는 가운데, 살인적 노동 현장에서 일상적인 폭언·폭력을 겪으며 힘겨운 삶을 살아야 했다.

재일교포 2세 르포작가인 김찬정이 1982년에 발표한 연구서 『조선인 여공의 노래: 1930년 기시와다방적 쟁의』(1982)를 통해 이들이 처했던 실상이 처음으로 세상에 알려졌다.[30] 세월이 흘러 이상경, 정부경, 히구치 요이치(樋口洋一) 등 세 명의 한일 목사들이 현장답사 등을 거친 연구보고서 『현해탄을 건넌 여성 신도들의 이야기: 기시와다 방적·조선인 여공·하루키타루이 교회』(2015)를 발표한다.[31] 이러한 노력의 씨앗이 다시 현해탄을 넘어 결실을 맺은 걸까? 2024년에는 100년 전 조선인 여공들의 모습이 영화 〈조선인 여공의 노래〉(이원식 감독)로 제작되기에 이르렀다.

이 역사를 연구한 히구치 목사는 직접 영화에 출연하기도 했는데, 지금도 남아있는 공장 벽 앞에서 당시 여공들은 그곳을 '적벽돌의 감옥'이라고 불렀음을 괴로운 표정으로 증언하고 있다. 방적공장의 담장은 지금도 남아 있는데 높이 2m이고 그 위에는 1m의 유자철선(有刺鐵線)이 설치돼 있었으니 말이 공장이지 진짜로 감옥이나 다름 없었다.

일본제국의 부국강병정책의 도구가 되었던 여공들이지만 방적공장에서 노동착취와 인권유린이 이어지자 스스로의 권리와 존엄성을 지키기 위해 집단 쟁의를 주도하며 투쟁하기도 했다. 물론 그녀들의 투쟁은 경영진과 경찰 당국의 진압으로 패배하고 말았다. 하지만 영화는 결코 그들이 패배했다고 말하지 않는다. 스스로를 지키기 위해 일어난 자주적이고 주체적인 삶의 주인공들이었기에 거기엔 희망과 기쁨, 보람도 있었음을 역설한다. 그리고 복잡한 관계망 속에는 조선인 여공을 괴롭히는 같은 조선인 중간 관리들도 있었으며, 동시에 깊은 우정을 나누며 서로를 보듬었던 일본인, 오키나와인 여공들도 있었음을 전한다.

처음으로 〈조선인 여공의 노래〉를 세상에 알린 김찬정 작가는 이 책의 집필 동기를 다음과 같이 적고 있다.

> 근대 일본 자본주의 발전의 그늘에서 인간으로서, 노동자로서, 그리고. 여성으로서 가장 억압받고 착취당한 방적 여공들. 그 일본의 방적 여공으로서 많은 조선인 여성이 일하고 있었다는 것을 알았을 때, 그들의 이야기를 조선과 일본의 불행한 근현대사의 관련 속에서 포착하여 당시의 실태를 밝히고 싶어졌다. 그렇게 재일조선인이 겪은 수난의 역사를 밝힐 수 있다면, (…) 그것은 할머니들의 자녀로서 이 이국에 태어나 자랐고 앞으로도 이 땅에서 살아가야 할 한 사람으로서 나에게 주어진 의무라고 생각했다.[32]

김작가는 허무하게 목숨을 잃어간 여공들의 무덤을 찾아 다녔다. 하지만 비석 하나 제대로 된 것이 없었다. 이름도 알아보기 힘든 초라한 '돌멩이 비석'만이 여공들의 무덤이었을 것이라 말한다. 그리고 서문의 마지막 문장을 이렇게 마친다.

> 이 작은 돌멩이 비석이, 과거 고향에서 살아갈 양식조차 없어 그저 먹고 살기 위해 이 이국 땅에 넘어 와 가장 혹독한 방적 여공의 삶을 살아야 했던 조선의 딸들이 묻힌 무덤일

돌멩이 비석 앞에 무궁화 꽃을 놓으며 끝나는 영화 〈조선인 여공의 노래〉(2024) 이원식 감독 제공

수도 있다. 묘석이 반짝거리며 석양 빛을 반사했다. 무참하게 이름도 없이 이국 땅의 흙이 되어 버린 조선의 딸들이 느꼈을 억울함이, 서녘 해의 빛을 발하며 소리를 내고, 작은 묘석으로부터 피어 오르는 듯했다. 언젠가 무궁화 꽃 필 무렵이 되면 그 꽃을 들고 다시 이 곳에 찾아 오기로 마음 먹었다.(33)

나의 마음을 강하게 울렸던 김작가의 이 문장을 영화 감독도 똑같이 느낀 것일까? 2024년에 완성된 영화 〈조선인 여공의 노래〉 마지막 장면은 기시와다의 시모노초(上野町) 묘지에서 여공의 묘로 추측되는 투박한 돌멩이 비석 앞에 조선인 여공의 후예가 무궁화 꽃을 놓으며 끝을 맺는다.

(8) 일본학교에 핀 무궁화, 조선학교에 핀 사쿠라

필자가 일본의 대학생들과 만났던 야마나시에이와대학(山梨英和大学) 교정 안에도 자매교인 한양여자대학이 기증한 무궁화 숲이 조성돼 있다. 서울대학교에서 육종한 무궁화 '평화'(Hibiscus syriacus 'Pyeonghwa')를 심어 놓은 이곳은 한일 양국의 젊은이들이 갈등과 대립보다는 화해와 용서를 통한 평화를 일구어 가길 염원하는 공간이다. 내가 그 학교에서 지도한 자원봉사 동아리의 이름도 '더 피스 펠로우즈'(The Peace Fellows)였고, 또 하나의 난민지원 동아리인 '선한 사마리아인'(Good Samaritans)도 세계 평화를 위해 자주적으로

야마나시에이와대학의 무궁화와 후지산. 꽃봉오리가 조금 남아 있는 가을이다(좌). 한국의 대학이 야마나시에이와대학에 선물로 보낸 무궁화 '평화'(Hibiscus syriacus 'Pyeonghwa')의 꽃봉우리(우)

도쿄 제5초급중학교의 개교 75주년을 기념한 장식에 그려져 있는 벚꽃

활동을 펼치고 있었다. 4월 초에 벚꽃이 지면 다시 7~8월에 무궁화가 피면서 우뚝 선 후지산과 함께 계절의 변화를 알려 주는 의미 있는 공간이 아닐 수 없다. 이처럼 일본 곳곳에서 벚꽃과 무궁화는 한일 관계의 새로운 미래를 조망케 하는 상징이 되고 있다.

마지막으로 소개하고 싶은 장소가 또 하나 있다. 그곳은 조총련에서 운영 중인 도쿄 제5 초급중학교이다. 간토대지진 100년과 관련한 필드 워크에 참여했다가 우연히 찾은 이 학교는 마침 창립 75주년이었다. 그 기념 장식 벽화에 도쿄 스카이쓰리 타워와 벚꽃 잎들이 함께 그려져 있는 게 아닌가?

북한에서는 1945년 광복 직후 일제의 폭정에 대한 분풀이로 곳곳에 식재된 벚나무를 베기 시작했다. 이후 남한에서는 이승만 정권 시절에 왕벚꽃의 원산지가 제주도라는 학설이 알려지며 다시 중심도로나 강변의 벚꽃 길이 부활되었지만, 북한은 지금도 벚꽃을 일본 제국주의의 상징으로 여겨 배격하고 있어 북한 전역에서는 사쿠라를 찾아보기 어렵다. 한국전쟁 이후 김일성 주석은 벚꽃 대신 살구나무를 심도록 장려해 지금은 봄이 되면 살구꽃이 만개하는 곳이 많다고 한다. 이러한 정서를 감안할 때, 도쿄에서 일본인들과 더불어 살아가야 하는 조총련 학교에서는 벚꽃을 그리며 그 사회의 일부로서 살아가기 위해 애쓰는 모습은 특별한 몸짓이 아닐 수 없다. 그렇게 꽃은 사람과 사람, 민족과 민족 사이의 수많은 벽을 허물면서 그들을 묵묵히 이어주고 있다.

꽃은 선을 넘어 피고, 지고, 잇고…

일본제국이 세운 군항 도시 진해에도 일본인들은 대량의 벚꽃을 심었다. 해방 이후 많이 뽑혔지만 박정희 대통령이 다시 대량 식목을 명해 지금은 다시 벚꽃 도시로 명성을 이어가고 있다. 박정희의 벚꽃 사랑은 분명 일본 제국주의를 향한 동경과 향수 등 그릇된 동기가 가득해 비판을 피하기 어려워 보인다. 하지만 꽃 자체는 그저 꽃일 뿐 아무 죄가 없음 또한 기억할 필요가 있다. 일제강점기의 민족 수난사를 묘사한 대하소설 『아리랑』의 작가 조정래 선생은 한국에서도 벚꽃 놀이 문화가 확대되는 현상에 대해 이렇게 말했다.

"벚꽃이 무슨 죄가 있겠어요, 그것을 군국주의에 활용한 일본인들이 문제지요."

멀쩡한 꽃을 이용한 인간의 욕망과 다툼은 부질없어 보인다. 하지만 그로 인해 발생한 불행한 이전투구의 역사는 분명히 배우고, 알아야만 한다.

『무궁화와 벚꽃』이라는 제목의 책은 여러 권 존재한다. 먼저 일본 무교회주의 평화운동가로서 시즈오카대학 교수, 기독교 비전(非戰)평화단체인 '일본우화회'(日本友和会) 이사장 등으로 활약한 마사이케 진(政池仁, 1900-1985) 선생, 그리고 기독교아이신고등학교(キリスト教愛真高等学校)의 설립자인 다카하시 사부로(高橋三郎) 선생이 함께 펴낸 책 『무궁화와 벚꽃: 한일관계의 문제들』(1968)[34]이 있다. 이 책은 1967년 5월 후지산 기슭의 고텐바(御殿場)에서 개최된 제2회 '한일 그리스도인 우화세미나'(韓日キリスト者友和セミナー) 때의 강연 5편과 1966년 5월 도쿄에서 열린 '한일친화(親和)를 말하는 밤'에서 행해진 강연 2편 등을 수록한 책이다. 다카하시 사부로는 '화해를 위하여'(和解のために)라는 메시지를 통해 일본은 한국으로부터 "왕, 땅, 쌀, 생명, 성명, 말, 인간"이라는 7가지 요소를 빼앗았음을 강조하였다. 이런 죄에 대한 자각과 회개야 말로 벚꽃과 무궁화 사이에서 진정한 용서와 화해를 가능케 한다는 것이다.

이후에도 이남교가 『무궁화와 벚꽃: 한일우정의 테두리를 넓히기 위해』(1981)[35]를, 극작가 다니우치 유타카(谷内豊)가 1968년 스마타쿄(寸又峽)에서 일어난 '김희로 사건'(金嬉老事件)을 모델로 한 작품 『무궁화와 벚꽃』(1994)[36]을 발표하는 등, 이 두 꽃은 한일관계의 복잡성을 말하기 위해서는 피할 수 없는 키워드 혹은 상징임에 틀림없다. (다니우치는 어느 기독교 목사가 우연히 그 사건 현장에 있었던 것을 계기로 그의 시점에서 과거로부터 지금도 계속되는 불행한 한일관계의 역사를 되돌아 보면서 한 시민으로서 한일 화해에 새로운 시대를 염원하는 내용으로 집필했다. 이 사건은 〈김의 전쟁〉이라는 제목으로 1991년에는 일본에서 드라마로, 한국에서는 1992년에 영화로 제작되기도 했다.)

한일 간에 큰 원한이 존재하지 않았던 고려시대의 문인 최충(崔沖, 984-1068)은 아래의 시에서 무궁화와 사쿠라를 더불어 찬미하고 있다. 그의 시처럼 무궁화와 사쿠라가 함께 심겨진 정원이 한일 양국에 늘어나면 날수록 한일 관계는 온전히 회복될 수 있을까? 미래를 만들어 갈 우리에게 부여된 숙제가 아닐 수 없다.

주홍빛 벚(櫻)과 돋아난 죽순의 때도 모두 저무려 하네
(朱櫻紫箏時將過 주앵자순시장과)
갓 핀 무궁화(槿)와 터질듯한 석류, 모두 보기 좋구나
(紅槿丹榴態亦姸 홍근단류태역연)

앞서 언급한 '목근통신'을 쓴 김소운 선생의 손녀 사와 도모에(沢知恵) 씨가 부른 노래를 한 곡 소개하며 이 장을 마치고자 한다. 일본에서 가수로 활약 중인 사와 도모에 씨는 김소운의 장녀 김영(金瑛) 목사, 그리고 전후 처음으로 한국의 신학을 배우기 위해 방한한 유학생 사와 마사히코(沢正彦) 목사 사이에서 태어난 한일 양국의 딸이다. 1998년 김대중·오부치 게이조 한일 정상이 발표한 '한일공동선언 - 21세기를 위한 새로운 한일 파트너십' 직후, 일본 가수로는 처음으로 한국에서 콘서트를 개최해 일본어로 노래한 인물이다. 사와 도모에 씨의 대표곡 중 '라인'(Line)이라는 노래가 있다. 벚꽃도 무궁화도 씨앗이

날아가면 일본이든 한국이든 어디든 꽃을 피운다. 다만 인간의 마음속에 온갖 거리와 장벽, 경계선이 있을 뿐이다. 사쿠라가 지면 다시 무궁화가 피어 그 마음의 결핍과 빈자리를 채워 주기 위함일 것이다.

「세상에는 눈에 보이지 않는 선이 많이 그어져 있고, 모든 것을 가르고 있습니다. 예를 들면, 사랑과 미움, 북쪽과 남쪽, 어른과 아이, 삶과 죽음, 남자와 여자, 너와 나, 그러한 선을 매순간 넘어서고 싶지만 그것은 정말 어려운 일입니다. 어느 순간 생각해 보았습니다. 혹시 그 선(線)이라는 것은, 어딘가 바깥쪽에 있는 게 아니라 실은 나의 마음 속에 있는 것은 아닐까. 그러니까 선을 넘어 가려면 나 자신을 우선 넘어 가자! 라고… 뭐든지 다른 사람 탓으로 치부해 버리는 버릇이 있는 저입니다만, 그런 생각을 한 뒤로부터 아주 조금 맘이 편해진 것 같습니다. 언젠가 모든 선이 사라지고 하나로 연결될 수 있기를… 노래하겠습니다. The Line…」(沢知恵, 『一期一会』, コスモスレコーズ, 2002年Album 中)

The Line(線) 作詞/作曲: 沢知恵

Where's the line between love and hate
Where's the line between north and south
Where's the line between man and woman
Where's the line between you and me
사랑과 미움 사이에 선은 어디 있을까요?
북녘과 남녘 사이에 선은 어디 있을까요?
남자와 여자 사이에 선은 어디 있을까요?
당신과 나 사이에 선은 어디 있을까요?

There's a line, invisible line
Everywhere in this world, everyday of our lives
And it's you, to go over the line
It's easy if you try, 'cause the line is you
선이 있습니다. 보이지 않는 선
이 세상 모든 곳에, 매일의 우리 삶 속에

그리고 그 선을 넘어설 이는 바로 당신입니다.
당신이 시도한다면 어렵지 않습니다.
그 선은 당신이기 때문입니다.

Where's the line between war and peace
Where's the line between adult and child
Where's the line between black and white
Where's the line between life and death
전쟁과 평화 사이에 선은 어디 있을까요?
어른과 아이 사이에 선은 어디 있을까요?
흑과 백 사이에 선은 어디 있을까요?
삶과 죽음 사이에 선은 어디 있을까요?

The line is me, the line is you
There's no line, no line anymore
There's no line
그 선은 나입니다.
그 선은 당신입니다.
그것을 깨닫는 순간 선은 사라져 버립니다.
더 이상 선은 존재하지 않습니다.

제12장: 세 잎 클로버(Shamrock)와 삼위일체

3의 상징적 의미들

이번 마지막 장에서는 3이라는 숫자를 키워드로 한일관계사의 단면을 살펴보고자 한다. 먼저 3은 과연 어떤 상징성을 지닌 숫자인지 비교문화학자 켄너(T. A. Kenner)의 설명은 다음과 같다.

> 3이라는 숫자는 '전'(全)이라는 말을 부여할 수 있는 첫 번째 숫자로 완전을 상징한다. 정삼각형은 가장 안정적인 모양이며, 사각형보다 압력과 변형에 강하다. (…) 또한 3은 비옥한 성적 결합의 상징이다. 1과 2, 남성과 여성이 결합하여 세번 째 것을 낳았기 때문이다. 더 나아가 발현과 생성까지도 의미한다. 3은 창조력, 동적인 힘, 이원성의 대립 해소, 성장, 발전의 숫자다. (…) 완전함을 상징하므로 3은 생명의 순환 - 처음·중간·끝 그리고 과거·현재·미래 - 을 의미한다. 신성과도 연관된다. 성부, 성자, 성령의 삼위일체가 3의 완전함을 명확히 보여준다. **(1)**

이처럼 3은 동서양을 불문하고 '창조성'와 '완전성'을 상징하는 숫자이다. 조현설 교수도 『우리 신화의 수수께끼』(2006)에서 세계의 다양한 창조신화와 종교의 신(神) 개념 안에 '3의 신화적 비밀'이 깃들어 있음을 강조하고 있다.

> "단군신화의 '환인, 환웅, 단군'이 그렇다. (…) 기독교의 아버지(성부)와 아들(성자), 그리고 이들 사이에 소통되는 사랑의 기운이라고 할 수 있는 성령을 세 신격이면서 동시에 하나라고 보는 삼위일체 신학이 그렇다. 불교 사찰에 가보면 (…) 본존불과 더불어 삼존불을 이루고 있는 것이다. 힌두교의 '브라흐마, 비슈누, 시바'도 삼위일체를 이루고 있다. 이들은 각각 세계의 '창조, 보존, 파괴'를 담당하는 신인데 세 신의 직능은 바로 우주의 세 가지 리듬을 상징한다. 이 순환이 조화로운 전체를 구성하는 것이다. 종교가 다르고 동서가 달라도 세 신의 조화와 일체가 반복되는 것은 결국 완성과 조화를 향한 인간의 무의식적 추구가 만들어낸 다양한 변주의 결과인 것이다."**(2)**

위의 설명처럼 한반도의 단군신화에서 환인이 환웅에게 하사한 물건이 '거울과 칼, 그리고 신모(神帽) 혹은 신고(神鼓)'로 3개인데, 일본신화에서도 천황가에 '거울(鏡)과 칼(劍), 옥(玉)'의 이른바 삼종신기(三種の神器)가 유사하다. 이미 앞에서 살펴본 삼족오(三足烏)와 야타가라스(八咫烏)도 그 발이 세 개라는 공통점을 지닌다. 이러한 사례들 또한 3이라는 숫자로서 완전함과 신성함을 갖추고 있다. 기독교사상사를 전공한 필자로서는 이러한 한일의 미묘한 관계성을 기독교적 '삼위일체' 개념과 연결해 마지막 고찰을 시도해 보고자 한다.

기독교의 삼위일체와 삼권분립의 정치 원리

유대교 및 이슬람교와 그 뿌리를 공유하지만 기독교는 그들과 다른 독특한 신 개념을 형성했다. 김진혁 교수의 표현을 빌리면 "그리스도교를 그리스도교로 만드는 핵심 교리"이며 "역사의 흐름을 결정할 정도로 인류 문명에 큰 영향력을 끼쳐 온 교리", "셋이 하나이고 하나가 셋이라는 인간 지성과 언어를 뛰어 넘은 신비"가 바로 삼위일체론이다.[3] 성부 하나님이 성육신(수육 혹은 육화, incarnation)을 통해 인간으로 이 땅에 강림하였고, 이후 십자가 고난과 부활을 거쳐 승천하신 뒤, 보혜사 성령의 모습으로 우리와 함께 하신다는 것이다. 이 교리의 근거가 되는 성서구절은 마태복음의 마지막 장 마지막 절에 등장한다.

> 예수께서는 그들에게 가까이 오셔서 이렇게 말씀하셨다. "나는 하늘과 땅의. 모든 권한을 받았다. 그러므로 너희는 가서 이 세상 모든 사람들을 내 제자로 삼아 아버지와 아들과 성령의 이름으로 그들에게 세례를 베풀고 내가 너희에게 명한 모든 것을 지키도록 가르쳐라. 내가 세상 끝날까지 항상 너희와 함께 있겠다. (마태복음 28장 18-20절, 공동번역성서)

서로 다른 현현의 방식이지만 그 실체적 본질이 동일하다는 기독교의 신 이해이다. 하지만 이것은 신 존재 그 자체를 파악하기 위해 고안된 교리라기보다는 신이 이 땅의 역사 속에 어떻게 개입하였고 지금도 참여하고 있는가를 이해하기 위한 신학적 산물이라고 보는 것이 타당할 것이다. 그래서 김진혁 교수는 "삼위일체 하나님의 사역은 궁극적으로 우리가 예수 그리스도처럼 되는 것"이며, 따라서 "삼위일체론은 실천적이면서도 상당히 급진적"[4]이라고 말했다.

한국민중신학회 전 회장이신 최형묵 박사는 "4세기에 처음 삼위일체론이 정립되었을 때 그 초점은 제국의 통일성을 유지하는 것과 무관하지 않은 삼위의 '일체'에 있었"지만, 이후 새로운 견해들이 제기되고 "삼위라는 그 상호 '관계'의 문제 또한 중요한 초점 가운데 하나가 되었다"면서 그것은 "독점적이고 배타적인 신의 이미지를 불식시키는 역할을 하였다"면서 다음과 같이 삼위일체와 삼권분립의 연결점을 강조했다.

> 근대 민주주의의 핵심 가운데 하나가 삼권분립이다. 그것이 삼위일체를 닮은 것은 우연의 일치만은 아니다. 기독교적 배경을 가진 서구 사회에서 삼권분립은 삼위일체의 세속화된 형태로 등장한 것이다. 근대 민주주의를 열었던 선구자들이 삼권분립을 착안해 낸 것은 오랜 역사적 유산에 대한 재해석과 그로부터 비롯된 상상력과 무관하지 않다.[5]

하나님 나라(신국)의 이상적 모델이 지상에서 시민공동체 혹은 국가의 형태로 실현되기를 희구한 신학적 시도는 아우구스티누스(Augustinus Hipponensis)가 말한 "하늘의 시민과 지상의 시민"(civitas coelestis et terrena)에서 이미 주창되었으며, 이후 종교개혁을 거치면서 스위스의 츠빙글리(Ulrich Zwingli)가 말한 '신적 정의와 인간적 정의'라는 개념으로 이어져 서구 정치신학의 기틀을 형성해 갔다. 이후 존 로크(John Locke)가 『통치론』(Two Treatises of Government, 1689)을 발표하며 왕권신수설의 재발흥에 비판을 가하며 권력 분립을 본격 주창하여 근대 민주주의 사상의 원형을 제공했다. 반세기 이후 프랑스의 정치 사상가 몽테스키외(Montesquieu)는 『법의 정신』(Esprit des Lois, 1748)에서 로크의 이권분립을 더 정교화하여 '삼권분립'의 원리를 주장한다. 40년 뒤 프랑스혁명이 일어났고 유럽의 정치사는 공화정으로 급격히 전환되어 갔다. 그리고 민주주의 의식이 확산되면서 삼권분립의 원리는 그 적용 범위를 넓혀갔다. 구약의 유대 사회에 존재했던 '제사장(입법부)-왕(행정부)-선지자(사법부)'의 삼중직 존재는 신약 시대 이후 '삼위일체' 사상에 근거한 '삼권분립'으로 이어져 완성되었다는 식의 '크리스텐덤'(Christendom, Christian World) 혹은 '그리스도교 시대'(Christian Era)의 관점에서 이를 해석하는 이들도 존재한다.

물론 나폴레옹 같은 제후나 독재적 왕실의 존속, 나치 히틀러의 등장 등 내홍과 부침을 겪었지만 그 과정에서 삼권분립의 필요성은 더욱 절감되었고, 2차 세계대전 직후 나치와 맞섰던 스위스의 신학자 칼 바르트(Karl Barth)는 『그리스도인들의 공동체와 시민들의 공동체』(Christengemeinde und Burgergemeinde, 1946)에서 그가 전개한 정치신학(교회와 국가 관계론)의 마지막 단계를 서술하면서 기독교 복음의 핵심이 시민사회와 국가체제에 마땅히 반영되어야 하며 그 중심에 삼권분립 정신이 있음을 강조했다. 따라서 '하나님 나라'의 지상 실현에 있어서 기독교인의 사명과 책임이 중요하다는 것이었다. 국가는 '각 개인의 자유', '공동체의 평화', '시민의 연대적 공동생활'이라는 세 가지 요소를 보장하고 보호해야 하는 정치 주체라고 규정하고 있다. 이를 위해 '법을 제정하는 입법부(의회)', '그 법을 집행하는 행정부(정부)', '거기서 유발되는 갈등대립을 해소하는 사법부(법원)' 즉 3권 분립의 원리가 이상적으로 실현되어야 한다고 강조하였다. 그 성서적 근거로는 고린도전서 13장에 나오는 '은사'(Charisma)의 다양성을 들었다. 신으로부터 받은 다양한 은사가 서로 존중하며 조화를 이루듯이, 국가를 형성하는 입법-행정-사법부의 독립성이 상호 존중될 필요가 있다는 것이다. 하지만 이런 세속적 형태의 정치운영은 모순으로 가득 찬 이른바 '아직도 구원받지 못한 세계'의 한계성을 드러내기 마련이므로 언제나 기독교 공동체의 가르침을 경청하며 그에 걸맞는 시민공동체(국가)를 완성하기 위해 경주해야 한다. 미국에서도 라인홀드 니버(Karl Paul Reinhold Niebuhr)가 '근사성'(Approximation)이라는 개념을 통해 미국 사회가 하나님 나라에 최대한 가깝게 운영되어 가야 함을 강조했으며 이 근사성 개념의 핵심에도 결국 '입법-행정-사법'을 근간으로 한 삼권분립이 존재한다.[6]

현대사회에서 온전히 '세속화'된 정치원리인 '삼권분립'을 삼위일체적 기독교의 신 관념을 통해 권위를 확보하거나 정당화할 수는 없다. 하지만 분명 '입법-행정-사법'이라는 삼위가 온전히 일체를 이룰 때 비로소 '시민'의 천부인권(신이 부여한 인간의 평등성)이 보호되고 주권재민의 이상이 실현될 것이라는 점에서 이 정치 이념은 동시에 종교적 이상과 불가분이라는 점도 부정할 수 없다. 그리고 저 세 위격의 균형이 깨지고 어느 한 쪽의 폭주가 가능해 질 때 결국 '독재'가 성립되어 폭력에 의한 인권유린이 만연해진다. 그런데 이 삼위일체와 삼권분립이라는 서구 기독교에서 형성된 사상이 근대의 제국일본에서는 어떻게 내면화 되었을까? 그리고 '삼위일체'의 상징은 어떤 식으로 등장하고 기능하였을까?

일본 아이치현에 위치한 나고야시 시정자료관(名古屋市市政資料館, 1922년 준공) 건물은 옛 나고야 고등·지방재판소가 있던 곳이다. 그리고 나고야 교외의 이누야마시(犬山市)에 있는 '메이지무라'(明治村)에는 필자가 주임목사로 일했던 단고미야즈교회(丹後宮津教会)의 근처에 있던 미야즈재판소(宮津裁判所, 1886년 준공)가 옮겨 와 있다. 이 두 곳에는 과거의 재판 풍경을 재현한 공간이 있다. 현대적 감각으로는 단상 중앙에 판사가 있고, 하단 좌우에 검사와 변호사가 착석하는 게 상식적이다. 하지만 위의 두 공간을 보면 우측 아래에 변호사만 외로이 앉아 있고, 판사와 검사는 모두 위에 앉아 한 팀을 이룬 듯한 모습을 연출하고 있다. 현장 설명서에는 이렇게 써 있다.

"법정 안은 상단과 하단으로 나뉘어 있고, 단상 위에는 판사와 검사, 서기가 자리하고, 변호사와 피고인석은 하단에 놓여 있습니다. 이 위치에서도 알 수 있듯이, 당시는 검사와 변호사가 동등한 입장이 아니었음을 이 구조가 명확히 하고 있습니다. 그리고 재현 장면은 엄숙한 표정으로 검사가 (기소장을) 낭독하는 풍경으로 완성돼 있습니다. 책상 위에 양손을 올린 채 검사의 기소에 따라 공정한 재판이 이뤄질 것을 주장하는 판사. 기소장 너머의 피고인석을 날카로운 시선으로 바라보는 검사. 그 검사의 발언을 놓치지 않으려고 신경 써가며 기록에 집중하는 서기. 그리고 하단에서는 늙은 변호사가 의자에 앉아, 손위의 변론 자료를 검토하며 기소장 낭독에 귀 기울이고 있습니다."(메이지무라, 미야즈재판소 재현 전시물 설명)

대일본제국은 1889년 제국헌법을 공포하여 형식적이었지만 입헌 국가로 새롭게 출발했고 의회는 이듬해인 1890년에 개설되었다. 입법부인 의회의 권위와 기능도 삼권분립에는 미치지 못했는데, 사법부 역시 천황제의 절대적 권위와 방침을 넘어선 독자적 판결에 한계를 지닌 사법부로 존재했다. 대일본제국헌법의 '제5장 사법'에 대한 제57조 규정을 보면 다음과 같다.

제5장 사법 제57조
사법권은 천황의 이름으로 법률에 의하여 재판소가 이를 행한다.
(司法權ハ天皇ノ名ニ於テ法律ニ依リ裁判所之ヲ行フ)
재판소의 구성은 법률로서 정한다.
(裁判所ノ構成ハ法律ヲ以テ之ヲ定ム)

'사법권'과 '판결'의 주체는 천황이다. 판사는 다만 천황의 대리인에 불과하다. 당연히 천황이 중심이 된 제국 내각(행정부)에서 파견한 검사에게 좌지우지될 수밖에 없는 일본의 재판 모습이다. 이런 제국일본에서 서구적 전통 하에서 성립된 '삼권분립' 개념이 제대로 뿌리내렸을리 만무하다.

따라서 판사의 의자에는 천황을 상징하는 국화 문양이 조각되어 있다. 나고야 재판소는 물론 아이치현청 건물 등 대표적인 관공서 건물의 정면에는 대부분 황금색으로 장식된 대형 국화 문양이 걸려 있었다.

현재는 나고야시 시정자료관으로 활용되며 시민의 공간이 되어 있는 옛 나고야재판

나고야시 시정자료관(옛 나고야재판소)의 건물 상단에 있던 국화 문양**(좌)**과

나고야재판소의 현재 모습. 국화로 장식돼 있던 상단 원형 창문이 현재는 동판으로 덮여 있다.

소 건물의 정면에 국화문양 자리에는 원형 동판으로 교체되어 더이상 천황이 지배하는 공간이 아님을 보여주고 있다. 롤랑 바르트가 말한 '공허한 중심'처럼 나고야성 바로 옆의 옛 사법부 건물에 그 자신이 '상징'으로 전락한 천황의 '상징문양'은 철거되어 자취를 감추었다. 패전 이후 일본은 미국으로부터 이식된 '민주주의'를 의원내각제 형태로 실시 중이지

제국 시절의 재판 모습 재현. 검사와 판사가 나란히 상석에 앉아 있다**(좌)**. 판사 좌석의 국화 문양 조각**(우)**

만 과연 '삼권분립'의 정신이 일본 사회에서 실현되고는 있는 것일까? 의회는 충분히 정부를 견제할 힘이 있나? 그리고 사법부는 의회와 정부의 입김으로부터 충분히 자유롭고 당당할까? 그리고 이러한 일본제국의 정치운용 원리가 식민지 시기부터 스며들어 있는 한국의 삼권분립은 제대로 구현되고 있을까?

니시노미야(西宮) 오카다야마(岡田山)와 서울의 무악산

이 책의 첫 장에서 관세이가쿠인(關西學院)의 상징인 '초승달'(新月)과 십자가에 대해서 살펴보았다. 그 근처에는 일본조합교회가 1875년에 세운 고베여학원(神戸女學院, Kobe College)도 세워져 있다. 고베교회 옆의 캠퍼스가 좁아지자 1933년에 셋쓰(攝津) 아마가사

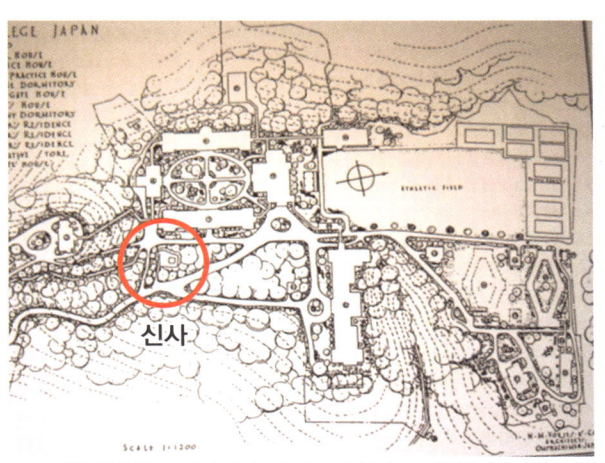

고베여학원대학 오카다야마 캠퍼스의 설계도면**(좌)**과 문학관 입구에 남아 있는 오카다 신사**(우)**

키번(尼崎藩)의 번주(藩主)였던 구(舊) 사쿠라이 마쓰다이라 가문(櫻井松平家)이 니시노미야시(西宮市) 오카다야마(岡田山) 땅을 제공해 이곳으로 이사해 온 것이다.

관세이가쿠인도 그 4년 전인 1929년에 고베 하라다노모리(原田の森)에서 니시노미야로 이사를 온 직후였던 걸 보면, 한국의 연세대와 이화여대가 붙어 있는 모습과 흡사하다. 관세이가쿠인(1929)과 고베여학원(1933), 이화여자대학(1931) 모두, 캠퍼스 전체의 설계는 윌리엄 보리스(W. M. Vories)가 맡았으며 서구적 분위기도 비슷하다.

흥미로운 것은, 관세이가쿠인의 고베 하라다노모리(原田の森) 캠퍼스 가운데 신사가 있던 것처럼, 이번에는 고베여학원이 새롭게 둥지를 튼 오카다야마(岡田山)에도 신사가 있다는 점이다. 하라다노모리(原田の森)는 오지(王子) 동물원으로 바뀌어 버렸지만, 고베여학원 오카다 캠퍼스에는 지금도 '오카다신사'(岡田神社)가 캠퍼스 중심부에 남아 있다.

'오카다신사'(岡田神社)는 한신 타이거즈 야구팀이 매년 우승을 기원하며 찾는 '히로타신사'(廣田神社)의 말사(末社)이다. 세이와천황(清和天皇) 조간원년(貞觀元年)인 859년에 세워진 관폐소사(官幣小社) 가운데 한 곳이라고 『엔기시키』(延喜式)에 언급되어 있다. 『엔기시키』란, 헤이안 시대에 편찬된 기본법전으로, 905년 8월에 편찬을 개시하여, 22년 후인 927년 12월에 완성된 책이다. 거기에 풍년을 기원하는 제사를 맡았던 전국의 신사 2,861개 사원이 목록화 되어 게재돼 있다. 이미 고베여학원 오카다야마 캠퍼스에는 1,100년 전부터 종교적 공간으로 자리 잡고 있었던 것이다.

심지어 이곳은 헤이안 시대 셋쓰국(攝津の國)의 해안 인근의 우뚝 솟은 산으로 가부도산(甲山)과 롯코산(六甲山)이 한 눈에 조망되는 절경의 장소이며 바로 옆 무코가와(武庫川), 슈쿠가와(夙川), 니가와(仁川) 등의 강줄기가 풍부하여, 풍수지리적으로 이상적인 입지이다. 그런 면에서 옛 관세이가쿠인 하라다노모리(原田の森)나 고베여학원 오카다야마(岡田山) 캠퍼스는, 한국의 연세대와 또 비슷하다고 말할 수 있다. 무

연세대 내의 수정원 정자각과 뒤의 무덤 자리에 지어진 루스채플(Luce Chapel, 1973)

학대사(無學大師)가 조선의 정초자 정도전(鄭道傳)과 대립하며 한양의 정궁(正宮) 자리로 주장했던 곳이 무악산(母岳山, 鞍山) 기슭의 연희궁(延禧宮) 터였기 때문이다. 이곳은 훗날 미북장로회 선교사 언더우드(H. G. Underwood)에 의해 현재의 연세대 캠퍼스가 되었다. '오카다신사'가 오래 전부터 터 잡고 있었듯이, 연세대 캠퍼스에는 조선의 임금인 영조(英祖)의 후궁이자 정조대왕의 할머니(사도세자의 어머니)였던 영빈이씨(暎嬪李氏)의 묘 수경원(綏慶園)이 조성돼 있었다. 그런데 1970년에 그 묘가 서오릉(西五陵)으로 옮겨간 뒤, 묘가 있던 자리에는 루스채플(Luce Chapel, 1973)이라는 이름의 기독교 예배당이 건설됐다. 그러나 제사 의식에 사용되던 정자각(丁字閣)과 비각(碑閣)은 그대로 남아 있어 미션 스쿨 안의 독특한 풍경을 연출한다. 감리교신학대 교정 안에 있던 옛 총리원 건물도 조선 왕실의 부속 건물이었기 때문에 그 흔적이 조금 남아 있다. 이처럼 한국의 미션 스쿨에서도 고베여학원 캠퍼스 중앙의 '오카다신사'와 같은 공간이 있다. 동양의 전통과 서구의 기독교 문화가 만나 공존하게 된 한일 양국의 흥미로운 장소들이 아닐 수 없다. '상징'도 마찬가지이다. 상징은 서로 다른 문화와 종교의 충돌과 어색한 동거를 통해 오히려 새로운 전통이 되어간다. 그 결과 '상징'이라는 렌즈는 다문화, 다종교가 조화를 이루어 온 과정을 더욱 흥미롭게 여행할 수 있도록 안내한다.

고베여학원과 도시샤의 상징, 세 잎 클로버

그러면 이 책의 주제인 '상징' 이야기로 돌아와 보자. 관세이가쿠인의 상징이 '초승달'(新月)이었다면, '고베여학원대학'(Kobe College)의 상징은 무엇일까? 오카다야마 캠퍼스를 거닐다 보면 곳곳에서 세 잎 클로버 문양이 목격된다. 그 문양 안에 'Kobe College'의

고베여학원대학의 상징(좌)과 건물에 새겨져 있는 세잎 클로버 문양(우)

약자인 'KC'를 삽입한 것이 고베여학원의 심볼이다. 고베여학원 홈페이지는 아래와 같이 그 제정 경위와 의미를 설명하고 있다.

> 학교 문장은 1885년(메이지18) 제3대 교장 브라운 여사(E. M. Brown) 당시 제정되었습니다. 모티프가 된 세 잎 클로버는 '몸·정신·영혼'을 상징하면서 그 세 가지가 조화를 이룬 완전한 인격의 육성을 목표로 하는 학원의 이상을 나타냅니다. 당초 세 잎 클로버는 윤곽만 있었지만, 1904년(메이지37), 세 잎 안에 「Kobe College」의 앞 글자를 딴 K.C.를 집어넣어 현재의 문양으로 확정되었다.[7]

우연인지 의도적인지는 알 수 없지만, 일본조합교회가 세운 또 하나의 학교인 도시샤도 세 잎 클로버를 학교 심볼로 사용하고 있다. 1893년(메이지26)에 제정된 이 문양에 대해서 도시샤대학 홈페이지는 다음과 같이 설명하고 있다.

> 정삼각형을 세 개 합쳐 놓은 이 마크는, '나라' 혹은 '흙'을 의미하는 앗시리아의 문자 「무트우」(ムツウ)를 형상화 한 것입니다. 고안자인 유아사 한게쓰(湯浅半月, 본명은 기치로(吉郎))는, 도시샤가 낳은 시인(대표작 『十二の石塚』)이며 고대 오리엔트 학자이기도 했습니다. 제정 당시, 한게쓰는 도시샤신학교 교수였습니다. 이 문양이 제정된 이래, '지·덕·체'(知·德·体)의 삼위일체 혹은 조화를 목표로 하는 도시샤의 교육 이념을 나타낸 것이라고 해석되고 있습니다.[8]

한게쓰(半月)라는 별명으로 더 유명한 유아사 기치로(湯浅吉郎, 1858-1943)의 형은 중의원 의원을 지낸 유아사 지로(湯浅治郎)이며, 지로(治郎)의 아들로서 조카에 해당되는 유아사 하치로(湯浅八郎)는 도시샤대학, 국제기독교대학(ICU) 총장을 역임한 집안이다. 도시샤 설립자 니지마 조(新島襄)와 고향(군마현)이 같아 더욱 각별한 관계였으며, 도시샤 졸업 후 미국의 오버린대학과 예일대학에 유학하여 구약학자가 되었고, 귀국 후에는 모교 도시샤에서 성서신학을 가르쳤다. 그는 1885년(明治18)에 구약성서 욥기를 소재로 한 장편 시집 『열 두개의 돌무덤』(十二の石塚)를 간행했는데, 이것은 근대 문학사에서 최초의 개인 시집이기도 하다. 그리고 1909년에는 건축가 보리스(W. M. Vories)가 작사한 영어 가사의 '도시샤 칼리지송'(Doshisha College Song) 대신 1935년 처음으로 일본어의 '도시샤교가'(同志社校歌)를 작사했다.

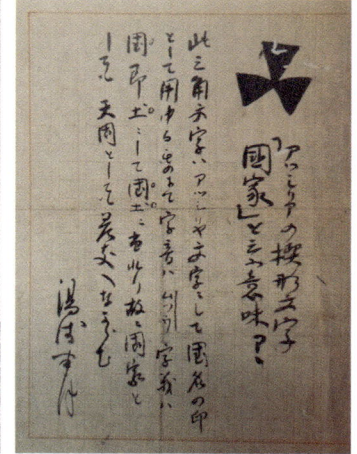
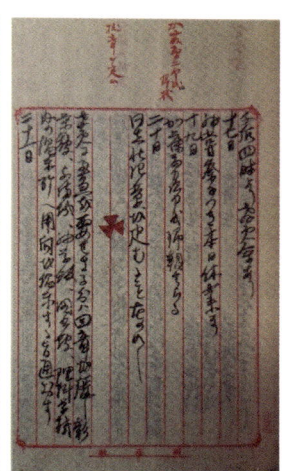

도시샤(同志社)의 상징(좌)과 그 제정자인 유아사 한게쓰(湯浅半月, 우) 그 밖의 도시샤 심볼 제정 관련 사료들

이처럼 설립자와의 긴밀한 신뢰 관계 속에서 한게쓰(半月)는 고베여학원의 '샴록' 문양을 직선으로 모던화 하여 지금의 학교 상징문양을 도안했다. '삼위일체'는 구약성서의 신 야훼와 신약성서 복음서의 그리스도, 그리고 신약 사도행전과 서신에 나오는 오순절 이후의 성령을 일체화 한 교리이다. 성서신학자로서 기독교주의 학교의 핵심 사상을 한 눈에 형상화한 심볼 마크가 아닐까 생각된다.

샴록과 삼위일체 교리

그러면 고베여학원과 도시샤의 상징, '샴록'은 어디서 유래한 것일까? 그 고향은 바로 아일랜드(Ireland)이다. 보통 아일랜드라고 하면 예이츠(William Butler Yeats)나 히니(Seamus Heaney) 등의 시인을 가장 먼저 떠올릴지 모른다. 노벨문학상 수상자를 네 명이나 배출했으니 그럴 만도 하다. 혹자는 민요 '런던데리의 노래'(Londonderry Air)나 여성 보컬그룹 '켈틱 우먼'(Celtic Woman)을 비롯해 영화 '반지의 제왕'에 삽입된 곡 '되게 하소서'(May it be)를 부른 엔야(Enya), 그리고 밴 모리슨(Van Morrison), 메리 블랙(Mary Black), 크리스티 무

세인트 페트릭 이콘(Icon)

어(Christy Moore) 등의 음악가들을 떠올릴지도 모른다. 물론 흑맥주 기네스(Guinness)도 빼놓을 수 없다.

하지만 '상징'의 세계를 여행 중인 우리는 아일랜드의 '샴록'(Shamrock)을 그냥 지나칠 수 없다. 들판 어디서나 볼 수 있는 흔하디흔한 세 잎 클로버…. 이것은 아일랜드의 기독교 선교를 주도한 세인트 패트릭(St. Patrick)이 원시 민간신앙과 더불어 살고 있던 아일랜드 켈트족에게 그리스도교의 삼위일체 교리를 설명하기 위해 곳곳에 자라고 있는 세 잎 클로버를 손에 들고 설명했다는 데서 유래하였다. 따라서 아일랜드의 국가 색깔도 초록색이며, 샴록은 아일랜드의 항공사 로고 등 곳곳에서 사용하고 있다. 세인트 패트릭 축일이 되면 온 거리가 초록색으로 물드는 이유이기도 하다. 하지만 샴록은 아일랜드뿐 아니라, 세계 기독교 전체의 가장 중요한 상징 중 하나가 되었다.

스코틀랜드 킬패트릭(Kilpatrick) 출신의 패트릭(387-461)은 영국을 관리하던 로마인의 부모 아래에서 태어나 자랐지만, 14살 때에 아일랜드로 붙잡혀가 그곳에서 노예 취급을 당하며 지냈다. 그 당시 아일랜드에는 아직 그리스도교가 전파되어 있지 않아서, 토착 이방신과 켈트족의 원시종교인 드루이드교(Druidism)가 지배적이었다. 하지만 패트릭은 양떼를 지키는 목동 생활 가운데 켈트족의 언어와 생활 문화를 자연스럽게 체득하였다. 20살이 되었을 때, 패트릭은 기도하던 중 하느님의 음성을 들었고, 계시를 따라 이동한 결과 아일랜드 탈출에 성공하여 영국으로 돌아왔다.

신과의 만남 가운데 전도자가 되기로 결심한 패트릭은 성 게르마누스의 가르침을 받은 뒤 사제가 되었다. 그 후 이방 신앙에 머물러 있던 아일랜드에 그리스도교 복음을 전파하기 위해 433년 3월 25일 아일랜드 땅을 다시 밟게 된다. 어린 노예 소년이 선교사로 아일랜드에 다시 돌아온 것이다. 패트릭은 다양한 기적을 일으키며 아일랜드인들을 감화시켜 전국 각지에 교회를 세웠고, 제자들도 길렀다. 40여 년의 헌신적 활동 덕분에 아일랜드 국왕과 귀족 등, 왕국 전체가 기독교로 개종하기에 이르렀다. 그리고 자신이 아일랜드에 처음으로 교회를 세운 솔(Saul)에서 461년 3월 17일에 생을 마감했다.

이후 전 세계는 산타클로스로 유명한 세인트 니콜라스, 발렌타인 데이를 유래시킨 세인트 발렌타인과 더불어, 그리고 세인트 패트릭스 데이의 주인공 세인트 패트릭을 세계 3대 성자로 기억하기에 이르렀다. 사실 극서(極西)의 보이지 않는 나라 아일랜드는 세인트 패트릭 덕분에 전 세계에 더욱 널리 알려질 수 있었다. 그가 죽은 매년 봄 3월 17일은 지구촌 곳곳이 축제일로 바뀌기 때문이다. 특히 아일랜드 이민자가 많았던 미국과 캐나다는 공식 휴일이 아닌 데도 수많은 학교가 샴록을 의미하는 녹색 옷을 입고 퍼레이드 행사를 진행한다. 1737년 보스턴에서 '아이리시 자선협회'가 처음 시작한 퍼레이드 행사는 뉴욕, 필라델피아, 시카고 등으로 확산되어 지금은 매년 15만 명 이상이 참가하고 있으며, 영국, 스페인, 싱가포르, 남아공, 한국 등에서도 열리고 있다. 이날 행사에 빠짐없이 등장하는 상징 문양이 바로 세 잎 클로버(Shamrock)이다.

미국 뉴욕에는 독일의 쾰른 성당을 흉내 내 세운 웅장한 세인트 패트릭 성당(St Patrick's Cathedral)이 있다. 세계에서 11번째로 거대한 성당(100m 높이)인데, 38년에 걸쳐서 1850년에 완공되었다. 헨델의 메시아가 초연된 곳으로 유명한 아일랜드 더블린의 성 패트릭 성당보다도 큰 규모로서 뉴욕의 아이리시 미국인들의 힘을 느끼게 한다. 하지만 동시에 뉴욕 맨하탄 5번가와 매디슨 애비뉴 50번가와 51번가 사이에 세워진 이 성당은 참혹했던 미국의 아이리시 이민사의 상징적 공간이기도 하다.

1775년부터 1780년대 초까지 이어진 미국의 '독립전쟁(The Revolution)'은 미국이라는 새로운 독립국가 탄생을 위한 고통의 시간이었다. 따라서 독립전쟁 이후에 유입된 이민자들은 미국의 새로운 역사에 무임승차하는 것과 같은 냉소적 정서와 시선을 감내하며 미국 사회에 뿌리내려야 했다. 퓨리탄(청교도)을 중심으로 한 프로테스탄트 세력이 지배하는 새로운 근대 국가 미국에, 1840년대부터 가난한 가톨릭 신자들인 아이리시(Irish)가 대거 유입되었다. 엔도 슈사카의 소설을 영화화 한 화제작 〈사일런스〉의 감독 마틴 스코세지의 영화 〈갱스 오브 뉴욕〉(Gangs of New York, 2002)은 그 때의 상황을 여실히 보여준다. 허버트 애즈베리(Herbert Asbury)가 1928년에 쓴 역사서를 원작으로 한 작품이다. 아메리칸 드림을 꿈꾸는 아일랜드 이주민들이 매일 수 천 명씩 모여드는데, 뉴욕 파이브 포인츠(Five Points)에 사는 영국계 주민들은 아일랜드 이주민들이 자신들의 부와 권력을 빼앗아 갈 '침입자'라 여기며 이들을 멸시하고 내쫓으려 하였다. 계속되는 갈등 속에 두 집단은 결국 참혹한 전쟁을 치렀다. 가톨릭 신자들인 아이리시 가톨릭 신자들은 영국의 핍박에 이어 다시 미국에서도 고난의 길을 걸었다.

하지만 그 갈등과 대립의 역사 속에서도 끝내 아이리시는 미국에 뿌리를 내렸고, 가톨릭교회의 신앙을 지켜냈다. 그리고 '와스프'(WASP, white Anglo-Saxon Protestant)의 강고한 미국 기득권 하에서 케네디 형제는 가톨릭 신자로서 미국 대통령과 법무장관이 되었고, 이후 아일랜드의 후예 로널드 레이건도 대통령이 되었으며 최근에는 아일랜드 출신의 가톨릭 신자로서 바이든이 다시 대통령을 역임했다. 구교의 갈등과 대립 속에서도, 세인트 페트릭이 손에 쥐었던 '샴록'이 의미하던 '삼위일체'의 교리는 그 모두를 이어주는 공통분모였으며, 고베여학원과 도시샤의 상징이 추구했던 조화와 화합의 상징이기도 했다.

현대의 새로운 삼위일체론 이해

그러면 이러한 '샴록'이 강조하는 '삼위일체'의 교리는 역사적으로 어떤 의미를 지닐까? 신학자 몰트만(Jürgen Moltmann)은 4세기에 정립된 삼위일체 교리가 절대적 일신교의 구축을 기반으로 황제의 독재와 숭배를 위한 수단으로 만들어진 측면이 있음을 강조한 바 있다. 즉 삼위일체 개념은 로마제국의 통치 시스템을 확고히 하기 위한 시대적 배경 하에서 탄생했다는 것이다. 그 결과 '1+1+1=1'이라는 등식의 '삼위일체'라는 독특한 사고방식은 서구 유럽인들의 사상과 제도 형성에 무의식적인 영향력을 오랜 세월 미치게 된다.

최근 정치사상가인 아감벤(Giorgio Agamben)은 그 점에 주목하여, 대표작 『호모 사케르』(9)의 후속작이라 할 수 있는 『왕국과 영광: 경제 및 통치의 신학적 계보학을 위하여』(10)를 통해서 '국가·국민·영토', 혹은 '삼권분립' 등의 삼위일체에 근거해 온 국가주권 개념의 한계를 지적하면서, 앞으로 만들어가야 할 새로운 세계 공

샴록 문양으로 이미지화 한 '삼위일체'의 스테인드글래스(stained glass)

동체의 정치 패러다임을 제시하고 있다.

아감벤은 '오이코노미아'(oikonomia) 개념을 통해 '경제신학'의 논리를 구사한다. 그는 신성모독(神聖冒瀆, Profanazioni), 즉 독신(瀆神)이라는 말을 '세속화'(secularization)와 구별해 사용하면서, 서양의 정치사에서 최대의 사건은 기독교의 삼위일체설에 '오이코노미아' 개념이 추가된 것이라고 주장한다. 원래 아리스토텔레스는 '오이코노미아' 개념을 가정의 경영과 같은 비정치적 영역을 설명하기 위해 사용하였다. 이러한 비법규적, 무정부적 개념인 '오이코노미아'가 삼위일체와 접촉되는 순간, 그노시스주의나 유대교가 엄격히 구별하였던 것으로 보이는 '무위의 신'(deus otiosus)과 '활동의 신'(deus actuosus)이 끊임없이 상호 작용하게 되었다고 설명한다. 그 결과 근대 철학사상은 '정치와 경제', '주권과 통치'를 기독교적, 즉 삼위일체적으로 뒤섞어버리는 실수를 범해왔다고 본 것이다. 그러한 정치와 경제의 신학적 불분명한 경계선을 계보학적으로 새롭게 규명해야 함을 주장한다.

그 설명을 위해 아감벤은 '세속화'와 구별된 신성모독(Profanazioni)의 개념을 도입한 것이다. 즉, 근세 이후의 '세속화'는 권력의 작동을 도와준 반면, '신성모독'은 권력의 시스템이 작동할 수 없도록 방해한 것이라는 주장이다. 쉽게 말해, 우리가 당연시 하고 있는 '삼위일체적' 형태의 '삼권분립' 같은 개념도 겉으로는 잘 작동하는 것처럼 보이지만, 오히려 그 안에는 작동하기 어려운 '신성모독'의 메커니즘도 동시에 작동하고 있음을 직살해야 한다는 것이다.

"이 연구는 서양에서 권력이 어떤 경로를 거쳐 왜 '오이코노미아' 형태, 다시 말해 인간들에 대한 통치라는 형태를 띠게 되었는지를 탐구하고자 한다. 따라서 통치성의 계보학에 대한 푸코의 연구와 궤를 같이하는 동시에 그의 연구가 완수되지 못한 내적 이유를 이해하고자 하는 것이기도 하다. (…) 푸코가 자신의 계보학에서 다룬 연대적 한계를 훌쩍 넘어 기원후 초기 수세기 동안의 그리스도교 신학에까지 미치고 있다. 이 시기는 명확한 형태는 아니지만 그리스도교 신학이 '오이코노미아'라는 형식으로 최초의, 시험적인 삼위일체설을 만들어낸 시기였다. 통치를 삼위일체적 '오이코노미아' 속의 신학적 좌위 속에 위치시킨다고 해서 그것이 곧 (보다 원초적인 발생 서열은 마치 필연적으로 신학에 관계하기라도 하는 것처럼) 원인들의 위계로 통치를 설명한다는 의미는 아니다. 대신 우리는 삼위일체적 '오이코노미아'라는 장치가 어째서 통치 기계의 작동과 (내적일 뿐만 아니라 외적인) 분절화를 관찰하기에 안성맞춤인 실험실이라고 여겨질 수 있는지를 보여주고자 한다. 왜냐하면 이 장치 안에서는 이 기계를 맞물리게 하는 요소들 — 혹은 대극성(對極性)들 —

이 각자, 이를테면 패러다임적 형태로 나타나기 때문이다."**(11)**

아감벤은 이미 『장치란 무엇인가?』**(12)**라는 책에서 '장치'라는 개념의 "신학적 기원"으로서 '오이코노미아'(oikonomia)라는 용어를 제시한 바 있다. 교부 시대인 2-6세기 사이에 "신의 형상은 왜 하나가 아닌 셋인가?"라는 질문에 대답하기 위해 정립된 '삼위일체' 개념을 설명하기 위해 '신(神)의 경제'를 말하지 않을 수 없었다는 것이다. 즉 '아들 예수에 의한 인간 세상의 관리와 통치(경제)'를 설명하는 과정에서 '오이코노미아'라는 개념이 부득불 사용되었다는 것이다.

그런데 기독교 교부들은 그리스어 '오이코노미아'를 번역하는 과정에서 그것을 '장치'(dispositif)라는 라틴어 디스포시티오(Dispositio)를 끌어들이게 된다. 이러한 "신학적 출발점"은 '삼위일체'가 하나의 '장치'로서 다른 어떤 기초가 없어도 주체적인 활동이 가능하게 되었음을 의미한다. 아감벤은 푸코의 '장치' 개념을 계승하면서도 더욱 보편화 하면서 이렇게 말한다.

"나는 생명체들의 몸짓들, 행동들, 의견들, 담론들을 포획하고, 유도하고, 결정하고, 차단하고, 만들고, 통제하고, 보장하는 능력을 가진 모든 것을 장치라고 부른다. 따라서 감옥, 수용소(정신병원), 판옵티콘(Panopticon), 학교, 고해, 공장, 규율, 법적 조치들뿐만 아니라 펜, 글쓰기, 문학, 철학, 농업, 담배, 항해, 컴퓨터, 핸드폰, 그리고 언어 자체도 장치이다."**(13)**

이러한 설명을 통해 아감벤은 "생명체(혹은 실체)-장치들-주체들"이라는 삼위일체적 3항 도식을 이끌어낸다. 이어서 아감벤은 '난민', '수용소', '인민', '경찰', '스펙터클 사회' 등이, '국가-국민-영토'라는 삼위일체론에 기초한 국가주권 개념의 한계를 드러내고 있음을 강조한다. 따라서 앞으로 도래할 정치공동체의 새로운 가능성이 확보되어야 한다고 제안한다. '국가와 국민, 영토'로 이루어진 삼위일체 속에서 제대로 자리잡지 못 하는 대표적인 존재가 바로 '난민'(refugee)이기 때문이다. 이들은 수용소에 수용된다. 즉, 기존의 '국민국가' 시스템이 더 이상 수용하고 관리(보호)할 수 없는 무국적의 비시민들이 전 세계적으로 양산되고 있음에 주목해야 한다는 것이다. 이들이 거주하는 수용소의 확산은 결국 '예외상태'**(14)**가 확장된 결과이다. 수용소에서 생활하는 최근의 '대량 난민'은 근대 정치가 고안한 '인간=시민=국민'이라는 도식을 와해시키고 새로운 인간 주체를 재발견 하도록 이

지구촌 곳곳에서 지금도 수많은 난민들이 발생하고 있다. 세계 최대의 난민 캠프 지역인 자타리 난민 캠프(Zaatari refugee camp). 2011년 시리아 내전을 피해 몰려온 사람들을 수용하기 위해 2012년에 문을 연 요르단에 위치한 난민 수용소이다. 2012년 7월 28일 문을 열었다. 2013년 7월에는 144,000명의 시리아 난민을 수용했다. 이곳의 난민들에게 삼위일체의 기독교적 세계관은 어떤 의미를 지닐 수 있을까?

끈다. 근대의 패러다임이 탄생시킨 '인권' 개념도 난민의 극단적 삶 앞에서는 무의미해져 버린다. 이 지점에서 아감벤은 근대 국가주권주의의 역사적 종말을 예감하면서, 새로운 비국가적 정치의 가능성을 조망하는 것이다. 이러한 새로운 관점으로 소통하고 실천할 때 비로소 다수가 행복한 신세계를 건설할 수 있다고 본다.

아무튼 기독교의 삼위일체 개념을 설명하고 실천하기 위해 도입한 '오이코노미아'의 개념은, 기독교적 도그마로 세계를 건설해 가기 위한 핵심적 '장치'로서 고대 시대부터 형성되었는지 모른다. 신이라는 '하나의' 실체를 놓고, 그의 존재(존재론)와 행위(기능론)를 인간이 분리했다는 것이다. 그런데 이런 서구 역사에서의 분리 작업이 '장치'(Dispositio)라는 개념으로 치환되면서 그 문화적 분열(균열) 증세는 더욱 강화되었다. 아감벤의 핵심적 진단은 지금 시대에도 끝없이 이어지고 있는 '삼위일체적 장치의 발전'에 근본적인 의문을 품어야 한다는 것이다. 역(逆)-장치(contre-dispositif)의 시도를 통해 아감벤은 '비국가적 정치의 가능성'을 읍소하고 있다. 삼위일체 탄생의 정치적 배경에 대해 말한 몰트만의 지적이나, 그 정치적 부작용이 오늘을 사는 우리의 삶에도 부지불식간에 큰 영향을 미치고 있음 지적하는 아감벤의 충고는, 세인트 페트릭의 샴록이 담고 있는 '삼위일체론'이 결코 낭만적이거나 아름다운 시적 표현만을 아닐 수 있음을 경고하는 것 같다.

일본에서의 샴록과 삼위일체

국보로 지정된 나가사키의 오우라천주당(大浦天主堂)은 문화재로서의 기능만 하게 되어 미사가 거행되지 않는다. 따라서 현역으로 매주 예배가 지켜지는 일본에서 가장 오래된 성당 건물은 교토부 북단의 미야즈가톨릭교회(宮津カトリック教会)이다. 필자는 단고미야즈교회 주임목사로 있을 때 그곳을 종종 방문했는데, 1896년에 프랑스인 루이 아라브 신부가 세운 이 성당의 아치 기둥 양쪽 벽에 샴록 마크가 줄지어 조각돼 있는 걸 발견했다. 제단에는 바닷가 주민들을 배려하여 배의 앵커가 들어간 'X'모양의 성 페트릭 십자가에 "믿음, 소망, 사랑"의 세 단어가 조각돼 있다. 그걸 보면 샴록은 아일랜드만의 것도 아니며, 일본에 온 프랑스 출신의 가톨릭 신부, 그리고 미국 회중교회의 선교사들에게서도 널리 사랑받은 세계적 상징임을 재확인하게 된다.

그러면 이러한 '삼위일체'의 개념을 초기 일본인 그리스도인들은 어떤 식으로 이해했을까? 특히 삼위일체를 의미하는 샴록을 두 학교의 심볼로 정한 일본조합교회 사람들의 삼위일체 이해는 어떤 것이었을까?

1872년에는 구미 프로테스탄트 50여개 교파가 각각의 대표 800여 명을 영국 런던에 파견하여 '복음주의동맹'(Evangelical Alliance)를 결성했다. 그 단체는 거기서 교리적 기초 9개조를 결의했는데 그 세 번째 조항에서 "제3, 신(神)은 홀로 한 분(獨一)이시며 세 위격

미야즈 가톨릭교회의 샴록 문양(좌)과 세인트 페트릭 십자가(우)

(三つの位)을 가지신다"라면서 '삼위일체'의의 교리를 강조하고 있다. 기독교의 신은 그 신격은 통일되지만 그에 의한 인격(Persons)은 삼위(Trinity)를 이룬다는 서구 교회의 전통적 고백이다. 이것이 근대 일본에 소개되면서 일본인의 목소리와 언어로 다시 고백되기 시작한다. 우선 1877년 3월 5일, 삿포로 농학교에서 "예수를 믿는 자의 서약"(イエスを信じる者の誓約)을 발표하였다. 이른바 '삿포로 밴드'의 신앙고백문 중 삼위일체 교리의 표현이다.

> "아래에 서명한 삿포로농학교 학생들은, 그리스도의 생명에 따라 그리스도를 믿음을 고백한다. (…) 우리들은 믿는다. 무릇 진실히 회개하여 하나님의 아들을 믿고, (…) 몸이 다할 때까지 성령의 우도(佑導)를 받아 천부(天父)의 호의를 입어, (…) 주되신 이 하나님을 사랑할 것."**(15)**

삿포로 밴드의 대표자인 우치무라 간조는 "나는 삼위일체는 그리스도교의 교의 중에서도 가장 소중한 하나라고 믿고 있습니다"**(16)**라고 말하면서 전통적 삼위일체론을 강력히 지지하고 있다. 1890년에 발표된 요코하마 밴드의 '일본기독교회 신앙고백'도 첫 문장부터 삼위일체에 대한 고백이 등장하는데, '성부, 성자, 성령'이라는 서구의 전통적 호명의 순서로 재차 반복되고 있다.

> "우리들이 신으로 숭배하는 주 예수 그리스도는, 하나님의 독자이시며, (…) 또한 아버지와 아들이 함께, 숭앙 되고 예배 받으신다. 성령은, 우리들이 영혼에 예수 그리스도를 현시(顯示)한다. (…) 옛 예언자, 사도 및 성인은, 성령에 계적(啓迪) 되어진다. 신구약 성서 가운데서 설명되는 성령은, 종교상에 있어서, 오류 없는 최상의 심판자이시다. (…)「우리는 천지의 창성자, 전능하신 아버지이신 하나님을 믿으며, 그 독자이신 우리 주 예수 그리스도를 믿으며, 곧 그 분은 성령에 의해 잉태되시어 (…)」"**(17)**

이러한 흐름과 동일하게 1892년에 조합교회신앙고백(組合教会の信仰告白)도 제1조에서 "우리는 성서에 의해 성부, 성자, 성령으로서 나타나신 무한순전(無限純全)하신 오직 한 분이신 신을 믿는다(独一ノ神ヲ信ズ)"라고 고백하고 있다. 그런데 일본조합교회의 핵심 지도자가 되는 구마모토 밴드, 그 중에서도 에비나 단조가 자유주의 신학을 적극 수용하면서 이러한 일본에서의 '삼위일체' 개념 수용에도 중대한 변화가 일어난다. 그 대표적 사건이 바로 3년 뒤인 1895년 일본조합기독교회 교역자대회 선언서로 발표된 유명한 '나라대

회선언'(奈良大会宣言)이다. 이 선언을 주도한 에비나는 서구인들이 제공한 '교리'도 영원불변한 것이 아니므로 그 안에 갇히기 보다는 '그리스도의 생명력'에 주목해야 함을 주장하였다. 그 결과 3년 전 '성부, 성자, 성령'의 순서로 강조된 조합교회 신앙고백의 삼위일체의 설명 순서는 이렇게 바뀐다.

> "우리 예수 그리스도를 구주로서 존신(尊信)하며, 신의 부르심을 입을 수 있는 자, (…) 천부(天父)에 기원하고, 성령의 은화(恩化)에 힘입어, 결국 (…) 하나님 나라 건설을 기한다."**(18)**

물론 에비나 단조는 "우리들은 그리스도의 신성을 믿고 성령의 신성도 믿고, 또 삼위일체의 교리 중에 심원한 종교적 진리가 감춰져 있음도 믿는다"**(19)**면서 삼위일체 교리를 전면적으로 부정하지는 않았다. 하지만 "하지만 우에무라 씨의 신화적 교설처럼, 기독교 본의의 광명을 폐새(蔽塞)하기 때문에, 반드시 이것을 배격하고자 한다. 우리는 살아 숨 쉬는 역사를 믿기 때문에 죽음으로 이끄는 형해(形骸)는 죽은 자로 취급해 이를 장례 치르고자 한다"**(20)**라고 말하면서 역사적으로 계승된 교리신조를 기초로 논증하는 우에무라의 입장과 대립했다. 에비나는 "기독교의 본의(本義)는 교리신조가 아니고 그리스도의 생명"**(21)**이라고 보았기 때문이다. 그 위에 예수나 사도들은 삼위일체 교리를 설명하고 신앙과 불신앙을 결정한 것이 아니며, 이 교리는 고대 기독교의 국교 의식을 설명한 것에 지나지 않고, 영원불변 하지도 않다고 보았다.**(22)**

특유의 '로고스론'을 통해 기독론의 문제도 에비나는 '발달'의 문제로 치환 시켰다. 그래서 "우리들과 그리스도와의 차이는 본래의 성격에 있지 않고 오직 발달의 차이"**(23)**라고 말한 것이다. 결국 하나님과 그리스도와의 관계는 유일신의 경우에 있어서 고유한 관계라고 한 전통적인 삼위일체론과는 충돌하게 되었고, 하나님과 인간의 관계도 인간의 윤리적 완성을 위한 과정으로 바꾸어 버렸다. 우에무라는 성부, 성자, 성령의 세 위격을 인정하는 서구 전통의 삼위일체론에 머물렀지만, 에비나는 우에무라와의 기독론 및 삼위일체 논쟁(1901)에서 그 입장을 "철학 상의 추측", "시가적 상상"**(24)**이라고 평가절하 했다.**(25)**

자유주의 신학의 기독론을 수용한 에비나는 '로고스론'을 통해 일본적 로고스의 존재를 강조했으며, 신의 인간으로 화육하였다는 기독교의 교리를 아마테라스 오미카미(天照大御神)와 천황의 존재와 연결시킨다. 에비나가 주도한 나라선언에서 "하나님 나라 건설을 기한다"(神の国を建設せんことを期す)라고 말한 뒤, 하위 항목에서 "하나, 국가를 진흥시키고,

인류의 행복을 증진시키는 것"이라고 강조한 것은 일본제국에게 부여된 신의 특별한 사명을 강조하면서 나온 발상이 아닐 수 없다.

1931년 만주사변부터 시작된 전시하에서 에비나는 곧 세상을 떠나지만, 그 후예들은 에비나의 '일본적 기독론'을 계승하면서도 '일본적 삼위일체론'으로 확대해 나간다. 와타제 쓰네요시(渡瀨常吉)는 자신의 저서 『일본신학의 제창』에서 아마테라스 오미카미를 강조하는 에비나의 노선을 온전히 답습하고 있다.

고베여학원의 삼위일체 샴록 창문

"우리 고전을 비추어 보면, 아마테라스 오미카미(天照大御神)와 그리스도의 유사한 것에 대해서는 오직 경탄할 수밖에 없다. 이로서 그리스도의 신국(神國)의 이상은 이제 신(神) 그 자체이면서 동시에 신국(神國)인 우리 일본에서만 실현되고 있으며, 이를 세계에 널리 펼쳐야 한다는 확신이 들지 않을 수 없는 바이다."**(26)**

아마테라스 오미가미(천조대신)와 그리스도를 동일시한 와타제는 더욱 급진화하여서 삼위일체 개념마저도 일본에 이미 존재했음을 강조하기 시작한다. 고사기에 등장하는 '아메노미나카누시노카미(天御中主神), 다카비무스비노카미(高御産巣日神), 가미무스히노가미(神産巣日神)라는 이른바 조화삼신(造化三神)과 기독교의 삼위일체 개념을 동일하게 취급한 뒤, 그 위에 존재하는 1인격으로서의 신(아마테라스=천황)을 세우고 있다.**(27)** 즉 와타제는 "삼신이 전연 하나가 되어 (…) 하늘에 계신 신으로서 임해 오신다"**(28)**라고 하면서 신도의 조화삼신을 기독교의 삼위일체의 신개념과 동일시하였다. 결국 그 현현으로서 아마테라스 오미카미(天照大神)를 가세시키는 신학적 급진성을 보인 것이다. 조합교회의 교인으로서 독일 나치스 헌법을 일본에 적극 소개한 법학자 오타니 요시타카(大谷美隆)도 "삼신(三

神)은 작용의 점에서 보면 삼신으로 하였지만 실제로는 일신(一神)이다"라면서 동일한 입장을 취했다.

> "제1종의 신인 주재신(主宰神)은 심지어 세 종류의 신으로부터 완성된다. 즉 '아메노미나카누시노카미(天御中主神), 다카비무스비노카미(高御産巣日神), 가미무스히노가미(神産巣日神) (…) 이러한 삼신(三神)은 작용의 점에 있어서 삼신이라고 하였지만 실제로는 일신(一神)이라고 믿은, 하나의 신이 두 가지 작용(창조와 지배)을 영위함으로써 그와 함께 하는 세 종류의 신으로부터 완성되고 있다."**(29)**

이러한 접근은 앞서 소개한 몰트만의 견해처럼, 4세기 무렵 로마가 기독교를 국교로서 결정할 때 삼위일체론을 통해 창조신의 유일성을 강조하였고, 그 결과 황제 숭배를 위한 수단으로 그 교리가 활용된 방식과 유사하다.

에비나는 '경신'(敬神)이라는 일본 전통의 신도 개념을 활용하여 서구의 '로고스' 개념과 비교해 가면서, 진화한 국가신도의 유일신교적 본질이 일본식 로고스의 현현이라고 믿는 이른바 '로고스 기독론적' 신도 이해를 시도했다. 즉 에비나의 제자 그룹은 에비나의 이러한 '로고스 그리스도론적' 신도 이해를 뛰어 넘어, 1930-40연대에 의해 강화된 천황 숭배 사상에 영합 하는 '신도의 신개념'을 구축하였고, 기독교의 '삼위일체' 교리와의 합일, 일체화로까지 승화해 간 것이다.

'샴록'을 심볼로 채택하였을 만큼 '삼위일체'를 강조한 일본조합교회는, '교리'의 불변성에 도전한 에비나 단조를 통해 '일본적 교리로의 변화 가능성'이 열었으며, 그를 추종하는 제자와 신자들에 의해서는 일본 신도의 '삼신' 개념과 기독교의 '삼위일체' 교리를 동일시하기까지 이르렀다. 이러한 신학적 급진성은 결국 15년 전쟁 시기에 일본제국의 전쟁 협력의 핵심적인 동원 논리로 작동하였다.

아감벤이 푸코의 개념을 빌려와 강조한 '장치로서의 삼위일체론'이 일본제국이라는 새로운 무대에서 다시금 '국가주의'에 봉사하는 변용 과정을 보인 셈이다. 즉, 세인트 페트릭이 아일랜드 사람들에게 '삼위일체'를 쉽게 설명하려고 사용한 '샴록'은 일본에 와서 일본조합교회의 핵심적인 상징이 된 것이다. 하지만 일본이라는 새로운 토양에 씨 뿌려진 세 잎 클로버는 전혀 다른 품종으로 바뀌었다. 그 과정에서 '일본적 샴록'은 일본의 생태계 뿐만 아니라, 주변 국가와 민족의 생태계에도 심각한 교란과 타격을 안기고 말았다.

"근대정치는 신학이 세속화한 것"이라는 카를 슈미트(Carl Schmitt)의 관점은 사회과학의 영역을 확대시켰고, 신학 분야에서도 전통으로부터 이탈한 자유주의 신학과 공생했다. 하지만 아감벤은 "신학의 (…) 중요한 개념은 모두 정치적 개념이 신학화 한 것"이라면서 신학이 곧 정치학이며, 근대 이후의 정치 또한 여전히 신학적 '오이코노미아'의 패러다임 위에 놓여 있는 존재임을 강조했다. 근대 관료제는 신학의 위계 혹은 '천사학'에서 왔으며, '삼권분립'은 삼위일체론에서 파생된 것이다. 1938년 나치 독일이 오스트리아를 합병할 때 활용했고, 이후 나치 독일의 표어가 된 '하나의 민족, 하나의 국가, 하나의 지도자(총통)'(Ein Volk, ein Reich, ein Führer)라는 구호가, 고대 로마시대 개선군에게 수여된 월계관이 콘스탄티누스 찬가를 거쳐 현대 정치사의 다양한 무대에서 반복해 등장한 것과도 같은 흐름이다. 그리고 근대 일본에서의 '삼위일체론'도 예외는 아니었다.

독일 나치당의 표어 "하나의 민족, 하나의 국가, 하나의 지도자(총통)"(Ein Volk, ein Reich, ein Führer)이 적혀 있는 당시의 선전 포스터.

그렇게 소박한 '샴록'으로 시작된 '삼위일체'의 모습은 어떤 곳에서는 '독버섯'으로 자라날 수도 있는 위험성을 지녔던 것이다.

하지만 흔히들 '세속화'라고 단정 지어온 인간의 정치행위들은, 신의 성스러운 영역으로부터의 '추방'이라고 보는 것이 정확할지도 모른다. 에덴동산에서 쫓겨난 아담과 하와, 그리고 그 아들 가인의 모습이야 말로 인간이 이상 사회를 건설할 수 있다고 믿었던 근대인의 뿌리인 것이다. 그러므로 신으로부터 추방된 인간의 삶과 실존을 아감벤은 로마의 '호모 사케르(Homo Sacer)'의 모습에서 발견한 것이다. '신성한 삶'이란 뜻을 가진 '호모 사케르'는 겉의 의미와 달리, 신을 모독한 뒤 추방되어 그에게 다가갈 수 없는 오염된 존재였기 때문이다. 어쩌면 '샴록'에 새겨진 근대 일본 기독교인의 '삼위일체' 이해에도 그러한 '호모 사케르'의 그림자가 드리워져 있었는지도 모른다. 아니, 그 음습한 그림자는 오히려 한국의 기독교인들 안에 더욱 깊숙이 똬리를 트고 있을지도 모른다. '샴록'을 통해 우리가 직살해야 할 자화상이다.

일본 도시샤 교내의 윤동주 시비와 샴록

일본에서의 신품종으로 탄생한 '샴록'은 언뜻 보면 찾아보기 힘들지 모른다. 하지만 여전히 어딘가의 병 속에는 그 씨앗이 보관되어 언제 다시 뿌려질지 알 수 없는 일이다. 고베여학원과 도시샤는 지금도 '삼위일체'를 상징하는 샴록을 학교 휘장으로 사용하고 있다. 일본의 기독교가 계승해 가야 할 '삼위일체'의 참 뜻은 과연 무엇이어야 할까? 도시샤에서 오랜 세월 공부한 한 선배와 함께 도시샤의 마크와 삼위일체에 대해서 이야기 나눈 적이 있다. 그는 나에게 이렇게 말했다.

"도시샤에서 삼위일체의 참 의미를 가장 잘 보여주는 곳은 캠퍼스 중앙에 세워진 윤동주 시비이다. 26세에 도시샤에서 요절한 기독교인 윤동주가 남긴 유일한 시집의 제목이 뭔가? 『하늘과 바람과 별과 시』다. 하늘(天)은 성부 하나님이요, 바람(風)은 성령이요, 별(星)은 성자 그리스도라고 나는 본다. 결국 윤동주는 '삼위일체'로서의 하나님을 '하늘과 바람과 별'로서 노래한 신앙인이었다."

그 말을 듣는 순간 무릎을 쳤다. 윤동주의 시에 가장 많이 등장하는 세 단어… '하늘', '바람', '별'… 그 선배의 말대로 어쩌면 윤동주는 '삼위일체 신앙의 시인'이었다고 평가할 수 있을지 모른다. 에비나는 삼위일체 교리를 향해 "시가적 상상"이라고 폄하하였는지 모르지만, 15년 전쟁의 광기를 거쳐 간 도시샤의 캠퍼스 한 가운데에는 에비나의 제자 와타제가 주창한 '일본적 삼위일체론'보다는 "모든 죽어가는 것을 사랑하려 했던" 한 조선인 유학생의 삼위일체적 시 한 편이 비석 위에 새겨져 있다. '1+1+1=1'이라는 삼위일체의 언어는 어쩌면 처음부터 차가운 '논리'라기 보다는 마음을 울리는 따뜻한 '시'였던 것이다. 김진혁 교수의 아래 설명처럼, 윤동주 시인은 '시'를 통해 삼위일체적 세계의 신비를 표현하며 "모든 죽어가는 것을 사랑하려" 한 참으로 '진실된 인간' 가운데 한 명이었던 것이 아닐까?

존 맥쿼리가 이야기 했듯, "그리스도인들은 신앙의 핵심어인 '신'이라는 한 단어로 그럭저럭 살아 나갈 수가 없었다. 신성에 대한 더욱 풍성하고 풍부한 경험은 더욱 복잡한 상징과 표현을 요구했다"(John Macquarrie, The Principles of Christian Theology, 1966, 175). 그렇다면 이 교리는 인간이 스스로 만들어 낸 불가해하고 황당한 이론이 아니라, 자신들의 경험을 얄팍하고 경직된 이론에 맞추기를 거부했던 진실한 인간들이 '계시'의 빛 아래서 오랜

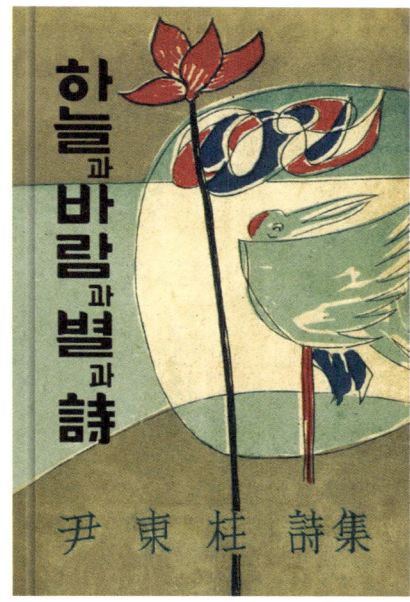

윤동주 생가의 막새기와에 새겨진 삼태극. 조선의 정체성과 동시에 삼위일체적인 기독교 신앙을 표현하고 있다(좌). 윤동주의 시집 『하늘과 바람과 별과 시』(1955) 표지(우)

숙고의 시간을 통해 만들어 낸 종교적·사상사적 도약(leap)으로 보아야 하지 않을까?[30]

도시샤의 샴록 마크를 제정한 사람도 일본 현대시의 아버지인 유아사 한케쓰였다. 1920년대에는 '한국 현대시의 아버지'라 불리는 정지용(鄭芝溶)이 도시샤를 다녔고, 그를 흠모한 윤동주는 '샴록'을 시로 승화시켜 모교 가운데서 영원의 시간을 누리고 있다. 이 사실은 오늘을 사는 우리에게 무엇을 말하고 있나? 유아사 시인이 제정한 도시샤의 샴록 상징은, 윤동주, 정지용의 시비와 함께 "시대처럼 올 아침"을 어떻게 밝힐 지 우리에게 숙제를 던지고 있다. 이 시대를 사는 우리는 어떠한 삼위일체, 그리고 한일관계를 생각해야 할지 도시샤의 시인들이 우리에게 묻고 있다.

서시

윤동주

죽는 날까지 하늘을 우러러
한 점 부끄럼 없기를

잎 새에 이는 바람에도
나는 괴로워했다.

별을 노래하는 마음으로
모든 죽어 가는 것을 사랑해야지.
그리고 나한테 주어진 길을
걸어가야겠다.

오늘 밤에도 별이 바람에 스치운다. (1941. 11. 20.)

삼각 분단의 고리를 끊고 새 평화의 시대로…

영원한 청년으로 기억될 시인 윤동주의 '청년'(青年)이라는 말을 조어(造語)한 사람도 다름 아닌 도시샤(同志社) 사장(社長)을 지냈던 일본 조합교회의 지도자 고자키 히로미치(小崎弘道)다. 그는 1880년에 도쿄기독교청년회(東京キリスト教青年会)를 처음 창설할 때 「Young Men's Christian Association」을 '기독교청년회'(基督教青年会)로 번역하였다. (그 밖에도 고자키는 Religion을 불교 용어였던 '종교'(宗教)로 번역하여 정착 시킨 인물이기도 하다.)

윤동주는 일본에 유학간 직후 한 동안 당숙 윤영춘이 머물던 조선 YMCA회관에서 머물렀다. 윤동주가 공부했던 연희전문학교도 1915년에 황성기독교청년회(YMCA) 건물 안에서 창립되었고, 학내의 YMCA 활동도 활발했기 때문에 그곳은 윤동주에게도 가장 포근하고 안심이 되는 공간이었을 것이다. 그러한 이유로 윤동주 탄생 100주년이던 2017년 '윤동주 추도의 밤' 행사를 한국 YMCA에서 한일 문인들이 모여 개최한 바 있다.

YMCA의 정장(正章)을 보아도 기독교의 삼위일체 교리를 기반으로 한 것이다. 붉은 역삼각형(트라이앵글)에 '정신'(SPIRIT)과 '지성'(MIND), '신체'(BODY)의 각 3 부분이 조화를 이루어 전인적인 인간의 육성을 목표로 한 것이다. 가운데에는 희랍어로 '우리 주 그리스도'(크리스토스, ΧΡΙΣΤΟΣ)의 모노그램으로서 처음 나오는 '카이'(Χ)와 '로우'(P)를 넣었고. 중앙에는 펼쳐진 성경 책에 요한복음 17장 21절 "그들도 다 하나가 되어 우리 안에 있게 하사"를 강조하여 국가, 민족, 인종, 종교 등의 간극과 경계를 초월하고자 하는 의지를 표현하였다. YWCA의 정장도 "인간의 영(靈), 지(知), 체(体)의 완전한 성장을 바라며 봉사와 교제를 추구"하는 삼각형 마크를 사용하고 있다.

도쿄의 YMCA 건물에는 이 마크가 나무 조각으로 벽면을 장식하고 있었는데, 1923년 간토대지진으로 인해 건물이 파괴되자 살아 남은 이 장식을 후지산 근처의 수양관 도

연희전문학교 YMCA 학생회 모습. YMCA의 이상재 선생이 참석한 연희전문 졸업식

YMCA와 YWCA의 상징 마크

잔소(東山莊) 로비에 옮겨 놓았다. 도잔소는 1984년 10월에 분단 이후 최초로 남북의 기독교의 교류의 물꼬가 트인 의미 있는 장소이기도 하다. 신군부의 엄혹하던 제5공화국 시절이었음에도 불구하고 오재식 박사, 서광선 교수 등 한국기독교회협의회(NCCK)의 지도자들과 세계교회협의회(WCC) 도잔소에서 '동북아시아의 평화와 정의협의회'를 개최하여 '한반도평화와 통일'을 위해 세계교회가 노력할 것을 제안하게 된다. 한반도 통일에 세계교회가 본격적으로 관심을 갖고 행동하기 시작한 이 사건을 이른바 '도잔소 프로세스'라고 말한다. 이 과정에서 남북 기독교인의 만남이 여러 번 시도되었고 1986년 9월 2~5일에 해방 이후 남북 기독자 대표단이 처음으로 직접 만나 '평화에 대한 기독교적 관심의 성서적·신학적 기반'이라는 주제로 한반도 통일을 논의하고 함께 성만찬을 나누는 감격도 누렸다. 이후 매년 8.15 직전 주일을 남과 북이 공동으로 작성한 기도문 낭독하면서 주일 예배를 드리기 시작했다. 북측의 조선기독교도

한일관계, 남북관계의 새로운 출발점이 되었던 후지산 도잔소. 산기슭에 사쿠라가 피어 있다. 분명 그 근처 어딘가 무궁화도 심겨져 있어 꽃망울을 터트릴 여름을 기다리고 있었을 것이다.

연맹의 대표자들과의 만남이 성사되는 과정에서 NCCJ와 일본 YMCA 등, 일본 기독교계의 가교 역할과 노력은 한일관계사에 있어서도 소중한 일화가 아닐 수 없다.

본인은 가톨릭 신자이며 부인 이희호 여사는 YWCA를 이끈 개신교도였던 김대중 전 대통령은, 햇볕 정책을 통해 '남북'의 화해와 용서를 추구하면서 동시에 오부치 총리와의 회담을 통해 '한일문화개방'을 달성하였다. 이는 돌이켜 보면 세계 문화를 선도하는 현재의 한국이 본격적으로 기지개를 펴던 순간이었다.

한반도에서 동북아 평화의 가장 중요한 과제는 '남북, 한일, 북일' 관계의 개선일 것이다. 남북이 하나 된다면 '한중일' 삼국의 평화로운 공존도 불가능한 일이 아닐 것이다. 가톨릭 신자였던 안중근이 꿈꾸었던 '동양평화'란 바로 이러한 삼위일체적 '평화'였는지 모른다. 120년이 지났지만 그 꿈은 여전히 우리에게 실현해야 할 과제로 남아 있다.

책을 갈무리하며: 오에 겐자부로와 김대중이 한일에 전하는 메시지

일본의 국민적 작가 오에 겐자부로(大江健三郎, 1935-2023)는 한국의 민주화 운동과도 깊은 관계가 있다. 이미 1970년대에 투옥된 김지하를 위해 단식투쟁까지 하며 구명 운동을 펼쳤고, 1980년 계엄하에 발생한 광주민주화운동 때는 군부 쿠데타와 계엄을 반대하는 '지식인 15명의 항의 성명'(5월 23일)을 주도했다. 7월 10일의 집회부터는 날조된 내란 혐의로 체포된 김대중 씨를 구명하기 위해 "김대중 씨를 죽이지 마라"는 시민서명 운동을 시작하였는데 오에는 와다 하루키(和田春樹) 도쿄대 교수, NCCJ의 쇼지 쓰토무(東海林勤) 목사, 한국문제기독자긴급회의의 나카지마 마사아키(中嶋正昭) 목사 등과 함께 그 활동의 중심에 서 있었다.

1981년 1월 23일 한국 대법원은 김대중 씨에 대한 사형선고를 확정했지만, 일본의 양심적 지식인들의 노력과 세계 각국의 노력이 신군부를 압박한 결과, 한 시간 뒤 각의결정으로 김대중 씨는 무기징역으로 감형되었다. 그렇게 무도한 사법살인이 저질러질 수 있었다. 오에 작가는 2015년에 방한하여 연세대 김대중도서관을 찾아 강연을 실시하였는데, "저는 일본이 아시인들, 특히 한반도의 사람들에게 큰 범죄를 저질렀고 지금도 충분한 사죄를 하지 않았다고 생각합니다. 애초에 충분한 사죄가 불가능한 범죄였다고 생각합니다"[31]라고 발언하는 등 한일 관계에 있어서의 일본 정부와 사회의 부단한 사과와 화해의 노력이 필요하다고 강조하였다. 김대중이 한국의 대통령으로 당선되기 4년 전이었던 1994년 일본인으로서는 두 번째로 노벨문학상을 수상하게 된다. 그때의 수상 소감 또한 "제국주의 침략과 식민지 지배, 그리고 전쟁"에 대해 책임지지 않는 일본은 결코 "아름답지 않음"을 강조한 '애매모호한 일본의 나'라는 제목의 연설이었다. 그것은 첫번 째 수상자 가와바타 야스나리(川端康成, 1899-1972)의 노벨상 수상연설 제목 '아름다운 일본의 나'에 대한 비판이기도 했다. 오에의 수상 연설을 발췌해 들어 보자.

"일본 작가로서는 최초로 이 장소에 섰던 가와바타 야스나리는 '아름다운 일본의 나'라는 강연을 했습니다. 그것은 극히 아름답고, 또한 극히 애매한 것이었습니다. (…) 우선 제목은 '아름다운 일본'에 속하는 '나'를 의미합니다. 또 '아름다운 일본'과 '나'를 동격으로 제시하고 있다고도 생각할 수 있습니다. (…) 현대에 사는 자신의 심경을 말하기 위해, 그는 중세의 선승의 와카(和歌)를 인용하고 있습니다. (…) 그런데 솔직히 말하면, 저는 26년 전 이 장소에 섰던 같은 국민에 대해서보다는, 71년 전 거의 저와 같은 나이에 상을 받은 아일랜드의 시인에게 더욱 영혼의 친근감을 느끼고 있습니다. (…) 위대한 시인 예이츠(William Butler Yeats)의 수상을 축하하며 아일랜드 상원에 제출된 결의안 연설에는 다음과 같은 일절이 있었습니다.

「우리들의 문명은 그분의 힘 때문에 세상에서 평가될 것이다. (…) 파괴로의 광신으로부터 인간의 바른 정신을 지켜준 그분의 문학은 귀중하다.」

만약 가능하다면, 나도 예이츠와 같은 역할을 하고 싶습니다. 현재 문학이나 철학에 의해서가 아니라, 전자공학이나 자동차 생산기술 때문에 그 힘을 세계에 알리고 있는 내 조국의 문명을 위해, 또한 가까운 과거에 그 파괴로의 광신이 국내와 주변 여러 나라의 인간의 바른 정신을 짓밟았던 역사를 가진 나라의 한 인간으로서 예이츠와 같은 역할을 하고 싶습니다.
이와 같은 현재에 살며, 이와 같은 과거에 얼룩진 쓰라린 기억을 가진 인간으로서, 저는 가와바타처럼 '아름다운 일본의 나'라고 말할 수는 없습니다. (…) '애매한'이라는 일본어를 ambiguous라고 번역하고 싶은데, 그것은 바로 제가 제 자신에 대해 '애매한 일본의 나'라고 말할 수 밖에 없다고 생각하기 때문입니다.
개국 이후, 120년 동안 근대화를 계속해 온 현재의 일본은 근본적으로 애매함(ambiguity)의 양극으로 갈라져 있습니다. 뿐만 아니라, 그 애매함에 깊은 상처를 입은 표시가 뚜렷한 소설가로서 제 자신이 살아가고 있는 곳이기도 합니다.

국가와 인간을 모두 갈라놓을 정도로 강하고 날카로운 이 애매함은, 일본과 일본인에게 다양한 모습으로 표면화되고 있습니다. 일본의 근대화는 오로지, 서구를 배운다, 모방한다는 것이었습니다. 그러나 일본은 아시아에 위치하고 있고, 일본인은 전통적인 문화를 확고히 지켜 오기도 했습니다. 그 애매한 진행은, 아시아에 있어서의 침략자 역할로 일본을 몰고 갔습니다. 또 서구를 향해 전면적으로 개방되어 있었던 근대의 일본 문화는, 그러면서도 서구 측에게는 언제나 이해가 불가능한, 또는 적어도 이해를 지체시키는 어두운 부분을 온존시켜 왔습니다. 게다가 아시아에 있어서 일본은 정치적으로 뿐만 아니라 사회적, 문화적으로도 고립되게 되었던 것입니다.

일본의 근대문학에 있어서 가장 자각적이고, 동시에 성실했던 '전후문학가', 즉 세계대전 직후의 폐허에 상처 입으면서도 새로운 삶에로의 희망을 짊어지고 나타난 작가들의 노력은, 서구 선진국뿐만 아니라 아프리카, 라틴 아메리카와의 깊은 골을 메웠으며, 아시아에서 일본 군대가 저지른 비인간적 행위에 함께 고통을 느끼며 배상하고, 그 위에서의 화해를 조출하게 바라는 것이었습니다. 그들의 기억될만한 표현 자세의 최후미에 연결될 것을, 저는 계속해서 지원해 왔던 것입니다.

포스트모던한 일본의, 국가로서의, 또한 일본인의 현상도 양의성을 내포하고 있습니다. 일본과 일본인은 거의 50년 전의 패전을 계기로 —즉 근대화 역사의 한 가운데에 바로 그 근대화의 나쁜 여파가 초래한 태평양 전쟁이 있었던 것입니다.— '전후 문학가'가 당사자로서 표현한 그대로, 커다란 비참함과 고통 속에서 재출발했습니다. 새로운 삶을 지향하는 일본인을 지탱하고 있었던 것은 민주주의와 부전(不戰)의 맹세였고, 그것이 새로운 일본인의 근본적 모랄이었습니다. 그러나 그 모랄을 내포하는 개인과 사회는 이노센트하고 상처 없는 순진무구한 존재가 아니라, 아시아 침략자로서의 경험으로 낙인이 찍혀 있었습니다. 또 히로시마, 나가사키의 인류가 입은 최초의 핵공격을 받은 사망자들, 방사선 장애를 거머쥔 생존자와 그 2세들, 그것은 일본인에 그치지 않고 한국어를 모국어로 한 많은 사람들도 포함하고 있습니다만, 우리의 모랄에 대해 계속해서 의문을 던져 왔던 것입니다.

현재, 일본이라는 국가가 유엔을 통한 군사적인 역할자로서, 세계 평화의 유지와. 회복을 위해 적극적이지 않다는 국제적인 비판이 있습니다. 그것은 우리들의 귀에는, 고통과 함께 전해지고 있습니다. 그러나 일본은 재출발을 위한 헌법의 핵심에 '부전'(不戰)의 맹세를 해둘 필요가 있었던 것입니다. 고통과 함께, 일본인은 새로운 삶을 향한 모랄의 기본으로 '부전'(不戰)의 원리를 선택했던 것입니다.

그것은, 양심적 징병거부자에 대한 관용에 있어 오랜 전통을 가진 서구에서 가장 잘 이해될 수 있는 사상이지 않을까요? 이 맹세를 일본국의 헌법에서 뺀다면 — 그로 향한 책동은 국내에 항상 있었고, 국제적인, 이른바 외압을 그것에 이용하려고 하는 시도도, 이런 책동에는 포함되어 왔습니다. — 무엇보다도 우선 우리들은 아시아와 히로시마, 나가사키의 희생자들을 배반하게 되는 것입니다. 그 후, 끔찍한 새로운 배반이 어떻게 계속될 수 있는가를, 저는 소설가로서 상상해 보지 않을 수 없습니다.

민주주의의 원리를 뛰어넘은, 더욱 높은 곳에 절대적인 가치를 둔 구 제국주의 헌법을 지탱한 시민 감정은, 반세기에 이르려고 하는 민주주의 헌법 속에서 그렇게 생각된다기보다는 더욱 리얼하게 생존하고 있습니다. 그와 함께, 전후 재출발의 모럴이 아닌 다른 원리를 일본인이 새삼스럽게 다시 제도화하게 된다면, 일단 무너져 내린 근대화의 폐허 속에서 보편적 인간성을 추구했던 우리들의 염원은 결국 허무했었다고 말할 수밖에 없겠지요. 한 사람의 인간으로서, 나는 그것을 상상하지 않을 수 없는 것입니다.

한편, 일본의 경제적인 커다란 번영은 - 세계 경제의 구상에 비춰, 또 환경보전의 측면에서 여러 가지로 위험의 싹을 내포하고 있을 터입니다만 - 일본인이 근대화를 통해 만성적 질병처럼 길러 온 애매함을 가속하여 더욱 새로운 양상을 부여해 왔습니다. (…)

이런 이미지 시스템이야말로 일본 변두리의, 게다가 시골에서 태어나 자란 내게, 거기에 뿌리를 두고 있으면서도 보편성에 이르는 표현의 길을 열어 주었던 것입니다. 드디어 그것은, 지금 내세워 지고 있는 경제적인 신진 세력으로서의 아시아라고 하는 것이 아닌, 영속하는 빈곤과 혼탁한 풍요로움을 감춘 아시아라고하는, 오랫동안 친숙했던, 그러나 여전히 살아 있는 은유군에 있어서, 나를 한국의 김지하 등과 연결 짓기도 했습니다.

내게 있어서 문학의 세계성은, 우선 그런 구체적인 연관 속에서 성립하고 있습니다. 일찍이 한국의 훌륭한 시인의 정치적 자유를 원하는 단식투쟁에 참가했던 나는 지금 천안문 사건 이후 표현의 자유를 잃고 있는 중국의 극히 양질의 소설가들의 운명을 걱정하고 있습니다.(…)" **(32)**

과거 제국주의 침략과 식민지 지배의 역사에 대한 양심적 태도가 확연히 드러나며, 특히 한국과의 관계사에서 세심한 배려가 엿보인다. 그는 노벨상 수상 직후, 천황이 수여하는 국민문화훈장 공로상 수상자로 내정되었음을 문화청으로부터 제안 받았지만 거부하였다. 뉴욕타임즈와의 인터뷰에서 그는 "내가 문화훈장 수여를 사퇴한 것은, 민주주의 위에 군림하는 권위와 가치관(=천황제)를 인정할 수 없기 때문이다. 이는 단순하지만 매우 중요한 문제다"[33]라고 답했다. 오에는 이러한 진면목으로 인해 우익의 미움을 사 테러 위협을 받았지만 그 신념은 생애 마지막 순간까지 흔들리지 않았다. 그의 인터뷰에서 잘 드러나듯 '민주주의'라는 공통 분모를 통해서 한일 양국의 진정한 우호 관계도 성숙해 갈 수 있다고 보았던 것이다. 한일의 경계를 넘어 진정한 세계인의 양심을 보여준 그는 2004년 '평화 헌법 9조를 지키는 모임'과 '반핵' 운동을 주도하였다.

수년 뒤 대한민국의 대통령이 된 김대중은 1998년 10월 8일에 일본 국회를 찾았다. 1973년 도쿄에서 납치되어 생사를 오갔고 1980년 신군부에 의해서도 목숨이 위태로웠던 김대중은 그를 살려내기 위해 분투했던 수많은 일본의 양심적 지식인과 시민들을 만나기 위해 '대통령'이 되어 돌아왔다. 그 때 김대중이 일본 국회에서 행한 연설은 복잡하게 꼬여 있는 동북아시아의 평화를 실현하기 위해 '한일관계 개선'이 얼마나 중요한 지를 역설하고 있다. 하지만 이는 일본인들도 올바른 역사 의식을 가지고 한국을 대할 때 비로소 가능한 과제라는 점도 분명히 하고 있다. '상징의 한일관계사'는 이러한 오에-김대중과 같은 한일의 진정한 리더들이 꿈꾸었던 새로운 미래에 대한 소망을 담아낸 작업이기도 하다. 그런 의미에서 대한민국 대통령 김대중이 일본인에게 전했던 메시지의 일부를 들으면서 이 책을 마무리 지으려 한다. 이 책이 결론으로 하고 싶은 말들이 그의 연설 속에 오롯이 녹아 응축돼 있다. 복잡한 한일관계사로 인해 어쩔 수 없이 책 제목을 『심볼전쟁』이라 정했다. 하지만 역사의 수많은 부침(浮沈) 속에서 마침내 도달하고 싶은 오르막길의 정상은 결국 『심볼평화』가 아니겠는가? 저마다의 상징만을 절대화하며 상대를 부정하는 이전투구와 상호멸시의 역사를 청산하고, 진정한 한일, 남북, 동북아, 그리고 세계의 평화를 일구어 가는 꿈 말이다.

> 일본국회 연설 (21세기의 새로운 한·일 동반자 관계 구축)
> (…) 25년 전 동경 납치사건과 1980년의 사형선고를 비롯한 민주화. 투쟁과정에서 생명을 잃을 뻔하였던 내가, 이제 대한민국의 대통령으로서 이 자리에 서게 되니 감개무량한 심정을 금할 수 없습니다.
> 나는 나의 생명과 안전을 지키고자 긴 세월 동안 힘써 주신 일본의 국민과 언론, 그리고 일본 정부의 은혜를 결코 잊지 않고 있습니다. 오늘 이렇게 일본 국민을 대표하는 의원 여러분에게 감사의 인사를 드리게 되어 나의 오랜 숙원이 풀린 것 같아 기쁘기 한량 없습니다. 일본 국민 여러분, 대단히 감사합니다.

(…) 일본은 흥망성쇠의 근대사를 거치면서 이제 세계의 중심국가로 우뚝 섰습니다. 일본은 메이지유신으로 독자적 근대화에 성공했고 서구의 문물을 수용하여 큰 발전을 이룩했습니다. 그러나, 당시의 일본은 제국주의와 전쟁의 길을 선택함으로써 일본 국민은 물론 한국을 포함한 아시아 각국의 국민들에게 큰 희생과 고통을 안겨 주었습니다.

하지만 제2차 세계대전 후 일본은 달라졌습니다. 일본 국민은 땀과 눈물을 바쳐 의회 민주주의의 발전과 함께 세계가 놀랄만한 경제성장을 이룩하였습니다. 그리고 마침내 세계 제2의 경제대국으로 발돋움한 일본은 아시아 각국의 국민들에게 무한한 가능성과 희망의 길을 보여 주게 된 것입니다.

지금의 일본은 개발도상국에 대한 세계 최대의 경제 원조국으로서 자신의 경제력에 상응하는 국제적 역할을 충실히 이행하고 있습니다. 또한 인류 역사상 최초로 원폭의 피해를 체험한 일본 국민은 변함없이 평화헌법을 지켜왔고, 비핵 평화주의의 원칙을 고수해 왔습니다.

이렇듯 전전(戰前)의 일본과 전후(戰後)의 일본은 참으로 극명한 대조를 이루고 있습니다. 나는 전후의 일본 국민과 지도자들이 쏟은 피땀 어린 노력에 대해 깊은 경의를 표하는 바입니다.

그러나 우리 한국을 포함한 아시아 각국에는 아직도 일본에 대한 의구심과 우려를 버리지 못한 사람들이 많습니다. 그 이유는 일본 스스로 과거를 바르게 인식하고 겸허하게 반성하는 결단이 부족하다고 생각하기 때문입니다.

이러한 의혹과 불신이 존재한다는 것은 일본을 위해서나 아시아 각국을 위해서 매우 불행한 일이라고 하지 않을 수 없습니다. 하지만 나는 과거를 올바르게 인식하고 반성하는 도덕적 용기를 지닌 수많은 일본의 민주시민들이 있다는 것도 잘 알고 있습니다.

(…) 한국과 일본의 관계는 참으로 길고 깊다고 할 수 있습니다. 우리 양국은 1,500년 이상이나 되는 교류의 역사를 가지고 있습니다. 수많은 사람들이 한반도로부터 일본으로 건너갔습니다. 한일 양국은 다같이 우랄 알타이 계통의 언어를 쓰고 있으며, 불교, 유교의 문화도 공유하고 있습니다. '도쿠가와' 3백년의 쇄국시대 당시에도 일본은 한국과 많은 왕래를 했었습니다.

그에 비해 역사적으로 일본과 한국의 관계가 불행했던 것은 약 4백년 전 일본이 한국을 침략한 7년간과 금세기 초 식민지배 35년간 입니다. 이렇게 50년도 안되는 불행한 역사 때문에 1천5백년에 걸친 교류와 협력의 역사 전체를 무의미하게 만든다는 것은 참으로 어리석은 일입니다. 또한 이는 그 장구한 교류의 역사를 만들어 온 우리 두 나라의 선조

들에게, 그리고 장래의 후손들에게 부끄럽고 지탄받을 일이지 않겠습니까.

1965년 한일 국교 정상화 이후 우리 두 나라 사이의 교류와 협력은 비약적으로 확대되었습니다. 이제는 서로에게 필요불가결 한 동반자적 관계로 발전한 것입니다.

(…) 이러한 우리 양국간에 오고 간 엄청난 인적, 물적 교류는 그 누구도 막을 수 없고 거스를 수 없는 시대의 도도한 흐름이었고, 앞으로도 계속 이어져 가야 할 두 나라의 끊을 수 없는 인연입니다.

이제 한일 두 나라는 과거를 직시하면서 미래지향적인 관계를 만들어 나가야 할 때를 맞이했습니다. 과거를 직시한다는 것은 역사적 사실을 있는 그대로 인식하는 것이고, 미래를 지향한다는 것은 인식된 사실에서 교훈을 찾고 보다 나은 내일을 함께 모색한다는 뜻입니다.

일본에게는 과거를 직시하고 역사를 두렵게 여기는 진정한 용기가 필요하고, 한국은 일본의 변화된 모습을 올바르게 평가하면서 미래의 가능성에 대한 희망을 찾을 수 있어야 합니다.

(…) 나는 오늘 오부치 총리대신과 정상회담을 통해, '21세기의 새로운 한일. 파트너십' 선언을 함께 발표했습니다.

일본은 이 공동선언을 통해 과거에 대한 깊은 반성과 사죄를 표명하였고, 나는 이를 양국 국민간의 화해와 앞으로의 선린우호를 향한 일본 정부와 국민의 마음의 표현으로 진지하게 받아들였습니다. 나는 이 선언이 한일 양국 정부간의 과거사 인식문제를 매듭짓고, 평화와 번영을 향한 공동의 미래를 개척하기 위한 초석이 될 것으로 확신하는 바입니다.

나는 먼저 새 시대의 한일 우호관계를 보다 증진시키기 위해 일본 대중문화의 한국 진출을 단계적으로 개방할 것입니다. 문화는 상호 교류하면서 발전한다는 것이 나의 소신입니다. 국교 정상화 후 30여년이 지나 21세기를 눈 앞에 둔 시점에서 일본 대중문화 개방의 첫발을 내딛는 것은 미래지향적인 한일관계를 위해 그 상징적 의미가 매우 크다고 생각합니다. 나아가 청소년 간의 교류를 포함한 모든 분야에서 양국 국민간의 교류를 활발히 추진하는 것이 참으로 필요하다고 생각합니다.

우리 양국간에는 이미 학자들의 역사에 대한 공동연구를 비롯하여 예술인과 시민단체, 그리고 지방자치단체들 간의 교류가 왕성하게 이루어지고 있습니다. 나는 사람들이 만나면 서로를 이해하게 되고, 또 이해하면 서로 믿고 협력하게 될 것이라고 확신합니다. 2002년 월드컵대회는 양국 국민들 간의 단합된 힘과 우호를 세계에 과시할 수 있는 절호의 기회입니다. 서로 합심하여 대회를 성공적으로 개최하게 되면, 21세기 우리 두 나라 국민들 간의 우호와 친선은 더욱 공고해 질 것입니다. 나는 이 대회가 1억7,000만 한일 양국 국민들 모두가 협력하는 우정의 축제가 되기를 진심으로 기대하는 바입니다.

나는 또한, 60만 재일한국인의 미래를 생각하지 않을 수 없습니다. 이분들이 앞으로 일본 사회에 더 많이 기여할 수 있는 훌륭한 구성원이 될 수 있도록, 제도적 여건과 사회적 분위기가 보다 개선되기를 진심으로 바랍니다. 특히 지방 참정권의 획득이 조기에 이루어진다면 재일한국인만이 아니라 한국 국민도 크게 기뻐할 것이며, 세계 또한 일본의 이러한 열린 정책을 적극 환영해 마지않을 것입니다.

(…) 동북아 지역은 세계에서 가장 주목받고 있는 역동적인 역사의 현장입니다. 현 단계에서 동북아 지역의 안정과 번영을 위한 열쇠는 한반도에 평화를 뿌리내리는 것입니다. 나는 한반도에서는 통일에 앞서 남, 북한 간의 평화와 협력이 무엇보다도 중요하다고 생각합니다.

(…) 우리의 이러한 대북정책에 대해 한국 국민은 물론 일본을 포함한 전세계가 지지를 보내고 있습니다. 나는 확고한 안보태세를 바탕으로 한 남, 북한 화해와 협력의 증진은, 궁극적으로 북한을 국제사회의 책임 있는 일원으로 이끌어 내는데 기여할 것이라고 확신합니다.

(…) 우리 양국이 좋은 이웃, 좋은 친구로서 함께 손잡고 21세기를 개척해 나가는데 극복하지 못할 장애는 없을 것입니다. 오직 두 나라 정부와 국민들의 강력한 실천의지가 요청될 뿐입니다.

1,500년에 걸친 한일 교류의 역사가 우리를 지켜보고 있습니다. 우리 양국은 깊고도 오랜 교류의 역사 만큼이나 폭넓고 활발한 협력의 역사를 만들어 나가야 합니다. 세계화를 지향하는 우리 모두의 미래는 양국 국민의 우호와 친선을 기다리고 있는 것입니다.

이번 나의 일본방문이 이러한 양국의 국민적 기대와 시대적 요청에 부응하여, 21세기의 한일 동반자관계를 구축하는 튼튼한 초석이 될 것을 바라 마지 않습니다. 경청해 주셔서 감사합니다. (1998년 10월 8일, 일본 국회. 대한민국 대통령 김대중)**(34)**

집필후기

집필후기

대학 입학 후 대학원 시절까지 6~7년간 생활했던 공간은 국가 사적으로 지정된 아펜젤러관(Appengeller館, 1924)이었다. 이 건물 지하 동아리방에서 뒤편의 노천극장으로 나갈 때면 늘 십자가와 태극이 겹쳐 있는 방패 모양의 창이 있는 문을 드나들었다. 기독교 상징인 '십자가'와 주역의 동양 사상 및 한민족의 상징인 '태극'이 결합된 문을 매일같이 오가면서 자연스럽게 생긴 호기심과 질문들이 이 책의 원점이 아닐까 싶다.

또 하나, 대학 입학 후 매주 채플 예배를 드리던 연세대 대강당 건물의 계단을 오를 때면 독특한 모양의 십자가가 늘 나의 시선을 붙잡았다. 일반적인 '크로스'(Cross) 형태가 아니라 한글 모음의 기본 글자 세 개인 'ㆍ', 'ㅡ', 'ㅣ'가 모여 있는 독특한 모습의 십자가였다. 조선어학회 사건 당시 최현배나 김윤경 선생 같은 연희전문 교수들이 다수 포함돼 있었기 때문에 한글 모음으로 십자가를 표현한 것이라고 짐작했었다. 그러한 역사성도 있었겠지만, 나중에 더욱 심오한 의미가 깃들어 있음을 알게 되었다. 이른바 '천지인'(天地人)이라는 동양 철학의 오래 된 근간, 천원(天圓 또는 天元), 지평(地平), 인립(人立)이라는 '삼재'(三才)를 십자가와 결합한 모양이라는 것이다. 한글의 기본 모음 세 개이기도 한 것은 정인지(鄭麟趾)가 쓴 훈민정음 해례 서문을 보아도 확인된다.

아펜젤러관 뒷문의 십자가 태극 방패 문

"하늘과 땅 자연의 소리가 있으면 곧 반드시 하늘과 땅 자연의 글이 있다.(有天地自然之聲 則必有天地自然之文)
그러므로 옛사람들은 소리에 따라 글자를 만들어 (所以古人因聲制字),
만물의 정을 통하고 삼재의 이치를 실었도다(以通萬物之情 以載三才之道)"

천지만물의 두 운행 주체인 하늘과 땅, 그리고 그 안에서 주체적인 존재로서 역사를 창조하는 인간의 조화를 희구하며 완성한 동양의 기본 개념이 '인간이 된 신, 예수 그리스도의 십자가'로 자연스럽게 표현되면서 동양 사상과 융합된 기독교의 새로운 상징이 탄생한 것이다.

"한처음에 하느님께서 하늘과 땅을 지어내셨다"(창세기 1: 1, 공동번역성서)
"태초(太初)에 하나님이 천지(天地)를 창조(創造)하시니라"(창세기 1: 1, 개역개정)

'천지'(하늘과 땅)만 놓고 보면 이항대립적인 '음양'의 원리만 느껴지지만 그 둘을 잇는 존재로서의 '인간'에 주목한 이 사상은 하나님의 성육신(成肉身, incarnation)을 통한 인간 예수로서의 공현(公顯, Epiphany)을 떠올리게 한다. 이러한 동양사상과 기독교 사상의 접점을 발견했던 언더우드 2세 원한경 박사는 제3대 연희전문학교 교장으로 취임사에서 "나는 4000년 전에 강화도 마니산에 천제단을 쌓은 단군 할아버지의 종교적 정신을 감사하고 (…) 신라 때에 계셨던 최치원 선생의 교훈을 감사하는 (…) 바 외다. (…) 우리의 목적은 동서양 모든 교육제도를 참작하야 (…) 4000년 조선 문화의 보고에서 기억하고 지킬 만한 가치 있는 모든 것을 취하여 (…) 현대인의 필요한 모든 것을 응용하려 함"(1934년)이라고 역설하였던 것이다.**(1)**

해방 이후 1957년 연세대학이 탄생할 때의 교표(휘장)도 한글의 원(圓, ○), 방(方, □), 각(角, △)이 그려진 방패로 표현되었고, 연세대 홈페이지는 다음과 설명하고 있다.

"방패속의 'ㅇ'은 원만무애한 이상의 세계를 목표로 한 인격의 완성을 뜻하며, 'ㅅ'은 튼튼한 기초를 닦아 박학의 기반위에 전공을 세우려는 학문적 태도를 나타낸다. 또한 'ㅇ'은 하늘(天)을 뜻하고 'ㅡ'은 땅(地)을 의미하며, 'ㅅ'은 사람(人)을 가리키는 것인데, 이는 연세대학교 교육의 대본(大本)인 천, 지, 인 (天, 地, 人)의 삼재(三

연세대 대강당 정면 위의 한글 모음 십자가 **(좌)**와 교표**(우)**(출처: 연세대)

才)를 상징하고 있다."**(2)**

이 책의 '무궁화와 벚꽃' 내용에서도 잠깐 다루었던 넷플렉스 드라마 〈오징어게임〉에서도 이를 떠올리게 하는 이미지가 사용되어 세계에 널리 화제가 되었다. 『주역』에서 우주의 원리로서 천도(天道), 지도(地道), 인도(人道)를 강조하였고, 태극기의 4괘도 건·곤·감·리의 3획(막대기)이 하늘(○)과 사람(△)과 땅(□)을 의미하며 원방각과 3수 원리, 천지인의 삼재사상을 담고 있다. 이 주제는 허호익 교수께서 '한국문화와 천지인 조화론'라는 글을 통해 이미 다루신 바 있다. 한일의 '심볼(상징)' 문제에 천착하게 된 나의 출발점은 허교수님이 연구 동기와 결코 다르지 않은 것이다.

이 연구에 영감을 주신 다른 한 분은 소금(素琴) 유동식(柳東植) 교수님이시다. 100세가 되시던 해인 지난 2022년에 영면하신 유동식 교수님은 한국 토착화 신학 논쟁에 불을 지피신 종교 사상계의 개척자셨다. 특히 무교(巫敎)와 풍류도(風流道)를 통해 기독교를 새롭게 해석하셨고 만년에는 예술신학이라는 분야에 몰입하시며 새로운 사상을 열어 보이신 분이다. 학부 시절 대학원에 개설된 '예술신학' 수업을 청강하였고 동생과 함께 자택을 찾아 뵈었을 때의 가르침은 평생 잊을 수 없는 추억이다. 유동식 선생은 야나기 무네요시(柳宗悅)가 『조선과 그 예술』(朝鮮とその藝術, 叢文閣, 1922)에서 "일본이 문화적으로는 절대 한국을 지배할 수 없다"라고 말한 것에 충격을 받아 『삼국사기』(三國史記) 최치원의 난랑비서(鸞郎碑序)에 등장하는 "우리나라에는 깊고 오묘한 도가 있으니 이를 풍류라 한다"는 이른바 '풍류도'(風流道)에 주목하게 되셨다. 유동식 선생님은 조현 기자와의 대담에서 "유불도 삼교를 다 포함한다는 풍류도다. 풍류도를 표현한 게 예술이다. 외래 종교 사상만 배운 최치원의 고민이 나의 고민과 같았다. 그래서 최치원이 우리 얼인 풍류도의 눈으로 유불도를 봤는데, 나는 풍류도의 눈으로 기독교를 보려고 했다. 그게 풍류신학이다."라고 말씀하셨다. 그렇게 최치원에 주목하였던 원한경 박사의 통찰을 계승해 새로운 사상을 정초해 가셨다.

유동식 선생님은 "교회마다 십자가가 아니라 천지인(天地人) '삼태극'의 상징을 다는 게 바람직하다"고까지 말씀하시면서 그리스도의 십자가와 더불어 '삼태극'에 주목하셨는데, 그것은 천지인(天地人) 삼재의 하나됨을 '삼태극'에서 발견하였기 때문이다. 기독교의 십자가로 상징되는 부활의 메시지는 '한 멋진 삶'이라는 표현으로 함축되어 갔고, 만년의 '예술신학'의 경지로 꽃피었다.

유동식 선생님이 "한국교회의 상징은 십자가이기보다는 삼태극이 되어야 할 것"이라

풍류도 신학을 삼태극과 십자가로 형상화한 유동식 선생님이 직접 그린 상징화

고 강조한 것은 십자가 상징을 폐기하거나 격하시키는 것이 아니라, 오히려 그 십자가의 참 뜻을 삶 속에서 구현해 나가기 위해서는 고유한 '삼태극적 구조'가 조화되어야 한다는 뜻이었다. 유선생님은 "내가 아버지 안에 있고, 너희들이 내 안에 있고, 내가 너희들 안에 있다는 것을 깨닫게 될 것이다"(요한 14: 20)라는 성서 말씀을 붙드시고, 절대적 존재와 이 땅에서 하나가 되어 가는 과정을 대망하셨다. 그것이 십자가 상징과 삼태극 상징의 만남인 것이다. 이러한 유동식 선생님의 신학 여정은 예술로 승화되어 인간의 잠재의식 속에서 각인되는 '상징'에 관심 갖도록 이끌었다. 한국과 일본을 오가시며 한일관계에도 누구보다 깊은 사색을 이어 오신 유동식 선생님의 존재는 나로 하여금 한일 양국의 다양한 상징들에 주목하게 만드신 가장 큰 스승이시다.

미국 드류대학의 故 이정용 선생님 이야기도 빼놓을 수 없다. 그 분의 대표작인 『역(易)의 신학: 동양의 관점에서 본 하느님에 대한 기독교적 개념』(The Theology of Change)은 그야말로 상징에 대한 신학적 성찰이었다. 이 책을 한글로 옮기신 이세형 교수의 설명은 다음과 같다.

> 경계의 삶을 사셨던 선생님은 경계가 삶의 자리이고 문화의 자리이며, 상징으로서 종교의 자리라고 보았습니다. (…) '음-양-역'이라는 역의 상징 구조는 '나-너-관계'라는 구조로 변환되어 다양한 변이와 변화의 해석학적 순환으로 이어집니다. 이것이 이정용 신학이 갖는 역동성입니다. (…) 서양에서 신학해야 했던 동양인 신학자 선생님은 이렇게 역의 양면적 순환 패러다임 안에 서양의 사유 구조를 양(陽) 혹은 선형적 시간관을 갖는 것으로 해석함으로써 역의 상징 안에 서양을 한 부분으로 포함시키는 영역 전쟁을 벌인 것입니다. 그리고 이것이 삼위일체 신학을 전개할 때도 같은 전략으로 표현됩니다. 선생님의 삼위일체 신학은 음-양-관계로 풀어진 역의 삼위일체 신학입니다. 선생님은 삼위일체를 기독교 상징으로 보았고, 기독교가 지구적 종교가 되려면 그 상징이 지구적이고 궁극적이어야 한다고 보았습니다. (…) 동양인 이정용 선생님은 (서양인들처럼) 역사성으로 다가가기보다는 삼위일체를 상징으로 보아 상징 해석에 대한 패러다임을 제시함으로써 오히려 변혁적 기독교의 생동성을 제시합니다. (…) 이 말은 상징이 자연스럽게 생성

되는 것이지만 상징을 만들어낼 수도 있다는 것으로 여겨집니다.[3]

이정용 선생님의 또 다른 저서 『마지널리티: 다문화 시대의 신학』(Marginality: the key to multicultural theology)은 상징에 대한 사색을 동아시아, 특히 한일관계로 가져와 읽을 수 있도록 이끌어 주었다. 백인과 흑인들 틈바구니에서 늘 "변두리적 경계의 삶"을 사셨던 그분은 이 책에서 북미 사회에서 주변화되고 소외된 일본인, 중국인들도 함께 다루며 동양인 모두를 아우르는 '모퉁이 신학의 언어'를 펼치셨다. 즉, 하나님은 일관되게 경계선상, 변경, 주변에 내 몰린 약한 이들과 함께 하신 존재라는 것이며, 그 경계의 정체성을 당당히 주장할 때 모두가 하나되는 시대를 창조할 수 있는 것이며 그것이 기독교가 말하는 '복음'이라는 것이다. 나는 한일관계사 속에서 늘 경계 위의 존재들이 눈에 밟힌다.

예를 들면 독도가 그러하며, 윤동주가 자랐던 북간도가, 그리고 사할린, 류큐, 타이완, 제주가 그러하다. 타국에서 차별을 견뎌온 재일코리안의 운명이 그러하고, 패전 직후 고국으로 부터도 버림 받았던 수많은 여성, 노인, 어린이 재조일본인들이 그러했다. 이들 한 사람 한 사람, 한 생명 한 생명은 이 책에서 수없이 다른 수많은 종류의 꽃들이다. 하지만 덧없이 꺾이고 스러져 간 무궁화들이요, 벚꽃들이다. 내가 이 책을 끈기 있게 써 나갈 수 있었던 것은 바로 이들 변경의 들꽃들이 소리 없이 외치던 아우성 때문이었는지도 모른다. 그들의 신음 소리를 느낄 수 있는 예민한 감각을 이정용 선생님을 통해 배우고 체득할 수 있었기에 이 책이 세상에 나올 수 있었다고 감히 말할 수 있다.

마지막으로, 『제국의 바다 식민의 바다』(2005), 『등대: 제국의 불빛에서 근대의 풍경으로』(2007) 등의 저작을 통해 이 책의 집필에 소중한 영감을 불러 넣어 주신 주강현 선생님께도 감사의 마음을 전하고 싶다. 현장 답사 속에서 발견하고 느낀 통찰이야 말로 살아있는 지식으로 독자의 마음을 울릴 수 있음을 깨닫게 해주었다. 이 책은 독자의 한 사람이었던 필자가 십 수 년이 지나 전달하는 부끄러운 독후감이자 일본에 살면서 주강현 선생님의 작업을 흉내 내며 정리해 본 나름의 소소한 현장 보고서이기도 하다.

그 밖에도 일본종교 연구자 박규태 교수님, 지역 도시사학자 허정도 선생님, 서울도시사 분야의 염복규 교수님, 일제하 국가 상징에 대해 연구하신 조원교 박사님, 김민수 교수님, 목수현 박사님, 한국 신화의 상징 코드를 연구하신 조현설 교수님, 문학의 관점에서 일본론을 펼치시는 김응교 교수님, 조직신학자 김진혁 교수님 등의 연구 성과들은 이 책을 엮어 가는데 더없이 귀한 가르침을 주셨음에 감사드린다.

이 책에서 두루두루 살펴 본 것처럼 '종교적 인간'(Homo religiosus)에 의해서 창조된 여러 상징들은 매우 '종교적'이다. 그래서 기독교의 익투스(물고기), 십자가, 어린 양, 비둘기(성령), 이슬람교의 초승달, 불교의 연꽃, 법륜(法輪, 진리의 수레바퀴), 만(卍), 금어(金魚)와 같은 '종교상징'(religious symbol)은 가장 대표적인 상징 요소들이다. 이런 문양들 뿐만 아니라, 빵과 포도주, 목탁과 목어 등의 종교 의례를 통한 각종 상징 또한 종교 상징의 두드러진 특징이다. 따라서 상징은 매우 '예술적'이다. 기독교의 십자가를 풍류도와 삼태극에 연결지어 생애에 걸쳐 연구하신 유동식 선생이 만년에 '예술신학'의 정립에 온 힘을 쏟으신 것도 당연한 귀결이었다. 따라서 '종교적 인간'은 '예술적 인간'이며 종국에는 '상징적 인간'(Homo symbolicus), 혹은 '상징적 동물'(animale symbolicum)이 된다. 유요한 교수의 말이다.

> 상징을 사용하는 것은 인간 뿐이라는 사실을 짚고 넘어가자. 상징은 인간을. 생각하는 동물로 만드는 데에 크게 기여한다. (…) 때문에 다른 동물이 (…) 판단하는 것보다 인간 사고의 구조와 내용이 복잡하고 심오한 것이다. (…) 인간에게 종교적 면이 있다는 것을 주장하는 데 장황한 근거가 필요했던 반면, 인간이 상징을 사용하는 특징을 지닌 호모 심볼리쿠스(Homo symbolicus)라고 주장하는 것은 훨씬 수월한 일이다.[4]

하지만 인간은 무엇보다도 지극히 '정치적 존재'(Homo Politicus)이다. 한쪽 끝에 '종교상징'(religious symbol)이라는 기둥이 있다면 그 반대 편에는 '정치상징'(political symbol)이 있을 것이다. 대표적으로 국가, 민족, 지역, 정당, 기업 등의 상징을 들 수 있겠다. 이 양극단 사이에 '문화상징'(Cultural symbol, Cultural icon)이 폭넓게 분포할 것이다.

> 상징은 개인과 대규모 정치 질서에 대한 연계를 제공해 주며, 다른 개인들에게 다양한 동기화가 동시에 일어날 수 있게 해줌으로써 집단적 행동이 가능하게 만든다.[5]
> 하나의 깃발은 그것이 표시하고 상징하는 국왕이나 국가의 힘에 참여하는. 것이다. 그리하여 빌헬름 텔 시대 이후 오늘날 미국의 성조기, 대한민국의 태극기 앞에서 국민들은 어떻게 행동해야 할 것인가에 대하여 강력한 상징적 힘을 작용 받는 것이다. 만일 깃발이 상징하는 것이 힘의 상징으로 참여하지 않는다면 이러한 국민들의 행위는 아무런 의미가 없고 우습게 마저 보일 것이다.[6]

미국의 정치학 분야에서는 '상징의 정치적 이용'에 대한 사회과학적 분석이 이미 이루어지고 있었으며, 법제사 분야에서도 최종고 교수가 동서양의 다양한 법상징, 국가상징 (국기와 법복 등), 정의의 상징 등에 대해서 고찰하였다. 이 주제는 정치학 분야로도 확대되어 2008년에는 한국의 정치학자, 건축가, 언론학자 등이 모여 공동연구를 시작했는데, 그 성과물로서 『상징과 정치: 상징이 정치적 권위를 확보하는 데 어떻게 영향을 미치는가』(인간사랑, 2012)라는 책이 발간되었다. 이 책의 서문에는 이런 문장이 등장한다.

> 인간은 상징의 흐름 속에서 삶을 이어가고 있다. 어떠한 상징의 흐름을 지속시키는 것도 권력의 행사이며, 이를 다른 상징체계로 대체시키는 것도 권력의 행사이다. 여기서 상징체계는 무엇을 의미하는가? 정치질서라는 것은 경험을 이해 가능한 전체로 조직하려는 노력에서 창조된 복잡한 상징적 산물이다. 헌법, 법률, 예술, 그리고 다른 표상들은 상징적 구조화에 있어서 요소가 되어 전체 상징체계를 구성한다고 볼 수 있겠다. 그런데 권력의 행사에는 정치적 상징을 곧바로 쓰는 것이 아니라 문화나 예술에서 상징 매개물을 창조하고 확대시키는 우회적인 방법을 쓰기도 한다. 문화적 상징으로써 정치적 상징을 강화하거나 와해 시키기도 한다. (…) 정치란 기존의 정치적 상징체계를 유지하거나 새로운 상징체계를 만들어 내고 강화 시키는 투쟁이라고 볼 수 있다.[7]

이처럼 정치 활동이 이어지는 이 세상에서는 '정치적 상징'과 '문화적 상징'은 상호 작용을 해가며 '상징화'(symbolization)를 통한 새로운 문화 창출이 반복된다. 정치는 상징을 이용하고 그 과정에서 문학, 미술, 음악, 건축 등의 예술은 더욱 깊이를 더하고 풍성해져 간다. 따라서 이 책은 '상징과 정치적 권위', '민주주의와 전체주의의 상징 비교' 등 이론적 고찰을 한 뒤, '소비에트의 사회주의적 상징', '나치 체제와 상징', '스탈린 체제와 상징', '한국 근대화, 민주화의 상징', '북한의 정치상징' 등의 실제 정치 현실 속에서의 상징 사례들을 분석한다. 마지막으로 '정치상징'의 분석에만 머물지 않고 '독일 제3제국의 건축상징', '국가 상징과 뉴미디어 현실', '상징으로서의 예술과 정치', '애국가의 국가상징', '러시아 건축의 상징' 등 문화상징의 변천사까지 두루 살펴보고 있다. 이 책은 본 연구의 중요한 자극제가 되었다. 여기서 미처 다루지 못하고 있는 한일관계사 속의 상징 문제를 본격적으로 다뤄볼 용기를 준 것이다.

하지만 위의 공동연구는 '정치, 예술, 건축' 등의 범위에 한정되다 보니 상징의 원초적 뿌리라 할 수 있는 '종교상징'의 요소까지는 함께 터치하지 않고 있다. 그런데 한일관계사라는 것은 결국 신도 및 불교와 같은 거대 전통종교와의 밀착 속에서 전개된 일본근대 정치사의 특수성을 염두에 두고 고찰해 보았다. 카시러(Ernst Cassirer)가 말한 '상징적 우주의 그물망' 속을 유영하듯 말이다.

> 인간은 (…) 한갓 물리적인 우주에 살고 있는 것이 아니라 상징적인 우주에 살고 있다. 언어, 신화, 예술 및 종교는 이 우주를 이루고 있는 것들이다. 이것들은 상징의 그물을 짜고 있는 가지각색의 실이요, 인간경험의 엉클어진 거미줄이다. 사고와 경험에 있어서 인간의 진보는 모두 이 그물을 개량하고 강화한다.[8]

따라서 '상징(심볼)의 한일관계사'를 다룬 이 책은 '종교상징-문화상징-정치상징'이라는 대표적인 세 상징 영역을 종합적으로 조사하고 비교분석 하면서 '상징(심볼)의 한일관계사'를 새로 쓰고자 한 결과물이라 말할 수 있다. 그리고 이 책에서는 언어 상징보다는 시각적인 기호나 도상적(표상적) 상징에 더욱 중점을 두어 고찰하였다.

이 책은 일본에서 연 2회 발간되는 잡지 「그리스도교 문화」(キリスト教文化)에 2016년부터 꾸준히 연재하여 2024년 봄에 15회로 마무리한 글을 모아 다시 가필수정한 것을 한국어로 옮긴 것이다. 기본적으로 일본인 독자들을 염두에 두고 쓴 글들이지만 한국 독자들과도 이 내용들을 꼭 나누고 싶어 틈나는 대로 한글로 옮겨 온 성과이다.

오랜 기간 연재를 이어갈 수 있도록 격려해 주신 간요출판(かんよう出版)의 마쓰야마 켄(松山献) 사장님, 어려운 편집과 교정을 헌신적으로 도와준 마쓰야마 켄사쿠(松山健作) 편집장(일본성공회 사제), 그리고 이 작업을 관심에 갖고 응원해 주신 '아시아·그리스도교·다원성 연구회'의 아시나 사다미치(芦名定道) 선생님, 이와노 유스케(岩野祐介) 선생님, 하자마 요시키(狭間芳樹) 선생님, 아시아종교평화학회의 회장이신 기타지마 기신(北島義信) 선생님과 부회장이신 이찬수 선생님, 한국기독교역사연구소와 역사와 종교 아카데미〈나무와 숲〉에서 활동하시는 선생님들의 가르침과 자극에도 심심한 감사의 마음을 전한다.

무엇보다도 이 책의 탄생을 이끈 산파역으로서, '2025 우수출판물 제작지원사업'에 부족한 원고를 지원대상으로 선정해 주신 경기콘텐츠진흥원, 그 신청 과정과 책의 완성에 이르기까지 헌신적으로 애써 주신 '진인진' 출판사의 김태진 대표님과 편집자들께도 깊은 감사의 인사를 드린다.

9년에 걸친 지난한 연재 과정에서도 늘 격려해 주신 전 민중신학회 회장님이신 최형묵 목사님과 일본에서의 큰 버팀목 이상경 목사님, 『태극기와 한국교회: 국가상징과 기독교의 관계사』(2022)의 저자이자 동생인 홍승표 목사께는 늘 고마운 마음뿐이다. 김대중-

오부치의 한일 공동선언이 있던 해(1998)에 처음 만나 한일 부부의 연을 맺고 함께 걸어와 준 가미야마 미나코(神山美奈子) 목사에게도 특별한 감사의 마음을 전한다. 마지막으로, 한일 자매도시 결성을 위해 애쓰시며 어린 아들이 한일 관계의 현실에 처음으로 눈을 뜨게 해 주신 아버지 故 홍순협 권사님과 한결같은 삶의 그루터기이신 어머니 김정순 권사님께 이 책을 두 손 모아 올린다.

간토대지진 102년을 맞은 2025년 9월 1일,
나고야 우거에서 홍이표 씀.

주

제1장

(1) "1896년에 앞서 교복의 모자를 제작하게 되면서 자연스럽게 휘장도 함께 제정하였다. 그 의장(意匠)에 대해서는 교원 학생 쌍방으로부터 위원을 선발하여 협의한 결과, 신월(新月)안에 「K·G」의 두 글자를 배치한 현재와 같은 도안이 제안되어 마침내 그 결정을 보았다."(畑歡三, 『関西学院五十年史』, 大阪: 木下印刷所, 1940年, 60)

(2) 『関西学院七十年史』, 西宮: 関西学院七十周年記念事業中央委員会, 1959, 9-10; 『関西学院百年史』, 西宮: 関西学院, 1997年, 171.

(3) 畑歡三, 『関西学院五十年史』, 大阪: 木下印刷所, 1940年, 56-58.

(4) 同志社五十年史編纂委員会編, 『同志社五十年史』, 京都: 石川芳次郎, 1930年, 55; 溝口靖夫, 『松山高吉』, 西宮: 松山高吉記念刊行会, 1969年, 96.

(5) 예를 들면, 미카쓰키신사(三日月神社, 도치기현 우쓰노미야), 미카쓰키신사(三日月神社, 도치기현 가누마시), 미카쓰키신사(三日月神社, 도치기현 도치기시), 히에신사(日枝神社, 이바라키현 쓰쿠바시), 미카쓰키신사(三日月神社, 이바라키현 코가시) 등이 있다.

(6) 관세이가쿠인(関西学院) 50년사와 60년사 책을 보면 신월(新月, 초승달)이 만월(満月, 보름달)로 변해 간다는 성장의 의미만을 소개하고 있다: "신월(초승달)에 의해 미완성에서 완성을 향해 하루하루 진보, 향상해 가는 것을 상징하여서 학생의 수양 및 연마와 학원의 장래 발전을 갈망한 것으로, 매우 의미 깊은 의장(意匠)이라고 할 수 있다. 이후 고등부, 대학부 등의 개설이 이어지면서 모자의 체재는 조금씩 바뀌었지만 휘장만큼은 언제나 변경할 수 없다는 주장이 제기되어 오늘날까지 변함없이 이어지고 있다."(畑歡三, 『関西学院五十年史』, 大阪: 木下印刷所, 1940年, 60); "신월(초승달)을 통하여 미완성 상태로부터 완성의 상태로 나날이 진보, 향상해 가는 모습을 상징한 것으로, 이후 고등부, 대학부가 개설되었을 때도 교장(校章)으로 사용되어 오늘에 이른 것이다."(『関西学院六十年史』, 大阪: 岩岡書籍, 1949年, 119)

(7) "휘장(徽章)의 개정 문제: 고등부 창설 시, 모자의 휘장으로서 보통학부에서 오랜 세월 사용되어 왔던 특색 있는 신월(초승달)의 휘장을 채용하는데 주저함이 없었다. 하지만 곧 언뜻 봐서 단조롭게 보이는 이 휘장만으로는 만족을 못해 새로운 도안으로 개정하기를 바라는 의견도 있어서 마침내 도안을 현상 모집하기에 이르렀고, 그 결과 횃불 및 신월(초승달) 배치한 뒤 보통과는 『中』자를, 고등부는 『高』자를, 신학부는 십자가를 그 안에 새겨 넣는 도안이 당선되었다. 하지만 보통과에서는 역사성 있는 신월의 휘장을 폐기하는 것에 대해 탐탁치 않았기 때문에 신학부와 고등부에서만 이를 사용하게 되었다. 그래서 한 동안 새로운 휘장이 사용되었지만, 신학부와 고등부 두 학부에서도 이를 꺼려하게 되었다. 옛 휘장이 가지고 있던 전통과 함축된 형상에 애착을 느끼는 정서가 깊었고, 새로운 휘장의 형식이 고베고등상업학교(현 고베대학)의 휘장과 유사한 것도 더욱 이러한 거부감

을 강하게 만들었다. 마침내 다이쇼 4년(1915) 3월 새로운 휘장을 폐기하고 다시금 옛 형식의 신월(초승달) 문양의 휘장을 사용하는 것으로 변경하였다. 다만 보통과와 구별하기 위해서 재료를 금실(金モール)로 장식하게 되었다. 예과 및 대학부 개설 시에는 백선모(白線帽, 흰 줄을 두른 구제 고교생 모자) 혹은 각모(角帽, 사각모자)에 여전히 신월(초승달) 휘장을 부착하게 되었고, 이 때의 경험에 근거하여 관세이가쿠인과 신월 휘장과는 해를 더해 감에 따라 더욱더 불가분의 관계에 놓이게 되었다."(畑歡三, 『関西学院五十年史』, 大阪: 木下印刷所, 1940年, 152-153)

(8) 関西学院ホームページ「新月の校章の由来」http://www.kwansei.ac.jp/admissions/origin/index.html

(9) Ernst Cassirer, An Essay on Man, New Haven: Yale Univ. Press, 1944; 최명관 옮김, 『인간이란 무엇인가』, 서울: 창, 2008, 42-44; S. Stensland, Ritus, Mythos, and Symbol in Religion: A Study in the Philosophy of E. Cassirer(Borgheim, 1986). 참조.

(10) Mircea Eliade; edited by Diane Apostolos-Cappadona, Symbolism, the sacred, and the arts, New York: Continuum 1985, 32-33; M. 엘리아데, 박규태 역, 『상징, 신성, 예술』, 서광사, 1991, 31-32.

(11) David M. Rasmussen, Symbol and interpretation, The Hague: Martinus Nijhoff, 1974, 20-22; D. M. 라스무센, 장석만 옮김, 『상징과 해석』, 서광사, 1991.

(12) Carl Gustav Jung, Man and His Symbols, Ferguson Publishiing, 1964; 이윤기 역, 『인간과 상징』, 열린책들, 2007, 23.

(13) Mircea Eliade, *Symbolism, the sacred, and the arts*, New York: Continuum 1985, 35.

(14) M. 엘리아데, 박규태 역, 『상징, 신성, 예술』, 서광사, 1991, 35.

(15) Tzvetan Todorov, Theories of the symbol, Cornell University Press, 1984 266.

(16) T. A.Kenner, Symbols and their hidden meanings, Carlton Publishing Group, 2006; T. A. 켄너 씀, 윤상운 옮김, 『SYMBOLS: 세상의 비밀을 푸는 열쇠』, 서울문화사, 2006, 6-7.

(17) M. 엘리아데, 박규태 역, 『상징, 신성, 예술』, 서광사, 1991, 36.

(18) Dan R. Stiver, The Philosophy of Religious Language: Symbol and Story(Cambridge Mass. 1996); Bernard Cook, The Distancing of God: The Ambiguity of Symbol in History and Theology(Minneapolis, 1990) 參照.

(19) M. 엘리아데, 박규태 역, 『상징, 신성, 예술』, 서광사, 1991, 48-50.

(20) C. Jung, "Archetypes of the Collective Unconscious," in The Collected Works of C. G. Jung(London: R & K. Paul, 1961), Vol. 9, Part I; P. Tillich, Theology of Culture, ed. R.C. Kimball(Oxford Univ. Press, 1959), 10; 최종고, 『법상징학이란 무엇인가』, 아카넷, 2000, 28. 에서 재인용.

(21) Carl G. Jung, Man and his Symbols, New York, N. Y. : Dell Publishing Company, 1968. 參照.

(22) 최종고, 『법상징학이란 무엇인가』, 아카넷, 2000, 26.

제2장

(1) 연세창립80주년기념사업위원회, 『연세대학교사』, 연세대학교출판부, 1969, 447-448.

(2) M. 엘리아데, 박규태 역, 『상징, 신성, 예술』, 서광사, 1991, 208-209.

(3) M. 엘리아데, 박규태 역, 『상징, 신성, 예술』, 서광사, 1991, 215-216.

제3장

(1) プレート起草委員会, 関西学院学院史編纂室編集, 『旌忠碑』(関西学院史紀要資料集: 1), 関西学院, 2004. 参照.

(2) 『関西学院高中部百年史』, 1989. 참조.

(3) 寺島良安『倭漢三才圖會』(復刻版)吉川弘文館, 1906年(明治39年), 3.

(4) 「神紋 八咫烏」, 熊野本宮大社公式サイト 참조.

(5) 채미하, 『신라 국가제사와 왕권』 도서출판 혜안, 2008.

(6) 김응교, 『일본적 마음』, 책읽는고양이, 2017, 63.

(7) 「幕末の風雲児も歌った「ヤタガラス」」(和歌山県総合情報誌「和-nagomi-」vol. 3, 和歌山県知事室広報課, 2007年9月25日)

(8) 戸部民夫『日本神話 神々の壮麗なるドラマ』新紀元社 참조.

(9) "沿革・歴史". 日本サッカー協会 홈페이지.

(10) 『交友会誌』第11号, 明治39年発行. 참조.

(11) "八咫烏と日本サッカーの生みの親 中村覚之助について". 和歌山県那智勝浦町. http://www.town.nachikatsuura.wakayama.jp/forms/info/info.aspx?info_id=9492

(12) 「幕末の風雲児も歌った「ヤタガラス」」(和歌山県総合情報誌「和-nagomi-」vol. 3, 和歌山県知事室広報課, 2007年9月25日)

(13) 예를 들면, 시로이시 신사(白石神社, 삿포로), 구마노나치신사(熊野那智神社, 미야기현), 고호잔구마노신사(五方山熊野神社, 도쿄), 모로오카구마노신사(師岡熊野神社, 가나가와현), 가와고에구마노신사(川越熊野神社, 사이타마현), 야타가라스신사(八咫烏神社, 나라현), 구마노하야타마다이샤(熊野速玉大社, 와카야마현), 구마노나치다이샤(熊野那智大社, 와카야마현), 스미노미야신사(角宮神社, 교토부 나가오카쿄), 다바토신사(多鳩神社, 시마네현), 혼구신사(本宮神社, 고치현), 구마노신사(熊野神社, 에이메현), 야타가라스신사(八咫烏神社, 구마모토현 구마모토시) 등이 있다.

(14) 『征虎記』, 야마모토 타다사부로 저, 이은옥 역. 이항・엔도 키미오・이은옥・김동진 해제. 『정호기-일제강점기 한 일본인의 한국 호랑이 사냥기』, 에이도스, 2015년 11월 25일. 90-91.

(15) 제4호위대군 사령 인사말. http://www.mod.go.jp/msdf/4el/cf4_greetting.html

(16) 佐藤厚,「近代の高麗神社」,『マテシス・ウニウェルサリス』(Mathesis Universalis) 第18巻第1号,

獨協大学国際教養学部言語文化学科, 2016年11月, 123-151; 사토 아쓰시, "근대기의 고마신사-근대에 이용된 고대,"『동아시아고고학』제46권, 동아시아고고학회, 2017년, 259-284.

(17) 『慶尚北道儒林內地視察団感想錄』序文, 4. 東洋大学図書館所蔵
(18) 高麗興丸「高麗王若光事蹟」,『朝鮮』第78号, 1921, 126.
(19) 『高麗神社の由來と奉賛会の趣旨』5.
(20) 이기환, "아키히토 방문한 고려신사는 내선일체의 성지였다,"『京郷新聞』, 2017년 9월 27일. http://news.khan.co.kr/kh_news/khan_art_view.html?code=960100&artid=201709271253001
(21) 魚木忠一,『日本基督教の精神的傳統』, 基督教思想叢書刊行會, 1941, 29.
(22) 鵜沼裕子,『史料による日本キリスト教史』, 聖学院大学出版会, 1997, 164.

제4장

(1) 고베 루미나리에 공식 홈페이지 참조. http://kobe-luminarie.jp/
(2) 朝尾直弘 외, 임성모 외 역,『새로 쓴 일본사 : 要說日本歷史』, 창비, 2003, 391-392.
(3) Japanese Royalty Flags, http://www.crwflags.com/fotw/flags/jp-royal.html
(4) 김환희,『국화꽃의 비밀』, 새움, 28.
(5) Hans Biedermann, Dictionary of Symbolism: Cultural Icons & The Meanings behind them, trans. , James Hulbert(New York , Meridian Book , 1994); Michel Cazenave, ed. , Encyclopedia des Symboles (Librairie Generale Francaise, Le Live de Poche, 1966): Alison Jones, Dictionary of World Folklore (New York, Larousse, 1995): Maria Leach, ed. , Funk & Wagnalls, Standard Dictironary of Folklore, Mythology and Legend, (SanFrancisco, Hapers & Row, 1984)
(6) Jean Chevalier & Alain Gheerbrant, Dictionnarie des symboles (Paris: Robert Laffont, 1982), 247.
(7) 이규태, 김문학, "일본 황실문장으로본 국화", 이어령,『菊花』, 종이나라, 2006. 190-195.
(8) 아사오 나오히로 외, 임성모 외 역,『새로 쓴 일본사』, 창비, 2003, 391-392.
(9) 小沢朝江,『明治の皇室建築 - 国家が求めた〈和風〉像』, 吉川弘文館, 2008, 54-56, 133-135.
(10) "이상득, 이대통령, 뼛속까지 친미·친일 …위키리크스 전문서", 〈경향신문〉, 2011년 9월 7일.
(11) "옛 서울역 건물모델은 동경역 아닌 스위스 '루체른역'이라고…옛 서울역사인 경성역(京城驛) 준공도면(1925년) 원본 공개,"『CBS노컷뉴스』, 황명문 기자, 2016년 7월 7일자.
(12) 海老名『新日本精神』滋賀, 近江兄弟社出版部, 1935, 22.
(13) 財団法人近江兄弟社, 그 외『日本人を越えたニホン人 メレル・ヴォーリズ 写真集』, びわ湖放送株式会社, 1998, 71.

(14) 上坂冬子, "天皇を守ったアメリカ人,"『中央公論』101(5), 東京: 中央公論新社, 1986년 5월, 278-290; 보리스와 천황제 존속에 관한 내용은 아래의 논문을 참조할 것; William H. LYON, An American in Japan: William Merrell Vories(Hitotsuyanagi), 1905-1964,『同志社アメリカ研究』(39), 2003年 3월, 37-60.

제5장

(1) 주강현,『등대: 제국의 불빛에서 근대의 풍경으로』, 생각의 나무, 2007, 401-403.
(2) 이이화,『한국사 주요 사건으로 풀어낸 고사성어』, 계림, 2013. 참조.

제6장

(1) Siegfried Genthe,『코리아 여행기』(Korea-Reiseschilderung), 1905.
(2)『서울대 이태진 교수의 동경 대학생들에게 들려준 한국사』태학사, 2005.
(3)「角戲團下賜品」,『皇城新聞』, 1910년 6월 21일자.
(4)『순종실록부록』제4권, 1913년(순종6년) 5월 18일.『원본』6책 4권 2장 B면,『국편영인본』3책 575면.
(5)『순종실록부록』1913년(순종 6년) 5월 22일.
(6)『순종실록부록』1923년(순종 16년) 5월 18일.
(7) 이왕무, "모란 관상회,"『역주조선왕조실록』; 이왕무,「1910년대 순종의 창덕궁 생활과 행행 연구」,『조선시대사학보』69, 2014. 참조.

제7장

(1) 庄司潤一郎, "自衛艦旗をめぐる議論に関する一考察".『NIDS コメンタリー』第 89 号, 防衛省防衛研究所, 2018, 1-3.
(2)『聞書・海上自衛隊史話 海軍の解体から海上自衛隊草創期まで』鈴木総兵衛 水交会, 163-165.
(3) 戸高一成, 大木毅『帝国軍人 公文書, 私文書, オーラルヒストリーからみる』, 角川新書, 2020年, 92.
(4) 庄司潤一郎, "自衛艦旗をめぐる議論に関する一考察".『NIDS コメンタリー』第 89号, 防衛省防衛研究所, 2018, 4.
(5) 일본 외무성 홈페이지 https://www.mofa.go.jp/mofaj/a_o/rp/page22_003194.html
(6) 記録文学会『恥ずかしい文化踏査記』, 実践大学, 1997, 308.

(7) 山元貴継「朝鮮半島における「ロータリー」の設置と現状 —軍港都市・鎮海の「ロータリー」をめぐって—」, 坂根嘉弘編『軍港都市史研究Ⅵ: 要港部編』, 清文堂出版, 2016, 378.

(8) 다케쿠니 도모야스, 이애옥 옮김, 『한일역사여행: 진해의 벚』, 논형, 2019, 117-118.

(9) 칼 구스타브 융 엮음, 이부영 외 옮김, 『인간과 상징』(Man and His Symbols), 집문당, 2016, 270-274.

(10) 「鎭海縣, 此邑治ハ近ク海ニ接シクルー小市場ニシテ全戸漁農相半シ(…)多少賣買アリト雖此地馬山浦ヲ距ル僅ニ四里ナルヲ以テ(…)日用品ハ多ク同浦ヨリ輸入ス」(岡崎唯雄『朝鮮内地調査報告』熊本: 1895, 134)

(11) 蕨山生『露国と絶東』東京: 兵林館, 1901, 115-116.

(12) 「二十一 馬山及鎭海ニ関スル件, 三四年(1901年)三月一五日, 臼井哲夫君(…)露國ノ兵營設置一鎭海灣頭ニ於テ露旗クー露國ノ韓國獨立權ノ侵害ニ關シ我政府ノ處置如何―(…)石炭庫及病院ノ名を冠シタル建築物ハ事實兵營ノ目的ヲ以テ設計セラレ現ニ露國人『ギンスブルク』ノ受負ノ下ニ於テ栗九味丘頭ノ平地ヨリ降仙臺ノ平野ニ向ヒ其工事ヲ進メ居レリ(…)露國ノ國旗ハ鎭海灣頭ニ掲ケラレ尚ホ六百ノ露兵ハ大砲數十門ヲ備ヘ陸上操練ヲナシタリ(…)鎭海ニ於ケル露國ノ行動ハ悉ク軍事上ノ目的ニ由來シタルモノナキアラサルヲ報セサルハナシ大凡此等ノ事實ハ獨リ韓国ノ獨立權ヲ侵害シタルノミナラス直ニ我國權及利益ニ對シ逼害ヲ加フルモノト云ハサルヲ得ス之ニ關シ我政府ハ何等ノ處置ヲ取リタルカ.』加藤外相ハ「三月十八日口書面ヲ以テ(…)本質問ニ對シテハ政府ハ答辯ヲ爲サス」と答辯ス.」;「昨年三四月頃露國政府カ韓政府ヨリ借入レタルモノニシテ(…)韓国政府ニ於テ同意ヲ與ヘタル趣ナリ然レトモ未タ實際起工セラレタリ(…)露國ノ國旗カ鎭海灣頭ニ掲ケラレタル事實ナク露國水兵ノ上陸操練ハ三月一日以來一両回アリシ由ナリ」(間瀬文彦編『議會と外交』東京: 五車楼, 1910, 70-71)

(13) 쓰가모토(塚本義胤)는 도고회(東鄕會, 도고 헤이하치로 장군 선양회)의 기관지『東鄕』(1983년 11월호, 通卷193호)의 특집 '일본해 해전과 무선통신(日本海海戰と無線通信)'이라는 논설에서 '이본해 해전에 있어서의 무선통신(日本海海戰における無線通信)'(1-6쪽)이라는 글을 淸河純一과 함께 게재했다.

(14) 塚本義胤『朝日艦より見たる日本海海戰』滄浪閣書房, 1907, 20.

(15) 塚本義胤『朝日艦より見たる日本海海戰』, 21.

(16) 「日本から朝鮮へ, 對馬海峽を聯絡船で渡りて釜山に上陸し, (…)初めての旅客は非常に驚かさるゝ. それは朝鮮民屋の狀態が如何にも原始的で, 未開的で, 陋屋と云つては甚だ朝鮮同胞諸君に濟まないが, 眞の陋屋で, 土と石とで ね上げた小さな藁葺屋根の家が(…)重なり合って居る狀態は, 實に近代的な連絡船や廣軌鐵道や若しくは釜山港に比し(…)對照をなして居るのである.」(川島清治郎『朝鮮論』, 東京: 大日本社, 1924, 1)

(17) 塚本義胤『朝日艦より見たる日本海海戰』, 滄浪閣書房, 1907, 23.

(18) 塚本義胤『朝日艦より見たる日本海海戰』, 滄浪閣書房, 1907, 24.

(19) 黃정덕『鎭海市의 抗日獨立運動史』, 금창출판사, 2004, 65. 이학수, 「鎭海 軍港의 誕生」, 『海港都市

文化交渉學』7, 韓國海洋大學校國際海洋問題研究所, 2012, 28. 에서 재인용.

(20) 이학수, 앞의 책, 2012, 29. 에서 재인용.

(21) 이학수, 앞의 책, 2012, 34. 에서 재인용..

(22) 「十二月一日 金曜日 快晴(…)午後二時一行ハ馬山浦ヲ發シテ鎮海灣ニ航海シ鎮海灣防衛司令部所在地松眞ニ上陸シテ附近ノ形勢ヲ視察スル所アリ(…)本日馬山浦寄港ノ際大使ハ左ノ通寄附セラル ； 十二月三日 伊藤大使演說筆記(…)日韓兩國ノ艦隊旭日旗ト太極八卦旗トヲ翻ヘシ相騈ヒテ航海スルノ日來ル樣盡瘁セラレタシト說示セリ余ハ我力國ニ於テモ特ニ韓國ニ密接ノ關係アル我力馬關市民ハ韓國民ヲ親切ニ待遇シテ相敬シ相親ミ共々ニ發達シテ文明ノ恩澤ニ浴センコトヲ切望ス」「七. 韓國奉使記錄, (3) 伊藤大使韓國往復日誌」三十八年十一月二日官報號外, (『駐韓日本公使館記錄』第25卷參照.)

(23) 「日韓國防上に於ける鎮海灣の價值」, 1909年 1月10日, 馬山歡迎會に於て, 『伊藤公全集』第二卷, 東京: 昭和出版社, 1971, 481-484.

(24) 「韓人ヲ日本市民ト雜居セシムルハ衛生上ソノ他ニオイテ不可ナルヲモッテコレヲ隔離スルヲ至當スルトシ悉皆德山方面ニ移轉セシムルヲ必要トス」(竹国友康『ある日韓歴史の旅—鎮海の桜』, 朝日新聞社, 1999, 96. 에서 재인용)

(25) 허정도, 「日帝에 依한 鎮海 新都市計劃의 植民性 考察」, 『人文論叢』28, 昌原大学校, 2011, 202.

(26) 「鎮海灣は軍として世界第一の稱ある港灣にして且つ日本海の鍵 たる地位ヲ占むるを以て之を修築して天然人工共に完全なる軍港と爲すは有益の事業タルには相違なしと雖も今や海軍充實の大計劃を提げながら同時に陸上設備までも完璧せんとするは(…)海軍行政整理の一要目として鎮海灣工事の打切を唱ふるものさへ少なからざるに斯くの如き(…)海軍當局者にして誠心誠意, 海軍充實計劃の成立を希望し議會の協贊を期待せんには(…)深く考慮反省し一般國民の同情を牛はざるに注意すること得策なる可しと.」(機堂学人編「海軍擴張と鎮海灣」, 『軍備と財政』(中), 東京: 文武堂, 1914, 52-53)

(27) 「本港は鎮海軍港の經營に隨伴し商港として發展したもので其の以前は僻陬の一寒村に過ぎなかった, 明治四十四年(1911-筆者注)海軍に於て道路護岸等を築造すると共に(…)大正十三年(1924-筆者注)工費十萬餘圓を以て其の北方に(…)鐵筋『コンクリート』棧橋を築造し(…)其後國鐵鎮海線の開通に伴ひ(…)陸連絡の更に供養してゐる.」(朝鮮総督府内務局土木課編「一九 鎮海港」, 『朝鮮港湾要覽』京城: 朝鮮総督府, 1931, 65)

(28) 水野広徳『此一戰』東京: 博文館, 1915. :「鎮海灣に集合せる我が主力艦隊」(53),「聯合艦隊の鎮海灣出動」(113)

(29) 손정목(孫禎睦)은 해군의 의뢰를 받아 민간 토목건축기술자들이 비밀리에 참여했을 것으로 추측하고 있다. (孫禎睦, 『日本强占期都市計劃硏究』, 一志社, 1990, 93-97; 山元貴継, 위의 책, 301. 에서 재인용)

(30) 川島清治郎編『航路補助減廃に関する意見書』(1903); 川島清治郎『国防海軍論』(嵩山房, 1911); 川島清治郎『列国海軍の均勢』(玄黄社, 1913); 川島清治郎『海上の日本』(二西社, 1914); 川島清治郎

『軍国主義の理論』(大日本社, 1919); 川島清治郎『日米一戦論』(敬文館, 1925); 川島清治郎『空中国防』(東洋経済出版部, 1928); 阿部誠雄著(序, 川島清治郎氏)『海軍軍備制限問題に関する研究』(阿部誠雄, 1929)

(31) 川島清治郎「二五, 鎭海經營と咸鏡鐵道」, 『朝鮮論』, 東京: 大日本社, 1924, 62.

(32) 長沢直太郎編『上泉徳弥伝』東京: 文化印刷所, 1955, 90-92.

(33) 「閣下鎭海軍港經營ノ任ニ當ラルルヤ, (…)井然タル市街ハ成リ, (…)奨ニ大發展ヲ見ントスル」(長沢直太郎編『上泉徳弥伝』, 1955, 93)

(34) 上泉徳弥『大日本主義』, 広文堂書店, 1918, 序の4-5.

(35) 上泉徳弥『大日本主義』, 1.

(36) 上泉徳弥『大日本主義』, 7.

(37) 上泉徳弥『大日本主義』, 10-11.

(38) 上泉徳弥『大日本主義』, 11.

(39) http://www.kokuchukai.or.jp/about/hitobito/paulrichard.html

(40) 저널리스트 아오키 오사무(青木理)는『일본회의의 정체: 아베 신조의 군국주의의 꿈, 그 중심에 일본회의가 있다!』(율리시스, 2017)에서 AERA 편집부의 취재·설문조사 결과를 근거로 하여 일본회의 관련 단체인 '아름다운 일본의 헌법을 만드는 국민모임'(美しい日本の憲法をつくる国民の会) 대표위원에 국주회(国柱會)의 간부가 포함되어 있음을 제시하고 있다. (青木理『日本会議の正体』, 平凡社, 2016, 37.) 그리고 우에스기 사토시(上杉聡)도 일본회의가 주최하는 행사 접수에서 국주회 등 종교단체의 시설에 접수창구가 설치되어 참가자를 동원한 사실을 보고했다. 이처럼 국주회의 국수주의적 활동은 현재도 지속되고 있다. (上杉聡「日本における『宗教右翼』の台頭と『つくる会』『日本会議』」『戦争責任』39, 2003, 53)

(41) 上泉徳弥『大日本の建設』, 国風叢書(第1冊), 国風会出版部, 1923 ; 1933.

(42) 国風会『皇紀二千六百年記念事業国風会計画建議案』中.

(43) 金子淳『博物館の政治学』, 青弓社, 2001, 74-77.

(44) 오키노 이와사부로(沖野岩三郎, 1876-1956)는 일본의 소설가이자 기독교 목사이다. 와카야마현(和歌山県) 출신으로 메이지가쿠인(明治学院) 신학과 졸업. 와카야마현에서 전도 활동을 하던 중 대역 사건(大逆事件)에 휘말린다. 1917년 대역 사건을 모델로 한 소설『숙명』(宿命)이「오사카아사히신문」(大阪朝日新聞)의 현상에 당선되었고, 1918년 상경하여 시바미타(芝三田) 통일기독교회(統一基督教会)의 목사가 되어, 종교 활동을 하면서 소설을 쓰고, 목사 작가라고 불리었다. 어린이 동화, 통속 소설 등도 집필했으며『창기해방애화』(娼妓解放哀話, 東京: 中央公論社, 1930)로 널리 알려졌다.

(45) 「軍旗祭の余興をやつたのかも知れないよ」(沖野岩三郎『薄氷を踏みて』, 大阪屋号書店, 1923, 40)

(46) 沖野岩三郎『薄氷を踏みて』, 大阪屋号書店, 1923, 45-48.

(47) 鎭海郷土史文化研究所, 黃正德『鎭海市史』, 1987, 211-222.

(48) 鎭海市史編纂委員会『鎭海市史』1991年, 223-224.

(49) 「大艦巨舶數多を容るべし. 日露戰役には我海軍の根拠地たりき. 將來我が第五海軍區を管轄する軍港として, 經營せられんとす.」(西田繁造編, 「朝鮮・鎭海全景」, 『日本名勝旧蹟産業写真集. 台湾・北海道・樺太・朝鮮・満洲及関東州』東京: 富田屋書店, 1918)

(50) 「鎭海灣に臨んで鎭海の軍港がある. (…)深いため如何なる大艦でも入れることが出來る. 日露戰役には, 我が聯合艦隊の根據地となり, バルチック艦隊來るや遲(おそ)しと我が將士の手ぐすね引いて待つたところである.」(正木貞二郎, 第二節「馬山と鎭海」, 『日本の名勝』東京: 科外教育叢書刊行会, 1918.)

(51) 福智義一編『日本沿岸遊覧案内』東京: 厚生堂, 1920, 66-67.

(52) 朝鮮總督府編『朝鮮の都邑』京城: 朝鮮印刷株式会社, 1930-1932, 45-46.

(53) 「明治三十五年(1902)韓国政府が馬山を開港してから, 露國は鎭海の天然要基たるに着目し此處に軍港設備を施し爾來露國東洋艦隊の根拠地として居つたが日露戰役起るや我海軍はこれを占領して根拠地となし彼の日本海戰の大捷以來一躍世間に知られ來海軍の要港として今日に及んでゐる. 市街は三方蜒々長蛇の如き諸峰を以て圍繞せられ, 前方は鎭海灣の紺碧を控へた天然の景勝要害の地で征矢川を中央に挾んで北より**東南に向つて展開したる旭日型の區劃井然たる都市をなしてゐ**る. 近來(…)鐵道の開通によつて海陸交通の樞軸となり市況に漸く活氣を呈して來てゐる.」(朝鮮総督府鉄道局『釜山: 大邱・慶州・馬山・鎭海』京城: 朝鮮総督府鉄道局, 1932, 46-47.)

(54) 京城電気株式会社庶務課編『伸び行く京城電気』京城: 京城電気, 1935, 171.

(55) 「區劃整理せられ, その中央には日露戰爭の記念塔が巍然と雲表に聳え」(中根環堂『鮮満見聞記』東京: 中央仏教社, 1936, 54-55)

(56) 中根環堂『鮮満見聞記』東京: 中央仏教社, 1936, 55-56.

(57) 「この(鎭海)以外特殊市街として加ふべきは, 羅津と清津であらう. 両津は共に朝鮮の東北に位する良港で, 今や**旭日昇天の勢を以て新興せんとして居る**. (…)清津は敦賀と直通交路が開けて内地との輸出入が盛んに取交はされ, 羅津は満鐵が延長せられて終点となり居れば, 開港せられて内地と満州との貿易は方にこの地に於て行はれ(…)」(中根環堂『鮮満見聞記』東京: 中央仏教社, 1936, 58) ; 全羅南道光州の都市としての成長についても「旭日昇天の發展」と表現する記事もある. (˝光州地方 紹介版: **旭日昇天의 發展** 湖南의 雄都光州 超幾何級數的 戶數의 激增으로 人口六萬의 近代都市化˝『東亞日報』1937年7月27日.)

(58) 今梁村奇智城編「新興之北鮮史」朝鮮研究社, 1937年, 第15章, 63.

(59) 「元羅南邑は合併前は咸鏡北道鏡城にあり, (…)大體丘陵に圍まれてゐるが, (…)平野を越えて四里の彼方清津港を控へた都邑であつた. しかし更に逆つて沿革をたづねればもと/\羅南川に沿ふて點在した一寒村に過ぎなかつた. しかし明治四十年(1907)に駐剳軍の兵営工事が始まるや世人の注目を喚起し, 職工人夫等の集合すると共に雑貨商飲食店など追々増加し同年(1907)十月の頃には朝鮮人家屋に雑居してゐる内地人のみにても既に三百五十名に達し, 四十二年(1909)の頃には全盛を極めた. しかし工事終了と共に漸次衰運に向ひ, 諸方に空屋を生じ日に消沈しつゝあつたのである. 大正三年(1914)に至り朝鮮師團が新設さるゝ事となり, 羅南に旅團司令部を置かれ再び

頽勢を挽回して大正六年(1917)十月梧村邑の羅南洞及羅北洞を分轄して羅南面の獨立となり，更に大正八年(1919)四月第十九師團，大正九年(1920)十一月に咸鏡北道廳が鏡城から夫々移轉して來たのであ俄然勃興の氣運は全町に漲り，市街の區劃整理は勿論通信，金融，教育，衛生等各般に亘り諸機關が漸を追ふて完成，加ふるに鐵道工事，羅南川護岸工事等盛んに行はれ，咸北の首都として繁榮した．續いて昭和六年四月一日地方制度改正に基き邑制の施行を見，越へて昭和十五年四月一日(…)清津府に合併編入を見るに至つたものである．」(勝村長平『清津商工會議所史』, 清津: 清津商工會議所, 1944, 169-170)

(60) 咸鏡北道地方課編(永井勝三発行)『咸北要覧: 附間島琿春』会寧: 会寧印刷所, 1926, 145-146.

(61) 「當地の人口も亦市街の遂年発展するに伴ひ累加し，特に軍人，軍属，官吏等官途にある者の居住數額る多く從て地方商人も増加し大正十年末種別の數は次の如し．内地人(1,420戸, 5,332人), 朝鮮人(1,210戸, 6,110人), 支那人(65戸, 356人), 外國人(1戸, 2人)計(2,696戸, 11,800人)(…)」(咸鏡北道地方課編(永井勝三発行)『咸北要覧: 附間島琿春』会寧: 会寧印刷所, 1926, 149)

(62) 羅南:(…) 人口朝鮮人5, 990餘人·内地人5, 840餘人·外國人約260人．(鮮總督府編『朝鮮の都邑』京城: 朝鮮印刷株式会社, 1930, 62)

(63) 「羅南邑 現在 戸數 三千四百五十戸인데 前年에 比하야 겨우 十四戸가 增加되얏고 人口는 一萬五千四百七十人인데 七十六人의 增加를 示하얏는바 日本人은 二百六十二人이 增加하얏스나 朝鮮人은 百六十八名의 減少를 示하얏다.」(「羅南邑戸口」「每日申報」1934年9月27日, 5面8段.)

(64) 「함남 羅南面 주민들, 面長(日人)의 日人 副面長 임명에 대해 항의서 제출」, 『東亞日報』, 1927年3月25日.

(65) 「(…) 市街は羅南川附近で大別され，其の以北は東本町及本町を除いては殆んど諸官衙，軍隊及其舎宅で其以南なる初瀬町，生駒町，美吉町等には商家建ち列び三輪里には遊廓もありて，羅南川には一の橋より四の橋迄に架けられ，三笠公園，中央公園等も有つて頗る秩序ある市街をなして居る．」(咸鏡北道地方課編(永井勝三発行)『咸北要覧: 附間島琿春』会寧: 会寧印刷所, 1926, 149)

(66) 金富子, 金栄『植民地遊廓 日本の軍隊と朝鮮半島』東京: 吉川弘文館, 2018. 参照.

(67) 山本実彦『満·鮮』, 改造社, 1932, 128.

(68) 「咸興より羅南」(…) 咸南を討究したる我等は，(…)咸北の都，羅南にいる．羅南には十九師團司令部あり．七三·七六の兩歩兵聯隊ならび，騎·砲兵隊の營舎たち，**井然たる軍隊町にして且肅然たる兵營街也**．道廳は驛に近きところにあり，往年鏡城より移轉したりといふ．(野村益三編『雞林十三道』, 文祥堂印刷所, 1931, 62-63)

(69) 「【羅南】新興途中에 잇는 羅津은 市計의 進展에 依하야 家屋立退命令이 今年度에 既히 七十六戸에 達하얏고 更히 驛前으로부터 大廣場에 通하는 三十五米通路에 當할 昭和通 舊市場 新市場의 全部 銀座通本町二丁目의 一部의 二百五十七戸에 對하야 十七日付로서 七月末日까지 立退의 豫告를 發하얏는바 工事의 進展에 伴하야 神田町方面 二百數十戸와 河川用地의 五百三十餘戸도 近日立退命令을 發할 것으로 前後 一千戸의 立退에 達할 模樣이며 豫告를 밧는 住民의 大部分이 細窮民으로 今後의 行方이 注目되야 잇다고 한다.」(「羅南邑의 都市計劃 家屋撤退令 續發」「每日申

報」1936年5月23日, 5面12段.);「【羅南】淸津邑에 日本紡績會社, 輸城平野에 製鐵所가 出現하게 된 關係는 羅南 朱乙等地를 一丸으로 한 北鮮大都市의 建設도 不遠이라는 理想下에 羅南邑에서는 道의 諒解下에 基程市計劃本調査에 着手하게 되엿는데 이것은 油坂까지 區域을 擴張하고 海岸一帶에 理想的 住宅市街를 建設하는 等 羅南俯의 實現에 邁進하려는 것인듯 하다.」(「將來發展을 豫想 羅南邑都計調查 道 諒解下 着手」「每日申報」1936年12月30日, 4面7段)

(70) 「【청진】(⋯)지난 삼십팔일 총독부령, 함북도령의 발표로 인하야 대청진부가 사월 일일부터 탄생하므로 羅南邑과 龍城面 靑岩面 一部가 폐지되엿는데 三十수年의 發展史를 가진 軍都요 함북의 首府인 나남읍은 삼만 읍민의 哀愁聲에 싸여서 지난 삼십팔일 오호 四時에 폐청식을 거행하엿다 한다.」(「羅南邑閉廳 삼만읍민 哀愁裡에」『東亞日報』1940年4月2日, 4面3段)

(71) 「朝鮮浦鹽斯德旅行日誌」, 『地学雑誌』, 第25卷第10号, 1913年10月15日, 727.

(72) 「羅南市民運動 三笠山 中腹서」『東亞日報』, 1932年5月31日, 4面4段.;「三笠山에 亭子 有志發起로 新築」『每日申報』1933年8月29日.;「羅南의 市民運動場, 三笠山麓을 選定」『每日申報』, 1938年5月5日.

(73) 「羅南의 脚戱會」『東亞日報』1920年7月3日, 3面

(74) 「羅南川에는 一의 橋より 四의 橋迄で 架けられ, 三笠公園, 中央公園等も 有つて 頗る 秩序ある 市街を なして 居る.」(咸鏡北道地方課編(永井勝三発行)『咸北要覧: 附間島琿春』会寧: 会寧印刷所, 1926, 149);「羅南:(⋯) 遊覽地としては 中央公園, 天明山(羅南神社), 三笠山等がある.」(朝鮮總督府編『朝鮮の都邑』京城: 朝鮮印刷株式会社, 1930, 62)

(75) 竹国友康『ある日韓歴史の旅—鎮海の桜』, 朝日新聞社, 1999. 참조.

(76) 福智義一編『日本沿岸遊覧案内』東京: 厚生堂, 1920, 66-67.

(77) 橋本一夫『幻の東京オリンピック: 1940年大会 招致から返上まで』東京: 講談社, 2014. 참조.

제8장

(1) 徐東帝, 宮崎涼子, 川嵜陽, 水野直樹, 西垣安比古,「『京城都市構想図』に関する研究」『日本建築学会計画系論文集』Vol. 78.No. 687, 日本建築学会, 2013, 1179-1180.

(2) 朝鮮總督府,「京城市區改修豫定計劃路線」,『官報』第81號, 1912年11月6日; 다음 날(11월 7일) 총독부 기관지 역할을 담당하던『每日申報』에 보도된 1면 기사.

(3) 五島寧,「日本統治下朝鮮の市区改正の特徴に関する研究」,『都市計画論文集』, 第46卷 第3号, 日本都市計画学会, 2011年10月, 716.

(4) 五島寧,「日本統治下朝鮮の市区改正の特徴に関する研究」, 716.

(5) 五島寧,「日本統治下朝鮮の市区改正の特徴に関する研究」, 719.

(6) 염복규,『서울의 기원 경성의 탄생: 1910 - 1945 도시계획으로 본 경성의 역사』, 서울: 이데아, 2016, 7.

(7) 염복규,『서울의 기원 경성의 탄생』, 18.

(8) 염복규,『서울의 기원 경성의 탄생』, 22.

(9) 염복규,『서울의 기원 경성의 탄생』, 24.

(10) Prince Ito's Death, The Morning Calm, Jan 1910, No. 123, Vol. XXI, 22-23.

(11) セシル・ホッジス, 安教成訳『英国聖公会宣教師の目に映った韓国人の信仰と風俗』サルリム社, 2011年, 113; 松山健作,「한일 성공회 관계사: 재조일본인 교회의 동향을 중심으로」연세대학교 박사논문, 2023년. 에서 재인용..

(12)「トロロップ主教の遭難とその葬儀」,『基督教週報』第61巻第14号, 1930年12月12日. 5; 松山健作, 위 논문에서 재인용.

(13) 中川英樹, 季刊『立教』第224号2013年3月 参照.

(14) 大陸神道聯盟『大陸神社大観』, 1941.

제9장

(1) 조원교, 2020年4月6日,「조선총독부 건물 문양의 보완연구」(国立中央博物館), 2020年4月6日, 1; 조원교,「조선총독부 건물의 문양에 대한 고찰」『中央史論』第10, 11合集, 1998年12月, 233-265)

(2) 조원교, 上の論文, 4.

(3)「京城府徽章」,『東亜日報』, 1926年 9月26日, 2面.

(4) 조원교, "구 조선총독부(현 국립중앙박물관)의 장식 문양에 대한 소견-조선총독부 건물에 장식된 연화문을 중심으로—"『博物館新聞』, 国立中央博物館, 1995年9月号.

(5) 趙誠國, "40년 동안 아무도 몰랐을까, 서울시-동경도 심볼마크 동일",『国民日報』, 1996年6月27日.

(6)「道廳舍에 日帝 잔재」,『大田毎日新聞』, 1992. 8. 15.

(7) 徐奉植, "忠南道廳 本館壁面 裝飾에 대한 檢討",『郷土研究』, 제17집, 忠南郷土研究会, 1995年, 66-74.

(8) 김민수, "(구)충남도청사 본관 문양 도안의 상징성 연구",『建築歴史研究』第18巻第5号, 韓国建築歴史学会, 2009년 10월, 41-57.

(9) 김민수, 43.

(10) 김민수, 44-45

(11) 김민수, 48

(12) 沼田頼輔,『(綱要)日本文章學』, 明治書院, 1928. 22-24.

(13) 沼田頼輔, "紋章の意義",『(綱要)日本文章學』, 明治書院, 1928. 141.

(14) 김민수, 54.

(15) 渡邊勝三郎,『都市之紋章: 自治體の紋章』行水社, 1915. 121.

(16) 김승태, "일제강점기의 한국교회-일본제국의 기독교에 대한 정책과 한국교회의 변질·개편 및 부

일협력을 중심으로," 전국목회자정의평화실천협의회 제3차 죄책고백 심포지엄, 『교회와 신앙』 2005년 12월 7일; 김승태, "일제 말기 한국기독교계의 변질·개편과 부일협력," 『한국기독교와 역사』제24호, 2006, 5-24. 참조.

(17) 渡瀬常吉, 『日本神学の提唱』名古屋: ほざな社, 1934, 15.

(18) 日本基督教団神戸教会編, 『近代日本と神戸教会』, 創元社, 1992年.

제10장

(1) 2017년에 서울의 대표적인 기독교 학교인 대광(大光)고등학교 캠퍼스에는 그의 노래비가 세워졌다.

(2) 堀正意, 大河内秀元著, 早稲田大学編輯部編『朝鮮征伐記·朝鮮物語』君見ずや出版, 2016. 참조.

(3) 「判官(…)は大将なので、首はそのまま、それ以外はすべて鼻を切って塩と石灰とともに壺に入れ(…)日本に進上した.」(琴秉洞「秀吉の耳塚築造の意図とその思想的系譜」『秀吉·耳塚·四百年』, 79頁.; 魯成煥「耳塚の『霊魂』をどう考えるか」『日文研フォーラム』, 2013年6月11日, 14. 에서 재인용)

(4) 「元はいやしき民家に出て神に祭らる人は誰 ホーコウサンドエライ御威徳 / 朝鮮八道せめ立てられて唐土が怖がる人は誰 ホーコウサンドエライ御威徳」(ヌキイ マサユキ(貫井正之),「韓国併合」100年 壬辰戦争の研究をリード(上) 秀吉の残虐さ、理不尽な侵略隠蔽『朝鮮新報』2010年11月29日) http://korea-np.co.jp/j-2010/06/1006j1129-00005.htm

(5) 「韓国併合成る」(巻頭論文),『中央公論』, 明治43年(1910) 9月1日; 大宅壮一『炎は流れる3 明治と昭和の谷間』1964年. 内田匠,「近代日本における豊臣秀吉観の変遷」『政治学研究』第59号, 2019年2月13日, 慶應義塾大学法学部政治学科ゼミナール委員会, 108; 長田彰,『文世界史の中の近代日韓関係』慶應義塾大学出版会, 2013.; 吉岡吉典『韓国併合』100年と日本』新日本出版社, 2009; ニューコース参考書 中学歴史-186. 学研プラス·2021. 등에 수록돼 있음

(6) 「韓国併合成る」(巻頭論文),『中央公論』, 明治43年(1910) 9月1日.

(7) 石川啄木(著), 久保田正文編「短歌拾遺」『新編 啄木歌集』(岩波文庫 緑54-1)1993.

(8) 近藤典彦,「啄木三行書きの意義」(大特集『一握の砂』刊行100年 はじめての石川啄木)『短歌』第57号(13), 角川学芸出版, 2010年12月, 68-71.

(9) 所由美「啄木が示した併合反対の意」『日本学報』第92巻, 韓国日本学会, 2012年8月, 141-158.

(10) 八代国治『改訂 新體日本歴史 第五学年用』, 冨山房, 昭和3年(1928), 186-187.

(11) 김민수,「(旧)忠清南道庁舎 本館紋様図案의 象徵性研究」,『建築歴史研究』第18巻第5号, 韓国建築歴史学会, 2009年10月, 50.

(12) 김민수,「(旧)忠清南道庁舎本館紋様図案의 象徵性研究」, 51.

(13) 『金教臣全集』제3권, 105. 제1권, 25-26, 406.

(14) 『金教臣全集』제3권, 130.

(15) 전인수,『1920-30年代朝鮮的基督教研究』, 延世大学博士学位論文, 91.

(16) 『金教臣全集』제1권, 24.

(17) 金教臣, "「聖書朝鮮」창간사", 『金教臣全集』, 제1권, 21; 『金教臣全集 별권』, 211.

(18) 『金教臣全集』제7권, 298.

(19) 金教臣, 「弔蛙」, 『聖書朝鮮』1942年3月号, 巻頭言; 『金教臣全集』제1권, 326)

(20) 『金教臣全集』(별권), 21. 『金教臣全集』, 제6권, 317, 326, 467.

(21) 金教臣, 「朝鮮地理小考」, 『聖書朝鮮』第62號, 1934年 3月.

(22) 김교신, "손기정 군의 세계 마라톤 제패", 『김교신 전집 1-인생론』, 부키, 2001, 36-37쪽; 일기에는 다음과 같이 기록돼 있다. ""오후 1시에 출발하는 손기정을 응원하기 위하여 양정 선수 및 동창생들과 함께 자동차로 육향교(六鄕橋)까지 따라 왕복하니, 이것이 2시간 26분 42초로써 인류 유사 이래의 최고 기록을 짓게 될 줄이야 어찌 예측 하였으랴. 뛰는 도중에 「선생님의 얼굴이 보이도록 자동차를 앞서 몰아 달라」는 우리 선수들의 요구에는 차창으로서 뛰는 선수에게 가편(加鞭)하려는 교사의 눈굽에 뜨거운 눈물이 자주 돌지 아니치 못하였다."(김교신, 〈일기〉 1935년 11월, 『김교신 전집 5-일기1』부키, 2002, 413)

金教臣, 「손기정 군의 세계 마라톤 제패」, 『김교신 전집 1 – 인생론』, 부키, 2001, 36-37; 1936년 9월 도쿄-하코네 역전 마라톤에 참가했을 때의 일기에는 다음과 같이 메이지신궁 대회를 회상한 내용이 기록되어 있다; "손군이 작년(1935) 11월 3일 동경 메이지 신궁(明治神宮) 코스에서 2시간 26분 41초로 세계 최고 기록을 작성할 때는 '선생님 얼굴이 보이도록 자동차를 일정한 거리로 앞서 모시오' 하는 요구에 '설마 선생 얼굴 보는 일이 뛰는 다리에 힘이 될까' 하면서도 이 때에 생도는 교사의 심장 속에 녹아 합일되어 버렸다. 육향교(六鄕橋) 절반 지점에서 종정까지 차창에 얼굴을 제시하고 응원하는 교사의 쌍협(雙頰)에는 제지할 줄 모르는 열루(熱涙)가 시야를 흐리게 하니 이는 사제 합일의 화학적 변화에서 발생하는 눈물이었다. 그 결과가 세계 기록이었다."

(23) 孫基禎, 『나의 祖國 나의 마라톤: 孫基禎 自敍傳』, 韓国日報社, 1983.

(24) 孫基禎, 「非凡하셨던 스승님」, 盧平久編, 『金教臣全集(別巻): 金教臣を語る』(부티, 2001), 154.

(25) 「優勝의感激, 올림픽마라손制覇選手-孫基禎」日本陸上競技連盟監修, 40733(122423), 1936年制作. Columbia Viva-tonal Recording, Made by Nipponophone CO. LTD. Kawasaki, Japan. (国楽音盤博物館所蔵, 韓国)

(26) 首相官邸ホームページ https://www.kantei.go.jp/jp/q&a/archive/20040805a.html

제11장

(1) 東京新聞 オンリーワン 目白署, なぜ？ 玄関に桜の葉つき銀色紋章 2022年1月31日 참조.

(2) 「敷島の大和心を人間はゞ朝日に匂ふ山桜花 = 大和心とは何か, 人に問われたならば, 朝日に照り輝く山桜の美しさ, 麗しさに感動する, そのような心だと答えます.」

(3) 「高麗神社の神桜, 朝鮮神社に移植」, 『毎日申報』, 1940년 4월 5일.

(4) 이기환, "아키히토 방문한 고려신사는 내선일체의 성지였다," 『京郷新聞』, 2017년 9월 27일.

(5) 모멘토, 2004., 일본어판 『ねじ曲げられた桜―美意識と軍国主義』, 岩波書店, 2003.

(6) 佐藤卓己 「解説」, 大貫恵美子, 『ねじ曲げられた桜(上) 美意識と軍国主義』, 2022.

(7) 조지훈, "나라꽃 무궁화" 『중등국어1』, 1946.

(8) 『최치원 문집』중, 737년 성덕왕 36년, 『구당서』 당나라 왕조 정사서.

(9) 목수현, 『태극기 오얏꽃 무궁화: 한국의 국가 상징 이미지』, 현실문화A, 2021, 295-309, 368-382.

(10) 목수현, 『태극기 오얏꽃 무궁화』, 305쪽.

(11) 목수현, 『태극기 오얏꽃 무궁화』, 368-374.

(12) 목수현, 『태극기 오얏꽃 무궁화』, 375-382.

(13) 순종실록부록 15권, 순종 17년 4월 26일 陽曆 1번째 기사, 1924년, 『국편영인본』제3책, 630면.

(14) 김해경, 「벚꽃을 통해 본 근대 행락문화의 해석」 『한국전통조경학회지』제29권 제4호, 한국전통조경학회, 2011년, 124-136.

(15) 『東亞日報』, 1933년 12월 7일, 1934년 8월 4일.

(16) 『심문조서』, 1933년 12월 10일.

(17) 『심문조서』, 1934년 5월 29일.

(18) 연세창립80주년기념사업위원회, 『연세대학교사』, 연세대학교출판부, 1969, 447-448.

(19) 송우혜, 『윤동주평전』, 서정시학, 217.

(20) 『담원시조집』(1948)에 수록. 원래는 배화여학교 반화사(班花詞) 8수 중의 하나로 1927년에 쓰인 작품이다.

(21) 이양하, "무궁화", 『이양하 수필집』 1947, 『나라꽃 무궁화』, 1983.

(22) 小西良昭, 「日韓友好の木, 何度も折られる「異論あるなら言論で」」 『朝日新聞』2020年5月12日.

(23) 湖岩(虎巖)文一平, "國花, 無窮花의 由來, 朝鮮은 槿花鄕," 『中央新聞』, 1945년 11월 4일 2면 12단.

(24) 김소운, "목근통신"(木槿通信), 일문 게재 『中央公論』, 1951년 11월호, 『한국대표수필선- 한국인의 사상』, 1987년 4월.

(25) https://ksyc.jp/mukuge/

(26) 達常豊, 『自叙伝 - 我が伝道の生涯』, 宮津: 日本キリスト教団丹後宮津教会, 1972, 43.

(27) 達常豊, 『自叙伝 - 我が伝道の生涯』, 44.

(28) 「東アジアの玄関口で平和を祈る 浮島丸殉難者追悼」 『舞鶴市民新聞』, 2017年08月29日.

(29) 2019年8月5日, [コラム] 民団と総連が共に参加する「浮島丸殉難追悼集会」 https://japan.hani.co.kr/arti/opinion/47774.html

(30) 金賛汀, 『朝鮮人女工のうた―1930年・岸和田紡績争議』, 東京: 岩波書店, 1982.

(31) 鄭富京・李相勁・樋口洋一によって『玄海灘を渡った女性信徒たちの物語―岸和田紡績・朝鮮人女工・春木樽井教会―』, 大阪: かんよう出版, 2015.

(32) 金賛汀, 『朝鮮人女工のうた―1930年・岸和田紡績争議』, 213.

(33) 金賛汀, 『朝鮮人女工のうた―1930年・岸和田紡績争議』, 5-6.

(34) 政池仁, 高橋三郎, 『無窮花と桜: 韓日関係の諸問題, 』, 聖燈社, 1968.

(35) 이남교, 『무궁화와 벚꽃: 한일우정의 테두리를 넓히기 위해』(無窮花と桜: 韓日友情の輪を広めて), 후쿠오카한국교육원, 1981.

(36) 谷内豊, 『無窮花と桜』, 白帝社, 1994.

제12장

(1) T. A.Kenner, Symbols and their hidden meanings, Carlton Publishing Group, 2006; T. A. 켄너 씀, 윤상운 옮김, 『SYMBOLS: 세상의 비밀을 푸는 열쇠』, 서울문화사, 2006, 19.

(2) 조현설, 『우리 신화의 수수께끼』, 한겨레출판, 2006, 273-274.

(3) 김진혁, 『질문하는 신학』, 복있는사람, 2019, 101.

(4) 김진혁, 『질문하는 신학』, 복있는사람, 2019, 119-120.

(5) 최형묵, "삼위일체와 삼권분립," 〈대전일보〉, 2018년 8월 8일

(6) 손규태, "삼권분립과 삼위일체," 〈베리타스〉, 2009년 1월 15일자. 참조.

(7) 神戸女学院ホームページ https://www.kobe-c.ac.jp/about/school.html

(8) 同志社大学ホームページ https://www.doshisha.ac.jp/m_ad/information/emblem.html

(9) ジョルジョ・アガンベン, 『ホモ・サケル: 主権権力と剥き出しの生』(高桑和巳訳). 以文社, 2003.

(10) Giorgio Agamben, Il regno e la gloria. Per una genealogia teologica dell'economiae del governo, Vicenza, Neri Pozza, 2007; ジョルジョ・アガンベン著; 高桑和巳訳, 『王国と栄光: オイコノミアと統治の神学的系譜学のために』, 青土社, 2010.

(11) ジョルジョ・アガンベン, 高桑和巳訳, 『王国と栄光: オイコノミアと統治の神学的系譜学のために』, 青土社, 2010(日本語版), 9-10; 『왕국과 영광』(새물결), 한국어판, 25-26.

(12) Giorgio Agamben, Che cos'è un dispositivo?: Nottetempo, 2006.

(13) Giorgio Agamben, Che cos'è un dispositivo?: Nottetempo, 2006; 조루조 아감벤, 양창렬 옮김, 『장치란 무엇인가?』, 난장, 2010(韓国語版), 33-38.

(14) ジョルジョ・アガンベン, 上村忠男, 中村勝己訳, 『例外状態』, 未來社, 2007. 参照.

(15) 大島正健, 『クラーク先生と其の弟子たち』, 図書刊行会, 1973年, 参照.

(16) 内村鑑三『キリスト教問答』講談社学術文庫 1981年 105.

(17) 大会編纂委員編纂, 『日本基督教会歴史』, 大会出版委員会, 1897年, 参照.

(18) 『日本組合教会史』, 1924年, 参照.

(19) 海老名弾正, 「再び福音新報記者に与う」, 『新人』, 1901年12月.

(20) 海老名弾正, 「再び福音新報記者に与う」, 『新人』, 1901年12月.

(21) 海老名弾正, 『基督教の本義』, 1903年, 5.

(22) 海老名弾正, 「三位一体論の教義と予が宗教的意識」, 『新人』, 1902年1月.

(23) 海老名弾正,『基督教新論』, 1919年, 188.

(24) 海老名弾正,「三位一体論の教義と予が宗教的意識」,『新人』, 1902年1月.

(25) 土肥昭夫「海老名弾正」,『日本プロテスタント・キリスト教史』新教出版者, 178; 土肥昭夫「海老名弾正と植村正久の神学論争」,『歴史と証言』, 教文館, 2004年, 244-250.

(26) 渡瀬常吉,『日本神学の提唱』, ほざな社, 1934年, 52. (宮田光雄,『国家と宗教』, 岩波書店, 2010年, 379-380より再引用.)

(27) 渡瀬常吉,『日本神学の提唱』, 13.

(28) 渡瀬常吉,『日本神学の提唱』実践編, 13, 49.

(29) 大谷美隆,『国体と基督教: 日本的基督教の提唱』, 基督教出版社, 1939, 147.

(30) 김진혁『질문하는 신학』, 104.

(31) 「日本がアジアに対して, 特に朝鮮半島, 韓国国民にいかに大きな犯罪を犯したか. 私は日本がこれに対して十分に謝罪したとは思わない.」(연세대 '연세 김대중세계미래포럼 강연회 2015년 5월)

(32) "애매모호한 일본의 나"1994년 12월 7일, 오에 겐자부로의 노벨문학상 수상소감 연설 전문 중.

(33) 「私が文化勲章の受章を辞退したのは, 民主主義に勝る権威と価値観(注: 天皇制)を認めないからだ. これは単純なことだが非常に重要なことだ.」(「勲章」を受け取ることを拒んだ人たちの意外な理由 ニュースサイト『現代ビジネス』https://gendai.media/articles/-/55459#google_vignette)

(34) 행정안전부 대통령기록관,「일본국회 연설(21세기의 새로운 한·일 동반자 관계 구축)」,『김대중 대통령연설문집 제1권』, 1998년 10월8일, https://www.pa.go.kr/research/contents/speech/index.jsp?spMode=view&artid=1308644&catid=c_pa02062

집필후기

(1) H. H.Underwood, "연희전문학교 교장 취임사, The Inaugural Address," The Korea Mission Field, 1934, 12월호, (30집), 260-261; 元漢慶, "新春의 新計劃을 代身하야(교장 취임사),"「기독신보」, 1935년 1월 1일, 3면.

(2) 연세대학교 홈페이지 https://www.yonsei.ac.kr/sc/intro/symbol3.jsp

(3) 이세형, "내가 만난 이정용 선생님," 이정용 신학 북 컨서트,「易과 모퉁이의 신학」, 2023년 5월 4일.

(4) 유요한,『종교적 인간, 상징적 인간』, 이학사, 2009, 68.

(5) Charles D. Elder & Roger W. Cobb, The Political Uses of Symbols, New York & London, Longman, 1983; 유영옥 역,『상징의 정치적 이용』, 홍익재, 1993, 13.

(6) 최종고,『법상징학이란 무엇인가』, 아카넷, 2000, 18.

(7) 이종은 외,『상징과 정치』, 인간사랑, 2012, 11-12.

(8) Ernst Cassirer, An Essay on Man, New Haven: Yale Univ. Press, 1944; 최명관 옮김,『인간이란 무엇인가』, 서울: 창, 2008, 56.

찾아보기

ㄱ

가가와 도요히코(賀川豊彦), 94
가네코 후미코(金子文子), 11, 319-320, 333
가노 지고로(嘉納治五郎), 198
가무아타쓰히메(神阿多都比売), 278
가미사카 후유코(上坂冬子), 107
가미이즈미 도쿠야(上泉徳彌), 170-171, 173
가시와기 기엔(柏木義円), 87
가시와데노 하스히(膳巴提便), 74
가시하라신궁(橿原神宮), 242
가쓰라 다로(桂太郎), 162, 257
가쓰라리큐(桂離宮), 32
가쓰라-태프트 밀약, 207
가와바타 야스나리(川端康成), 374
가와시마 세이지로(川島清治郎), 164, 170
가케이 가쓰히코(筧克彦), 242
가쿠슈인대학(学習院大学), 280
가타야마 도쿠마(片山東熊), 134
가토 기요마사(加藤清正), 74-75, 256
간나가라교(神ながら教), 240-242
간인노미야고토히토 친왕(閑院宮載仁親王), 219
간토대지진(関東大震災), 280, 282, 284-285, 334, 371
감리교(監理教, 감리회), 10, 15, 19, 61, 87, 113-114, 213, 293-294, 298, 300
감리교협성신학교(監理教協成神学校), 298, 300
강윤(姜沇), 103
강희안(姜希顔), 289
겐테(Genthe), 130
경남도지사 관저(임시정부기념관), 102
경복궁(景福宮), 80, 129, 201, 203, 219-221, 224, 306

경부선(京釜線), 12-14, 234
경성군(鏡城郡), 184-185
경성부(京城府), 203, 210, 227-230, 232-233, 235-236, 242, 244
경인선(京仁線), 12-14
고구려(高句麗), 63-64, 66, 72, 81, 84-85, 113, 125, 166, 282, 302
고노 쓰네키치(河野恒吉), 139
고노에 후미마로(近衛文麿), 246
고니시 유키나가(小西行長), 40-41, 238, 240, 256
고다마 히데오(兒玉秀雄), 82, 139
고마 오키마루(高麗興丸), 82
고마(高麗) 신사, 81-82, 164, 166, 244, 257, 282-283, 321
고마쓰 미도리(小松緑), 257
고바야카와 다카게(小早川秀秋), 256
고베교회(神戸教会), 245
고베대학(神戸大学), 243, 245
고베여학원(神戸女學院), 246-247, 351-355, 365, 368
고쇼(御所), 24, 114, 134, 213-214
고시치노기리(五七の桐), 253-255, 259-260, 269-270
고신도(古神道), 22, 242
고안노에키(弘安の役), 126
고우다 미노루(古宇田実), 245
고이즈미 준이치로(小泉純一郎), 269
고자키 히로미치(小崎弘道), 370
고조선(古朝鮮), 63, 75, 288
고종(高宗), 13, 47, 49, 114, 122, 124, 129, 133, 136-137, 144, 274, 298, 304, 306
고지키(고사기, 古事記), 64-65, 191, 278
곤도 노리히코(近藤典彦), 258
관세이가쿠인(関西学院, 관서학원), 19-24, 29, 32, 34, 46, 59-62, 85, 87, 246, 351-352

관앵회(觀櫻會), 305
광무(光武), 133, 137
교토(京都), 24, 30-32, 43-44, 71, 104-105, 130, 140, 183, 213-214, 236, 240, 242-243, 245, 251-253, 281, 314, 323, 327-328, 333, 362
교토제국대학(京都帝国大学), 242
구단교회(九段教会), 10-11
구라모치 요시오(倉持芳雄), 325-326
구라토미 유자부로(倉富勇三郎), 201
구레 진수부(呉鎮守府), 157
구로다 간베에(黒田官兵衛), 41
구루스몬(久留子紋), 43
구마노대신(熊野大神), 70
구마노산쇼 대신사(熊野三所大神社), 69
구마노혼구 다이샤(熊野本宮大社), 65
구사나기타이(草薙隊), 287
구세군(救世軍), 230
구시다(櫛田) 신사, 80-81
국가신도(国家神道), 10-11, 86, 366
국제 적십자사·적신월사 연맹, 34, 137
국주회(国柱会), 175-176, 246
국체(國體), 45, 93, 108, 175-176, 242
국체명징(國體明徵), 53
국학자(国学者), 24, 311
국화(菊花), 11, 15, 49-50, 76, 89-103, 105-106, 108-109, 116-117, 121-125, 129, 133-137, 140-141, 143-144, 146-149, 157-158, 205-206, 210-215, 219, 223-224, 226, 231, 235-236, 238-239, 242-243, 254-255, 269, 274, 280, 285, 290-294, 304, 308, 312-319, 333, 349-351
국화문(菊花紋), 101, 105, 108, 141, 214, 219, 221, 223-224, 226, 231, 238, 242-245, 247, 350
국화와 칼(The Chrysanthemum and the Sword), 89, 109
군기제(軍旗祭), 176, 178
근역(槿域), 119, 288-289, 296, 301, 315
근정전(勤政殿), 201, 219-221, 224
근화회(槿花會), 304
금광교(金光教), 241
금치(金鵄, 긴시), 65, 76, 80, 172, 191-192
기리시탄(キリシタン), 30-33, 40-41, 43-45
기무라 도쿠타로(木村篤太郎), 156
기시와다방적(岸和田紡績), 336
기쿠치 신노스케(菊池愼之助), 139, 305
기타시라가와노미야 요시히사 친왕(北白川宮能久親王), 148
기호의 제국(L'Empire des signes), 107
기후성(岐阜城), 141, 143
김가진(金嘉鎭), 290
김교신(金教臣), 11, 261-263, 267, 270-271
김구(金九), 196-197, 199
김대중(金大中), 326, 373, 377, 380
김마리아(金瑪利亞), 303
김복동(金福童), 308
김성수(金性洙), 300
김소운(金素雲), 320, 322, 341
김영(金瓔), 186, 341
김영삼(金泳三), 218
김은국(金恩國), 322
김일성(金日成), 318, 340
김좌진(金佐鎭), 300
김충선(金忠善, 沙也可), 11

ㄴ

나가사와 나오타로(長沢直太郎), 171
나고야 해군 항공대(名古屋海軍航空隊), 287
나남(羅南), 151-152, 184-186, 188-195, 201, 205, 215, 217

나데시코 부대(なでしこ隊), 287
나카네 간도(中根環堂), 183, 192
나카무라 가쿠노스케(中村覚之助), 66-67
나카지마 마사아키(中嶋正昭), 373
난민(難民, refugee), 281, 330, 338, 360-361
남궁억(南宮檍), 292, 294, 296-298, 300, 302, 308-310, 318, 333
남사고(南師古), 119
내선일체(內鮮一体), 53, 81, 83-84, 196, 225, 282-283
노기 마레스케(乃木希典), 281
노무라 마스조(野村益三), 189
노무현(盧武鉉), 269-270
니니기노 미고토(瓊瓊杵尊), 174
니시다 시게조(西田繁造), 180
니시혼간지(서본원사, 西本願寺), 236-238, 244
니지마 조(新島襄), 11, 24, 354
니치렌슈(日蓮宗), 175, 246
니토베 이나조(新渡戶稻造), 73
니혼쇼키(일본서기, 日本書紀), 59, 64-65, 74, 191, 259

ㄷ

다나카 지가쿠(田中智学), 175-176, 246
다네가시마(種子島), 39, 42
다니우치 유타카(谷内豊), 341
다쓰 쓰네토요(達常豊), 327
다쓰노 긴고(辰野金吾), 101
다이(J. H. Dye), 31, 39-41, 43, 70, 103, 124-125, 133, 143, 174, 185, 192, 254-257, 276-278, 280, 284, 321, 352
다이도쿠지(大德寺), 31, 43-44
다치바나 고이치로(立花小一郎), 189
다카시마 도모타케(高島友武), 189
다카하시 사부로(高橋三郎), 340

다케다 고이치(武田五一), 242, 245
다케다 한시(武田範之), 79
단고미야즈교회(丹後宮津教会), 327-328, 348
단군(檀君), 72, 75-76, 289, 346, 384
단테(Dante), 161
대동아공영권(大東亜共栄圈), 53-54, 80
대일본제국헌법(大日本帝国憲法), 93
대일본주의(大日本主義), 172-176, 178
대한민국(大韓民國), 102-103, 152, 194, 196, 269, 278, 292, 294, 304, 314-317, 319, 332-333, 336, 377
대한민국애국부인회 사건(大韓民國愛國婦人會事件, 김마리아 사건), 303
대한제국(大韓帝國), 13, 15, 47, 118-121, 123-124, 129-130, 133, 135-137, 141, 143-144, 148, 162, 205, 207, 274-276, 282, 289-293, 298
덕수궁(德壽宮), 95, 129, 133-135, 137, 203, 207, 215, 227
덕혜옹주(德惠翁主), 282
데라우치 마사타케(寺內正毅), 137, 201, 258-259
덴지천황(天智天皇), 259
도고 헤이하치로(東鄉平八郎), 9, 162, 165, 171, 179, 190-191, 193-194
도도 다카토라(藤堂高虎), 180, 195
도시샤(同志社), 24, 31, 45, 70, 73, 86, 104, 333, 353-355, 358, 368-370
도야마 마사카즈(外山正一), 148
도요쿠니 신사(豊國神社), 252-254
도요토미 히데요시(豊臣秀吉), 40-41, 74, 157, 166, 237, 240, 251-254, 256, 260, 270, 279
도잔소(東山莊), 372
도코나미 다케지로(床次竹二郎), 86
도쿄고등사범학교(쓰쿠바대학), 67, 69, 260-262
도쿄도(東京都), 142, 228, 231-232, 236, 284

찾아보기 413

도쿄여학관(東京女学館), 147-148
도쿠가와 막부(德川幕府), 32-33, 41
도쿠가와엔(德川園), 33, 141
독립관(独立館, 모화관), 317
독립신문(獨立新聞), 293-295
독립협회(獨立協會), 293-295, 317
동국이상국집(東國李相國集), 289
딕슨(A. Dixon), 148, 208

ㄹ

랄란데(George de Lalande), 221
램버스(W.R.Lambuth), 21
램블란트(V. R. Rembrandt), 28
랭(Ernst Lang), 294, 326
러일전쟁, 9, 117-118, 127, 157-158, 162-163, 167-168, 170-172, 179-185, 189-190, 192-194, 198, 205, 207
러트(Richard Rutt), 304
렌뇨(蓮如), 236, 238
롤랑 바르트(Roland Gérard Barthes), 107
루미나리에(luminarie), 89-91, 95-98
루체른역(Lucerne Railway Station), 100-101
루체비스타(lucevista), 98
릿쿄대학(立教大学), 213-215

ㅁ

마나베 요시로(真鍋由郎), 61
마루야마 쓰루키치(丸山鶴吉), 82
마사이케 진(政池仁), 340
마쓰모토 다쿠오(松本卓夫), 84
마쓰야마 다카요시(松山高吉), 11, 24
마이즈루 진수부(舞鶴鎮守府), 157-158
만다라(Mandala), 160-161
만요슈(万葉集), 241, 278, 288
만주국(満洲国), 183, 245

만주사변(滿洲事変), 66, 69, 82, 181, 235, 246, 365
만철(滿鐵), 99, 101, 207
매산감리교회(梅山監理教会), 326
매천야록(梅泉野錄), 168, 295
메이지대학(明治大学), 267
메이지신궁(明治神宮), 242, 263
메이지유신(明治維新), 24, 26, 85, 117, 183, 213, 378
명성황후(민왕후), 13, 80, 114, 281, 289, 306
모란(보탄), 15, 129, 136-144, 146, 149
모세, 28-29
모토다 다쿠노신(元田作之進), 87
모토오리 노리나가(本居宣長), 281
목란(木蘭), 318-319, 336
무궁화회(むくげの会, 無窮花会), 324
무라다 슈코(村田珠光), 32, 44
문익환(文益煥), 11, 310
문일평(文一平), 314
미나미 지로(南次郎), 50, 85
미시마 유키오(三島由紀夫), 107
미야모토 다케타로(宮本竹太郎), 129
미야자키신궁(宮崎神宮), 242
미야지마 세이이치로(宮島誠一郎), 173
미야카와 쓰네테루(宮川経輝), 87
미우라 고로(三浦梧樓), 129, 281
미즈노 후사(水野房), 241
미즈노 히로노리(水野広徳), 170
미카사(三笠), 9, 162-166, 188, 190-194
미카사공원(三笠公園), 9, 193-194
미카사산(미카사야마, 三笠山), 188, 190-193
민병석(閔丙奭), 191
민중신학, 347, 390

ㅂ

바르트(Karl Barth), 107, 347, 350
박동진(朴東鎭), 300
박동훈(朴東薰), 286
박열(朴烈), 11, 319-320, 334, 336
박인덕(朴仁德), 304
박정양(朴定陽), 13
방사(放射), 93, 101, 105, 111, 151, 153, 157-162, 172, 177, 181-183, 188-189, 204-205, 215, 217, 223-224, 227-228, 230, 235, 280, 285
배재학당(培材學堂), 130, 289, 291, 293-294
백낙천(白樂天), 315
베이쓰(Cornelius John Lighthall Bates), 61-62
보리스(William Merrell Vories), 45-46, 61, 103-107, 352, 354
보성전문학교(고려대학교), 267, 298, 300-301
복고신도(復古神道), 24
분에이노에키(文永の役), 126
불교(仏教), 27, 34, 91, 95, 125, 183, 192, 223, 236, 244-246, 253, 273, 295, 370, 389

ㅅ

사세보 진수부(佐世保鎭守府), 157
사와 도모에(沢知恵), 341
사와 마사히코(沢正彦), 341
사이메이 덴노(齋明天皇), 166
사이토 마코토(齋藤實), 82, 139, 169, 190, 196, 305
사쿠라 다이몬(桜の代紋), 276, 279-280, 284
사쿠라모토(桜本), 325-326
사토 덴조(佐藤傳藏), 191
산티아고 칼라트라바(Santiago Calatrava), 100
산해경(山海經), 62, 288, 315
삼국유사(三國遺事), 63, 119

삼권분립(三權分立), 346-349, 351, 358-359
삼위일체(三位一體), 86, 345-348, 354-356, 358-370, 373, 386
삼족오(三足烏), 59, 62-66, 69, 72, 75-78, 80, 84, 86, 113, 346
삼종신기(三種神器), 346
서광진(徐光鎭), 298
서남동(徐南同), 46
서울(서울특별시), 47-48, 75, 83, 95-102, 109, 114, 125, 129-130, 151, 184, 188, 201, 203, 205, 208-212, 215, 218, 223, 227-233, 238, 242, 267-269, 277, 281, 297, 304, 308-309, 311, 313, 351
서울역(경성역), 99-102, 203, 223, 316-317
서재필(徐載弼), 293
석조전(石造殿), 133-135
성공회(聖公会), 47-49, 87, 148, 207-210, 212-215, 304, 390
성육신(육화, incarnation), 346, 384
세브란스의학교, 48, 53
세인트 패트릭(St. Patrick), 356-357
세키야 데이자부로(関屋貞三郎), 83
세키타 히로오(関田寛雄), 325
센리큐(千利休), 32, 44
소네 도시토라(曽根俊虎), 173
소네 아라스케(曾禰荒助), 277
소퍼(Julius Soper), 10
속일본기, 81
손기정(孫基禎), 261-271
손원일(孫元一), 196
송병준(宋秉畯), 122-123, 191
쇼(Alexander Croft Shaw), 24, 50, 59, 70, 74, 108, 116, 124-125, 139, 141-143, 148, 155-156, 174, 176, 178, 185, 238, 254, 260, 279, 281, 319, 321

쇼지 쓰토무(東海林勤), 373
쇼코쿠지(相國寺), 24
수자기(帥子旗), 112
숙명여학교(淑明女學校), 297
순정효황후(純貞孝皇后) 윤씨(尹氏), 137
순종(純宗), 119, 136-137, 139, 144-146, 169, 259, 304-305
슈에케 하우스(Choeke House), 213
스가 요시히데(菅義偉), 111
스기야마 시게마루(杉山茂丸), 79
시라미네 신궁(白峯神宮), 70-71
시마즈 요시히로(島津義弘), 39, 74, 256
시미즈가오카교회(清水ヶ丘教会), 325-326
신기관(神祇官), 92
신도(神道), 10, 12, 15, 22, 27, 29, 34, 79, 86, 91-93, 95, 104, 152, 158, 160, 169-172, 174-175, 178-179, 184, 189, 193, 196-197, 201, 221-223, 240-242, 244, 336, 365-366, 389
신도국교화(神道国教化), 92, 95
신라(新羅), 63, 119, 125, 127, 166, 180, 289, 321, 384
신목(神木), 83, 179, 278, 283-284
신불습합(神仏習合), 25, 27, 91
신사(神社), 10-11, 21-27, 29, 32, 41, 64-66, 69-70, 72, 78-84, 87, 104, 119, 140, 143, 174-175, 177-179, 182, 190-192, 196, 216-217, 234, 240, 242, 244, 246, 252, 260, 279, 281-283, 286, 288, 351-353
신채호(申采浩), 302-303
심슨(Basil Simpson), 208, 210
심원사(深源寺), 126
십자가당 사건, 300, 308
십자군, 33, 40-41

ㅆ

쓰다 센(津田仙), 11
쓰카모토 야스시(塚本靖), 99, 101
쓰카모토 요시타네(塚本義胤), 163
쓰키치혼간지(築地本願寺), 238-239, 244

ㅇ

아감벤(Giorgio Agamben), 358-361, 366-367
아나자와 도시오(穴澤利夫), 287
아라히토가미(現人神), 106, 108, 292
아리요시 추이치(有吉忠一), 139, 305
아마테라스 오미가미(天照大神), 15, 161, 174, 176, 240, 365
아메쓰치노 모토하시라(八紘之基柱), 77
아사카와 다쿠미(浅川巧), 11, 319-320
아시아주의(흥아주의), 79-80, 173
아시카가 요시아키(足利義昭), 254
아오야마가쿠인(青山学院), 10
아우구스티누스(Augustinus Hipponensis), 347
아펜젤러관(Appenzeller Hall), 50
아폰수 1세(Afonso I), 40-41
안기영(安基永), 298
안중근(安重根), 208, 258, 373
알라(Allāh), 20
앙리 뒤낭(Jean-Henri Dunant), 33
야마가타 분조(山縣文藏), 139
야마가타 이사부로(山縣伊三郎), 137
야마구치 히토미(山口瞳), 322
야마나시에이와대학(山梨英和大学), 338-339
야마모토 다다사부로(山本唯三郎), 73
야마모토 사네히코(山本彦彦), 188, 191
야스쿠니 신사(靖国神社), 10, 61, 286, 288
야스쿠니신사류슈칸(靖国神社遊就館), 242
야타가라스(八咫烏), 15, 59-62, 64-66, 68-70, 72, 75-81, 84-87, 113, 191, 346

약광왕(若光王), 82
양정고보(養正高普), 262, 264, 266-267
양화소록(養花小錄), 289
언더우드(원두우, H.G.Underwood), 49-51, 53-54, 85, 309, 312, 318, 353, 384
언더우드관(Underwood Hall), 49-50, 54
에디슨(Edison), 129
에비나 단조(海老名彈正), 11, 45, 240, 363-364, 366
에비슨(Oliver R. Avison), 49-50
에토 데쓰지(江藤哲二), 175
엔도 슈사쿠(遠藤周作), 30, 322
엘리아데(M. Eliade), 35
여여문(呂汝文, 要汝文), 11
연세대학교, 48, 50, 53, 317, 384
연오랑(延烏郎)과 세오녀(細烏女), 63
연화문(蓮花紋), 221, 223, 225-226, 231, 236, 238
연희전문학교, 45, 48-49, 51-53, 85, 297-298, 309, 312, 370, 384
영일동맹, 205, 207-208, 210
영친왕(英親王, 이은, 李垠), 21, 84, 139, 282-283
예이츠(William Butler Yeats), 355, 374
오다 노부나가(織田信長), 40, 236, 254
오동잎(기리몬), 15, 251, 253-257, 259-261, 269-271, 277, 290
오미교다이샤(近江兄弟社), 103-107
오바 쓰네키치(小場恒吉), 223
오부치 게이조(小渕恵三), 326, 341
오비이락(烏飛梨落, 烏飛李落), 57, 111-113, 125-127
오에 겐자부로(大江健三郎), 373
오이코노미아(oikonomia), 359-361, 367
오자키 유키데루(尾崎行輝), 220
오재식(吳在植), 372

오타니 요시타카(大谷美隆), 365
오토모 소린(大友宗麟), 31-32, 41, 43-44
올림픽, 75-76, 112, 151, 156, 197-199, 262-270, 285-286
와다 산조(和田三造), 225
와다 하루키(和田春樹), 373
와스프(WASP), 358
와키사카 야스하루(脇坂安治), 180, 195
와타나베 가쓰지로(渡邊勝三郎), 236
와타제 쓰네요시(渡瀬常吉), 105, 241
왜관(倭館), 216
요사이 노부카즈(楊斎延一), 142, 154
요시다 시게루(吉田茂), 152, 281
요시다 히로시(吉田博), 142
요코스카 진수부(橫須賀鎭守府), 157
요코스카(橫須賀), 9-10, 117, 157, 190, 193-194
요코아미초 공원(橫網町公園), 284, 286
용두산(龍頭山), 215-217
우에스기 신키치(上杉慎吉), 242
우오키 다다카즈(魚木忠一), 86
우치노 다이레이(内野台嶺), 67
우치다 료헤이(内田良平), 79, 122
우치무라 간조(内村鑑三), 11, 261, 363
우키시마마루(浮島丸), 331-333
욱광(旭光), 152, 181-182, 279
욱일(旭日), 10, 53, 93, 105, 111-112, 151, 153-158, 163, 167, 171-172, 174, 176-177, 179, 181-186, 188-189, 191, 194-197, 199, 201, 203-205, 207-208, 215, 217-218, 228, 230, 236, 255, 260, 276-280, 284
욱일기(旭日旗), 9-11, 14-15, 53, 101, 111-114, 116, 118, 127, 131, 151-158, 160-161, 163, 168, 170, 174-176, 178-179, 182, 184, 191-192, 194, 197, 199, 203, 207, 215, 218, 223, 257, 280, 285

위장(韋莊), 116, 139
윌리엄 콜웰(William H. Callwell), 47
유곽(遊廓), 178, 186-189
유교(儒敎), 10, 15, 210
유노가와 다다오(湯野川忠世), 173
유니언 잭(Union Jack), 47-50, 52-53, 55
유동식(柳東植), 385-386, 388
유아사 기치로(湯浅吉郎, 유아사 한게츠), 354
유아사 지로(湯浅治郎), 354
유억겸(俞億兼), 318
유자훈(劉子勳), 308
육상자위대, 78, 107, 153, 155
윤덕영(尹德榮), 191
윤동주(尹東柱), 299, 309-311, 314, 333-334, 368-370
윤치호(尹致昊), 293-294
융(Carl Gustav Jung), 34, 36, 81, 83, 86, 160, 240, 384
융희(隆熙), 137
을사늑약, 117, 133, 157, 167, 208, 257, 274, 290, 293, 295
의병(義兵), 122, 137
이강(李堈, 의친왕), 282
이건(李鍵), 36, 49, 55, 113, 282, 358
이구(李玖), 84, 282-283
이규보(李奎報), 이상국규보(李相國奎報), 289, 315
이노우에 마사카네(井上正鉄), 240
이마오카 히로카즈(今岡寬和), 89
이마이다 기요노리(今井田清德), 83
이명박(李明博), 95-96, 270
이방자(李方子, 나시모토노미야 마사코 여왕), 84, 282-283
이범진(李範晋), 290
이부카 가지노스케(井深梶之助), 11, 87
이수정(李樹廷), 11-12, 15

이순신(李舜臣), 112, 180, 195-197, 199, 207, 216-218
이슬람, 19-20, 29, 33-34, 36, 40, 230, 346, 388
이승만(李承晩), 96, 102, 197, 217, 320, 340
이시카와 기사부로(石川喜三郎), 87
이시카와 다쿠보쿠(石川啄木), 257-258
이양하(李敭河), 311-312
이와사키 야노스케(岩崎弥之助), 148
이완용(李完用), 123, 131, 147, 191, 259, 275
이용익(李容翊), 298
이우(李鍝), 282
이이화(李離和), 125
이인하(李仁夏), 325, 331
이정용(李正容), 386-387
이태준(李泰俊), 312
이토 추타(伊東忠太), 82, 242
이토 히로부미(伊藤博文), 13, 101, 117, 129, 144, 147-148, 168, 173-174, 196, 204, 208, 257-258, 277, 291, 295, 306
이하영(李夏榮), 13, 191
이한응(李漢応), 290
이화(梨花, 배꽃, 자두꽃, 오얏꽃), 15, 103, 113, 115, 117, 120-122, 124-125, 127, 129-130, 132-134, 136-138, 143-144, 149, 255, 274-276, 290-294, 298, 300, 304, 317, 352
이화학당(梨花學堂), 114-115
이희호(李姬鎬), 373
인정전(仁政殿), 137-139
일만일체(日滿一體), 84
일본축구협회(JFA), 66-70, 72, 75-76
일본회의(니혼카이기, 日本会議), 108, 175
일시동인(一視同仁), 174
일장기(日章旗), 156
일진회(一進會), 79, 122-123, 125
임나일본부설(任那日本府說), 259

임진왜란, 39-40, 43, 74, 112, 127, 180, 195, 197, 238
잇스기 다케노스케(一杉竹之助), 172
잇큐 소준(一休宗純), 32

ㅈ

장덕순(張德順), 309
장미, 49-50, 161, 205-206, 212, 215, 300, 311-312
장안(長安), 140
장지연(張志淵), 295
장택상(張沢相), 315, 336
정관헌(靜觀軒), 133, 137, 140
정롱(灯篭), 24-33, 44, 119
정인보(鄭寅普), 311
정인지(鄭麟趾), 383
정지용(鄭芝溶), 333, 369
정창원(正倉院), 64
정충비(세이츄히, 旌忠碑), 59-60, 65, 85, 87
정한(征韓), 20-21, 64, 66, 69, 72, 157, 166, 204, 223, 230, 236, 239-240, 242, 256, 263, 270, 291-292, 304, 324, 341, 349, 362, 364, 369, 377, 379, 390
정호기(征虎記), 75
제황산(帝皇山), 158, 181, 191, 196, 217
조도신슈(정토진종, 淨土眞宗), 236-239, 244
조선귀족 일본관광단, 147
조선귀족열전, 146
조선물산공진회(朝鮮物産共進會), 219, 221, 259
조선민주주의인민공화국, 194
조선신궁(朝鮮神宮), 83, 101, 217, 242, 283
조선총독부(朝鮮総督府), 53, 73, 81-83, 96, 99, 131, 146-147, 180, 182, 189, 193, 201-202, 204, 208, 210, 216, 219, 221-225, 230, 233-236, 238, 240, 244, 246, 256, 259-262, 267, 270, 276-278, 282-283, 309
조선통신사(朝鮮通信史), 157
조시가쿠인(女子学院), 303
조정래(趙廷来), 340
조철호(趙喆鎬), 296
존 로크(John Locke), 347
주몽(朱蒙), 72
중일전쟁, 66, 76, 184, 198
즈이호인(瑞峰院), 31, 43-44
지봉유설(芝峰類説), 251, 315
지장보살(地藏菩薩), 126
진구황후(神功皇后), 180, 259
진무덴노(신무천황, 神武天皇), 59, 61, 64, 68, 191, 199, 328
진아회(振亜会), 173
진지동성서교회(眞池洞聖書教會), 330
진해(鎭海), 151-152, 157-158, 160-164, 166-186, 188-191, 193-197, 199, 201, 203-205, 215, 217, 228, 340
진해만요항사령부(鎭海湾要港司令部), 179

ㅊ

창경궁(昌慶宮), 137, 139, 219, 305, 307
창경원(昌慶苑), 139, 305
창덕궁(昌德宮), 136-137
천황(덴노, 天皇), 10, 15, 27-28, 34, 53, 59, 61-62, 64-65, 68-69, 74, 76-78, 80-81, 84-86, 89, 91-93, 95-96, 98, 101-103, 106-108, 113, 116, 121, 124-125, 134, 136-137, 140, 143, 147-149, 157-158, 161, 166, 169, 174-176, 179-180, 191, 199, 211-214, 219-221, 223-224, 226, 231, 235-236, 238-239, 241-242, 246, 253-254, 258-261, 280-282, 285-286, 290, 292, 319, 328, 346, 349-350, 352, 364-366, 377

청나라, 140
청일전쟁, 12, 47, 59, 61, 78, 80, 114, 129, 131, 148, 154, 157, 162, 294
청진(淸津), 183-184, 188, 192
초승달(신월), 19-21, 24-30, 32-35, 351, 388
최충(崔冲), 341
축국(蹴鞠), 64, 69-70, 198
충남도청, 233-234, 242, 244, 260
츠빙글리(Ulrich Zwingli), 347
치바 유고로(千葉勇五郎), 87

ㅋ

카시러(E. Cassirer), 34
카이오우마루(快應丸), 120
케노시스(Kenosis), 41
켄너(T.A.Kenner), 35, 345
코프(Bishop Charles John Corfe), 47-48

ㅌ

탁경현(卓庚鉉), 286
탈아입구(脫亞入歐), 10, 101
태극기(太極旗), 13-15, 124-125, 130-131, 133, 145-146, 160, 220, 231, 233, 267-268, 271, 290, 292, 301, 304, 310, 315-316, 318-319, 388
태정관(太政官), 92, 108, 255
태평양전쟁, 50, 52, 84, 94, 109, 115, 127, 157, 198, 279, 283, 286-287
태화사회관, 103
터너(Arthur Beresford Turner), 208-209
토오 가쓰아키(藤勝顯), 80
통감부(統監府), 101, 117-122, 125, 136-137, 143-144, 146, 164, 203, 206, 208, 220, 274-275, 291
트롤로프(Mark Napier Trollope), 208-210

틸리히(P. Tillich), 36

ㅍ

파울 리샤르(Richard, Paul), 175-176
판옵티콘(Panopticon), 360
팔각 기쿠쿠즈시 몬(八角菊くずし紋), 236, 238-246, 277
팔굉일우(八紘一宇), 53-54, 77, 101, 105, 116, 160-161, 175-176, 199, 219, 245-246
팔굉일우의 탑(八紘一宇の塔), 77
팽나무(榎木), 179
폐불훼석(廢佛毀釋), 91
푸코(Paul-Michel Foucault), 359-360, 366
프란시스 하비에르(Francisco Javier), 39
프란쓰(Von Franz), 160

ㅎ

하딩(J. R. Harding), 133
하라 다카시(原敬), 255
하켄크로이츠(Hakenkreuz), 155-156
한셀(Alexander Nelson Hansell), 213
한용운(韓龍雲), 295
함석헌(咸錫憲), 11, 261
해상자위대, 78, 112, 155-156, 158, 244
해수구제사업(害獸驅除事業), 73
헤이세이 덴노(平成天皇), 81
헤이안신궁(平安神宮), 238, 242
현양사(玄洋社), 79
현해탄 해전(玄海灘海戰, 쓰시마 해전), 163, 190, 196
호랑이, 72-75, 119, 288, 300-301
호류지(法隆寺), 65, 245
호미곶, 119-120, 122, 136
혼다 요이치(本多庸一), 87
혼조 쇼헤이(本城昌平), 87

화혼양재(和魂洋才), 10, 39, 45
황거(皇居), 101, 107, 142, 144, 194
황국(黃菊), 59, 82, 91-92, 95, 166, 175, 220-221, 242, 246, 297
황성신문(皇城新聞), 14
황애덕(黃愛德), 304
황현(黃玹), 168, 295
회남자(淮南子), 62
후세 다쓰지(布施辰治), 319
후지와라노 나리미치(藤原成道), 70
후쿠다 야스오(福田康夫), 270
후쿠치 기이치(福智義一), 180, 195
흉자기(凶字旗), 166
흑룡회(黑龍会), 79, 122
흥아유신기념탑(興亜維新記念塔), 50, 52-53, 85, 309
흥아회(興亜会), 173
히가시혼간지(동본원사, 東本願寺), 237, 243-244
히나고 지쓰조(日名子実三), 76
히노마루(日の丸), 93, 108, 219, 227, 230, 235, 242-244, 257, 260-261, 264, 316
히다 유이치(飛田雄一), 324
히메지성(姫路城), 41-42
히토쓰야나기 마키코(一柳満喜子), 104
히토쓰야나기 메레루(一柳米来留), 246